科学出版社“十三五”普通高等教育本

大学本科数学类专业基础课程系列丛

抽象代数基础

(上 册)

——代数学引论

郭聿琦 冯爱芳 雷 鹏 编著

科学出版社

北 京

内 容 简 介

本教材分上、下两册，上册由前六章构成，依次为集合论的基本概念、抽象代数的基本概念、Green 关系与正则半群、群（特别地，有限群）、环与理想，模与线性空间；下册由后两章构成，依次为域与域的扩张，Galois 理论导引．本书为上册．本教材的内容涵盖数学类专业本科生（特别地，各类数学人才班）的两门代数课程，上册的前五章或前六章（特别是未加*的部分）可用作数学类各专业必修基础课程抽象代数的教材或参考资料；下册的后两章可用于后续选修课程域论与 Galois 理论的教材或参考资料．

本书可供高等院校数学类各专业师生以及有关数学工作者使用．

图书在版编目(CIP)数据

抽象代数基础：全2册/郭聿琦等编著. —北京：科学出版社，2019.3
(大学本科数学类专业基础课程系列丛书)
科学出版社“十三五”普通高等教育本科规划教材
ISBN 978-7-03-060752-2

Ⅰ. ①抽…　Ⅱ. ①郭…　Ⅲ. ①抽象代数-高等学校-教材　Ⅳ. ①O153

中国版本图书馆 CIP 数据核字(2019) 第 043100 号

责任编辑：胡海霞 / 责任校对：杨聪敏
责任印制：赵　博 / 封面设计：迷底书装

科学出版社 出版
北京东黄城根北街16号
邮政编码：100717
http://www.sciencep.com

固安县铭成印刷有限公司印刷
科学出版社发行　各地新华书店经销
*
2019年3月第　一　版　开本：787×1092　1/16
2025年1月第七次印刷　印张：17 3/4
字数：346 000

定价：59.00 元(全 2 册)
(如有印装质量问题，我社负责调换)

前　言

“抽象代数”(也称为“近世代数”) 是数学类专业本科生的必修基础课程之一, 通常, 相对于所谓“老三高”(“高等代数”、“数学分析”和“解析几何”), 它与“实变函数”和“微分几何”也合称为“新三高”.

本教材涵盖两门课程的内容, 上册 (特别是未加 $*$ 的章节) 构成本科必修基础课程“抽象代数” (72 学时) 的基本内容; 下册构成后续选修课程“域论与 Galois 理论” (54 学时) 的基本内容.

鉴于数学的高度抽象性和严格逻辑性在“抽象代数”课程上体现得尤为明显, 这门课程的教与学, 需要学生具有一定的数学能力 (这种能力只能通过若干大学数学课程的学习, 在知识的积累过程中形成). 因此, 这门课程置于本科生入学后一年半左右开设较为合适, 尽管原则上它可以开设得更早.

本教材有以下五个处理特色.

(1) 在第 2 章 (抽象代数的基本概念) 里, 关于抽象概念的引进, 我们除了考虑到学生经过前一年半的知识积累过程中已形成的数学能力之外, 也在遵循由已知到未知 (当然还有, 由具体到抽象, 由特殊到一般等) 的认知规律, 还充分使用着学生在这一知识积累过程中获得的若干新的已知. 具体地说, 关于抽象概念的引进, 我们是对“高等代数”内容的“温故知新”入手的, 即在“高等代数”中, 将要介绍的所有抽象代数系统的有关概念 (包括其上的同态、同余和各类子系统, 以及某系统到另一系统 (集合) 上的作用等) 的特殊情形都已出现过.

(2) 我们的这一教材的“教材处理”, 还秉承着“与时俱进”, 即“现代化”, 或曰“更新”的原则, 这一“更新”中也包括某些适当的、必要的和可能的“增新”. 除了术语和符号的与现代数学文献接轨的使用, 本教材还有如下“增新”.

在第 2 章之后的关于各类代数系统的分章讨论中, 相对于国内外本科“抽象代数”的现状, 我们增加了一个新的内容, 即“Green 关系与正则半群” (第 3 章), 用于讨论半群代数理论的某些基本概念, 某些研究课题, 以及某些典型的研究方法. 这一“增新”的理由有二:

其一, “半群代数理论”形成为代数学的一个独立的分支学科已达半个多世纪之久. 从 Green 关系出发形成的半群研究上的 Green 方法, 以及半群作为一类典型的泛代数的同余理论, 使得半群与群的关系很像环与域的关系, 半群理论与群论已经无交了. “半群代数理论”在面向理论计算机科学、信息科学和财经金融领域的“抽象代数”教材里占有很大的篇幅; 但在数学类专业的“抽象代数”教材里, 却始终未见实质性的涉及.

其二, 半群的基本概念和基本方法的介绍, 也有助于在其他各章对群、环等 (它们是最经典的代数系统) 概念的内涵和外延进行较深入的挖掘和把握, 从而让学生认识到对概念、事实 (它们是概念的内涵) 和方法 (它们提供揭示概念内涵和外延的有效步骤) 的较深入的挖掘和把握并非易事, 而且学会这种挖掘和把握, 是健全创新性思维的重要途径.

(3) 整部书稿, 从理论开发路线的设置、概念的整合、事实的陈述到证明的方法和案例的构造, 都实现了诸多更新. 这里既有我们收集到的, 也有我们自己的学术性教学研究成果.

(4) 关于各种类型的代数系统的讨论, 都通过围绕基本概念, 选择适当课题, 使用行之有效的方法, 开发出一小套理论, 以便让学生体会到理论建立的过程, 也体会到方法的重要性.

(5) 鉴于该教材中, 仅其上册供必修课“抽象代数”课程使用, 我们在其若干部位, 也都设置了许多小的具体问题, 尽管依靠概念就可以读懂它们, 但只有懂得某一套理论才能去解决某个问题, 从而让学生体会到抽象和严格的理论的必要和威力.

“教材撰著”和“课堂讲授”的基本问题都是“教材处理”, 这应该是共识了. 但是,“教材处理”应遵循的原则和具体的处理实践, 就仁者见仁, 智者见智了. 读者从教材中, 可见我们的观点和实践之一斑. 除却前面提到的, 我们还认为, 教材的语言固然严禁艰涩, 也切忌所谓“通俗易懂, 便于自学”(这不利于学生学会读“书”). 欢迎批评指正.

使用本教材的两点说明:

(1) 未加星号章节的内容, 原则上不依赖于加星号章节的任何内容.

(2) 4.1 节的三个定理的证明用到了未加星号的 3.1 节和未加星号的 3.2 节的前半节; 但是, 我们也在作为附录的 4.4 节中, 给出了这三个定理的不依赖于整个第 3 章的初等证明.

感谢“教育部基础学科拔尖学生培养试验计划”的研究课题“拔尖学生知识积累过程中的能力培养”(编号: 20180706) 基金的资助.

该教材的撰著得到兰州大学教务处、兰州大学萃英学院 (国家“基础学科拔尖学生培养试验计划”的兰州大学执行单位) 和兰州大学数学与统计学院的大力支持, 特别地, 得到了教务处“兰州大学教材建设基金”的资助和萃英学院“出版基金”的资助, 我们在此表示由衷的感谢.

本书是“大学本科数学类专业基础课程系列丛书”中的一本, 在这套丛书中, 我们承担撰写的涵盖四门代数学课程内容的三部教材 (另两部此前已出版) 的责任编辑都是科学出版社的胡海霞编辑, 我们在此也对她认真负责的辛勤工作表示衷心的感谢.

中国科学院李宝研究员、西安建筑科技大学任学明教授、西北大学赵宪钟教授、曲阜师范大学郑恒武教授和西南大学王正攀教授阅读了本教材第五稿的全部或部分章节, 提出了若干中肯的修改建议; 博士生刘祖华、冷静、刘海艳、梁星亮、冯辛阳也承担了某些课程的助教工作和部分书稿的打印, 硕士生皇甫振国、高梦、童俊、王楠和徐子棋也各参加了一届抽象代数或域论与 Galois 理论课程的助教工作, 他们关于本书的前几稿的修订做了不少具体工作. 在此也一并向他们表达我们诚挚的感谢.

郭聿琦

(兰州大学, 西南大学)

2018 年 9 月

目　录

第 1 章 集合论的基本概念

1.1 集合上的偏序与 Zorn 引理

1.1.1 涉及集合的若干基本事项的回顾和罗列

集合是数学中极少数不加定义的所谓的 “元概念” 之一, 而且是 “元概念” 里最基本、最重要的一个. 尽管集合的概念是不加定义的, 但是我们一般地把集合理解为具备某个性质的对象的全体. 我们这里涉及的是集合间的一个基本关系与若干基本合成, 集合上的二元关系 (特别地, 偏序 (关系)), 二元运算与一元运算, 后者也被称作集合上的变换.

定义 1.1.1 令 A, B 为两个集合. 称 A 包含在 B 中, 或称 B 包含着 A, 又称 A 为 B 的子集, 如果

$$a \in A \implies a \in B,$$

记为 $A \subseteq B$. 称 A 与 B 相等 (A 真包含在 B 中, 或称 B 真包含着 A, 又称 A 为 B 的真子集), 如果

$$A \subseteq B, \text{ 且 } B \subseteq A$$
$$(A \subseteq B, \text{ 但 } B \nsubseteq A),$$

记为 $A = B$ ($A \subsetneq B$).

定义 1.1.2 令 A, B 为两个集合. 则下面的 C_1, C_2, C_3, C_4 和 C_5 也都是集合, 称它们分别为 A 与 B 的并, 交, 差 (补), Descartes 积与 A 的幂:

$C_1 = A \cup B \overset{\mathrm{d}}{=} \{a \mid a \in A \text{ 或 } a \in B\}$,

$C_2 = A \cap B \overset{\mathrm{d}}{=} \{a \mid a \in A \text{ 且 } a \in B\}$,

$C_3 = A - B$ (或 $A \setminus B$, 当 $B \subseteq A$ 时, 也记为 $\overline{B}_A$) $\overset{\mathrm{d}}{=} \{a \mid a \in A \text{ 但 } a \notin B\}$,

$C_4 = A \times B \overset{\mathrm{d}}{=} \{(a, b) \mid a \in A, b \in B\}$,

$C_5 = \mathscr{P}(A) \overset{\mathrm{d}}{=} \{S \mid S \subseteq A\}$.

定义 1.1.3 令 A 为一集合. A 上的二元关系指的是 $A \times A$ 的子集.

集合 A 上的全体二元关系也构成集合, 即 $A \times A$ 的幂集 $\mathscr{P}(A \times A)$, 也记其为 $\mathscr{B}(A)$. 一般地, $(a, b) \in \sigma$ 也写成 $a\sigma b$, 其中 $\sigma \in \mathscr{B}(A)$.

定义 1.1.4 令 A 为一非空集. 关于任意 $\sigma, \tau \in \mathscr{B}(A)$,

$$\sigma \circ \tau \overset{\mathrm{d}}{=} \{(a, b) \mid (\exists\, c \in A)\ a\sigma c \text{ 且 } c\tau b\}.$$

称 $\circ$ 为 (A 上的) 二元关系的通常的合成.

定义 1.1.5 称非空集合 A 上的二元关系 $\leqslant$ 为 A 上的一个偏序, 如果它满足

(1) 自反性: $(\forall\, a \in A)\ \ a \leqslant a$;

(2) 反对称性: $a \leqslant b$ 且 $b \leqslant a \implies a = b$;

(3) 传递性: $a \leqslant b$ 且 $b \leqslant c \Longrightarrow a \leqslant c$.

$a \leqslant b$ 读作 a 小于等于 b.

定义偏序的三条性质是相互独立的 (可举例指出, 其中任意两条推不出另一条).

例 1.1.1 令 A 为一非空集. 则包含关系 $\subseteq$ 为 $\mathscr{P}(A)$ 上的一个偏序.

例 1.1.2 令 A 为一非空集. 称

$$\iota_A \stackrel{\mathrm{d}}{=} \{(a,a) \mid a \in A\}$$

为 A 上的相等关系 (或 A 的对角线), ι_A 是 A 上的最小偏序 (即, 关于 A 上任一偏序 α, $\iota_A \subseteq \alpha$).

一般地, 没有最大的偏序 (除非 $|A| = 1$), 但会有极大偏序 (称 A 上的偏序 λ 为一极大偏序, 如果关于 A 上的任一偏序 α, $\lambda \subseteq \alpha$ 蕴涵 $\alpha = \lambda$). 后面, 我们将利用 Zorn 引理和良序公理分别证明任意非空集合上极大偏序的存在性.

定义 1.1.6 令 A 为一集合. A 上的二元运算 (一元运算, 即变换) 指的是如下形式的映射

$$f: A \times A \longrightarrow A$$

$$(f: A \longrightarrow A).$$

推而广之, 称映射

$$f: \overbrace{A \times A \times \cdots \times A}^{n个} \longrightarrow A$$

为 A 上的一个 n 元运算. 称 A 上的变换 f 为恒等变换, 如果

$$(\forall\, a \in A)\ f(a) = a,$$

记为 1_A. 集合 A 上的全体变换记为 $\mathscr{T}(A)$.

例 1.1.3 定义 1.1.4 中的 $\circ$ 为 $\mathscr{B}(A)$ 上的一个二元运算.

1.1.2 偏序集、Zorn 引理等三个等价公理及其应用

定义 1.1.7 令 A 为一非空集, $\leqslant$ 为 A 上一偏序. 称偏序系统 $A \stackrel{\mathrm{d}}{=} (A, \leqslant)$ 为一偏序集. 称一偏序集 $A \stackrel{\mathrm{d}}{=} (A, \leqslant)$ 为一全序集 (也称为一个链), 或称偏序 $\leqslant$ 为 A 上的一个全序, 如果 A 的任意有限非空子集 S 关于 $\leqslant$ 有最小元, 即

$$(\exists\, a \in S)\ (\forall\, x \in S)\ a \leqslant x,$$

这显然等价于 A 的任意二元子集 $\{a, b\}$ 关于 $\leqslant$ 有最小元, 即

$$a \leqslant b, \text{ 或者 } b \leqslant a.$$

称一偏序集 $A = (A, \leqslant)$ 为一良序集, 或称偏序 $\leqslant$ 为 A 上的一个良序, 如果 A 的任意非空子集关于 $\leqslant$ 有最小元.

注 1.1.1 良序 (全序) 显然为全序 (偏序); 但反之未必.

例 1.1.4 在例 1.1.1 中, 当 $|A| \geqslant 2$ 时, 偏序集 $(\mathscr{P}(A), \subseteq)$ 不为全序集.

例 1.1.5 关于实数的通常的大小关系, $\mathbb{R}$, $\mathbb{Z}$ 都构成全序集, 但都非良序集.

例 1.1.6 关于实数的通常的大小关系, $\mathbb{Z}$ 的含最小元的非空子集都构成良序集; 将 $\mathbb{Z}$ 换为 $\mathbb{R}$ 就未必了.

下面是集合论中的三个等价的著名公理, 称其为公理, 当然就不存在证明的问题; 其直观性、不证自明性, 从第二个公理 (选择公理) 可见一斑. 但第三个公理 (良序公理) 就不直观了, 因为数学界还未找到实数集 $\mathbb{R}$ 上的任何良序. 关于这三个公理, 其等价性在此不再赘述, 我们只陈述它们的内容并介绍它们的应用.

Zorn 引理 令 $A \overset{\mathrm{d}}{=} (A, \leqslant)$ 为一偏序集. 若 A 的每一链 (即全序子集) S 在 A 中都有上界, 即

$$(\exists\, a \in A) \quad (\forall\, s \in S) \quad s \leqslant a,$$

则 A 有极大元, 即

$$(\exists\, a \in A) \quad (\forall\, x \in A) \quad x \not> a.$$

选择公理 令 $T = \{A_i \mid i \in I\}$ 为一族非空集合. 则存在映射

$$\begin{aligned} \varphi: T &\longrightarrow \textstyle\bigcup_{i \in I} A_i, \\ A_i &\longmapsto \varphi(A_i) \in A_i. \end{aligned}$$

称 φ 为一选择函数.

良序公理 任何集合上都可以定义起一个良序.

下面若干事实的证明依次分别使用了这三个公理.

定理 1.1.1 (Zorn 引理、良序公理用于集合上极大偏序的存在性的证明) 令 A 为一非空集. 则 A 上的极大偏序存在 (A 上极大偏序的定义见定义 1.1.6 上面的一段).

证明 证法一 (应用 Zorn 引理):

令 S 为 A 上全体偏序构成的集合. 则 S 按集合的包含关系构成一偏序集.

记 $T = \{\sigma_i \mid i \in I\}$ 为 S 的任一链, $\sigma = \bigcup_{i \in I} \sigma_i$. 显然关于任意 $a \in A$, $(a, a) \in \sigma$; 关于任意 $a, b \in A$, 若 $(a, b) \in \sigma, (b, a) \in \sigma$, 则存在 $j, k \in I$, 使得 $(a, b) \in \sigma_j, (b, a) \in \sigma_k$. 又 T 为一链, 从而 σ_j, σ_k 存在包含关系, 不妨令 $\sigma_j \subseteq \sigma_k$. 因此 $(a, b) \in \sigma_k$, $(b, a) \in \sigma_k$. 于是, 由 σ_k 为一偏序知, $a = b$; 同理可证, 关于任意 $a, b, c \in A$, 若 $(a, b) \in \sigma, (b, c) \in \sigma$, 则 $(a, c) \in \sigma$. 因此 $\sigma \in S$. 显然 σ 为 T 的一个上界. 根据 Zorn 引理, S 中存在一个极大元. 换句话说, A 中存在一个极大偏序.

证法二 (应用良序公理):

根据良序公理, A 上可以定义起一个良序, 记为 $\leqslant$. 则 $\{(a, b) \in A \times A \mid a \leqslant b\}$ 和 $\{(b, a) \in A \times A \mid a \leqslant b\}$ 显然都是 A 上的极大偏序. 例如, $\mathbb{Z}^+ \cup \{0\}$ 上的通常的大小关系 $\leqslant$

是 $\mathbb{Z}^+ \cup \{0\}$ 上的一个良序. $\mathbb{Z}^+ \cup \{0\}$ 上的偏序

$$\left\{\begin{array}{lllll} (0,0), & (0,1), & \cdots, & (0,n), & \cdots \\ & (1,1), & \cdots, & (1,n), & \cdots \\ & & \cdots & \cdots & \cdots \\ & & & (n,n), & \cdots \\ & & & & \cdots \end{array}\right\}$$

和

$$\left\{\begin{array}{lllll} (0,0), & & & & \\ (1,0), & (1,1), & & & \\ \cdots & & \cdots & & \\ (n,0), & (n,1), & \cdots & (n,n), & \\ \cdots & & \cdots & & \cdots \end{array}\right\}$$

都是 $\mathbb{Z}^+ \cup \{0\}$ 上的极大偏序. □

定理 1.1.2 (选择公理用于任意一族集合的 Descartes 积的存在性的证明) 令 $T = \{A_\alpha \mid \alpha \in I\}$ 为一族非空集合. 则 $\prod_{\alpha\in I} A_\alpha$ 非空, 其中,

$$\prod_{\alpha\in I} A_\alpha = \{f : I \longrightarrow A \mid (\forall\, \alpha \in I)\ f(\alpha) \in A_\alpha\}, \quad A = \bigcup_{\alpha\in I} A_\alpha.$$

证明　尽管当 I 有限时, 显然 $\prod_{\alpha\in I} A_\alpha$ 非空, 而且当 I 可数无限时, 利用数学归纳法也可证得 $\prod_{\alpha\in I} A_\alpha$ 非空. 总之, 在 I 可数时不需要选择公理; 但是, 在这里, 我们还是将 I 统一在一起, 给出如下的一般性证明.

定义

$$\begin{aligned} g:\ \ & I \longrightarrow T, \\ & \alpha \longmapsto A_\alpha. \end{aligned}$$

根据选择公理, 存在选择函数 $\varphi : T \longrightarrow A$. 今令 $f = \varphi g : I \longrightarrow A$, 即下面的交换图 (图 1.1) 成立.

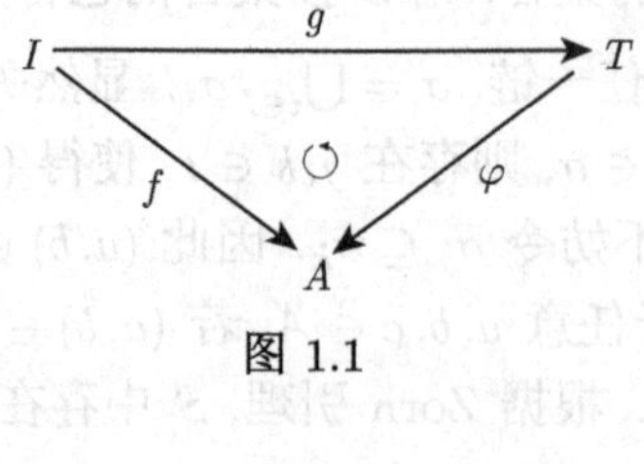

图 1.1

则关于任意 $\alpha \in I$, 有

$$f(\alpha) = \varphi(g(\alpha)) = \varphi(A_\alpha) \in A_\alpha (\subseteq A),$$

从而 $f \in \prod_{\alpha\in I} A_\alpha$, 即 $\prod_{\alpha\in I} A_\alpha$ 非空. □

相对于自然数集上的数学归纳法, 借助于良序公理, 被良序化的任意集合上可以建立起作为其推广的超限归纳法.

定义 1.1.8 令 A 为一全序集, $a \in A$. 称

$$S(a) \stackrel{\mathrm{d}}{=} \{x \in A \mid x < a\}$$

为 A 的前段.

定理 1.1.3 (超限数学归纳法原理) 若 B 为良序集 $A \stackrel{\mathrm{d}}{=} (A, \leqslant)$ 的一个子集, 且关于任意 $a \in A$, 有蕴涵关系

$$S(a) \subseteq B \Longrightarrow a \in B,$$

则 $B = A$.

证明 由条件知, A 的最小元在 B 中 (因为 $\varnothing \subseteq B$), 因此, B 不为空集. 若 $B \neq A$, 即 $A - B \neq \varnothing$, 则存在最小元 $a \in A - B$. 由最小元和 $A - B$ 的定义知,

$$\{c \in A \mid c < a\} \subseteq B.$$

又根据假设, $a \in B$, 从而

$$a \in B \cap (A - B) = \varnothing,$$

矛盾. 因此, $B = A$. □

推论 1.1.1 如果有一命题 $E(a)$ 与一良序集 $A \stackrel{\mathrm{d}}{=} (A, \leqslant)$ 的每一个元素 a 相联系, 那么, 若

(1) $E(a_0)$ 成立, 其中 a_0 为 A 的最小元; 而且

(2) 关于任意元素 $a \in A$, $E(x)$ 关于所有 $x \in S(a)$ 都成立蕴涵 $E(a)$ 成立,

则根据超限数学归纳法原理, $E(x)$ 关于所有 $x \in A$ 都成立.

下面的事实是超限归纳法的一个应用.

定理 1.1.4 (Zermelo 定理) 令 $A \stackrel{\mathrm{d}}{=} (A, \leqslant)$ 为一良序集. 若 f 为 A 上一严格保序变换, 即

$$a > b \Longrightarrow f(a) > f(b),$$

则关于任意 $x \in A$, $f(x) \geqslant x$.

证明 (应用良序公理) 令 a_0 为 A 的最小元. 显然 $f(a_0) \geqslant a_0$. 假设关于任意 $a \in A$, 当 $x < a$ 时, $f(x) \geqslant x$, 下证 $f(a) \geqslant a$. 若 $b \stackrel{\mathrm{d}}{=} f(a) < a$, 则由假设知, $f(b) \geqslant b$. 又由 f 的严格保序性知, $f(a) > f(b)$, 从而

$$b = f(a) > f(b) \geqslant b,$$

矛盾. 因此 $f(a) \geqslant a$. 根据超限归纳法原理, 结论成立. □

注 1.1.2 Zermelo 定理的逆定理不成立; 在全序集上, 一般地, Zermelo 定理不成立.

1.2　集合间的映射和集合上的等价关系

1.2.1　涉及映射 (变换) 的若干基本事项的回顾和罗列

映射的定义见高等代数教材, 这里不再赘述. 首先, 给出关于映射的几个常用记法.

令 A, B 为两个集合, $f: A \longrightarrow B$ 为一映射, 称

$$\begin{aligned}
&\operatorname{Im} f \stackrel{\mathrm{d}}{=} \{f(a) \mid a \in A\}, \\
&\operatorname{Ker} f \stackrel{\mathrm{d}}{=} \{(a_1, a_2) \subseteq A \times A \mid f(a_1) = f(a_2)\}, \\
&f^{-1}(b) \stackrel{\mathrm{d}}{=} \{a \in A \mid f(a) = b\}, \\
&f^{-1}(B_1) \stackrel{\mathrm{d}}{=} \{a \in A \mid f(a) \in B_1\}
\end{aligned}$$

分别为 f 的像、f 的核、b 在 f 下的完全原像和 B_1 在 f 下的完全原像, 其中 $b \in B, B_1 \subseteq B$. $\operatorname{Im} f$ 有时也写成 $f(A)$.

定义 1.2.1　令 A, B 为两个集合, $f:\ A \longrightarrow B$ 与 $g:\ B \longrightarrow C$ 为两个映射. 称映射

$$\begin{aligned}
h:\ A &\longrightarrow C, \\
a &\longmapsto g(f(a))
\end{aligned}$$

为 f 与 g 的合成, 记为 $h = g \circ f$ (有时也记为 $h = gf$).

显然, 这一合成是满足结合律的.

定义 1.2.2　令 $f: A \longrightarrow B$ 为一映射. 称 f 为一单射 (满射; 双射), 如果

$$a \neq b \Longrightarrow f(a) \neq f(b), \text{即} \ (\forall\, b \in B)\ |f^{-1}(b)| \leqslant 1$$

$$\left(\operatorname{Im} f = B, \text{即} \ (\forall\, b \in B)\ |f^{-1}(b)| \geqslant 1;\right.$$

$$\left. f \text{ 既是单射又是满射}\right).$$

推论 1.2.1　令 A 为一有限集, f 为 A 上的一个变换. 则 f 为一单射当且仅当 f 为一满射.

换句话说, 当 A 为一无限集时, A 上有单不满的变换, 或满不单的变换. 实际上, 利用良序公理可以证明, 任一无限集上, 既有单不满的变换, 又有满不单的变换. 下面给出一个具体的例子.

例 1.2.1　令 $\mathbb{F}[x]$ 为一数域 $\mathbb{F}$ 上全体一元多项式构成的集合. 则

$$\begin{aligned}
\varphi:\ \mathbb{F}[x] &\longrightarrow \mathbb{F}[x], \\
f(x) &\longmapsto f'(x)
\end{aligned}$$

为 $\mathbb{F}[x]$ 上一满但不单的变换. 而

$$\begin{aligned}
\psi:\ \mathbb{F}[x] &\longrightarrow \mathbb{F}[x], \\
f(x) &\longmapsto x f(x)
\end{aligned}$$

为 $\mathbb{F}[x]$ 上一单但不满的变换.

下面的定理是容易证明的.

定理 1.2.1 令 $f: A \longrightarrow B$ 为一映射. 则

(1) f 为一单射 $\Longleftrightarrow$ $(\exists\, g: B \longrightarrow A)\ g \circ f = 1_A$;

(2) f 为一满射 $\Longleftrightarrow$ $(\exists\, g: B \longrightarrow A)\ f \circ g = 1_B$;

(3) f 为一双射 $\Longleftrightarrow$

$$(\exists\, g_1: B \longrightarrow A, g_2: B \longrightarrow A)\ g_1 \circ f = 1_A, f \circ g_2 = 1_B. \tag{1.1}$$

定义 1.2.3 令 $f: A \longrightarrow B$ 为一映射. 称 f 为可逆的, 如果

$$(\exists\, g: B \longrightarrow A)\ g \circ f = 1_A, \quad f \circ g = 1_B.$$

推论 1.2.2 令 $f: A \longrightarrow B$ 为一映射. 则 f 为可逆的当且仅当 f 为一双射.

(式 (1.1) 中的 g_1 与 g_2 实际上是相等的.)

1.2.2 集合上的等价关系和集合的分划

定义 1.2.4 令 A 为一非空集, σ 为 A 上一个二元关系. 称 σ 为集合 A 上的一个等价关系, 如果它满足

(1) 自反性: $(\forall\, a \in A)\ a\sigma a$;

(2) 对称性: $a\sigma b \Longrightarrow b\sigma a$;

(3) 传递性: $a\sigma b\ \&\ b\sigma c \Longrightarrow a\sigma c$.

A 上全体等价关系构成的集合记为 $\mathscr{E}(A)$.

与偏序关系一样, 定义等价关系的三个性质相互独立 (请读者举例指出, 其中任意两个推不出另一个).

映射 $f: A \to B$ 的 $\mathrm{Ker} f$ 显然是 A 上的一个等价关系. 下面的例子给出了某些集合上的若干等价关系.

例 1.2.2 令 A 为一非空集. A 上的相等关系 ι_A 和泛（全）关系 $\omega_A \overset{\mathrm{d}}{=} A \times A$ 都为 A 上的等价关系. 它们分别为 A 上的最小等价关系和最大等价关系.

容易验证下面推论成立.

推论 1.2.3 令 A 为一非空集, $\sigma, \tau \in \mathscr{E}(A)$. 则 $\sigma \cap \tau \in \mathscr{E}(A)$, 即 $\cap$ 为 $\mathscr{E}(A)$ 上的一个二元运算.

应该注意到, 等价关系的 $\cup$（并）和 $\circ$（二元关系的通常合成）未必是等价关系. 例如, 令 $A = \{1, 2, 3, 4\}$. 则显然

$$\sigma_1 = \{(1,1), (2,2), (3,3), (4,4), (1,2), (2,1)\},$$

$$\sigma_2 = \{(1,1), (2,2), (3,3), (4,4), (2,3), (3,2)\}$$

是 A 上的两个等价关系. 但

$$\sigma_1 \cup \sigma_2 = \{(1,1), (2,2), (3,3), (4,4), (1,2), (2,1), (2,3), (3,2)\}$$

不是 A 上的等价关系, 因为 $(1,2), (2,3) \in \sigma_1 \cup \sigma_2$, 但 $(1,3) \notin \sigma_1 \cup \sigma_2$, 不满足传递性.

关于 $\circ$ 未必是等价关系的反例, 见例 2.2.3 的 (4).

定义 1.2.5　令 A 为一非空集, $\sigma \in \mathscr{E}(A)$, $a \in A$. 记

$$a\sigma \stackrel{\mathrm{d}}{=} \{b \in A \mid b\sigma a\}.$$

容易知道, $a\sigma$ 为 A 的一个满足下列条件的子集:

(1) $a \in a\sigma$;

(2) $(\forall\, b, c \in a\sigma)\ b\sigma c$;

(3) $a\sigma$ 为 A 的满足 (1), (2) 的极大子集.

称 $a\sigma$ 为 a 所在的 σ 等价类 (或 σ-类).

推论 1.2.4　令 A 为一非空集, $S \subseteq A$, $\sigma \in \mathscr{E}(A)$. 则

(1) $a\sigma b \Longleftrightarrow a\sigma = b\sigma$;

(2) $a\sigma \cap b\sigma \neq \varnothing \Longleftrightarrow a\sigma = b\sigma$;

(3) $\sigma|_S = S \times S \Longleftrightarrow (\exists\, a \in A)\ S \subseteq a\sigma$.

定义 1.2.6　令 A 为一非空集, $\sigma \in \mathscr{E}(A)$,

$$A/\sigma \stackrel{\mathrm{d}}{=} \{A_i \mid i \in I\}$$

为 A 上全体 σ-类构成的集合. 根据选择公理,

$$C_\sigma \stackrel{\mathrm{d}}{=} \{a_i \in A_i \mid i \in I\}$$

存在, 称其为 σ 的一个截面.

因此, A/σ 也写成 $\{a_i\,\sigma \mid a_i \in C_\sigma\}$, 或 $\{a_i\,\sigma \mid i \in I\}$, 称其为 A 关于等价关系 σ 的商集.

显然, 关于 A 的任意子集 C, C 为等价关系 σ 的一个截面当且仅当

(1) $(\forall\, a \in A)(\exists\, c \in C)\ a\sigma c$;

(2) $(\forall\, a, b \in C)\ a \neq b \implies a\sigma \neq b\sigma$.

商集 $A/\sigma = \{a_i\,\sigma \mid a_i \in C_\sigma\}$ 有下列性质:

I. (1) $(\forall\, i \in I)\ a_i\sigma \neq \varnothing$;

(2) $a_i\sigma \cap b_j\sigma = \varnothing, i, j \in I, i \neq j$;

(3) $A = \bigcup_{i \in I} a_i\sigma$.

II. $\sigma = \bigcup_{i \in I}(a_i\sigma \times a_i\sigma)$.

例 1.2.3　令 $\mathbb{F}$ 为一数域, $\sim_1$ 为 $\mathbb{F}^{n\times n}$ 上的一个二元关系, 其中

$$A \sim_1 B \Longleftrightarrow B = PAQ, \quad P, Q \text{ 为 } \mathbb{F}^{n\times n} \text{ 中的可逆矩阵}.$$

则 $\sim_1$ 为 $\mathbb{F}^{n\times n}$ 上的一个等价关系, 且

$$\{E_n^{(0)}, E_n^{(1)}, \cdots, E_n^{(n)} = E_n\}$$

构成 $\sim_1$ 的一个截面 $C_{\sim_1}$, 其中, $E_n^{(r)}$ 为秩为 r 的 n 阶矩阵的等价标准形, $r = 0, 1, \cdots, n$.

例 1.2.4 令 $\sim_2$ 为 $\mathbb{C}^{n\times n}$ 上的一个二元关系, 其中

$$A \sim_2 B \Longleftrightarrow B = P^{-1}AP,\ P \text{ 为 } \mathbb{C}^{n\times n} \text{ 中的可逆矩阵}.$$

则 $\sim_2$ 为 $\mathbb{C}^{n\times n}$ 上的一个等价关系 (这就是我们熟知的矩阵的相似关系), 且

$$\{J \mid J \text{ 为 } \mathbb{C} \text{ 上的 } n \text{ 阶 Jordan 标准形}\}$$

构成 $\sim_2$ 的一个截面 $C_{\sim_2}$.

例 1.2.5 令 $\sim_3$ 为 $\mathbb{R}^{n\times n}$ 上的一个二元关系, 其中

$$A \sim_3 B \Longleftrightarrow B = P'AP, \quad P \text{ 为 } \mathbb{R}^{n\times n} \text{ 中的可逆矩阵}.$$

则 $\sim_3$ 为 $\mathbb{R}^{n\times n}$ 上的一个等价关系 (这就是我们熟知的矩阵的合同关系), 且

$$\left\{\begin{pmatrix} E_p & & \\ & -E_{r-p} & \\ & & O \end{pmatrix} \middle| \ r = 0, 1, 2, \cdots, n, \quad p = 0, 1, 2, \cdots, r \right\}$$

构成 $\sim_3$ 的一个截面 $C_{\sim_3}$.

定义 1.2.7 令 A 为一非空集. 称 A 的子集族 $\pi \overset{\mathrm{d}}{=} \{A_i \mid i \in I\}$ 为 A 的一个分划, 如果

(1) $(\forall\ i \in I)\ A_i \neq \varnothing$;

(2) $A_i \cap A_j = \varnothing, i, j \in I, i \neq j$;

(3) $A = \bigcup_{i\in I} A_i$.

A 的全体分划构成的集合记为 $\Pi(A)$.

关于映射 $f: A \to B$, 显然, $\{f^{-1}(b) \mid b \in \operatorname{Im} f\}$ 为 A 的一个分划.

令 σ 为 A 上一等价关系. 则商集 A/σ 显然构成 A 的一个分划, 记为 π_σ, 称 π_σ 为等价关系 σ 确定的分划. 反之, 令 $\pi = \{A_i \mid i \in I\}$ 为非空集 A 的一个分划. 则 $\sigma_\pi \overset{\mathrm{d}}{=} \bigcup_{i\in I}(A_i \times A_i)$ 为 A 上一等价关系, 称 σ_π 为分划 π 所确定的等价关系.

推论 1.2.5 $\sigma_{\pi_\sigma} = \sigma,\ \pi_{\sigma_\pi} = \pi$.

推论 1.2.6 令 A 为一非空集. 则映射

$$\eta:\ \mathscr{E}(A) \longrightarrow \Pi(A),$$
$$\sigma \longmapsto \pi_\sigma$$

与

$$\xi:\ \Pi(A) \longrightarrow \mathscr{E}(A),$$
$$\pi \longmapsto \sigma_\pi$$

为一对互逆的映射. 因此, 它们都为双射.

1.2.3 集合到集合的映射与集合上的等价关系

令 $f: A \to B$ 为一映射. 称 A 关于等价关系 $\mathrm{Ker}f$ 的商集 $A/\mathrm{Ker}f$ 为 A 关于映射 f 的商集.

反之, 令 σ 为 A 上一等价关系. 显然

$$\begin{aligned} f:\ A &\longrightarrow A/\sigma, \\ a &\longmapsto a\sigma \end{aligned}$$

为 A 到 A/σ 的一个映射, 且易知

$$\sigma = \mathrm{Ker}\, f.$$

因此, 我们有下面的事实.

推论 1.2.7 *令 A 为一非空集, σ 为 A 上一二元关系. 则 σ 为 A 上一等价关系当且仅当存在集合 A 到某集合 B 上的映射 $f: A \longrightarrow B$, 使得 $\sigma = \mathrm{Ker}\, f$.*

令 $f: A \to B$ 为一映射. 我们已知, $\mathrm{Ker}\, f$ 为 A 上一等价关系. 作

$$\begin{aligned} h:\ A &\longrightarrow A/\mathrm{Ker}\, f, \\ a &\longmapsto a\ (\mathrm{Ker}\ f) \end{aligned}$$

与

$$\begin{aligned} g:\ A/\mathrm{Ker}\, f &\longrightarrow B, \\ a\ (\mathrm{Ker}\ f) &\longmapsto f(a)\ . \end{aligned}$$

显然, h 为一满映射, g 也为一映射. 事实上, 若 $a\ (\mathrm{Ker}\ f) = b\ (\mathrm{Ker}\ f)$, 则由推论 1.2.4 知, $a\ (\mathrm{Ker}\ f)\ b$, 从而 $g[a\ (\mathrm{Ker}\ f)] = f(a) = f(b) = g[b\ (\mathrm{Ker}\ f)]$. 因此 g 是良好定义的, 这指出了 g 为一映射. 显然 g 为一单射. 可以验证 $f = g \circ h$, 即下面的交换图 (图 1.2) 成立.

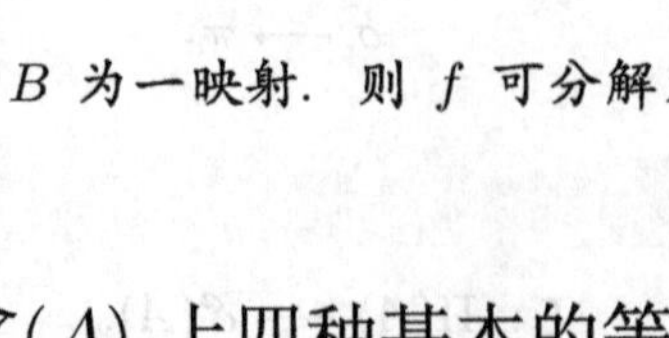

图 1.2

因此, 我们有下面的定理.

定理 1.2.2 *令 $f: A \to B$ 为一映射. 则 f 可分解为一满射 $h: A \to C$ 和一单射 $g: C \to B$ 的合成, 即 $f = g \circ h$.*

1.3 $\mathscr{T}(A)$ 上四种基本的等价关系

鉴于读者关于“势”的概念了解不多, 此段所涉及的集合 A 仅为非空有限集. 其实, 许多事实并不局限于 A 的有限性.

定义 1.3.1 令 A 为一非空有限集. 今考察集合

$$\mathscr{T}(A) \stackrel{\mathrm{d}}{=} \{f : A \longrightarrow A\}.$$

定义 $\mathscr{T}(A)$ 上的二元关系 R_{an}, I_m, K_{er}, H 如下:

$$f\ (R_{an})\ g \stackrel{\mathrm{d}}{\Longleftrightarrow} |\mathrm{Im}\ f| = |\mathrm{Im}\ g|;$$
$$f\ (I_m)\ g \stackrel{\mathrm{d}}{\Longleftrightarrow} \mathrm{Im}\ f = \mathrm{Im}\ g;$$
$$f\ (K_{er})\ g \stackrel{\mathrm{d}}{\Longleftrightarrow} \mathrm{Ker}\ f = \mathrm{Ker}\ g;$$
$$f\ H\ g \stackrel{\mathrm{d}}{\Longleftrightarrow} f\ (I_m)\ g\ \&\ f\ (K_{er})\ g.$$

易知, 它们都是 $\mathscr{T}(A)$ 上的等价关系. 显然, 关于任意映射 $f : A \to B$,

$$|Im\ f| = |\pi_{Ker\ f}|,$$

因此,

$$f\ (R_{an})\ g \Longleftrightarrow |\pi_{Ker\ f}| = |\pi_{Ker\ g}|.$$

例 1.3.1 令 $A = \{1,2,3\}, f \in \mathscr{T}(A)$. 用 $\begin{pmatrix} 1 & 2 & 3 \\ i_1 & i_2 & i_3 \end{pmatrix}$ 表示变换 f, 其中 $i_j = f(j), j = 1,2,3$.

(1) $|\mathrm{Im}\ f| = 3$ 时, f 是且仅是表 1.1 的六者之一.

表 1.1

$\begin{pmatrix} 1 & 2 & 3 \\ 1 & 2 & 3 \end{pmatrix}$	$\begin{pmatrix} 1 & 2 & 3 \\ 1 & 3 & 2 \end{pmatrix}$	$\begin{pmatrix} 1 & 2 & 3 \\ 2 & 1 & 3 \end{pmatrix}$	$\begin{pmatrix} 1 & 2 & 3 \\ 2 & 3 & 1 \end{pmatrix}$	$\begin{pmatrix} 1 & 2 & 3 \\ 3 & 1 & 2 \end{pmatrix}$	$\begin{pmatrix} 1 & 2 & 3 \\ 3 & 2 & 1 \end{pmatrix}$

(2) $|\mathrm{Im}\ f| = 2$ 时, f 是且仅是表 1.2 的十八者之一.

表 1.2

$\begin{pmatrix} 1 & 2 & 3 \\ 1 & 2 & 1 \end{pmatrix}$ $\begin{pmatrix} 1 & 2 & 3 \\ 2 & 1 & 2 \end{pmatrix}$	$\begin{pmatrix} 1 & 2 & 3 \\ 1 & 2 & 2 \end{pmatrix}$ $\begin{pmatrix} 1 & 2 & 3 \\ 2 & 1 & 1 \end{pmatrix}$	$\begin{pmatrix} 1 & 2 & 3 \\ 1 & 1 & 2 \end{pmatrix}$ $\begin{pmatrix} 1 & 2 & 3 \\ 2 & 2 & 1 \end{pmatrix}$
$\begin{pmatrix} 1 & 2 & 3 \\ 1 & 3 & 1 \end{pmatrix}$ $\begin{pmatrix} 1 & 2 & 3 \\ 3 & 1 & 3 \end{pmatrix}$	$\begin{pmatrix} 1 & 2 & 3 \\ 1 & 3 & 3 \end{pmatrix}$ $\begin{pmatrix} 1 & 2 & 3 \\ 3 & 1 & 1 \end{pmatrix}$	$\begin{pmatrix} 1 & 2 & 3 \\ 1 & 1 & 3 \end{pmatrix}$ $\begin{pmatrix} 1 & 2 & 3 \\ 3 & 3 & 1 \end{pmatrix}$
$\begin{pmatrix} 1 & 2 & 3 \\ 2 & 3 & 2 \end{pmatrix}$ $\begin{pmatrix} 1 & 2 & 3 \\ 3 & 2 & 3 \end{pmatrix}$	$\begin{pmatrix} 1 & 2 & 3 \\ 2 & 3 & 3 \end{pmatrix}$ $\begin{pmatrix} 1 & 2 & 3 \\ 3 & 2 & 2 \end{pmatrix}$	$\begin{pmatrix} 1 & 2 & 3 \\ 2 & 2 & 3 \end{pmatrix}$ $\begin{pmatrix} 1 & 2 & 3 \\ 3 & 3 & 2 \end{pmatrix}$

(3) $|\mathrm{Im}\ f| = 1$ 时, f 是且仅是表 1.3 的三者之一.

表 1.3

$\begin{pmatrix}1&2&3\\1&1&1\end{pmatrix}$
$\begin{pmatrix}1&2&3\\2&2&2\end{pmatrix}$
$\begin{pmatrix}1&2&3\\3&3&3\end{pmatrix}$

表 1.3 中的 3 个表格分别表示 3 个 R_{an}-类, 表格中每一列表示一 K_{er}-类, 每一行表示一 I_m-类, 表格中每个小方格表示一个 H-类, 阴影部分与非阴影部分有很大的不同 (详见第 3 章).

所谓代数系统, 粗略地讲, 我们指的是非空集连同定义在其上的若干有限运算所构成的数学系统.

定理 1.3.1　令 A 为一非空集, $f,g\in\mathscr{T}(A)$. 在代数系统 $(\mathscr{T}(A),\circ)$ 中, 有如下事实:

(1) $\mathrm{Ker}\ f\subseteq\mathrm{Ker}\ g\Longleftrightarrow(\exists\, h\in\mathscr{T}(A))\ h\circ f=g$;

(2) $\mathrm{Im}\ g\subseteq\mathrm{Im}\ f\Longleftrightarrow(\exists\, h\in\mathscr{T}(A))\ f\circ h=g$,

其中, $\circ$ 为变换的通常合成, 它显然是 $\mathscr{T}(A)$ 上的一个二元运算.

证明　(1) “$\Longleftarrow$”. 关于任意 $a,b\in A$, 若 $(a,b)\in\mathrm{Ker}\ f$, 即 $f(a)=f(b)$, 则

$$g(a)=(h\circ f)(a)=h(f(a))=h(f(b))=(h\circ f)(b)=g(b),$$

即 $(a,b)\in\mathrm{Ker}\ g$. 因此, $\mathrm{Ker}\ f\subseteq\mathrm{Ker}\ g$.

“$\Longrightarrow$”. 作

$$h:\begin{cases}x\longmapsto g(a), & x=f(a)\in\mathrm{Im}\ f,\\ x\longmapsto a_0, & x\notin\mathrm{Im}\ f.\end{cases}$$

其中, a_0 为 A 中某一固定元. 若 $f(a)=f(b)$, 则由条件知, $g(a)=g(b)$, 从而 h 是良好定义的. 因此, h 为 A 上的一个变换, 且显然 $h\circ f=g$.

(2) “$\Longleftarrow$”. 显然.

“$\Longrightarrow$”. 由 $\mathrm{Im}\ g\subseteq\mathrm{Im}\ f$ 知, 关于任意 $a\in A$, $f^{-1}(g(a))\neq\varnothing$. 令

$$h:\ A\longrightarrow A,$$
$$a\longmapsto h(a)\in f^{-1}(g(a)).$$

则 $f\circ h=g$. □

推论 1.3.1　令 A 为一非空集, $f,g\in\mathscr{T}(A)$. 则

(1) $f\ K_{er}\ g\Longleftrightarrow f,g$ 互为右因子;

(2) $f\ I_m\ g\Longleftrightarrow f,g$ 互为左因子;

(3) $f\ H\ g\Longleftrightarrow f,g$ 既互为左因子, 又互为右因子.

注 1.3.1 在定理 1.2.1 中, 若 $B=A$, 则定理 1.2.1 是推论 1.3.1 (当然是定理 1.3.1) 的一个推论.

定理 1.3.2 令 A 为一非空集. 则

$$R_{an}=K_{er}\circ I_m=I_m\circ K_{er},$$

其中, $\circ$ 为 $\mathscr{B}(A)$ 上的通常的二元运算 (见定义 1.1.4 和例 1.1.3).

证明 令 $f,g\in\mathscr{T}(A)$. 则

$$\begin{aligned}(f,g)\in I_m &\Longrightarrow \mathrm{Im}\ f=\mathrm{Im}\ g\\ &\Longrightarrow |\mathrm{Im}\ f|=|\mathrm{Im}\ g|\\ &\Longrightarrow (f,g)\in R_{an},\end{aligned}$$

且

$$\begin{aligned}(f,g)\in K_{er} &\Longrightarrow \mathrm{Ker}\ f=\mathrm{Ker}\ g\\ &\Longrightarrow |\pi_{\mathrm{Ker}\ f}|=|\pi_{\mathrm{Ker}\ g}|\\ &\Longrightarrow |\mathrm{Im}\ f|=|\mathrm{Im}\ g|\\ &\Longrightarrow (f,g)\in R_{an},\end{aligned}$$

从而, $I_m\subseteq R_{an}, K_{er}\subseteq R_{an}$. 又 R_{an} 为一等价关系, 由传递性可知, $K_{er}\circ I_m\subseteq R_{an}$.

反之, 若 $(f,g)\in R_{an}$, 则 $|\mathrm{Im}\ f|=|\mathrm{Im}\ g|$. 令 φ 为 $\mathrm{Im}\ f$ 到 $\mathrm{Im}\ g$ 的一个双射. 作

$$\begin{aligned}h:\ A&\longrightarrow A,\\ x&\longmapsto \varphi(f(x)).\end{aligned}$$

则关于任意 $a,b\in A$,

$$\begin{aligned}(a,b)\in\mathrm{Ker}\ f &\Longleftrightarrow f(a)=f(b)\\ &\Longleftrightarrow \varphi(f(a))=\varphi(f(b))\\ &\Longleftrightarrow h(a)=h(b)\\ &\Longleftrightarrow (a,b)\in\mathrm{Ker}\ h,\end{aligned}$$

从而 $\mathrm{Ker}\ f=\mathrm{Ker}\ h$, 即 $(f,h)\in K_{er}$. 又

$$\mathrm{Im}\ h=h(A)=\varphi(f(A))=\varphi(\mathrm{Im}\ f)=\mathrm{Im}\ g,$$

即 $(h,g)\in I_m$. 因此, $(f,g)\in K_{er}\circ I_m$. 于是, $R_{an}\subseteq K_{er}\circ I_m$.

综上所述, $R_{an}=K_{er}\circ I_m$. 同理可证, $R_{an}=I_m\circ K_{er}$. □

注 1.3.2 事实上, 与定理 1.3.2 相比较, 后面的定理 3.1.3 是一个更为一般的事实.

习　题　1

1. 令 $A \overset{\mathrm{d}}{=} (A, \leqslant)$ 为一偏序集, S 为 A 的一个非空子集. 称

$$T = \{a \in A \mid (\forall\, x \in S)\ x < a\}$$

的极小元素为 S 的后续. 当 S 只含一个元素 s 时, S 的后续又称为 s 的后续. 证明: 任何良序集的任一真前段必有后续.

2. 令 A, B 为两个非空集合, 且 $|A| = m$, $|B| = n$. 试问,

(1) A 到 B 可建立多少个映射?

(2) A 到 B 可建立满射、单射、双射的条件各是什么? 各能建立多少个?

3. 令 $\mathbb{F}$ 为一数域, $A, B \in \mathbb{F}^{n\times n}$, 且 A 与 B 相似, 又

$$\mathbb{F}[A] = \{f(A) \mid f(x) \in \mathbb{F}[x]\}.$$

试问, 法则 $\varphi : f(A) \longmapsto f(B)$ 是否是集合 $\mathbb{F}[A]$ 到 $\mathbb{F}[B]$ 的映射? 若是的话, 是否为单射或满射?

4. 令 $\varphi : X \longrightarrow Y$ 为一映射, $\varnothing \neq A, B \subseteq X$. 证明:

(1) $\varphi(A \cup B) = \varphi(A) \cup \varphi(B)$;

(2) $\varphi(A \cap B) \subseteq \varphi(A) \cap \varphi(B)$.

5. 令 A, B, C 为非空集合, $\sigma : A \longrightarrow B$ 与 $\tau : B \longrightarrow C$ 为两个映射. 证明:

(1) 若 σ, τ 为单射, 则 $\tau\sigma$ 为一单射; 反之, 若 $\tau\sigma$ 为一单射, 则 σ 为一单射;

(2) 若 σ, τ 为满射, 则 $\tau\sigma$ 为一满射; 反之, 若 $\tau\sigma$ 为一满射, 则 τ 为一满射.

6. 令 $\sigma : A \longrightarrow B$ 为一映射. 证明:

(1) σ 为一单射当且仅当关于任意集合 X 到 A 的任意映射 τ_1, τ_2, 若 $\sigma\tau_1 = \sigma\tau_2$, 则 $\tau_1 = \tau_2$;

(2) σ 为一满射当且仅当关于 B 到任意集合 Y 的任意映射 τ_1, τ_2, 若 $\tau_1\sigma = \tau_2\sigma$, 则 $\tau_1 = \tau_2$.

7. 令 A 为一非空集合. 证明: 不存在 $\mathscr{P}(A)$ 到 A 的双射.

8. 在 $\mathbb{N} \times \mathbb{N}$ 上定义关系 $\sim$:

$$(a, b) \sim (c, d) \Longleftrightarrow a + d = b + c.$$

证明: $\sim$ 为一等价关系.

9. 令 A 为一非空集合, R 为 A 上一二元关系. 证明: R 为一等价关系当且仅当

(1) $(\forall\, a \in A)\ a\, R\, a$;

(2) $a\, R\, b\ \&\ b\, R\, c \Longrightarrow c\, R\, a$.

10. 在 $\mathbb{Z}$ 上定义关系 $\sim$:

$$a \sim b \Longleftrightarrow a + b \text{ 为偶数}.$$

试问, $\sim$ 是等价关系吗? 若是的话, 请写出它的一个截面.

11. 令 V 为数域 $\mathbb{F}$ 上一 (n 维) 线性空间, $\mathcal{A}, \mathcal{B} \in \mathcal{L}(V)$, 其中, $\mathcal{L}(V)$ 表示 V 上全体线性变换所构成的集合. 证明:

(1) $\operatorname{Ker} \mathcal{A} \subseteq \operatorname{Ker} \mathcal{B} \Longleftrightarrow (\exists\, \mathcal{C} \in \mathcal{L}(V))\ \mathcal{C} \circ \mathcal{A} = \mathcal{B}$;

(2) $\operatorname{Im} \mathcal{B} \subseteq \operatorname{Im} \mathcal{A} \Longleftrightarrow (\exists\, \mathcal{C} \in \mathcal{L}(V))\ \mathcal{A} \circ \mathcal{C} = \mathcal{B}$.

因此, $\operatorname{Ker} \mathcal{A} = \operatorname{Ker} \mathcal{B}$ 当且仅当 $\mathcal{A}, \mathcal{B}$ 互为右因子; $\operatorname{Im} \mathcal{A} = \operatorname{Im} \mathcal{B}$ 当且仅当 $\mathcal{A}, \mathcal{B}$ 互为左因子.

第 2 章　抽象代数的基本概念

2.1　从已知代数概念的“温故知新”入手

定义 2.1.1　称 $V \overset{\mathrm{d}}{=} (V;+,\cdot_{\mathbb{F}})$ 为 $\mathbb{F}$ 上一线性空间, 如果 V 为一非空集, $\mathbb{F}$ 为一数域, $+$ 为 V 上的一个二元运算, $\cdot_{\mathbb{F}}$ 为 $\mathbb{F}\times V$ 到 V 的一个映射, 记 $\cdot_{\mathbb{F}}(k,\alpha)$ 为 $k\alpha$, 且满足

(i) $\alpha+\beta\equiv\beta+\alpha$;

(ii) $(\alpha+\beta)+\gamma\equiv\alpha+(\beta+\gamma)$;

(iii)$_1$ $(\exists\,\theta\in V)\ \theta+\alpha\equiv\alpha$ (称 θ 为 V 的左零元);

(iv)$_1$ $(\forall\,\alpha\in V)(\exists\,\alpha'\in V)\ \alpha'+\alpha=\theta$ (称 α' 为 α 关于 θ 的左负元);

(v) $k(\alpha+\beta)\equiv k\alpha+k\beta$;

(vi) $(k+l)\alpha\equiv k\alpha+l\alpha$;

(vii) $(kl)\alpha\equiv k(l\alpha)$;

(viii) $1\alpha\equiv\alpha$.

其中, $\equiv$ 表示恒等, 与元素的选取无关.

定理 2.1.1　假设如定义 2.1.1. 则下列四个公理系统等价:

$$\{(\mathrm{i}),(\mathrm{ii}),(\mathrm{iii})_1,(\mathrm{iv})_1,(\mathrm{v}),(\mathrm{vi}),(\mathrm{vii}),(\mathrm{viii})\},$$

$$\{(\mathrm{ii}),(\mathrm{iii})_1,(\mathrm{iv})_1,(\mathrm{v}),(\mathrm{vi}),(\mathrm{vii}),(\mathrm{viii})\},$$

$$\{(\mathrm{ii}),(\mathrm{iii})_{\mathrm{b}},(\mathrm{iv})_{\mathrm{b}},(\mathrm{v}),(\mathrm{vi}),(\mathrm{vii}),(\mathrm{viii})\},$$

$$\{(\mathrm{ii}),(\mathrm{iii})',(\mathrm{iv})',(\mathrm{v}),(\mathrm{vi}),(\mathrm{vii}),(\mathrm{viii})\}.$$

我们分别记其为 I, II, III, IV, 其中, (iii)$_{\mathrm{b}}$, (iv)$_{\mathrm{b}}$ 分别为

(iii)$_{\mathrm{b}}$ $(\exists\,\theta\in V)\ \theta+\alpha\equiv\alpha+\theta\equiv\alpha$;

(iv)$_{\mathrm{b}}$ $(\forall\,\alpha\in V)(\exists\,\alpha'\in V)\ \alpha'+\alpha=\alpha+\alpha'=\theta$.

(iii)′, (iv)′ 分别为 V 上二元运算 $+$ 的左、右消去律, 即

(iii)′ $\alpha+\beta=\alpha+\gamma\Longrightarrow\beta=\gamma$;

(iv)′ $\alpha+\beta=\gamma+\beta\Longrightarrow\alpha=\gamma$.

证明　(I)$\Longrightarrow$ (II). 显然.

(II)$\Longrightarrow$ (III). 只需证明, 关于任意 $\alpha\in V,\alpha+\theta=\alpha$, $\alpha+\alpha'=\theta$.

后者是因为

$$\begin{aligned}\alpha+\alpha' &= \theta+(\alpha+\alpha') \\ &= (\alpha''+\alpha')+(\alpha+\alpha') \\ &= \alpha''+((\alpha'+\alpha)+\alpha') \\ &= \alpha''+(\theta+\alpha') \\ &= \alpha''+\alpha' \\ &= \theta,\end{aligned}$$

其中, $\alpha''=(\alpha')'$. 进而,

$$\alpha+\theta=\alpha+(\alpha'+\alpha)=(\alpha+\alpha')+\alpha=\theta+\alpha=\alpha.$$

(III)$\Longrightarrow$ (IV). $(\text{iii})_{\text{b}}$ 意味着 V 关于 $+$ 存在双侧零元 θ, $(\text{iv})_{\text{b}}$ 意味着 V 中每一元素关于 θ 存在双侧负元. 因此, 若 $\alpha+\beta=\alpha+\gamma$, 则

$$\alpha'+(\alpha+\beta)=\alpha'+(\alpha+\gamma),$$

从而

$$(\alpha'+\alpha)+\beta=(\alpha'+\alpha)+\gamma.$$

因此

$$\beta=\theta+\beta=\theta+\gamma=\gamma,$$

即 (iii)′ 成立. 类似可证 (iv)′ 成立.

(IV)$\Longrightarrow$ (I). 令 $\alpha,\beta\in V$. 由 (ii),(v), (vi), (viii) 知,

$$\alpha+\alpha+\beta+\beta=(1+1)(\alpha+\beta)=\alpha+\beta+\alpha+\beta.$$

从而由 (iii)′, (iv)′ 知, (i) 成立. 又由 (i), (ii), (vi), (viii) 知

$$\alpha+\beta+0\alpha=\alpha+\beta+0\beta.$$

进而由 (iii)′ 得, $0\alpha=0\beta$. 记 $\theta=0\alpha$, 则由 (viii),(vi) 知, $(\text{iii})_1$ 成立. 关于任意 $\alpha\in V$, 取 $\alpha'=(-1)\alpha$, 则由 (viii),(vi) 知, $(\text{iv})_1$ 成立. □

定义 2.1.2　令 $\mathcal{L}(V_{\mathbb{F},n})$ 为 (数域 $\mathbb{F}$ 上的 n 维线性空间) $V_{\mathbb{F},n}$ 上全体线性变换构成的集合. 称 $\mathcal{L}(V_{\mathbb{F},n})\overset{\text{d}}{=}(\mathcal{L}(V_{\mathbb{F},n});+,\cdot_{\mathbb{F}},\circ)$ 为 $V_{\mathbb{F},n}$ 上全线性变换结合代数, 其中, $+$ 为 V 的加法诱导出来的 $\mathcal{L}(V)$ 的加法, $\cdot_{\mathbb{F}}$ 为 V 的数乘诱导出来的 $\mathcal{L}(V)$ 的数乘, $\circ$ 为变换的通常合成 (详见任一高等代数教材).

定义 2.1.3　称偏序集 $A=(A,\leqslant)$ 为一格, 如果 A 中任意两个元素关于偏序 $\leqslant$ 都有最大下界和最小上界.

注 2.1.1　上述定义中的格是具有一定性质的偏序集, 称 $A\overset{\text{d}}{=}(A,\leqslant)$ 为一格, 如果关于任意 $a,b\in A$, 均有 a 和 b 的最小上界 (记作 lub) 和最大下界 (记作 glb). 若 $\text{lub}\{a,b\}\overset{\text{d}}{=}a\vee b, \text{glb}\{a,b\}\overset{\text{d}}{=}a\wedge b$, 则可知 $\vee$ 和 $\wedge$ 是 A 上的两个二元运算且满足如下性质:

(1) $a \vee a \equiv a, a \wedge a \equiv a$(幂等律);

(2) $a \vee b \equiv b \vee a, a \wedge b \equiv b \wedge a$(交换律);

(3) $(a \vee b) \vee c \equiv a \vee (b \vee c), (a \wedge b) \wedge c \equiv a \wedge (b \wedge c)$(结合律);

(4) $a \vee (a \wedge b) \equiv a, a \wedge (a \vee b) \equiv a$(吸收律).

反之, 具有如上条件的代数系统 $(A; \vee, \wedge)$ 可确定一格 $(A, \leqslant)$, 其中

$$a \leqslant b \Longleftrightarrow a \vee b (= \mathrm{lub}\{a, b\}) = b \text{ 且 } a \wedge b (= \mathrm{glb}\{a, b\}) = a.$$

定义 2.1.4 令 $\mathscr{S}(V_{\mathbb{F},n})$ 为 $V_{\mathbb{F},n}$ 的全体子空间构成的集合. 则 $(\mathscr{S}(V_{\mathbb{F},n}), \subseteq)$ 显然为一偏序集, 且 $\mathscr{S}(V_{\mathbb{F},n})$ 关于偏序 $\subseteq$ 为一格. $\mathscr{S}(V_{\mathbb{F},n})$ 中任意两个子空间关于偏序 $\subseteq$ 的最大下界和最小上界就是这两个子空间的交与和. 因此, 线性空间所有子空间的格也记为

$$\mathscr{S}(V_{\mathbb{F},n}) = (\mathscr{S}(V_{\mathbb{F},n}); +, \cap).$$

下面我们要介绍的抽象代数学的若干基本概念, 都可以在上述三个代数系统, 以及构成它们的诸多基本元件里找到例子.

2.2 半群与群, 及其间的同态和同构映射

2.2.1 双消半群与群

令 S 为一非空集合, $\cdot$ 为 S 上一二元运算, 即 $\cdot$ 为 $S \times S$ 到 S 的一个映射. 一般地, 将 $\cdot(a, b)$ 简写成 $a \cdot b$, 在不引起混淆的情况下, $a \cdot b$ 也记为 ab.

定义 2.2.1 令 S 为一非空集合, $\cdot$ 为 S 上一二元运算. 称代数系统 $S \stackrel{\mathrm{d}}{=} (S, \cdot)$ 为一半群胚.

定义 2.2.2 称半群胚 $S \stackrel{\mathrm{d}}{=} (S, \cdot)$ 为一半群, 如果 $\cdot$ 满足结合律, 即

$$(ab)c \equiv a(bc).$$

若半群 S 中的元素 0 满足

$$0a \equiv 0 \quad (a0 \equiv 0,\ 0a \equiv a0 \equiv 0),$$

则称 0 为半群 S 的左零元 (右零元, 零元).

若半群 S 中的元素 1 满足

$$1a \equiv a \quad (a1 \equiv a,\ 1a \equiv a1 \equiv a)$$

则称 1 为半群 S 的左幺元 (右幺元, 幺元).

显然, 若零元 (幺元) 存在, 则唯一.

定义 2.2.3 称半群 S 为一双消半群, 如果

$$ab = ac \Longrightarrow b = c \quad (\text{左消去律}),$$
$$ba = ca \Longrightarrow b = c \quad (\text{右消去律}).$$

例 2.2.1　数域 $\mathbb{F}$ 上 n 阶矩阵的全体 $\mathbb{F}^{n\times n}$ 关于矩阵的通常乘法 $\cdot$ 成一半群. 半群 $(\mathbb{F}^{n\times n},\cdot)$ 不满足左、右消去律, $n\in\mathbb{Z}^+$; $n=1$ 时, $(\mathbb{F}\setminus\{0\},\cdot)$ 是双消的.

例 2.2.2　令 A 为一非空集合. $\mathscr{T}(A)$ 关于变换的通常合成 $\circ$ 成一半群, 称其为 A 上的全变换半群. 令

$$\mathscr{T}_i(A)\overset{\mathrm{d}}{=}\{f\in\mathscr{T}(A)\mid f\text{为单射}\},$$

$$\mathscr{T}_s(A)\overset{\mathrm{d}}{=}\{f\in\mathscr{T}(A)\mid f\text{为满射}\}.$$

易知, $(\mathscr{T}_i(A),\circ)$ 为一半群且满足左消去律, 一般地, 不满足右消去律; $(\mathscr{T}_s(A),\circ)$ 为一半群且满足右消去律, 一般地, 不满足左消去律. 又, 一般地, $(\mathscr{T}(A),\circ)$ 既不满足左消去律, 又不满足右消去律.

定义 2.2.4　令 S 为一半群 (半群胚), $a\in S$. 称 a 为一幂等元, 如果 $a^2=a$. S 的全体幂等元构成的集合记为 $E(S)$.

例 2.2.3　(1) 联系定理 2.1.1, 线性空间的 $(V,+)$ 为一双消半群;

(2) $(\mathbb{Z}^+,\cdot),(\mathbb{Z}^+\cup\{0\},+)$ 都为有幂等元的双消半群; $(2\mathbb{Z}^+,\cdot)$ 和例 3.1.3 中的半群都是无幂等元的双消半群.

(3) 令 A 为一非空集. 则 $\mathscr{B}(A)$ 关于其上通常二元运算 $\circ$ 成一半群. 当 $|A|\geqslant 2$ 时, $(\mathscr{B}(A),\circ)$ 不是双消的.

(4) 顺便指出, 一般地, A 上全体等价关系构成的集合 $\mathscr{E}(A)$ 关于 $\circ$ 不构成半群胚, 因此, 不构成半群. 事实上,

$$(\exists\,\sigma,\tau\in\mathscr{E}(A))\ \sigma\circ\tau\notin\mathscr{E}(A).$$

例如, $A=\{1,2,3\}$,

$$\sigma=\{(1,1),(2,2),(3,3),(1,2),(2,1)\}\in\mathscr{E}(A),$$

$$\tau=\{(1,1),(2,2),(3,3),(1,3),(3,1)\}\in\mathscr{E}(A).$$

但

$$\sigma\circ\tau=\{(1,1),(1,3),(2,2),(3,3),(3,1),(1,2),(2,1),(2,3)\}\notin\mathscr{E}(A).$$

但易知, σ,τ 都是半群 $\mathscr{B}(A)$ 的幂等元.

定义 2.2.5　令 S 为一半群, $a\in S$. 称 a 为一正则元 (或 a 为正则的), 如果

$$(\exists\,x\in S)\ axa=a.$$

显然, 幂等元都是正则的.

关于半群的幂等元和正则元, 后面会有进一步的讨论.

定义 2.2.6　称半群 G 为一群, 如果

$$(\ \exists\,e\in G\ )\ ea\equiv a,$$

$$(\ \forall\,a\in G\ )\ (\ \exists\,a'\in G\ )\ a'a=e.$$

称 e 为 G 的左幺元, a' 为 a 关于 e 的左逆元. 称群 G 为一 Abel 群 (或交换群), 如果

$$ab\equiv ba.$$

例 2.2.4 (1) $(\mathbb{Z},+)$ 为一 Abel 群;

(2) 数域 $\mathbb{F}$ 关于加法为一 Abel 群, 关于乘法则不是群, $\mathbb{F}$ 的全体非零数关于乘法为一 Abel 群;

(3) 线性空间的 $(V_{\mathbb{F}},+)$ 为一 Abel 群.

例 2.2.5 令

$$U_n=\{u_i\in\mathbb{C}\mid u_i^n=1,\ i=1,2,\cdots,n,\ n\in\mathbb{Z}^+\}.$$

则 $(U_n,\cdot)$ 为一群, 称其为 n 次单位根群, 其中, $\cdot$ 为数的通常乘法.

例 2.2.6 (1) 令 $\mathbb{F}$ 为一数域. 则容易验证

$$GL_n(\mathbb{F})=\{A\in\mathbb{F}^{n\times n}\mid |A|\neq 0\}$$

和

$$SL_n(\mathbb{F})=\{A\in\mathbb{F}^{n\times n}\mid |A|=1\}$$

关于矩阵的通常乘法都成群. 分别称其为 $\mathbb{F}$ 上的一般线性群和特殊线性群.

(2) 由不可逆方阵关于矩阵的通常乘法构成的群也是存在的. 例如

$$G=\left\{\begin{pmatrix}a&a\\0&0\end{pmatrix}\in\mathbb{Q}^{2\times 2}\;\middle|\;0\neq a\in\mathbb{Q}\right\}$$

关于矩阵的通常乘法成一群.

(3) 令 A 为一非空集. 则

$$S_A=\{f\in\mathscr{T}(A)\mid f\ \text{为一可逆变换}\}$$

关于变换的通常合成成一群, 称其为集合 A 上的对称群 (见定义 2.2.16).

(4) 由不可逆变换关于变换的通常合成构成的群也是存在的. 例如, 在例 1.3.1 中, 每个涂了阴影的小表格 (H-类) 关于变换的通常合成都成群, 且在 $|\mathrm{Im}\ f|=2$ 和 $|\mathrm{Im}\ f|=1$ 两种情形下, 变换显然不可逆.

例 2.2.7 令 $\mathbb{F}$ 为一数域. 则

$$S_n(\mathbb{F})=\{A\in\mathbb{F}^{n\times n}\mid |A|\neq 0,\ A'=A\}$$

关于矩阵的通常乘法不成群 (请读者自行说明原因), 而

$$U_n(\mathbb{F})=\{A\in\mathbb{F}^{n\times n}\mid A'A=E\}$$

关于矩阵的通常乘法成一群. 当 $\mathbb{F}$ 为实数域 $\mathbb{R}$ 时, 称 $U_n(\mathbb{R})$ 为 (实) 正交群.

例 2.2.8 令 $l_1,l_2,\cdots,l_n$ 为正 n $(n\geqslant 3)$ 边形的 n 个对称轴,

$$D_{2n}=\{a_0,a_1,\cdots,a_{n-1},b_1,b_2,\cdots,b_n\}$$

是正 n 边形的全体对称构成的集合, 其中, a_i 表示绕这个正 n 边形的中心沿逆时针方向旋转 $\dfrac{i}{n}2\pi$ 的变换, b_j 表示沿对称轴 l_j 所作的反射变换, $i=0,1,\cdots,n-1$, $j=1,2,\cdots,n$. 从

几何上可以获知, D_{2n} 关于变换的通常合成封闭, 且满足结合律 (在 2.2.3 节中, 我们又给出一个代数的证明, 见例 2.2.22). 易知, a_0 为 D_{2n} 的幺元, 记为 e, 显然 $e^{-1}=e$. 又

$$a_i a_{n-i}=e, \quad i=1,2,\cdots,n-1,$$

$$b_j b_j=e, \quad j=1,2,\cdots,n.$$

从而 $a_i^{-1}=a_{n-i}$, $b_j^{-1}=b_j$, $i=1,2,\cdots,n-1$, $j=1,2,\cdots,n$, 即 D_{2n} 中任一元都有逆元. 于是, D_{2n} 关于变换的通常合成成群. 称其为二面体群 D_{2n}.

例 2.2.9 令 $\mathbb{Z}$ 为整数集, $n\in\mathbb{Z}$. 则 $\mathbb{Z}$ 关于如下合成:

$$a\circ b\equiv a+b+n$$

成群. 事实上, 易知, $\circ$ 为 $\mathbb{Z}$ 上的一个二元运算. 关于任意 $a,b,c\in\mathbb{Z}$, 有

$$\begin{aligned}(a\circ b)\circ c&=(a+b+n)\circ c\\&=a+b+n+c+n\\&=a+[b+c+n]+n\\&=a\circ(b\circ c),\end{aligned}$$

即二元运算 $\circ$ 满足结合律.

又, 关于任意 $a\in\mathbb{Z}$, 有

$$(-n)\circ a=-n+a+n=a.$$

从而 $-n$ 为 $\mathbb{Z}$ 的左幺元.

最后, 关于任意 $a\in\mathbb{Z}$, 由

$$(-2n-a)\circ a=-2n-a+a+n=-n$$

知, $-2n-a$ 为 a 的左逆元.

因此, $\mathbb{Z}$ 关于 $\circ$ 成群.

定义 2.2.7 令 S 为一半群, $a\in S$. 称映射

$$\begin{aligned}a_l: S&\longrightarrow S\\x&\longmapsto ax\end{aligned}\quad\left(\begin{aligned}a_r: S&\longrightarrow S\\x&\longmapsto xa\end{aligned}\right)$$

为 S 上的一个左 (右) 平移.

下面的两个定理分别给出了群和双消半群的几个等价刻画.

定理 2.2.1 令 G 为一半群. 则下列各条等价:

(1) G 为一群;

(2) $(\exists\ e\in G\ )\ ea\equiv ae\equiv a$,

$(\forall\ a\in G\ )(\exists\ a'\in G)\ a'a=aa'=e$;

(3) G 上的下面两类方程在 G 中都常有解:

$$ax = b, \quad ya = b;$$

(4) 关于任意 $a \in G$, G 上的左、右平移 a_l, a_r 都常为满射变换;

(5) G 中任二元素(包括自己与自己)都互为左因子, 也互为右因子;

(6) $aG \equiv Ga \equiv G$, 其中

$$aG = \{ag \mid g \in G\}, \quad Ga = \{ga \mid g \in G\}.$$

证明 显然, (3), (4) 和 (5) 是 (6) 中两个恒等式的三种不同的诠释. 因此, 我们只需给出下面的三个证明.

(1) $\Longrightarrow$ (2). 只需证明群定义中的 e 也满足 $ae = a$, a' 也满足 $aa' = e$. 由 (1) 知, 关于 a', 存在 a'', 使得 $a''a' = e$. 从而

$$aa' = (ea)a' = [(a''a')a]a' = a''(a'a)a' = a''ea' = a''(ea') = a''a' = e,$$

$$ae = a(a'a) = (aa')a = ea = a.$$

(2) $\Longrightarrow$ (3). 容易验证, $a'b, ba'$ 分别为方程 $ax = b$, $ya = b$ 在 G 中的解.

(4) $\Longrightarrow$ (1). 令 $a \in G$. 则由 a_r 为一满射变换知,

$$(\exists\ a_0 \in G)\ a_r(a_0) = a,$$

即 $a_0a = a$.

又, 关于任意 $b \in G$, 由 a_l 为一满射变换知,

$$(\exists\ b_0 \in G)\ a_l(b_0) = b,$$

即 $ab_0 = b$. 从而

$$a_0b = a_0(ab_0) = (a_0a)b_0 = ab_0 = b.$$

记 a_0 为 e. 令 e 在满射变换 a_r 下的原像为 a'. 则 $a'a = e$. □

下面的定理是显然的.

定理 2.2.2 令 S 为一半群. 则下列各条等价:

(1) S 为一双消半群;

(2) S 上的下面两类方程在 S 中的解都常唯一(如果有解):

$$ax = b, \quad ya = b;$$

(3) 关于任意 $a \in S$, S 上的左、右平移 a_l, a_r 都常为单射变换.

令 S 为一半群. 称 S 为一有限半群, 如果 $|S| < \infty$. 显然, 当 A 为一有限集时, 例 2.2.2 中的半群 $(\mathscr{T}(A), \circ)$ 为一有限半群.

推论 2.2.1 (1) 定义 2.2.6 (即群的定义) 中的 e, a' 即为定理 2.2.1(即群的等价定义) 第 (2) 条中的 e, a' (由证明可知);

(2) 群显然是双消半群; 但反之未必, 例如, $(\mathbb{Z}^+, +)$ 为一双消半群, 但它不为群; 根据定理 2.2.1 中群的等价定义 (5) 和例 3.1.2, 无幂等元的双消半群 (诸如, $(2\mathbb{Z}^+, \cdot)$ 和例 3.1.3 中的半群) 与群除了共同的双消性质, 形成了两个完全对立的双消半群类.

(3) 群 G 中, 那两类方程非但都常有解, 且解都常唯一. 群 G 上的左、右平移都常为双射;

(4) 群定义中的 e 和 a' 都是唯一的, 分别称为群的幺元 (单位元, 恒等元) 和 a 的逆元, a 的逆元记为 a^{-1}. 而且 e 为群的唯一的幂等元, 又显然 $(ab)^{-1} = b^{-1}a^{-1}$;

(5) 有限双消半群为群.

注 2.2.1 由定理 2.2.1 的证明易知, 群还有如下的等价定义:

(*) 称半群 G 为一群, 如果

$$(\ \exists\ e \in G\ )\ ae \equiv a,$$

$$(\ \forall\ a \in G\ )\ (\ \exists\ a' \in G\ )\ aa' = e.$$

例 2.2.10 根据定理 2.1.1, 允许线性空间结构的双消半群 $(V, +)$ 为一 Abel 群.

2.2.2 半群 (及半群同态和同构) 与变换半群

令 $(S, \cdot)$ 为一半群, $a \in S, n \in \mathbb{Z}^+$. 规定

$$a^n = \overbrace{a \cdot a \cdots a}^{n\text{个}}.$$

易知, 通常的指数规则在半群中也成立, 即

$$(m, n \in \mathbb{Z}^+)\ a^m a^n = a^{m+n}, \quad (a^m)^n = a^{mn}.$$

定义 2.2.8 称半群 S 为一含零半群 (幺半群, 交换半群, 正则半群, 反演半群), 如果

$$S\ \text{含零元且}\ |S| \geqslant 2$$

$$\Big(S\ \text{含幺元且}\ |S| \geqslant 2,\ ab \equiv ba,\ S\ \text{的每一元素都是正则的},$$

$$(\forall\ a \in S)(\exists\ x \in S)\ (ax)^2 = ax\Big).$$

显然, 非平凡群是幺半群、正则半群、反演半群; $(\mathbb{Z}^+ \cup \{0\}, \cdot)$ 为一含零半群; $(\mathbb{Z}^+ \cup \{0\}, \cdot)$ 和 $(\mathbb{Z}^+, \cdot)$ 都是交换幺半群.

例 2.2.1 中的半群 $(\mathbb{F}^{n\times n}, \cdot)$ 为一非交换半群, 如果 $n \geqslant 2$.

例 2.2.11 令 A 为一非空集. 则 $(\mathscr{T}(A), \circ)$ 为一正则半群.

事实上, 令 $f \in \mathscr{T}(A)$, 且

$$\mathrm{Im}\ f = \{y_i \mid i \in I\}.$$

则

$$\pi_{\mathrm{Ker}f} = \{f^{-1}(y_i) \mid i \in I\}.$$

根据选择公理, 存在 $x_i \in f^{-1}(y_i)$, $i \in I$. 作 A 上的变换 g 如下

$$g: \begin{cases} y_i \longmapsto x_i, & y_i \in \operatorname{Im} f, \\ y \longmapsto x_0, & y \in A \setminus \operatorname{Im} f, \end{cases}$$

其中, x_0 为 A 中某一固定元. 容易验证, $f \circ g \circ f = f$.

例 2.2.12 半群 $(\mathbb{F}^{n\times n}, \cdot)$ 为一正则半群. 因此, 鉴于 $(\mathcal{L}(V_{\mathbb{F},n}), \circ) \cong (\mathbb{F}^{n\times n}, \cdot)$, $(\mathcal{L}(V_{\mathbb{F},n}), \circ)$ 也为一正则半群.

事实上, 令 $A \in \mathbb{F}^{n\times n}$, $r_A = r$. 则存在可逆矩阵 $P, Q \in \mathbb{F}^{n\times n}$, 使得 $A = PE^{(r)}Q$, 其中

$$E^{(r)} = \begin{pmatrix} E_r & O \\ O & O \end{pmatrix}.$$

令 $A' = Q^{-1}E^{(r)}P^{-1}$. 则 $A = AA'A$.

定义 2.2.9 令 S 为一非空集. 定义 S 上的运算. 如下:

$$a \cdot b \equiv a \quad (a \cdot b \equiv b).$$

则 $(S, \cdot)$ 为一半群, 称其为左零半群 (右零半群), 它们显然都是正则的.

定理 2.2.3 (Thierrin 定理) 令 S 为一半群. 则下列三条等价:

(1) S 为一左零半群, 或 S 为一右零半群;

(2) $ab = cd \Longrightarrow a = c$ 或 $b = d$;

(3) $(\forall\, f \in \mathscr{T}(S))\ f(ab) \equiv f(a)f(b)$.

证明 (2) $\Longrightarrow$ (1). 如果 S 不是左零半群, 即 $ab \not\equiv a$, 那么

$$(\exists\, a_0, b_0 \in S)\ a_0b_0 \neq a_0.$$

下证 $ba \equiv a$. 显然

$$(\forall\, a \in S) \quad (a_0b_0)a = a_0(b_0a),$$

从而由 (2) 知,

$$(\forall\, a \in S)\ a = b_0a. \tag{2.1}$$

关于任意 $b \in S \setminus \{b_0\}$, 由式 (2.1) 知,

$$(\forall\, a \in S)\ ba = (b_0b)a = b_0(ba).$$

又由 (2) 和 $b \neq b_0$ 知,

$$(\forall\, a \in S)\ a = ba. \tag{2.2}$$

因此, 根据式 (2.1) 和式 (2.2), $ba \equiv a$.

(1) $\Longrightarrow$ (3). 显然.

(3) $\Longrightarrow$ (2). (a) 先证 $a^2 \equiv a$.

令 $a \in S$. 作 S 上的变换 f_a 如下:

$$f_a: x \longmapsto a.$$

则 $a=f_a(a^2)=f_a(a)f_a(a)=a^2$.

(b) 再证关于任意 $a,b\in S$, $ab=a$ 或 b.

假设 $ab\neq a$. 作 S 上的变换 f 如下:

$$f:\begin{cases}x\longmapsto a, & x=ab,\\ x\longmapsto ab, & x\neq ab.\end{cases}$$

则 $a=f(ab)=f(a)f(b)=(ab)f(b)$. 若 $f(b)=ab$, 则

$$a=(ab)(ab)=ab.$$

一个矛盾, 因此, $f(b)=a$, 从而 $b=ab$.

(c) 最后证明: $ab=cd\Longrightarrow a=c$ 或 $b=d$.

令 $ab=cd$.

当 $a=b$ 时, 由 (a) 知,

$$a=a^2=aa=ab=cd,$$

又由 (b) 知,

$$cd=c \text{ 或 } d,$$

从而 $a=c$ 或 $b=d$.

当 $a\neq b$ 时, 由 (b) 知, $ab=a$ 或 b. 若 $ab=a$, 作 S 上的变换 f 如下:

$$f:\begin{cases}x\longmapsto c, & x=ab,\\ x\longmapsto d, & x\neq ab.\end{cases}$$

则

$$c=f(ab)=f(a)f(b)=cd=ab=a.$$

同理可证, 若 $ab=b$, 则 $b=d$. □

定义 2.2.10 令 $S\overset{\mathrm{d}}{=}(S,\cdot)$ 为一半群, S_1 为 S 的一个非空子集. 称 S_1 为 S 的一个子半群, 如果 S_1 关于 $\cdot$ 也成一半群. 记为 $S_1\leqslant S$.

例 2.2.13 令 A 为一非空集. 由例 2.2.3 知, $(\mathscr{E}(A),\circ)$, 一般地, 不是 $(\mathscr{B}(A),\circ)$ 的子半群.

定义 2.2.11 令 S 为一半群, $a\in S$. 则

$$\langle a\rangle\overset{\mathrm{d}}{=}S \text{ 的含 } a \text{ 的一切子半群的交}$$

为 S 中含 a 的最小子半群. 称其为 a 在 S 中生成的子半群. 显然,

$$\langle a\rangle\overset{\mathrm{d}}{=}\{a^n\mid n\in\mathbb{Z}^+\}.$$

推论 2.2.2 (1) 当 $|\langle a\rangle|\not<\infty$ 时,

$$\langle a\rangle=\{a,a^2,a^3,\cdots\}.$$

称 $\langle a\rangle$ 为由 a 生成的无限单演半群.

(2) 当 $|\langle a\rangle| = n$ 时,

$$\langle a\rangle = \{a, a^2, \cdots, a^r, a^{r+1}, \cdots, a^{r+p-1}\},$$

其中, $r+p-1=n, a^{r+p}=a^r$, $r, p \in \mathbb{Z}^+$. 称 $\langle a\rangle$ 为由 a 生成的指数为 r 和周期为 p 的有限单演半群.

在指数为 r 和周期为 p 的有限单演半群 $\langle a\rangle$ 中,

$$G \stackrel{\mathrm{d}}{=} \{a^r, a^{r+1}, \cdots, a^{r+p-1}\}$$

为一群. 事实上, 关于任意 $i=0,1,\cdots,p-1$, 由

$$a^{r+p} = a^r$$

知,

$$a^{r+i+kp} = a^{r+i},$$

其中, $k \in \mathbb{Z}^+$. 易知, 在 $r, r+1, \cdots, r+p-1$ 这 p 个连续正整数中有且仅有一个数可被 p 整除, 不妨令

$$r+m = cp,\ c \in \mathbb{Z}^+,\ 0 \leqslant m \leqslant p-1.$$

则

$$a^{r+m}a^{r+i} = a^{r+i+cp} = a^{r+i},$$

从而 a^{r+m} 为 G 的幺元. 同样, 在 $r+i, r+i+1, \cdots, r+i+p-1$ 这 p 个连续正整数中有且仅有一个数被 p 除余数为 m, 不妨令

$$r+i+j = dp+m, \quad d \in \mathbb{Z}^+.$$

则

$$a^{r+j}a^{r+i} = a^{r+r+i+j} = a^{r+m+dp} = a^{r+m},$$

从而 a^{r+i} 有逆元, 且 $(a^{r+i})^{-1} = a^{r+j}$. 因此, G 为一群.

当 $r=1$ 时, $\langle a\rangle$ 为一群.

当 $r \geqslant 2$ 时, a 不是正则的, 因此 $\langle a\rangle$ 不是正则半群, 当然不是群. 但它是反演半群. 事实上, 令 $a^s = a^{r+m}$ 为群 G 的幺元. 则 $(a^s)^2 = a^s$. 关于任意 $a^i \in \langle a\rangle$, 令 $j = 2(r+m)-i$. 则

$$a^i a^j = a^{2(r+m)} = a^s,$$

从而 $(a^i a^j)^2 = a^i a^j$. 因此, $\langle a\rangle$ 为一反演半群.

我们知道, 群是正则半群, 正则半群是反演半群 (由 $axa=a$ 容易得到 $(ax)^2=ax$). 反之都不成立 (请读者思考为什么?). 但, 联系反演半群, 我们有如下事实, 它给出了群的另一个特征.

定理 2.2.4 令 $G \overset{\mathrm{d}}{=} (G,\cdot)$ 为一半群. 则 G 成一群当且仅当

$$(\forall\ a \in G)\ (\exists!\ a' \in G)\ (aa')^2 = aa',$$

其中, ∃! 表示存在且唯一.

证明 必要性. 令 G 为一群, e 为其幺元 (G 的唯一幂等元). 关于任意 $a \in G$, 取 $a' = a^{-1}$, 则

$$aa' = aa^{-1} = e.$$

若

$$(\exists\ a'' \in G)\ aa'' = e,$$

则由群是双消半群知, $a'' = a^{-1} = a'$, 唯一性得证.

充分性. 先证

$$(\forall\ a \in G)\ (\exists!\ a' \in G)\ (a'a)^2 = a'a.$$

令 $a \in G$. 则存在唯一的 $a' \in G$, 使得

$$(aa')^2 = aa'.$$

从而

$$[a(a'aa')]^2 = (aa'aa')^2 = [(aa')^2]^2 = (aa')^2 = aa'aa' = a(a'aa').$$

由唯一性知, $a'aa' = a'$. 因此,

$$(a'a)^2 = a'aa'a = (a'aa')a = a'a.$$

若

$$(\exists\ a'' \in G)\ (a''a)^2 = a''a,$$

则, 由 $a = (a'')'$, 根据上面的证明, 有 $(aa'')^2 = aa''$. 于是, 由唯一性知, $a'' = a'$.

再证 G 上两类方程 $ax = b$, $yb = a$ 在 G 中常有解.

令 $a \in G$. 则, 由上面的证明知, 存在唯一的 $a' \in G$, 使得 aa' 和 $a'a$ 均为幂等元. 从而, 由

$$(ba')'(ba') = [(ba')'b]a'$$

为一幂等元知, $(ba')'b = a$, 即 $(ba')'$ 为 $yb = a$ 在 G 中的解. 同理可证, $ax = b$ 在 G 中常有解. 因此, G 为一群. □

下面, 给出同态与反同态映射的概念.

定义 2.2.12 令 $S \overset{\mathrm{d}}{=} (S,\cdot)$, $T \overset{\mathrm{d}}{=} (T,\circ)$ 为两个半群胚. 称映射

$$f : S \longrightarrow T$$

为 S 到 T 的一个半群胚同态映射, 如果

$$f(ab) \equiv f(a)f(b). \tag{2.3}$$

若 S, T 都为半群 (群), 则称 f 为一半群 (群) 同态映射.

若 f 为一单射 (满射, 双射), 则称 f 为一半群胚单同态 (满同态, 同构) 映射.

若 f 为一同构映射, 则称 S 与 T 同构, 记为 $S \cong T$. S 与 T 同构, 则 T 也与 S 同构, 这涉及同构映射的逆映射也为一同构映射 (请读者思考为什么?). 因此, $f: S \longrightarrow T$ 为一单同态映射时, f 提供了 S 到 $\operatorname{Im} f$ 的一个同构映射. 从而, $S \cong \operatorname{Im} f$.

在式 (2.3) 中, 我们将运算符号省去了, 读者可以根据语境理解各运算是在哪个半群胚中进行的.

例 2.2.14 (1) 整数加群 $(\mathbb{Z}, +)$ 到群 $(\mathbb{Z}, \circ)$(例 2.2.9) 的映射

$$\begin{aligned} f: (\mathbb{Z}, +) &\longrightarrow (\mathbb{Z}, \circ), \\ a &\longmapsto a - n = a' \end{aligned}$$

为一同构映射. 事实上, 易知, f 为一双射. 又, 关于任意 $a, b \in \mathbb{Z}$,

$$f(a+b) = a+b-n = (a-n)+(b-n)+n = a' \circ b' = f(a) \circ f(b).$$

因此, f 为一同构映射.

(2) 实数加群 $\mathbb{R} \stackrel{\mathrm{d}}{=} (\mathbb{R}, +)$ 与正实数乘群 $\mathbb{R}^+ \stackrel{\mathrm{d}}{=} (\mathbb{R}^+, \cdot)$ 是同构的两个 Abel 群 (请读者思考为什么?).

注 2.2.2 例 2.2.9 和例 2.2.14 的 (1) 中的事实可以推广到任意 Abel 群上, 即, 可将整数加群 $(\mathbb{Z}, +)$ 换成任意 Abel 群 $(G, \cdot)$. 请读者思考相应的二元运算 $\circ$ 和群同构映射 f 该如何描述?

注 2.2.3 (1) 在定义 2.2.12 中, 若将式 (2.3) 改为

$$f(ab) \equiv f(b)f(a),$$

则称 f 为一反同态映射;

(2) 容易看出, 左 (右) 零半群到左 (右) 零半群的每一映射都为半群的同态映射, 而左 (右) 零半群到右 (左) 零半群的每一映射都为半群的反同态映射;

(3) 群的同态 (反同态) 映射

$$\begin{aligned} f: G &\longrightarrow G', \\ g &\longmapsto f(g). \end{aligned}$$

给出一个群的反同态 (同态) 映射

$$\begin{aligned} f^*: G &\longrightarrow G', \\ g &\longmapsto f^*(g) = f(g)^{-1}. \end{aligned}$$

于是, 群的同态映射与反同态映射是一一对应的. 这是群领域里一般不涉及群的反同态映射的缘由;

(4) 下面我们会时时遇到各种同态和反同态映射, 此处不预先专门罗列例子了;

(5) S (例如半群) 到自身的同态 (反同态) 映射称为 S 的自同态 (反自同态) 映射, 其全体记为 $\operatorname{End}(S)$ $(\operatorname{AntiEnd}(S))$; S 到自身的同构映射称为 S 的自同构映射, 其全体记为 $\operatorname{Aut}(S)$.

定理 2.2.5 (1) 令 S,T 为两个同构的半群胚. 则 S 为一半群 (交换半群胚, 幺半群, 群, $\cdots\cdots$) 当且仅当 T 为一半群 (交换半群胚, 幺半群, 群, $\cdots\cdots$);

(2) 令 f 为半群胚 S 到半群胚 T 的一个同态映射. 若 S 为一半群 (交换半群胚, 幺半群, 群, $\cdots\cdots$), 则 $\mathrm{Im}\, f$ 为一半群 (交换半群胚, 幺半群, 群, $\cdots\cdots$).

(证明留给读者)

注 2.2.4 如果半群胚 T 为半群胚 S 的半群胚同态像, 情形如何?

令 $S \overset{\mathrm{d}}{=} (S,\cdot)$ 为一半群. 作幺半群 $S^1 \overset{\mathrm{d}}{=} (S^1,\circ)$ 如下:

Ⅰ.

$$S^1 = \begin{cases} S, & S \text{ 为幺半群}, \\ S \cup \{1\}, & S \text{ 不为幺半群}, 1 \notin S. \end{cases}$$

Ⅱ. (1) 若 $S^1 = S$, 则

$$a \circ b \equiv a \cdot b.$$

(2) 若 $S^1 = S \cup \{1\}, 1 \notin S$, 则

$$\begin{aligned} &(\forall\, a,b \in S)\ a \circ b = a \cdot b, \\ &(\forall\, a \in S)\ 1 \circ a = a \circ 1 = a,\ 1 \circ 1 = 1. \end{aligned}$$

关于任一非空集 A, 全变换半群 $\mathscr{T}(A)$ 的子半群称为 A 上的一个变换半群. 定理 2.2.6 说明任一抽象半群都同构于某一集合上的一个变换半群.

定理 2.2.6 (半群的 Cayley 左正则表示) 令 $S \overset{\mathrm{d}}{=} (S,\cdot)$ 为一半群. 则

$$\eta : S \longrightarrow \mathscr{T}(S^1),$$

$$a \longmapsto a_l$$

为一单同态映射, 其中 $a_l : x \longmapsto ax, x \in S^1$. 因此, $S \cong \mathrm{Im}\,\eta$.

证明 显然 η 为 S 到 $\mathscr{T}(S^1)$ 的一个映射. 令 $a,b \in S$. 若 $\eta(a) = \eta(b)$, 则 $a_l = b_l$. 从而, 关于任意 $c \in S^1$, $a_l(c) = b_l(c)$, 即 $ac = bc$. 取 $c = 1$ 时, 有 $a = b$. 因此, η 为一单射. 又, 关于任意 $x \in S^1$,

$$\begin{aligned} &(ab)_l(x) = (ab)x, \\ &(a_l b_l)(x) = a_l(b_l(x)) = a_l(bx) = a(bx) = (ab)x. \end{aligned}$$

从而 $(ab)_l = a_l b_l$, 即 $\eta(ab) = \eta(a)\eta(b)$. 因此, η 为一同态映射. 于是 η 为一单同态映射, 即 η 提供了 S 到 $\mathrm{Im}\,\eta$ 的一个同构映射. 因此, $S \cong \mathrm{Im}\,\eta$. □

2.2.3 群 (及群同态和同构) 与置换群

令 $(G,\cdot)$ 为一群, $a \in G, n \in \mathbb{Z}^+$. 规定

(1) $n \in \mathbb{Z}^+$ 时, $a^n = \overbrace{a \cdot a \cdots a}^{n\text{个}}$, 且 $a^{-n} = (a^{-1})^n$;

(2) $a^0 = e$.

不难验证, 通常的指数规则在群中也成立, 即

$$(\forall\, m, n \in \mathbb{Z})\ a^m a^n = a^{m+n}, \quad (a^m)^n = a^{mn}.$$

将群 $(G, \cdot)$ 写成 $(G, +)$ 时, 也将 a^n 写成 na, 其中 $n \in \mathbb{Z}$, 特别地, 将 a^{-1} 写成 $-a$. 若 G 为一 Abel 群, 则 $(ab)^m = a^m b^m$, 其中 $a, b \in G, m \in \mathbb{Z}$.

定义 2.2.13 令 $(G, \cdot)$ 为一群. 称 G 为一有限群, 如果

$$|G| < \infty.$$

不是有限群的群称为无限群. 有限群 G 的元素个数称为群 G 的阶.

定义 2.2.14 令 G 为一群, $a \in G$. 若 $\{m \in \mathbb{Z}^+ \mid a^m = e\} \neq \varnothing$, 则称

$$\min\{m \in \mathbb{Z}^+ \mid a^m = e\}$$

为 a 的阶; 若 $\{m \in \mathbb{Z}^+ \mid a^m = e\} = \varnothing$, 则称 a 的阶为无限的. a 的阶记为 $|a|$.

推论 2.2.3 令 G 为一群, e 为 G 的幺元, $a, b \in G$. 则

(1) $|e| = 1$;

(2) $|a| = |a^{-1}|$;

(3) $|a| = |bab^{-1}|$ (换言之, $|ab| = |ba|$).

(证明留给读者)

例 2.2.15 正有理数集 $\mathbb{Q}^+$ 关于通常乘法成一无限群. 除了幺元 1, 其余元素的阶都无限.

例 2.2.16 令 U_n 为 n 次单位根群. 则

$$G = \bigcup_{i=1}^{\infty} U_i$$

为一无限群, 且每个元素的阶都有限.

例 2.2.17 全体非零有理数关于通常乘法成一无限群. 除了幺元 1 的阶为 1, -1 的阶为 2, 其余元素的阶都无限.

定理 2.2.7 令 G 为一群, $a \in G, |a| = n$. 则关于任意 $m \in \mathbb{Z}$, $a^m = e$ 当且仅当 $n|m$.

证明 充分性显然, 只证必要性.

令 $m = qn + r, q \in \mathbb{Z}, 0 \leqslant r < n$. 则

$$e = a^m = a^{qn+r} = (a^n)^q a^r = ea^r = a^r.$$

由 $r < n = |a|$ 知, $r = 0$. 从而 $m = qn$, 即 $n|m$. □

推论 2.2.4 令 G 为一 n 阶群, $a \in G$. 则 $|a| \leqslant n$.

证明 令 G 为一 n 阶群, $a \in G$. 则由 G 为一群知, $a^0, a, a^2, \cdots, a^n \in G$. 又 $|G| = n$, 从而存在 $k, l \in \{0, 1, 2, \cdots, n\}$, $k \neq l$, 使得 $a^k = a^l$. 不妨令 $k > l$. 则 $a^{k-l} = e$. 根据定理 2.2.7, $|a|\,|\,(k-l)$. 因此 $|a| \leqslant k - l \leqslant n$. □

定理 2.2.8 令 G 为一 Abel 群, $a, b \in G, |a| = m, |b| = n$, 且 $(m, n) = 1$. 则 $|ab| = mn$.

证明 首先,

$$(ab)^{mn} = a^{mn}b^{nm} = ee = e.$$

其次, 若 $(ab)^k = e, k \in \mathbb{Z}^+$, 则

$$e = (ab)^{km} = a^{km}b^{km} = eb^{km} = b^{km}.$$

根据定理 2.2.7, $n|(km)$. 又 $(m,n) = 1$, 从而 $n|k$. 同理可证 $m|k$. 又由 $(m,n) = 1$ 知, $mn|k$. 因此, $|ab| = mn$. □

在定理 2.2.8 中, 将条件“G 为一 Abel 群”替换为“G 为一群, $ab = ba$”, 结论也成立.

定义 2.2.15 令 $(G, \cdot)$ 为一群, $\varnothing \neq H \subseteq G$. 称 H 为 G 的一个子群, 如果 H 关于 $\cdot$ 也构成群, 记为 $H \leqslant G$.

定理 2.2.9 令 G 为一群, $H \leqslant G$. 则 H 中的幺元就是 G 的幺元, H 中的元素 a 在 H 中的逆元就是 a 在 G 中的逆元.

证明 令 e', e 分别为子群 H 和群 G 的幺元, $a \in H$, 且 a', a^{-1} 分别为 a 在子群 H 和群 G 中的逆元. 则由推论 2.2.1 的 (4) 知, $e' = e$. 进而,

$$a' = a'e = a'aa^{-1} = ea^{-1} = a^{-1}.$$ □

容易验证下面的推论成立.

推论 2.2.5 令 G 为一群, $\varnothing \neq H \subseteq G$. 则下列几条等价:

(1) $H \leqslant G$;

(2) $(\forall\, a, b \in H)\ ab \in H,\ a^{-1} \in H$;

(3) $(\forall\, a, b \in H)\ ab^{-1} \in H$.

例 2.2.18 例 2.2.6 和例 2.2.7 中的 $SL_n(\mathbb{F})$ 和 $U_n(\mathbb{F})$ 都是 $GL_n(\mathbb{F})$ 的子群.

例 2.2.19 令 G 为一群 (半群). 则

$$Z(G) \stackrel{\mathrm{d}}{=} \{a \in G \mid (\forall\, x \in G)\ ax = xa\} \leqslant G.$$

称其为群 (半群) G 的中心.

例 2.2.20 令 $\mathbb{F}$ 为一数域. 则

$$H = \left\{A \in \mathbb{F}^{n\times n} \;\middle|\; |A| \neq 0,\ A\text{为上三角阵}\right\} \leqslant GL_n(\mathbb{F}),$$

$$K = \left\{A \in \mathbb{F}^{n\times n} \;\middle|\; |A| \neq 0,\ A\text{为下三角阵}\right\} \leqslant GL_n(\mathbb{F}),$$

$$C = \left\{A \in \mathbb{F}^{n\times n} \;\middle|\; A = aE,\ 0 \neq a \in \mathbb{F}\right\} \leqslant GL_n(\mathbb{F}).$$

并且容易证明 C 即是 $GL_n(\mathbb{F})$ 的中心.

定理 2.2.10 令 G 为一群, $H \leqslant G$, $K \leqslant G$. 则

(1) $H \cap K \leqslant G$;

(2) $HK \leqslant G$ 当且仅当 $HK = KH$.

证明 (1) 显然 $e \in H \cap K$. 关于任意 $a, b \in H \cap K$, 由于 $H \leqslant G$, $K \leqslant G$, 根据推论 2.2.5,

$$ab^{-1} \in H, \quad ab^{-1} \in K.$$

从而 $ab^{-1} \in H \cap K$, 因此 $H \cap K \leqslant G$.

(2) 令 $HK = KH$. 关于任意 $x \in HK$,

$$(\exists\, h \in H,\ k \in K)\ x = hk.$$

从而

$$x^{-1} = (hk)^{-1} = k^{-1}h^{-1} \in KH = HK.$$

又

$$(HK)(HK) = H(KH)K = H(HK)K = (HH)(KK) = HK,$$

即 HK 关于乘法封闭. 于是, 根据推论 2.2.5, $HK \leqslant G$.

反之, 令 $HK \leqslant G$. 则关于任意 $x \in HK$, $x^{-1} \in HK$. 令

$$x^{-1} = hk,\ h \in H,\ k \in K.$$

则

$$x = (hk)^{-1} = k^{-1}h^{-1} \in KH,$$

从而 $HK \subseteq KH$. 同理可证 $KH \subseteq HK$. 于是 $HK = KH$. □

注 2.2.5 两个子群的并未必是子群. 事实上, 我们有如下结论:

$$H \cup K \leqslant G \iff H \subseteq K, \text{或 } K \subseteq H.$$

请读者自行证明.

定理 2.2.11 令 G 和 H 为两个群, $f : G \longrightarrow H$ 为一群同态映射. 则

(1) $f(e)$ 为群 H 的幺元, 其中 e 为群 G 的幺元;

(2) $(\forall\, a \in G)\ f(a^{-1}) = f(a)^{-1}$.

证明 (1) 由

$$f(e)f(e) = f(e^2) = f(e)$$

知, $f(e)$ 为 H 的一个幂等元. 而群的幂等元只有幺元, 因此, $f(e)$ 为 H 的幺元.

(2) 由

$$f(a)f(a^{-1}) = f(aa^{-1}) = f(e)$$

及群元的逆元唯一知, $f(a^{-1})$ 为 $f(a)$ 的逆元 $f(a)^{-1}$. □

定理 2.2.12 令 G, H 为两个群, $G_1 \leqslant G, H_1 \leqslant H$, $f : G \longrightarrow H$ 为一群同态映射. 则

$$f(G_1) \leqslant H, \quad f^{-1}(H_1) \leqslant G.$$

证明 令 $\bar{a},\bar{b}\in f(G_1)$. 则存在 $a,b\in G_1$, 使得 $f(a)=\bar{a}, f(b)=\bar{b}$. 从而,

$$\bar{a}\bar{b}^{-1}=f(a)f(b)^{-1}=f(a)f(b^{-1})=f(ab^{-1}).$$

又由 $G_1\leqslant G$ 知, $ab^{-1}\in G_1$, 因此 $\bar{a}\bar{b}^{-1}\in f(G_1)$, 于是 $f(G_1)\leqslant H$.

令 $a,b\in f^{-1}(H_1)$. 则 $f(a),f(b)\in H_1$. 从而,

$$f(ab^{-1})=f(a)f(b^{-1})=f(a)f(b)^{-1}.$$

又由 $H_1\leqslant H$ 知, $f(a)f(b)^{-1}\in H_1$. 因此, $ab^{-1}\in f^{-1}(H_1)$, 于是 $f^{-1}(H_1)\leqslant G$. □

推论 2.2.6 令 G,H 为两个群, $f:G\longrightarrow H$ 为一群同态映射. 则

(1) $\mathrm{Im}\ f=\{f(a)\mid a\in G\}\leqslant H$;

(2) $\mathrm{Ker}\ f=\{a\in G\mid f(a)=e\}\leqslant G$, 其中 e 为 H 的幺元.

称 $\mathrm{Ker}\ f$ 为同态映射 f 的核.

定义 2.2.16 令 A 为一非空集,

$$S_A=\{f\in\mathscr{T}(A)\mid f\ 为一可逆变换\}.$$

则 $(S_A,\circ)$ 为 A 上的全变换半群 $\mathscr{T}(A)$ 的子半群, 且容易证明 $(S_A,\circ)$ 为一群, 称其为集合 A 上的对称群, 它的子群称为集合 A 上的置换群.

作为半群的 Cayley 左正则表示的推论, 我们给出下面的群的 Cayley 左正则表示. 但请读者注意, “群到群集上的全变换半群”, 此时, 已经改成“群到群集上的对称群”了 (请读者思考为什么?).

推论 2.2.7 (群的 Cayley 左正则表示) 令 G 为一群. 则

$$\eta:G\longrightarrow S_G,$$

$$a\longmapsto a_l$$

为一单同态映射, 其中 $a_l:g\longmapsto ag, g\in G$. 因此, $G\cong\mathrm{Im}\ \eta$.

注 2.2.6 推论 2.2.7 说明任一抽象群都同构于某一集合上的一个置换群.

在任意非空集合 A 上的全变换半群 $\mathscr{T}(A)$ 中, 除了大家所熟悉的 A 上的置换群, 还有很多变换的集合关于变换的通常合成成群, 常称之为全变换半群的子群.

定理 2.2.13 令 A 为一非空有限集, $f,g\in\mathscr{T}(A)$. 则

$$H\overset{\mathrm{d}}{=}\{h\in\mathscr{T}(A)\mid \mathrm{Ker}\ h=\mathrm{Ker}\ f,\ \mathrm{Im}\ h=\mathrm{Im}\ g\}$$

非空 (关于变换的通常合成成群) 当且仅当

$$\mathrm{Ind\ Ker}\ f=|\ \mathrm{Im}\ g\ |\ (\mathrm{Im}\ g\ 为\ \mathrm{Ker}\ f\ 的一个截面),$$

其中, $\mathrm{Ind\ Ker}\ f$ 表示 $\mathrm{Ker}\ f$ 的等价类的个数.

证明 易知, H 非空当且仅当 Ind Ker $f =|$ Im $g\,|$. 下证 H 关于变换的通常合成成群当且仅当 Im g 为 Ker f 的一个截面.

充分性. 令商集

$$A/\text{Ker } f = \{A_j \subseteq A \mid j = 1, \cdots, n\}.$$

则由 Im g 是 Ker f 的一个截面知,

$$\text{Im } g = \{a_j \in A_j \mid j = 1, \cdots, n\}.$$

关于任意 $h \in H$, 用

$$\begin{pmatrix} A_1 & A_2 & \cdots & A_n \\ a_{i_1} & a_{i_2} & \cdots & a_{i_n} \end{pmatrix}$$

表示变换 h, 即

$$(\forall\, a \in A_j)\ h(a) = a_{i_j}, \quad j = 1, 2, \cdots, n.$$

其中, $a_{i_1}a_{i_2}\cdots a_{i_n}$ 为 $a_1, a_2, \cdots, a_n$ 的一个排列. 易知 H 关于变换的通常合成是封闭的 (当然满足结合律). 显然,

$$\begin{pmatrix} A_1 & A_2 & \cdots & A_n \\ a_1 & a_2 & \cdots & a_n \end{pmatrix}$$

是 H 的幺元. 又, 关于任意

$$\begin{pmatrix} A_1 & A_2 & \cdots & A_n \\ a_{i_1} & a_{i_2} & \cdots & a_{i_n} \end{pmatrix} \in H,$$

有

$$\begin{pmatrix} A_1 & A_2 & \cdots & A_n \\ a_{i_1} & a_{i_2} & \cdots & a_{i_n} \end{pmatrix}^{-1} = \begin{pmatrix} A_{i_1} & A_{i_2} & \cdots & A_{i_n} \\ a_1 & a_2 & \cdots & a_n \end{pmatrix} \in H.$$

因此, H 关于变换的通常合成构成群 (事实上, H 同构于下面的 n 次对称群 S_n).

必要性. 令 H 为一群, ε 为 H 的幺元. 则由于 Ker $\varepsilon =$ Ker f, Im $\varepsilon =$ Im g, 只需证明 Im ε 为 Ker ε 的一个截面. 事实上,

(1) 关于任意 $a \in A$, $\varepsilon(a) \in \text{Im } \varepsilon$, 且

$$\varepsilon[\varepsilon(a)] = \varepsilon^2(a) = \varepsilon(a).$$

从而 $(a, \varepsilon(a)) \in \text{Ker } \varepsilon$.

(2) 关于任意 $\varepsilon(a), \varepsilon(b) \in Im\ \varepsilon, a, b \in A$, 若 $\varepsilon(a) \neq \varepsilon(b)$, 则由 $\varepsilon^2 = \varepsilon$ 知,

$$\varepsilon[\varepsilon(a)] = \varepsilon^2(a) = \varepsilon(a) \neq \varepsilon(b) = \varepsilon^2(b) = \varepsilon[\varepsilon(b)].$$

从而 $(\varepsilon(a), \varepsilon(b)) \notin \text{Ker } \varepsilon$.

根据定义 1.2.6 以及其后关于等价关系的截面的一个充要条件, Im ε 为 Ker ε 的一个截面. □.

注 2.2.7 (1) 若 G 为集合 A 上一变换群, 则 G 或全由双射变换构成, 或全由非双射变换构成, 也就是说, 既含有双射变换又含有非双射变换的变换群是不存在的(提示, 应用推论 1.3.1).

(2) 令

$$f = \begin{pmatrix} 1 & 2 & 3 \\ 2 & 3 & 2 \end{pmatrix}, \quad g = \begin{pmatrix} 1 & 2 & 3 \\ 1 & 1 & 2 \end{pmatrix}.$$

显然, $\mathrm{Im}\, g$ 是 $\mathrm{Ker}\, f$ 的一个截面, 因此, 例 1.3.1 中的

$$H = \left\{ \begin{pmatrix} 1 & 2 & 3 \\ 1 & 2 & 1 \end{pmatrix}, \begin{pmatrix} 1 & 2 & 3 \\ 2 & 1 & 2 \end{pmatrix} \right\}$$

成群. 实际上, 例 1.3.1 中涂了阴影的 H-类都为群.

(3) 令 A 为一集合. 若 $|A| > 1$, 则 A 的全体非双射变换关于变换的乘法不成群. 事实上, 令

$$A = \{a, b, \cdots\},$$

σ, τ 为 A 上的变换, 且满足

$$(\forall\, x \in A)\ \sigma(x) = a, \quad \tau(x) = b.$$

显然 σ, τ 为 A 上两个互异的非双射变换, 且都是幂等的. 因此, A 的全体非双射变换关于变换的通常合成不成群 (请读者思考为什么?).

在任意线性空间 V 上的全线性变换半群 $\mathcal{L}(V)$ 中, 除了大家所熟悉的 V 上的自同构群, 还有很多线性变换的集合关于变换的通常合成成群, 常称之为全线性变换半群的子群.

定理 2.2.14 令 V 为数域 $\mathbb{F}$ 上一 n 维线性空间, $\mathcal{A}, \mathcal{B} \in \mathcal{L}(V)$. 则

$$H \overset{\mathrm{d}}{=} \{\mathcal{C} \in \mathcal{L}(V) \mid \mathrm{Ker}\ \mathcal{C} = \mathrm{Ker}\ \mathcal{A},\ \mathrm{Im}\ \mathcal{C} = \mathrm{Im}\ \mathcal{B}\}$$

非空 (关于变换的通常合成成群) 当且仅当

$$\dim(\mathrm{Ker}\ \mathcal{A}) + \dim(\mathrm{Im}\ \mathcal{B}) = n$$

$$(V = \mathrm{Ker}\ \mathcal{A} \oplus \mathrm{Im}\ \mathcal{B}).$$

证明 根据 Sylvester 定理, H 非空当且仅当 $\dim(\mathrm{Ker}\ \mathcal{A}) + \dim(\mathrm{Im}\ \mathcal{B}) = n$. 下证 H 关于变换的通常合成成群当且仅当 $V = \mathrm{Ker}\ \mathcal{A} \oplus \mathrm{Im}\ \mathcal{B}$.

令 $\mathrm{Ker}\ \mathcal{A} = V_1$, $\mathrm{Im}\ \mathcal{B} = V_2$. 则 H 关于变换的通常合成成群当且仅当 $V = V_1 \oplus V_2$.

充分性. 令 $V = V_1 \oplus V_2$.

若 $V_1 = \{0\}$, 则 $V_2 = V$, 从而 H 为可逆线性变换的全体, 当然成群.

若 $V_2 = \{0\}$, 则 $V_1 = V$, 从而 $H = \{\mathcal{O}\}$, 当然成群 (平凡群).

若 $\dim\ V_1 = r$, $1 \leqslant r < n$, 则 $\dim\ V_2 = n - r$. 令 $(\alpha_1, \alpha_2, \cdots, \alpha_r)$ 为 V_1 的一个基底, $(\alpha_{r+1}, \alpha_{r+2}, \cdots, \alpha_n)$ 为 V_2 的一个基底. 则 $(\alpha_1, \cdots, \alpha_r, \alpha_{r+1}, \cdots, \alpha_n)$ 为 V 的一个基底, 且关于任意 $\mathcal{A} \in H$, $\mathcal{A}$ 在 $(\alpha_1, \cdots, \alpha_r, \alpha_{r+1}, \cdots, \alpha_n)$ 下的矩阵为

$$\begin{pmatrix} O & O \\ O & A \end{pmatrix},$$

其中, $A \in \mathbb{F}^{(n-r)\times(n-r)}$ 可逆. 容易验证在 V 的这个基底下 H 与

$$H' = \left\{ \begin{pmatrix} O & O \\ O & A \end{pmatrix} \middle| A \in \mathbb{F}^{(n-r)\times(n-r)}, \text{且可逆} \right\}$$

同构. 显然 H' 关于矩阵通常乘法成群, 从而 H 关于线性变换的通常合成也成群.

必要性. 令 H 为一群, $\mathcal{E}_H$ 为 H 的幺元. 则 $\mathrm{Ker}\,\mathcal{E}_H = \mathrm{Ker}\,\mathcal{A} = V_1$, $\mathrm{Im}\,\mathcal{E}_H = \mathrm{Im}\,\mathcal{B} = V_2$, 且 $\mathcal{E}_H$ 为一幂等线性变换. 根据本章习题第 1 题,

$$V = \mathrm{Ker}\,\mathcal{E}_H \oplus \mathrm{Im}\,\mathcal{E}_H,$$

即 $V = V_1 \oplus V_2$. □

注 2.2.8 关于定理 2.2.13 和定理 2.2.14 中的事实, 我们将在第 3 章利用 Green 关系给出另一种证明 (见例 3.2.2 和例 3.2.3).

回顾此前, 关于非空集合 A 上的对称群 S_A, 在 $|A| = n$ 的意义上, A 可等同于 $\{1, 2, \cdots, n\}$. 此时, S_A 记为 S_n, 称其为 n 次对称群, 其子群称为 n 次置换群. S_n 中的元素 σ 称为 n 次置换, 常记为 $\begin{pmatrix} 1 & 2 & \cdots & n \\ i_1 & i_2 & \cdots & i_n \end{pmatrix}$, 其中 $i_j = \sigma(j), j = 1, 2, \cdots, n$. 显然, $i_1 i_2 \cdots i_n$ 为 $12\cdots n$ 的一个排列, 因此 $|S_n| = n!$.

定义 2.2.17 令 $\sigma \in S_n$. 若

$$\sigma(i_1) = i_2,\ \sigma(i_2) = i_3,\ \cdots,\ \sigma(i_{k-1}) = i_k,\ \sigma(i_k) = i_1,$$

其中, $i_1, i_2, \cdots, i_k$ 为 $1, 2, \cdots, n$ 中 k 个两两不同的数, 其他数在 σ 作用下不变, 则称 σ 为一 k-轮换. 记 $\sigma = (i_1 i_2 \cdots i_k)$. 当 $k = 2$ 时, 称 σ 为一对换; 无公共数字的轮换称为不相交的轮换. 恒等置换 $\begin{pmatrix} 1 & 2 & \cdots & n \\ 1 & 2 & \cdots & n \end{pmatrix}$ 通常简记为 (1).

推论 2.2.8 (1) k-轮换 $(i_1 i_2 \cdots i_k)$ 的阶为 k;

(2) $(i_1 i_2 \cdots i_k)^{-1} = (i_k \cdots i_2 i_1)$;

(3) $(i_1 i_2 \cdots i_k) = (i_1 i_k)(i_1 i_{k-1}) \cdots (i_1 i_2)$, 即轮换可表示为若干对换的乘积.

证明 (1) 令 $\sigma = (i_1 i_2 \cdots i_k)$. 显然 $\sigma^k = (1)$. 又关于任意 $1 \leqslant m < k$,

$$\sigma^m(i_1) = i_{m+1},$$

即 $\sigma^m \neq (1)$. 于是 σ 的阶为 k.

(2) 容易验证

$$(i_1 i_2 \cdots i_k)(i_k \cdots i_2 i_1) = (1),$$

从而 $(i_1 i_2 \cdots i_k)^{-1} = (i_k \cdots i_2 i_1)$.

(3) 直接验证即得. □

定理 2.2.15 令 $\sigma \in S_n$. 则

(1) σ 可表示为若干不相交轮换的乘积, 且在不计排列顺序的意义上表示方式是唯一的;

(2) σ 可表示为若干对换的乘积, 且在保持个数的奇偶性的意义上表示方式是唯一的. 称分解式中对换个数为奇数的置换为奇置换, 否则为偶置换.

证明　(1) 任取 $i_1 \in \{1,2,\cdots,n\}$, 记 $i_2=\sigma(i_1)$. 当 $i_2=i_1$ 时, 即可得到 1-轮换 (i_1); 当 $i_2 \neq i_1$ 时, 记 $i_3=\sigma(i_2)$, 若 $i_3 \in \{i_1,i_2\}$, 由 σ 为一双射知, $i_3=i_1$, 则可得到 2-轮换 (i_1,i_2); 若 $i_3 \notin \{i_1,i_2\}$, 记 $i_4=\sigma(i_3)$. 如此下去, 则得到 n-轮换 $(i_1,i_2,\cdots,i_n)$ 时, 必有 $i_{n+1}=i_1$.

因此, 可以得到一个 l- 轮换 $(i_1,i_2,\cdots,i_l)$, $1 \leqslant l \leqslant n$. 若 $\{1,2,\cdots,n\}\backslash\{i_1,i_2,\cdots,i_l\} \neq \varnothing$, 类似地, 又可以得到一个 k- 轮换 $(j_1,j_2,\cdots,j_k)$, $1 \leqslant k \leqslant n-1$, 且 $(i_1,i_2,\cdots,i_l)$ 与 $(j_1,j_2,\cdots,j_k)$ 没有公共数字. 依此类推, 可以得到 σ 的轮换乘积分解.

(2) 由 (1) 和推论 2.2.8 中的 (3) 知, σ 可表示为若干对换的乘积. 令

$$\sigma=\begin{pmatrix}1 & 2 & \cdots & n\\ i_1 & i_2 & \cdots & i_n\end{pmatrix}=\sigma_1\sigma_2\cdots\sigma_s=\sigma_1'\sigma_2'\cdots\sigma_t',$$

其中 $\sigma_1\cdots\sigma_s, \sigma_1'\cdots\sigma_t'$ 为对换. 则

$$\sigma=\begin{pmatrix}1 & 2 & \cdots & n\\ i_1 & i_2 & \cdots & i_n\end{pmatrix}=\sigma_1\sigma_2\cdots\sigma_s\begin{pmatrix}1 & 2 & \cdots & n\\ 1 & 2 & \cdots & n\end{pmatrix}=\sigma_1'\sigma_2'\cdots\sigma_t'\begin{pmatrix}1 & 2 & \cdots & n\\ 1 & 2 & \cdots & n\end{pmatrix}.$$

由高等代数知识知, 对换改变排列的奇偶性, 从而 s,t 的奇偶性与排列 $i_1i_2\cdots i_n$ 的奇偶性相同. 因此, s,t 的奇偶性相同. □

推论 2.2.9　(1) k-轮换 $(i_1i_2\cdots i_k)$ 的奇偶性与 k 的奇偶性相反;

(2) 置换 σ 与其逆的奇偶性相同.

S_n 中的全体偶置换构成的集合记为 A_n.

推论 2.2.10　关于 $n \in \mathbb{Z}^+$, $n \geqslant 2$,

(1) $A_n \leqslant S_n$, 称 A_n 为 n 次交代群 (或交错群);

(2) $|A_n|=n!/2$.

证明　(1) 显然.

(2) 令 $B=S_n\backslash A_n$. 作映射 $f: A_n \longrightarrow B$ 和 $g: B \longrightarrow A_n$ 如下

$$f: \sigma \longmapsto (1n)\sigma,$$

$$g: \sigma' \longmapsto (1n)\sigma'.$$

则 $g\circ f=1_{A_n}, f\circ g=1_B$. 根据定理 1.2.1, f 为一双射. 因此, $|A_n|=|S_n\backslash A_n|$. 于是

$$|A_n|=|S_n|/2=n!/2.$$ □

令 $H \leqslant S_n$. 若 H 中含有奇置换 σ, 则可以证明 H 中的偶置换与奇置换个数是一样多的. 因此, 有下面推论.

推论 2.2.11　令 $H \leqslant S_n$. 则 H 中偶置换的个数非 $|H|$, 即 $|H|/2$.

例 2.2.21　4 次交代群

$$A_4=\{(1),(12)(34),(13)(24),(14)(23),(123),(132),$$
$$(124),(142),(134),(143),(234),(243)\}$$

的子群

$$K_4=\{(1),(12)(34),(13)(24),(14)(23)\}$$

称为 Klein 四元群.

例 2.2.22 关于例 2.2.8 中的二面体群 D_{2n}, 现在我们从代数的角度证明 D_{2n} $(n \geqslant 3)$ 关于变换的通常合成成一群.

不妨以 $n=5$ 为例. 正五边形的五个顶点分别记为 $1,2,3,4,5$, a_i 表示绕这个正五边形的中心沿逆时针方向旋转 $\frac{i}{5}2\pi$ 的变换, $i=0,1,2,3,4$. l_j 表示正五边形的过顶点 j 的对称轴, b_j 表示沿对称轴 l_j 所作的反射变换, $j=1,2,3,4,5$. 则

$$a_0=(1),\quad a_1=(15432),\quad a_2=(14253),\quad a_3=(13524),\quad a_4=(12345),$$

$$b_1=(25)(34),\quad b_2=(13)(45),\quad b_3=(15)(24),\quad b_4=(12)(35),\quad b_5=(14)(23).$$

因此, 正五边形全体对称构成的集合

$$D_{10}=\{a_i,b_j,i=0,1,2,3,4,\ j=1,2,3,4,5\}\subseteq S_5,$$

D_{10} 当然关于变换的通常合成满足结合律. 容易看出

$$a_i=a_1^i,\quad i=0,1,2,3,4.$$

因此, 关于任意 $i,j=0,1,2,3,4$,

$$a_ia_j=a_1^ia_1^j=a_1^{i+j}=a_1^r\in D_{10},$$

其中, $r\in\{0,1,2,3,4\}$, $r\equiv i+j \pmod 5$. 由计算可知,

$$a_1b_1=(15432)(25)(34)=(15)(24)=b_3,$$

$$a_1b_2=(15432)(13)(45)=(12)(35)=b_4,$$

$$a_1b_3=(15432)(24)(15)=(14)(23)=b_5,$$

$$a_1b_4=(15432)(12)(35)=(25)(34)=b_1,$$

$$a_1b_5=(15432)(14)(23)=(13)(45)=b_2$$

且

$$b_1a_1=(25)(34)(15432)=(12)(35)=b_4,$$

$$b_2a_1=(13)(45)(15432)=(14)(23)=b_5,$$

$$b_3a_1=(15)(24)(15432)=(25)(34)=b_1,$$

$$b_4a_1=(12)(35)(15432)=(13)(45)=b_2,$$

$$b_5a_1=(14)(23)(15432)=(15)(24)=b_3.$$

因此, 关于任意 $i=0,1,2,3,4$, $j=1,2,3,4,5$, 存在 $s,\ t\in\{1,2,3,4,5\}$, 使得

$$a_ib_j=b_s\in D_{10},\qquad b_ja_i=b_t\in D_{10}.$$

又

$$
\begin{aligned}
b_1b_1 &= (25)(34)(25)(34) = (1) = a_0, \\
b_1b_2 &= (25)(34)(13)(45) = (14253) = a_2, \\
b_1b_3 &= (25)(34)(15)(24) = (12345) = a_4, \\
b_1b_4 &= (25)(34)(12)(35) = (15432) = a_1, \\
b_1b_5 &= (25)(34)(14)(23) = (13524) = a_3,
\end{aligned}
$$

同样计算可知 (请读者自行计算其余情况), 关于任意 $i, j = 1, 2, 3, 4, 5$, 存在 $k \in \{0, 1, 2, 3, 4\}$, 使得

$$b_ib_j = a_k \in D_{10}.$$

因此, D_{10} 关于变换的通常合成封闭. 易知, a_0 为 D_{10} 的幺元, 且 (由上面的计算过程容易看出)

$$
\begin{aligned}
a_i^{-1} &= a_{5-i}, \quad i = 1, 2, 3, 4, \\
b_j^{-1} &= b_j, \quad j = 1, 2, 3, 4, 5.
\end{aligned}
$$

于是, D_{10} 关于变换的通常合成成一群.

2.2.4 Abel 群与循环群

令 G 为一群, X 为 G 的一个非空子集. 则

$$\langle X \rangle \overset{\text{d}}{=} \{G \text{ 的所有包含 } X \text{ 的子群的交}\}$$

显然为 G 的包含 X 的最小子群. 称其为由 X 生成的子群. 称 X 为 G 的一个生成集, 如果 $\langle X \rangle = G$. 称 G 为一有限生成群, 如果 G 有一有限生成集.

容易知道,

$$\langle X \rangle = \{a_1a_2\cdots a_n \mid a_i \in X \cup X^{-1},\ i = 1, 2, \cdots, n,\ n \in \mathbb{Z}^+\}.$$

当 $X = \{x_1, x_2, \cdots, x_m\}$ 时, $\langle X \rangle$ 简记为 $\langle x_1, x_2, \cdots, x_m \rangle$. 特别地, 当 $X = \{a\}$ 时, $\langle X \rangle$ 简记为 $\langle a \rangle$. 此时,

$$\langle a \rangle = \{a^k \mid k \in \mathbb{Z}\}.$$

定义 2.2.18 令 G 为一群, $a \in G$. 若 $G = \langle a \rangle$, 则称 G 为一由 a 生成的循环群, a 为 G 的一个生成元.

推论 2.2.12 循环群是 Abel 群.

令 G 为一群, $a \in G$. $|a| \not< \infty$ 时, 关于任意 $i, j \in \mathbb{Z}$, $a^i = a^j$ 当且仅当 $i = j$, $|a| = n$ 时, 关于任意 $k \in \mathbb{Z}$, 若

$$k = qn + r, \quad 0 \leqslant r < n, \quad q \in \mathbb{Z},$$

则

$$a^k = a^{qn+r} = a^{qn}a^r = a^r.$$

因此, 我们有下面定理.

定理 2.2.16 令 $G=\langle a\rangle$ 为一循环群. 则

(1) 当 $|a|\not<\infty$ 时, $\langle a\rangle=\{\cdots,a^{-3},a^{-2},a^{-1},e,a^1,a^2,a^3,\cdots\}$;

(2) 当 $|a|=n$ 时, $\langle a\rangle=\{e,a^1,a^2,\cdots,a^{n-1}\}$.

推论 2.2.13 n 阶群 G 的任意 n 阶元 (如果存在) 都是 G 的生成元.

例 2.2.23 整数加群 $(\mathbb{Z},+)$ 为一无限循环群, 1 和 -1 都是它的生成元, $\mathbb{Z}=\langle 1\rangle=\langle -1\rangle$, $\mathbb{Z}$ 的其他元素都不是 $(\mathbb{Z},+)$ 的生成元.

例 2.2.24 n 次单位根群 $(U_n,\cdot)$ 为一 n 阶循环群, 每一 n 次本原根 ε 都是它的生成元, $U_n=\langle\varepsilon\rangle$, U_n 的其他元素都不是 $(U_n,\cdot)$ 的生成元.

定理 2.2.17 令 G 为一 n 阶群. 则下列几条等价:

(1) G 为一循环群;

(2) G 有 n 阶元;

(3) 关于 n 的任意正因子 s, G 有 s 阶元;

证明 (1) $\Longleftrightarrow$ (2). 显然.

(1) $\Longleftrightarrow$ (3). 令 $G=\langle a\rangle$ 为一 n 阶循环群. 则 $|a|=n$. 关于 n 的任意正因子 s,

$$(\exists\, q\in\mathbb{Z}^+)\ n=sq.$$

令 $b=a^q$. 则 $b\in G$, 且 $|b|=s$.

反之, 由于 $n\mid n$, 从而 G 有 n 阶元. 因此, G 为一循环群. □

定理 2.2.18 令 $G\overset{\mathrm{d}}{=}(G,\cdot)$ 为一循环群. 则

(1) 当 $|G|\not<\infty$ 时, $(G,\cdot)\cong(\mathbb{Z},+)$;

(2) 当 $|G|=n$ 时, $(G,\cdot)\cong(U_n,\cdot)$.

证明 令 $G=\langle a\rangle$. 则 G 的阶与 a 的阶一致.

(1) 当 $|G|\not<\infty$ 时, $G=\{\cdots,a^{-3},a^{-2},a^{-1},e,a^1,a^2,a^3,\cdots\}$. 作

$$\begin{aligned}\varphi:\ G&\longrightarrow\mathbb{Z},\\ a^m&\longmapsto m.\end{aligned}$$

则 φ 为一双射, 且关于任意 $k,l\in\mathbb{Z}$,

$$\varphi(a^ka^l)=\varphi(a^{k+l})=k+l=\varphi(a^k)+\varphi(a^l),$$

因此, φ 为一同构映射, 从而 $(G,\cdot)\cong(\mathbb{Z},+)$.

(2) 当 $|G|=n$ 时, $G=\{e,a^1,a^2,\cdots,a^{n-1}\}$. 作

$$\begin{aligned}\psi:\ G&\longrightarrow U_n,\\ a^m&\longmapsto\varepsilon^m,\end{aligned}$$

其中, ε 为 n 次本原单位根. 则 ψ 为一双射, 且关于任意 $k,l\in\{0,1,2,\cdots,n-1\}$,

$$\psi(a^ka^l)=\psi(a^{k+l})=\varepsilon^{k+l}=\varepsilon^k\varepsilon^l=\psi(a^k)\psi(a^l).$$

因此, ψ 为一同构映射, 从而 $(G,\cdot)\cong(U_n,\cdot)$. □

定理 2.2.19　令 $G=\langle a\rangle$ 为一循环群. 则

(1) 当 $|G|\nless\infty$ 时, G 只有两个生成元 a, a^{-1};

(2) 当 $|G|=n$ 时, G 有 $\varphi(n)$ 个生成元. 其中, $\varphi(n)$ 为 Euler 函数 (即, 小于或等于 n 的正整数中与 n 互素的数的个数).

证明　(1) a, a^{-1} 显然是 G 的生成元. 若 a^k 也是生成元, 其中 $k\in\mathbb{Z}\backslash\{0,1,-1\}$, 则存在 $m\in\mathbb{Z}\backslash\{0\}$, 使得 $(a^k)^m=a$, 从而 $a^{km-1}=e$, 又 $km-1\neq 0$, 因此, $|a|<\infty$, 矛盾.

(2) 只需证明 $n\geqslant 2$ 的情形. 关于任意 $a^k\in G$, $0<k\leqslant n$,

$$\begin{aligned} a^k \text{ 为 } G \text{ 的一个生成元} &\Longleftrightarrow |a^k|=n\\ &\Longleftrightarrow (k,n)=1, \end{aligned}$$

其中, 上式第二个"$\Longleftrightarrow$" 利用了本章习题第 14 题. □

定理 2.2.20　令 $G=\langle a\rangle$ 为一循环群, $H\leqslant G$. 则 H 为一循环群.

证明　若 $|H|=1$, 则 $H=\{e\}=\langle e\rangle$. 若 $|H|\geqslant 2$, 取 $a^t\in H$, 其中 $t=\min\{m\in\mathbb{Z}^+\mid a^m\in H\}$, 则 $\langle a^t\rangle\subseteq H$; 又关于任意 $a^k\in H$, 若

$$k=qt+r,\quad q\in\mathbb{Z},\quad 0\leqslant r<t,$$

则

$$a^k=a^{qt+r}=a^{qt}a^r,$$

从而 $a^r=a^ka^{-qt}\in H$, 由 t 的取法知, $r=0$, 因此

$$a^k=a^{qt}=(a^t)^q\in\langle a^t\rangle,$$

即 $H\subseteq\langle a^t\rangle$. 于是 $H=\langle a^t\rangle$. □

定理 2.2.21　令 $G=\langle a\rangle$ 为一循环群. 则

(1) 当 $|G|\nless\infty$ 时, G 有无限多个无限循环子群, 只有平凡群是它的有限子群;

(2) 当 $|G|=n$ 时, 若 k 为 n 的一个正整数因子, 则 G 有且只有一个 k 阶子群 $\langle a^{n/k}\rangle$.

证明　(1) 令 $G=\langle a\rangle$ 为一无限循环群. 则易知

$$\langle e\rangle,\ \langle a\rangle,\ \langle a^2\rangle,\cdots$$

是 G 的全部互不相同的子群 (且显然 $\langle a\rangle$, $\langle a^2\rangle,\cdots$ 都是无限循环群).

(2) 令 $G=\langle a\rangle$ 为一 n 阶循环群. 则 $|a|=n$. 从而 $|a^{n/k}|=k$. 因此, $\langle a^{n/k}\rangle$ 是 G 的一个 k 阶子群. 令 H 也是 G 的一个 k 阶子群. 则根据定理 2.2.20, H 为一循环子群. 令 $H=\langle a^m\rangle$. 则 $|a^m|=k$. 根据本章习题 14, $k=n/(n,m)$. 从而, $(n,m)=n/k$. 因此, $(n/k)|m$, 即 $\langle a^m\rangle\subseteq\langle a^{n/k}\rangle$. 又 $|\langle a^m\rangle|=|\langle a^{n/k}\rangle|$, 于是 $H=\langle a^m\rangle=\langle a^{n/k}\rangle$. □

定理 2.2.22　令 G 为一 n 阶 Abel 群.

$$(\exists\, a\in G)\ (\forall\, b\in G)\ |b|\,\big|\,|a|.$$

证明 令 a 为 G 中最大阶元, 且 $|a|=m$. 关于任意 $b\in G$, 又令 $|b|=l$, 且

$$l=p_1^{l_1}p_2^{l_2}\cdots p_r^{l_r},\quad m=p_1^{m_1}p_2^{m_2}\cdots p_r^{m_r},$$

其中, $p_1,p_2,\cdots,p_r$ 为两两不同的素数, $l_i,m_j\in\mathbb{Z}^+\cup\{0\},i,j\in\{1,2,\cdots,r\},r\in\mathbb{Z}^+$. 若 $l\nmid m$, 则存在 $k\in\{1,2,\cdots,r\}$, 使得 $l_k>m_k\geqslant 0$. 令

$$l=st,\quad m=uv,\quad t=p_k^{l_k},\quad v=p_k^{m_k}.$$

则 $|a^v|=u$, $|b^s|=t$, $(u,t)=1$. 根据定理 2.2.8, $|a^vb^s|=ut>m$, 矛盾. 因此, $l\mid m$. □

定理 2.2.23 令 G 为一 n 阶 Abel 群. 则 G 为一循环群当且仅当关于任意 $m\in\mathbb{Z}^+$, $x^m=e$ 在 G 中最多有 m 个解.

证明 必要性. 令 G 为一循环群,

$$S_m=\{a\in G\mid a^m=e\},\quad m\in\mathbb{Z}^+.$$

则 $S_m\leqslant G$, 且根据定理 2.2.20, S_m 为一循环子群. 从而 $S_m=\langle c\rangle,c\in S_m$. 由 $c^m=e$, 根据定理 2.2.7, 有 $(|S_m|=)|c|\mid m$, 因此, $|c|\leqslant m$.

充分性. 令 a 为 G 中最大阶元, 且 $|a|=n'$. 则 $n'\leqslant n$ (推论 2.2.4). 根据定理 2.2.22, G 中的任一元素 b 都满足 $x^{n'}=e$, 从而, 由条件知, $n\leqslant n'$. 因此 $n=n'$, 于是 $G=\langle a\rangle$. □

2.3 环与域, 及其间的同态和同构映射

2.3.1 环 (及环同态和同构) 与 Abel 群的自同态环

定义 2.3.1 令 R 为一非空集. 称 $R\overset{\mathrm{d}}{=}(R;+,\cdot)$ 为一环, 如果

(1) $(R,+)$ 为一 Abel 群;

(2) $(R,\cdot)$ 为一半群;

(3) $a(b+c)\equiv ab+ac,\quad (b+c)a\equiv ba+ca$.

称环 R 为一交换环 (幺环), 如果 $(R,\cdot)$ 为一交换半群 (幺半群). Abel 群 $(R,+)$ 的恒等元称为环 R 的零元, 记为 0. 若 $(R,\cdot)$ 的左幺元 (右幺元, 幺元) 存在, 则称其为环 R 的左幺元 (右幺元, 幺元). 环 R 的幺元记为 1.

注 2.3.1 根据定义 2.2.8, 幺环至少含有两个元素.

推论 2.3.1 (环的简单性质) 令 R 为一环, $a,b\in R$, $n\in\mathbb{Z}$. 则

(1) $0a\equiv a0\equiv 0$;

(2) $(na)b\equiv a(nb)\equiv n(ab)$, 特别地, $(-a)b\equiv a(-b)\equiv -(ab)$; $(-a)(-b)\equiv ab$.

证明 (1) 关于任意 $a\in R$, 由

$$0a=(0+0)a=0a+0a$$

知, $0a=0$. 同理可证 $a0=0$.

(2) 当 $n=0$ 时, 结论显然成立.

当 n 为一正整数时, 关于任意 $a, b \in R$,

$$(na)b = (\overbrace{a + a + \cdots + a}^{n\text{个}})b = (\overbrace{ab + ab + \cdots + ab}^{n\text{个}}) = n(ab).$$

同理, $a(nb) = n(ab)$.

当 n 为一负整数时, 关于任意 $a, b \in R$, 令 $n' = -n, a' = -a$. 则

$$(na)b = (n'a')b = n'(a'b) = n'\big(-(ab)\big) = (-n')(ab) = n(ab).$$

同理, $a(nb) = n(ab)$. □

例 2.3.1 线性空间 V 上线性变换的全体 $\mathcal{L}(V)$ 关于线性变换的通常加法与合成成一环.

例 2.3.2 数域 $\mathbb{F}$ 上 n 阶方阵的全体 $\mathbb{F}^{n\times n}$ 关于矩阵的通常加法与乘法成一环.

例 2.3.3 数域 $\mathbb{F}$ 上一元多项式全体 $\mathbb{F}[x]$ 关于多项式的通常加法和乘法成一环.

例 2.3.4 令 n 为一正整数. 定义整数集 $\mathbb{Z}$ 上的关系 $\sim$ 如下:

$$a \sim b \Longleftrightarrow n|(a-b).$$

则 $\sim$ 为 $\mathbb{Z}$ 上一等价关系. 记 $i \in \mathbb{Z}$ 所在的等价类为 $\bar{i}$, 称其为模 n 剩余类. $\mathbb{Z}$ 上所有等价类的集合记为 $\mathbb{Z}_n$, 即

$$\mathbb{Z}_n = \{\bar{0}, \bar{1}, \cdots, \overline{n-1}\}.$$

定义 $\mathbb{Z}_n$ 上的二元合成如下:

$$\bar{i} + \bar{j} = \overline{i+j},$$
$$\bar{i} \cdot \bar{j} = \overline{i \cdot j}.$$

这一二元合成是良好定义的, 事实上,

$$\bar{i} = \overline{i'} \;\&\; \bar{j} = \overline{j'} \Rightarrow n|(i-i') \;\&\; n|(j-j') \Rightarrow n\big|\big((i+j)-(i'+j')\big) \Rightarrow \overline{i+j} = \overline{i'+j'},$$

$$\bar{i} = \overline{i'} \;\&\; \bar{j} = \overline{j'} \Rightarrow n|(i-i') \;\&\; n|(j-j') \Rightarrow n|(i-i')\cdot j \;\&\; n|(j-j')\cdot i' \Rightarrow n|(i\cdot j - i'\cdot j') \Rightarrow \overline{i\cdot j} = \overline{i'\cdot j'}.$$

因此, $+, \cdot$ 为 $\mathbb{Z}_n$ 上的两个二元运算. 容易验证, $(\mathbb{Z}_n; +, \cdot)$ 为一环, 称其为 $\mathbb{Z}$ 模 n 的剩余类环.

例 2.3.5 令 $(G, +)$ 为一 Abel 群. 定义 $\mathrm{End}(G)$ 上的二元合成 $+$ 如下:

$$(\forall\, f, g \in \mathrm{End}(G))\ (\forall\, a \in G)\ (f+g)(a) = f(a) + g(a).$$

显然, $+$ 为 $\mathrm{End}(G)$ 上的一个二元运算, 且 $(\mathrm{End}(G), +)$ 为一 Abel 群. 验证可知, $(\mathrm{End}(G); +, \circ)$ 为一幺环. 称其为 Abel 群 G 上的自同态环, 其中, $\circ$ 为变换的通常合成.

例 2.3.6 令 M 为一非空集合. 则幂集 $\mathscr{P}(M)$ 关于如下两个二元合成:

$$A + B \equiv A \cup B - A \cap B, \quad A \cdot B \equiv A \cap B$$

成一交换幺环. 称其为 M 的幂集环. 事实上,

(1) $(\mathscr{P}(M),+)$ 为一 Abel 群.

显然, 二元合成 $+$ 为 $\mathscr{P}(M)$ 上的一个二元运算, 且满足交换律. 又, 易知空集 $\varnothing$ 为 $(\mathscr{P}(M),+)$ 的恒等元, 且关于任意 $A\in\mathscr{P}(M)$, A 的负元为其自身 A. 因此, 为证 $(\mathscr{P}(M),+)$ 为一 Abel 群, 只需再证 $+$ 满足结合律.

令

$$x\in(A+B)+C=(A+B)\cup C-(A+B)\cap C.$$

则

$$x\in(A+B)\ \&\ x\notin C,\ 或\ x\notin(A+B)\ \&\ x\in C.$$

(a) 若

$$x\in(A+B)=A\cup B-A\cap B\ \&\ x\notin C,$$

则

$$x\in A\ \&\ x\notin B\ \&\ x\notin C,\ 或\ x\notin A\ \&\ x\in B\ \&\ x\notin C.$$

为前者时,

$$x\in A\ \&\ x\notin B+C,$$

从而

$$x\in A\cup(B+C)-A\cap(B+C)=A+(B+C). \tag{2.4}$$

为后者时,

$$x\notin A\ \&\ x\in B+C,$$

从而也有式 (2.4) 成立. 因此

$$(A+B)+C\subseteq A+(B+C). \tag{2.5}$$

(b) 若

$$x\notin(A+B)\ \&\ x\in C,$$

则同理可证式 (2.5) 成立.

因此, 总有式 (2.5) 成立.

类似可证

$$(A+B)+C\supseteq A+(B+C).$$

于是

$$(A+B)+C=A+(B+C),$$

即, $+$ 满足结合律.

(2) $(\mathscr{P}(M),\cdot)$ 为一交换半群.

显然, 二元合成 $\cdot$ 为 $\mathscr{P}(M)$ 上的一个二元运算, 且满足结合律和交换律. 因此, $(\mathscr{P}(M),\cdot)$ 为一交换半群.

(3) 类似于 + 满足结合律的证法可证, · 关于 + 的分配律成立.

因此, $\mathscr{P}(M)=(\mathscr{P}(M),+,\cdot)$ 为一交换环. 又, 显然 $M\in\mathscr{P}(M)$ 为 $\mathscr{P}(M)$ 的幺元. 于是, $\mathscr{P}(M)$ 为一交换幺环.

在下面的讨论中, 许多涉及乘法的概念和事实在含零半群中也成立.

注 2.3.2　环未必有左 (右) 幺元, 即使有, 左 (右) 幺元也未必是右 (左) 幺元. 如果既有左幺元又有右幺元, 那么左幺元必然等于右幺元, 且就是环的幺元.

例 2.3.7　全体偶数 $2\mathbb{Z}$ 关于通常加法和乘法成一交换环, 但这个环显然既无左幺元也无右幺元.

例 2.3.8　令 $\mathbb{F}$ 为一数域. 则

$$R=\left\{\left.\begin{pmatrix} a & b\\ 0 & 0\end{pmatrix}\right| a,b\in\mathbb{F}\right\}$$

关于矩阵的通常加法和乘法成一环. 容易验证关于任意 $x\in\mathbb{F}$, $\begin{pmatrix} 1 & x\\ 0 & 0\end{pmatrix}$ 都是 R 的左幺元, 但 R 无右幺元. 事实上, 若 $\begin{pmatrix} x & y\\ 0 & 0\end{pmatrix}$ 是 R 的右幺元, 则

$$\begin{pmatrix} 1 & 0\\ 0 & 0\end{pmatrix}\begin{pmatrix} x & y\\ 0 & 0\end{pmatrix}=\begin{pmatrix} 1 & 0\\ 0 & 0\end{pmatrix},$$

及

$$\begin{pmatrix} 1 & 1\\ 0 & 0\end{pmatrix}\begin{pmatrix} x & y\\ 0 & 0\end{pmatrix}=\begin{pmatrix} 1 & 1\\ 0 & 0\end{pmatrix}.$$

从而分别得到 $x=1,\ y=0$, 及 $x=1,\ y=1$. 矛盾.

例 2.3.9　令 $\mathbb{F}$ 为一数域. 则

$$R=\left\{\left.\begin{pmatrix} a & 0\\ b & 0\end{pmatrix}\right| a,b\in\mathbb{F}\right\}$$

关于矩阵的通常加法和乘法成一环. 容易验证关于任意 $x\in\mathbb{F}$, $\begin{pmatrix} 1 & 0\\ x & 0\end{pmatrix}$ 都是 R 的右幺元, 但类似例 2.3.8 可证, R 无左幺元.

例 2.3.10　(1) 全体整数 $\mathbb{Z}$ 关于通常加法和乘法成一交换幺环.

(2) 令 $\mathbb{F}$ 为一数域. 则 $\mathbb{F}$ 上全体多项式集合 $\mathbb{F}[x]$ 关于多项式的通常加法和乘法成一交换幺环.

(3) 任一 Abel 群 $(R,+)$ 可视为一环, 只需 R 上的乘法为

$$ab\equiv 0,$$

其中, 0 为 $(R,+)$ 的幺元. 它显然是一交换环, 但 $|R|\geqslant 2$ 时, 它不是幺环.

定义 2.3.2　令 R 为一幺环, $a\in R$. 称 $b\in R$ 为 a 的一个左逆元 (右逆元, 逆元), 如果

$$ba=1\quad (ab=1,\ ba=ab=1).$$

定理 2.3.1 令 R 为一幺环, $a\in R$. 若 a 既有左逆元, 又有右逆元, 则左逆元、右逆元必相等且唯一. 因此, 若 a 有逆元, 则逆元唯一, 记为 a^{-1}. 有逆元的元称为可逆元或单位.

证明 令 $b,c\in R$, 且满足

$$ba=1,\quad ac=1.$$

则

$$b=b\cdot 1=b(ac)=(ba)c=1\cdot c=c.$$ □

容易验证幺环 R 的单位的全体关于 R 的乘法成群.

定义 2.3.3 令 $(R;+,\cdot)$ 为一环, S 为 R 的一个非空子集. 称 S 为 R 的一个子环, 如果 S 关于环 R 的加法 $+$ 和乘法 $\cdot$ 也成一环, 记为 $S\leqslant R$.

推论 2.3.2 令 S 为环 R 的一个非空子集. 则 $S\leqslant R$ 当且仅当

(1) $(\forall\, a,b\in S)\ a-b\in S$;

(2) $(\forall\, a,b\in S)\ ab\in S$.

推论 2.3.3 令 R 为一环, $R_1\leqslant R, R_2\leqslant R$. 则 $R_1\cap R_2\leqslant R$.

例 2.3.11 整数环 $\mathbb{Z}$ 有幺元, 而它的子环偶数环 $2\mathbb{Z}$ 没有幺元.

例 2.3.12 令 $\mathbb{F}$ 为一数域. 易知方阵环

$$R=\left\{\begin{pmatrix} a & b\\ 0 & 0\end{pmatrix}\ \middle|\ a,b\in\mathbb{F}\right\}$$

无幺元, 而其子环

$$S=\left\{\begin{pmatrix} a & 0\\ 0 & 0\end{pmatrix}\ \middle|\ a\in\mathbb{F}\right\}$$

有幺元 $\begin{pmatrix} 1 & 0\\ 0 & 0\end{pmatrix}$.

例 2.3.13 令 $\mathbb{Z}$ 为整数环. 则环

$$R=\left\{\begin{pmatrix} a & b\\ c & d\end{pmatrix}\ \middle|\ a,b,c,d\in\mathbb{Z}\right\}$$

有幺元 $\begin{pmatrix} 1 & 0\\ 0 & 1\end{pmatrix}$, 其子环

$$S=\left\{\begin{pmatrix} a & a\\ 0 & 0\end{pmatrix}\ \middle|\ a\in\mathbb{Z}\right\}$$

也有幺元 $\begin{pmatrix} 1 & 1\\ 0 & 0\end{pmatrix}$. 但二者幺元不同.

定义 2.3.4 令 $R,\bar{R}$ 为两个环. 称映射

$$f:R\longrightarrow\bar{R}$$

为 R 到 $\bar{R}$ 的一个环同态（反同态）映射, 如果

$$f(a+b)\equiv f(a)+f(b),$$
$$f(ab)\equiv f(a)f(b)\ \ \big(f(ab)\equiv f(b)f(a)\big).$$

若 f 为一单射 (满射, 双射), 则称 f 为一单同态 (满同态, 同构) 映射. 若 f 为一同构映射, 则称 R 与 $\bar{R}$ 同构, 记为 $R \cong \bar{R}$.

令 $\varphi: R \longrightarrow \bar{R}$ 为一环同态映射, $\bar{0} \in \bar{R}$. 称

$$\text{Ker } \varphi \stackrel{\text{d}}{=} \varphi^{-1}(\bar{0})$$

为环同态映射 φ 的核.

定理 2.3.2　令 R, $\bar{R}$ 为两个环, $S \leqslant R, \bar{S} \leqslant \bar{R}, \varphi: R \longrightarrow \bar{R}$ 为一同态映射. 则

$$\varphi(S) \leqslant \bar{R}, \quad \varphi^{-1}(\bar{S}) \leqslant R.$$

证明　令 $x, y \in \varphi(S)$. 则存在 $a, b \in S$, 使得 $x = \varphi(a), y = \varphi(b)$. 由 $S \leqslant R$ 知, $a - b$, $ab \in S$. 从而

$$x - y = \varphi(a) - \varphi(b) = \varphi(a - b) \in \varphi(S),$$
$$xy = \varphi(a)\varphi(b) = \varphi(ab) \in \varphi(S).$$

因此, $\varphi(S) \leqslant \bar{R}$.

令 $a, b \in \varphi^{-1}(\bar{S})$. 则 $\varphi(a) \in \bar{S}, \varphi(b) \in \bar{S}$. 由 $\bar{S} \leqslant \bar{R}$ 知, $\varphi(a) - \varphi(b)$, $\varphi(a)\varphi(b) \in \bar{S}$. 从而

$$\varphi(a - b) = \varphi(a) - \varphi(b) \in \bar{S},$$
$$\varphi(ab) = \varphi(a)\varphi(b) \in \bar{S}.$$

因此, $a - b$, $ab \in \varphi^{-1}(\bar{S})$. 于是 $\varphi^{-1}(\bar{S}) \leqslant R$. □

推论 2.3.4　$\text{Im } \varphi \leqslant \bar{R}$, $\text{Ker } \varphi \leqslant R$.

定理 2.3.3　令 R 为一环. 则存在一个幺环 $\bar{R}$, 使得 R 同构于 $\bar{R}$ 的某一子环. 即, 任一环都可扩张为 (或, 嵌入) 一幺环.

证明　令 $\bar{R} \stackrel{\text{d}}{=} \mathbb{Z} \times R$. 定义 $\bar{R}$ 上的加法和乘法如下:

$$(m, a) + (n, b) = (m + n, a + b),$$
$$(m, a)(n, b) = (mn, na + mb + ab).$$

显然, $(\bar{R}, +)$ 为一 Abel 群, $\bar{R}$ 关于乘法成一半群胚. 关于任意 $(m, a), (n, b), (k, c) \in \bar{R}$,

$$\begin{aligned}[(m,a)(n,b)](k,c) &= (mn, na + mb + ab)(k, c) \\ &= (mnk, nka + mkb + kab + mnc + nac + mbc + abc) \\ &= (m, a)(nk, kb + nc + bc) \\ &= (m, a)[(n, b)(k, c)].\end{aligned}$$

因此, $(\bar{R}, \cdot)$ 为一半群. 又

$$\begin{aligned}(m,a)[(n,b) + (k,c)] &= (m, a)(n + k, b + c) \\ &= (mn + mk, na + ka + mb + mc + ab + ac) \\ &= (mn, na + mb + ab) + (mk, ka + mc + ac) \\ &= (m, a)(n, b) + (m, a)(k, c),\end{aligned}$$

$$\begin{aligned}[(n,b)+(k,c)](m,a) &= (n+k,b+c)(m,a)\\ &= (nm+km, mb+mc+na+ka+ba+ca)\\ &= (nm, na+mb+ab)+(km, ka+mc+ac)\\ &= (n,b)(m,a)+(k,c)(m,a),\end{aligned}$$

且

$$(m,a)(1,0)=(m,a)=(1,0)(m,a).$$

因此, $\bar{R}$ 关于上述加法和乘法为一幺环, 其幺元为 $(1,0)$. 作

$$\eta: R \longrightarrow \mathbb{Z}\times R,$$
$$a \longmapsto (0,a),$$

则验证可知, η 为一单同态映射. 因此, $R\cong \mathrm{Im}\ \eta$, $\mathrm{Im}\ \eta$ 为 $\bar{R}$ 的子环. □

注 2.3.3 当然, 当 R 为幺环时, $\bar{R}$ 可取为 R; 但要注意, 不管 R 是否为幺环, 都可以作幺环 $\bar{R}$, 使得 R 嵌入 $\bar{R}$ 中. 此时, 若 R 为幺环, 则其幺元并不为 $\bar{R}$ 的幺元.

作为半群的 Cayley 左正则表示的推论, 我们给出下面的环的 Cayley 左正则表示. 但请读者注意, "环到环集上的全变换半群", 此时, 已经改成"环的加法群的自同态环 End$(R,+)$"了 (请读者思考为什么?).

推论 2.3.5 (环的 Cayley 左正则表示) 令 R 为一以 1 为幺元的幺环. 则

$$\eta: R \longrightarrow \mathrm{End}(R,+),$$
$$a \longmapsto a_l$$

为一单同态, 其中 $a_l: r\longmapsto ar, r\in R$. 因此, $R\cong \mathrm{Im}\ \eta$.

2.3.2 整环, 除环与域

定义 2.3.5 令 R 为一环, $0\neq a\in R$. 称 a 为一左 (右) 零因子, 如果 R 中存在非零元 b, 使得

$$ab=0 \quad (ba=0).$$

左零因子和右零因子统称为零因子.

左 (右) 零因子未必是右 (左) 零因子, 例如, 在例 2.3.8 中, $\begin{pmatrix}1&0\\0&0\end{pmatrix}$ 是右零因子, 但不是左零因子. 在例 2.3.8 中的对偶环中, 恰恰相反.

定义 2.3.6 令 R 为一环. 称 R 为一无零因子环, 如果

(1) $|R|\geqslant 2$;

(2) R 无零因子.

例 2.3.14 数域 $\mathbb{F}$ 上一元多项式环 $\mathbb{F}[x]$ 和整数环 $\mathbb{Z}$ 都是无零因子环.

例 2.3.15 当 $n\geqslant 2$ 时, 数域 $\mathbb{F}$ 上 n 阶方阵环 $\mathbb{F}^{n\times n}$ 为一含零因子环.

例 2.3.16 令 X 为一非空集. 则例 2.3.6 中的幂集环 $\mathscr{P}(X)$ 为一交换幺环, 且除了 X, 任一非零元都是零因子.

推论 2.3.6 令 $R \overset{\mathrm{d}}{=} (R;+,\cdot)$ 为一环. 则下列三条等价:

(1) $(R\backslash\{0\},\cdot)$ 为一半群;

(2) R 为一无零因子环;

(3) $(\forall\ a \neq 0, b, c \in R)\ ab = ac(ba = ca) \Longrightarrow b = c$.

因此, 在以上条件下, $(R\backslash\{0\},\cdot)$ 为一双消半群.

证明 (1) $\Longrightarrow$ (2). 显然.

(2) $\Longrightarrow$ (3). 令 R 为一无零因子环. 则关于任意 $a, b \in R\backslash\{0\}$, $ab \neq 0$, 从而 $ab \in R\backslash\{0\}$, 即 $(R\backslash\{0\},\cdot)$ 为一半群. 又, 关于任意 $a, b, c \in R\backslash\{0\}$, 若 $ab = ac$, 则由

$$a(b-c) = ab - ac = 0$$

和 R 无零因子知, $b - c = 0$, 从而 $b = c$. 同理可证

$$(\ \forall\ a, b, c \in R\backslash\{0\}\ )\ ba = ca \Longrightarrow b = c.$$

于是, $(R\backslash\{0\},\cdot)$ 为一双消半群.

(3) $\Longrightarrow$ (1). 显然. □

定义 2.3.7 令 $R \overset{\mathrm{d}}{=} (R;+,\cdot)$ 为一环. 称 R 为一整环 (除环 (或体), 域), 如果 R 为一无零因子的交换幺环 $\big((R\backslash\{0\},\cdot)$ 为一群, $(R\backslash\{0\},\cdot)$ 为一 Abel 群$\big)$.

注 2.3.4 整环、除环和域都至少含有两个元素.

定理 2.3.4 (McCoy 定理) 令 R 为一环, $|R| > 1$. 则 R 为一除环当且仅当 $R\backslash\{0\}$ 上方程 $ax = b$ $(ya = b)$ 在 $R\backslash\{0\}$ 中常有解.

证明 必要性显然, 下证充分性.

若 $R\backslash\{0\}$ 上方程 $ax = b$ 在 $R\backslash\{0\}$ 中常有解, 则关于任意 $a, b \in R\backslash\{0\}$,

$$(\exists\ c, d \in R\backslash\{0\})\ ac = b, \quad bd = c.$$

从而

$$(ab)d = a(bd) = ac = b \neq 0,$$

因此 $ab \neq 0$, 根据推论 2.3.6, R 为一无零因子环.

关于任意 $a \in R\backslash\{0\}$,

$$(\exists\ e \in R\backslash\{0\})\ ae = a.$$

从而 $ae^2 = ae$. 因此

$$a(e^2 - e) = ae^2 - ae = 0.$$

由 R 无零因子知, $e^2 - e = 0$, 即 $e^2 = e$. 关于任意 $b \in R\backslash\{0\}$, 由

$$(be - b)e = be^2 - be = be - be = 0$$

和 R 无零因子知, $be = b$, 即 e 为 R 的右幺元 (实为幺元). 又, 显然方程 $ax = e$ 的解就是 a 的右逆元, 因此, 根据定理 2.2.1, $(R\backslash\{0\},\cdot)$ 为一群, 于是, R 为一除环. □

例 2.3.17 (1) 数域 $\mathbb{F}$ 上一元多项式环 $\mathbb{F}[x]$ 和整数环 $\mathbb{Z}$ 都为整环;

(2) 令

$$H=\left\{\begin{pmatrix}\alpha & \beta\\ -\overline{\beta} & \overline{\alpha}\end{pmatrix}\in\mathbb{C}^{2\times 2}\ \middle|\ \alpha=a+\mathrm{i}b,\ \beta=c+\mathrm{i}d,\ a,b,c,d\in\mathbb{R}\right\},\quad \mathrm{i}=\sqrt{-1}.$$

则 H 是 $\mathbb{C}^{2\times 2}$ 的一个子环. 事实上, 容易验证 H 关于 $\mathbb{C}^{2\times 2}$ 的减法封闭. 又关于任意

$$\begin{pmatrix}\alpha & \beta\\ -\overline{\beta} & \overline{\alpha}\end{pmatrix},\quad \begin{pmatrix}\gamma & \delta\\ -\overline{\delta} & \overline{\gamma}\end{pmatrix}\in H,$$

有

$$\begin{pmatrix}\alpha & \beta\\ -\overline{\beta} & \overline{\alpha}\end{pmatrix}\begin{pmatrix}\gamma & \delta\\ -\overline{\delta} & \overline{\gamma}\end{pmatrix}=\begin{pmatrix}\alpha\gamma-\beta\overline{\delta} & \alpha\delta+\beta\overline{\gamma}\\ -\overline{\alpha\delta+\beta\overline{\gamma}} & \overline{\alpha\gamma-\beta\overline{\delta}}\end{pmatrix}\in H.$$

从而, H 关于 $\mathbb{C}^{2\times 2}$ 的乘法也封闭. 因此, H 是 $\mathbb{C}^{2\times 2}$ 的一个子环.

显然, H 含单位矩阵. 又, 关于任意非零矩阵

$$\begin{pmatrix}\alpha & \beta\\ -\overline{\beta} & \overline{\alpha}\end{pmatrix},$$

其中 α,β 不全为零, 其行列式为

$$\alpha\overline{\alpha}+\beta\overline{\beta}=|\alpha|^2+|\beta|^2\neq 0.$$

从而, H 中的非零矩阵都可逆, 且其逆矩阵为

$$\frac{1}{|\alpha|^2+|\beta|^2}\begin{pmatrix}\overline{\alpha} & -\beta\\ \overline{\beta} & \alpha\end{pmatrix}\in H.$$

因此, $H\setminus\{0\}$ 关于 $\mathbb{C}^{2\times 2}$ 的乘法成一群. H 中元素当然不满足乘法交换律, 于是, H 为一除环. 称 H 为 Hamilton 四元数除环, 简称四元数除环或四元数体. 这是 W. R. Hamilton 于 1843 年首次给出的一个非域除环的例子.

四元数除环还有另外一种形式.

令

$$\alpha=a+\mathrm{i}b,\quad \beta=c+\mathrm{i}d,\quad a,b,c,d\in\mathbb{R}.$$

则

$$\begin{pmatrix}\alpha & \beta\\ -\overline{\beta} & \overline{\alpha}\end{pmatrix}=a\begin{pmatrix}1 & 0\\ 0 & 1\end{pmatrix}+b\begin{pmatrix}\mathrm{i} & 0\\ 0 & -\mathrm{i}\end{pmatrix}+c\begin{pmatrix}0 & 1\\ -1 & 0\end{pmatrix}+d\begin{pmatrix}0 & \mathrm{i}\\ \mathrm{i} & 0\end{pmatrix}.$$

记 H 的乘法幺元 $\begin{pmatrix}1 & 0\\ 0 & 1\end{pmatrix}$ 为 1, 又令

$$I=\begin{pmatrix}\mathrm{i} & 0\\ 0 & -\mathrm{i}\end{pmatrix},\quad J=\begin{pmatrix}0 & 1\\ -1 & 0\end{pmatrix},\quad K=\begin{pmatrix}0 & \mathrm{i}\\ \mathrm{i} & 0\end{pmatrix}.$$

则

$$\begin{pmatrix} \alpha & \beta \\ -\bar{\beta} & \bar{\alpha} \end{pmatrix} = a + bI + cJ + dK,$$

其中 a 含义为 $a \cdot 1$. 因此,

$$H = \{a + bI + cJ + dK | a, b, c, d \in \mathbb{R}\}.$$

易知 I, J, K 满足以下运算规律:

$$I^2 = J^2 = K^2 = -1,$$

$$IJ = K = -JI, \quad JK = I = -KJ, \quad KI = J = -IK.$$

(3) 显然, 所有的数域都是域.

根据推论 2.3.6, 除环是无零因子环. 特别地, 域是整环. 显然, 整数环 $\mathbb{Z}$ 不是域, 这表明, 整环不一定是域. 但根据推论 2.2.1 的 (5), 有限双消半群为群. 因此, 下面定理成立.

定理 2.3.5 有限无零因子环 (整环) 是除环 (域).

平行地, 我们还有 J. H. M. Wedderburn 于 1905 年给出的定理, 即, 有限除环是域, 证明从略 (由此可知, 定理 2.3.5 可加强为有限无零因子环是域).

有限域是存在的.

例 2.3.18 整数环 $\mathbb{Z}$ 模 p 的剩余类环 $\mathbb{Z}_p$ 为一有限域, 其中, p 为一素数. 事实上, $1, 2, \cdots, p-1$ 与 p 都是互素的, 因此, 关于任意 $i, 1 \leqslant i \leqslant p-1$, 存在 $s, t \in \mathbb{Z}$, 使得

$$si + tp = 1,$$

于是,

$$\bar{s} \cdot \bar{i} = \overline{si} = \overline{si + tp} = \bar{1}.$$

这就指出了 p 是素数时, $\mathbb{Z}_p$ 的任意非零元都有逆元.

最后, 我们给出素域的概念.

定义 2.3.8 令 $\mathbb{F}$ 为一域, $\mathbb{F}_1 \subseteq \mathbb{F}$. 称 $\mathbb{F}_1$ 为 $\mathbb{F}$ 的一个子域, 如果 $\mathbb{F}_1$ 关于 $\mathbb{F}$ 的加法和乘法也成域.

定义 2.3.9 令 $\mathbb{F}$ 为一域. 称 $\mathbb{F}$ 为一素域, 如果 $\mathbb{F}$ 没有真子域.

例 2.3.19 有理数域 $\mathbb{Q}$ 和 $\mathbb{Z}_p$ 都是素域.

2.3.3 环的特征

定义 2.3.10 令 R 为一环. 若 R 的元素在加群中最大阶为 $n, n \in \mathbb{Z}^+$, 则称 n 为 R 的特征; 若 R 的元素在加群中的阶都有限, 但无最大阶 (或存在无穷阶的元素), 则称 R 的特征为 0. 环的特征通常记为 $\mathrm{char}(R)$.

定理 2.2.22 在特征有限的环里也成立, 因此有

推论 2.3.7 令 R 为一特征为 n 的环, $a \in R$, $|a| = m$ (在加群中的阶). 则 $m \mid n$.

定理 2.3.6 令 R 为一以 1 为幺元的幺环. 则 1 在加群中的阶就是环 R 的特征.

证明 若 1 的阶无限, 则 R 的特征当然为零. 若 1 的阶为 n, 则 $n1=0$. 关于任意 $0\neq a\in R$,

$$na=n(1a)=(n1)a=0a=0.$$

根据定理 2.2.7, a 在加群中的阶为 n 的因子, 从而 n 是 R 的元素在加群中的最大阶. 因此, R 的特征为 n. □

例 2.3.20 整数环 $\mathbb{Z}$ 和数域 $\mathbb{F}$ 上一元多项式环 $\mathbb{F}[x]$ 的特征都为 0; 模 n 的剩余类环 $\mathbb{Z}_n$ 的特征为 n.

例 2.3.21 根据例 2.3.10 的 (3), 例 2.2.16 中的无限 Abel 群 $G=\bigcup_{i=1}^{\infty}U_i$ 关于平凡的那个乘法成环. 这个环显然每个元素的阶都有限, 但无最大阶. 因此, 这个环的特征为 0.

定理 2.3.7 令 R 为一无零因子环. 则 R 的所有非零元素在加群中的阶都相同.

证明 若 R 的所有非零元素在加群中的阶都无限, 则可认为它们的阶相同.

若存在 $0\neq a\in R$, 其阶为 m, 即 $ma=0$, 其中 $m\in\mathbb{Z}^+$, 则关于任意 $0\neq b\in R$,

$$a(mb)=(ma)b=0b=0.$$

由 R 无零因子和 $a\neq 0$ 知, $mb=0$. 从而 b 的阶有限, 令其为 n. 根据定理 2.2.7, $n\mid m$. 由 $nb=0$ 知,

$$b(na)=(nb)a=0a=0.$$

又 $b\neq 0$, 从而 $na=0$. 因此, $m\mid n$. 于是, $m=n$.

综上, R 的所有非零元素在加群中的阶都相同. □

推论 2.3.8 令 R 为一无零因子环 (特别地, R 为一域). 若 R 的非零元素在加群中相同的阶为 n, 则 R 的特征为 n; 若 R 的非零元素在加群中的阶为无穷大, 则 R 的特征为 0.

定理 2.3.8 令 R 为一无零因子环. 若 $\mathrm{char}(R)=n\neq 0$, 则 n 为一素数.

证明 假设 n 不是素数, 令

$$n=n_1n_2,\ 1<n_1<n,\ 1<n_2<n.$$

则关于任意 $0\neq a\in R$, 由 $\mathrm{char}(R)=n$ 知,

$$n_1a\neq 0,\ n_2a\neq 0.$$

而

$$(n_1a)(n_2a)=(n_1n_2)a^2=na^2=0,$$

这与 R 无零因子矛盾. 因此, n 为一素数. □

定理 2.3.8 说明, 无零因子环 (特别地, 域) 的特征非 0, 即为一素数.

例 2.3.22 数域的特征全为 0; 有限域 $\mathbb{Z}_p$ 的特征为素数 p.

定理 2.3.9 (Kaplansky 定理) 令 R 为一以 1 为幺元的幺环, $a\in R$,

$$S_a\overset{\mathrm{d}}{=}\{b\in R\mid ab=1\}.$$

若 $|S_a|\geqslant 2$, 则 $|S_a|\not<\infty$.

证明 若 $|S_a| \geqslant 2$, 则关于任意 $b \in S_a$, 有 $ba \neq 1$. 事实上, 若 $ba = 1$, 则关于 $b' \in S_a$, $b' \neq b$, 有

$$b' = 1b' = (ba)b' = b(ab') = b1 = b,$$

一个矛盾. 在 S_a 中取定一元素 b_0, 则 $ab_0 = 1$, $b_0a - 1 \neq 0$.

证法一: 作 $T_a = \{x \in R \mid ax = 0\}$, 则 $S_a = b_0 + T_a$, 且 $|S_a| = |T_a|$. 作

$$f:\ T_a \longrightarrow T_a,$$

$$x \longmapsto xa,$$

则 f 是 T_a 上的一个变换. 关于任意 $x_1, x_2 \in T_a$, 若 $f(x_1) = f(x_2)$, 即 $x_1a = x_2a$, 则

$$x_1 = x_1 1 = x_1(ab_0) = (x_1a)b_0 = (x_2a)b_0 = x_2(ab_0) = x_2 1 = x_2.$$

因此, f 为一单射.

由 $a(b_0a - 1) = 0$ 知, $(b_0a - 1) \in T_a$. 但 $b_0a - 1$ 在 f 下没有原像. 事实上, 若

$$(\exists\ x_0 \in T_a)\ f(x_0) = x_0a = b_0a - 1,$$

则

$$0 = (b_0a - 1)b_0 = (x_0a)b_0 = x_0(ab_0) = x_0 1 = x_0,$$

从而 $b_0a - 1 = x_0a = 0$, 一个矛盾. 因此, f 不是满射. 根据推论 1.2.1, $|T_a| \not< \infty$, 于是 $|S_a| \not< \infty$.

证法二: 令

$$c_n = b_0 + (b_0a - 1)a^n,\ n \in \mathbb{Z}^+.$$

则显然 $c_n \in S_a$, $n \in \mathbb{Z}^+$, 且关于任意 $k \neq l \in \mathbb{Z}^+$, $c_k \neq c_l$. 事实上, 若 $c_k = c_l$, 不妨令 $l > k$. 由

$$c_k b_0^{k+1} = b_0^{k+2} + (b_0a - 1)a^k b_0^{k+1} = b_0^{k+2} + (b_0a - 1)b_0 = b_0^{k+2},$$
$$c_l b_0^{k+1} = b_0^{k+2} + (b_0a - 1)a^l b_0^{k+1} = b_0^{k+2} + (b_0a - 1)a^m,\ m = l - k - 1 \geqslant 0$$

知, $(b_0a - 1)a^m = 0$, 等式两边同时右乘 b_0^m, 得 $b_0a - 1 = 0$, 一个矛盾. 因此, $|S_a| \not< \infty$. □

注 2.3.5 关于 Kaplansky 定理, 容易出现以下错误的证明:

令

$$c_k = b_0 + k(b_0a - 1), \quad k \in \mathbb{Z}^+.$$

则容易验证关于任意 $k \in \mathbb{Z}^+$, $c_k \in S_a$. 因此, $|S_a| \not< \infty$.

事实上, 关于任意 $k, l \in \mathbb{Z}^+$, $k \neq l$ 并不能保证 $c_k \neq c_l$. 例如, 在特征为 n 的环 R 中, 若 $k \equiv l (\mathrm{mod}\ n)$, 则 $c_k = c_l$, 因此

$$\left|\{c_k = b_0 + k(b_0a - 1) \mid k \in \mathbb{Z}^+\}\right| \leqslant n.$$

2.4 同余与同态

2.4.1 半群 (群、环) 上的同余与商半群 (商群、剩余类环)

定义 2.4.1 令 S 为一半群, $\rho\in\mathscr{E}(S)$. 称 ρ 为 S 上一左同余 (右同余, 同余), 如果

$$(\forall\, a,b,c\in S)\ a\rho b\Longrightarrow (ca)\rho(cb)$$

$$((\forall\, a,b,c\in S)\ a\rho b\Longrightarrow (ac)\rho(bc)),$$

ρ 既是左同余又是右同余).

S 上全体左同余 (右同余, 同余) 构成的集合记为 $\mathscr{C}_l(S)$ $(\mathscr{C}_r(S),\mathscr{C}(S))$.

推论 2.4.1 令 S 为一半群, $\rho\in\mathscr{E}(S)$. 则下列两条等价:

(1) ρ 为一同余, 也即

$$(\forall\, a,b\in S)\ a\rho\times b\rho\overset{\mathrm{d}}{=}\{xy\mid x\in a\rho, y\in b\rho\}\subseteq(ab)\rho,$$

换言之, 商集 S/ρ 中任两个等价类关于集合的乘积包含在另一等价类中;

(2) $(\forall\, a,b,c,d\in S)\ a\rho b$ 且 $c\rho d\Longrightarrow(ac)\rho(bd)$, 即

$$(\forall\, a,b\in S)(\forall\, x,y\in S^1)\ a\rho b\Longrightarrow(xay)\rho(xby).$$

例 2.4.1 (1) 根据推论 1.3.1, 在半群 $\mathscr{T}(A)$ 上, 等价关系 $\mathrm{I_m}$ 和 $\mathrm{K_{er}}$ 分别为一左同余和右同余; 等价关系 H 如何 (联系例 1.3.1)?

(2) 根据参考文献《高等代数教程》(郭聿琦等编著), 在半群 $\mathcal{L}(V_{\mathbb{F}})$ 上, 等价关系 $\mathrm{I_m}$ 和 $\mathrm{K_{er}}$ 分别为一左同余和右同余.

定义 2.4.2 令 S 为一半群, $\varnothing\neq I\leqslant S$. 称 I 为 S 的一个左理想 (右理想, 理想), 如果

$$SI\subseteq I\ (IS\subseteq I,\ SI\cup IS\subseteq I),$$

记为 $I\trianglelefteq_l S$ $(I\trianglelefteq_r S, I\trianglelefteq S)$.

例 2.4.2 令 S 为一半群, $\varnothing\neq I\subseteq S$, I 为 S 的一个左理想 (右理想, 理想). 则

$$\rho_I=\iota_{\overline{I}}\cup\omega_I$$

为半群 S 上一左同余 (右同余, 同余), 其中, $\overline{I}$ 为 I 在 S 中的补集. 称 ρ_I 为 S 上的由其左理想 (右理想, 理想) I 确定的 Rees 左同余 (右同余, 同余).

例 2.4.3 令 S 为一半群, $A\subseteq S$. 则

$$P_A=\{(x,y)\in S\times S\mid(\forall\, u,v\in S^1)\ uxv\in A\Longleftrightarrow uyv\in A\}\tag{2.6}$$

为半群 S 上一同余. 若将式 (2.6) 中的 uxv 改为 ux (xv), uyv 改为 uy (yv), 则得半群 S 上的左 (右) 同余 L_A (R_A). 称 P_A (L_A,R_A) 分别为 S 上的由其子集 A 确定的主 (主左, 主右) 同余.

定义 2.4.3　令 S 为一半群, $\rho\in\mathscr{C}(S)$. 定义商集 S/ρ 上的二元合成 $\cdot$ 如下:

$$(\forall\, a,b\in S)\ a\rho\cdot b\rho\overset{\mathrm{d}}{=}(ab)\rho.$$

由推论 2.4.1 的 (2) 知, 这一定义是良好的, 即这一合成是 S/ρ 上的一个二元运算. 显然, S/ρ 关于上面定义的二元运算成一半群, 称其为 S 关于同余 ρ 的商半群.

例 2.4.4　令 $S=\langle a\rangle$ 为一无限单演半群, $r,p\in\mathbb{Z}^+$, $r>1$. 定义 S 上的关系 ρ 如下:

(1) 当 $1\leqslant i,j\leqslant r-1$ 时,

$$(a^i,a^j)\in\rho\Longleftrightarrow\ i=j;$$

(2) 当 $i,j\geqslant r$ 时,

$$(a^i,a^j)\in\rho\Longleftrightarrow\ i\equiv j\ (\mathrm{mod}\ p).$$

显然, ρ 为 S 上一同余, 且商半群 S/ρ 为一指数为 r 周期为 p 的有限单演半群.

定理 2.4.1　令 S 为一半群, $\rho\in\mathscr{E}(S)$. 则 ρ 为 S 上一同余当且仅当关于某一半群 T, 存在半群同态映射 $f:S\longrightarrow T$, 使得 $\rho=\mathrm{Ker}\ f$.

证明　令 f 为半群 S 到半群 T 的一个同态映射, 且 $\rho=\mathrm{Ker}\ f$. 关于任意 $a,a',b,b'\in S$, 若 $a\rho a'$, $b\rho b'$, 则由 $\rho=\mathrm{Ker}\ f$ 知,

$$f(a)=f(a'),\ \ f(b)=f(b').$$

从而

$$f(ab)=f(a)f(b)=f(a')f(b')=f(a'b').$$

因此, $(ab,a'b')\in\mathrm{Ker}\ f=\rho$, 即 $(ab)\rho(a'b')$. 于是, 由推论 2.4.1 的 (2) 知, ρ 为 S 上一同余.

反之, 令 ρ 为一同余. 作映射

$$f:\ \ S\longrightarrow S/\rho,$$
$$a\longmapsto a\rho.$$

由

$$(\forall\, a,b\in S)\ f(ab)=(ab)\rho=a\rho\cdot b\rho=f(a)f(b)$$

知, f 为一满同态映射, 称其为 S 到 S/ρ 的自然同态. 又

$$(\forall\, a,b\in S)\ (a,b)\in\mathrm{Ker}\ f\Longleftrightarrow f(a)=f(b)\Longleftrightarrow a\rho=b\rho\Longleftrightarrow(a,b)\in\rho,$$

于是, $\rho=\mathrm{Ker}\ f$. □

定理 2.4.2　令 $f:S\longrightarrow T$ 为一半群同态. 则 f 可分解为一半群满同态 h 和一半群单同态 g 的合成, 即 $f=g\circ h$.

证明　令 $f:S\to T$ 为一半群同态. 则根据定理 2.4.1, Ker f 为 S 上一同余. 作

$$h:\ S\longrightarrow S/\mathrm{Ker}\ f,$$
$$a\longmapsto a\ \mathrm{Ker}\ f$$

与

$$g:\ S/\mathrm{Ker}\,f \longrightarrow T,$$
$$a\,\mathrm{Ker}\,f \ \longmapsto f(a).$$

显然, h 为 S 到 $S/\mathrm{Ker}\,f$ 的自然满同态, g 为一单同态（请读者自行证明）, 且 $f=g\circ h$, 即下面的交换图 (图 2.1) 成立.

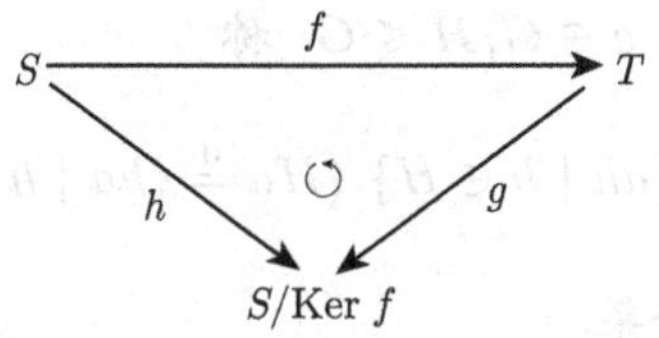

图 2.1

□

定理 2.4.2 中, 当 f 为一满射时, $f=g\circ h$ 中的 g 也为一满射. 因此, g 为一同构映射. 于是, 有下面的推论.

推论 2.4.2 (半群同态基本定理) 令 $f:S\longrightarrow T$ 为一半群满同态. 则

$$S/\mathrm{Ker}\,f\cong T.$$

例 2.4.5 令 S 为一半群. 若 S 为一左零半群或右零半群, 根据 Thierrin 定理, $\mathscr{T}(S)=\mathrm{End}(S)$. 关于任意 $\sigma\in\mathscr{E}(S)$, 存在 $f\in\mathscr{T}(S)$, 使得 $\sigma=\mathrm{Ker}\,f$. 根据定理 2.4.1, $\sigma\in\mathscr{C}(S)$. 于是, $\mathscr{E}(S)=\mathscr{C}(S)$.

令 G 为一群, ρ 为 G 上一同余. 易知, $e\rho$ 为商半群 G/ρ 的幺元, 其中 e 为 G 的幺元. 关于任意 $a\rho\in G/\rho$, $a\rho$ 的逆元是 $a^{-1}\rho$. 因此, G/ρ 为一群, 称其为 G 关于同余 ρ 的商群.

例 2.4.6 例 2.3.4 中的等价关系 $\sim$ 是整数加群 $\mathbb{Z}\overset{\mathrm{d}}{=}(\mathbb{Z},+)$ 上的一个同余. 群 $\mathbb{Z}$ 关于同余 $\sim$ 的商群记为 $\mathbb{Z}_n$, 称其为模 n 剩余类加群.

定义 2.4.4 令 $R\overset{\mathrm{d}}{=}(R;+,\cdot)$ 为一环, $\rho\in\mathscr{E}(R)$. 称 ρ 为 R 上一左同余（右同余, 同余), 如果

$$\rho\in\mathscr{C}(R,+)\ \&\ \rho\in\mathscr{C}_l(R,\cdot)$$
$$(\rho\in\mathscr{C}(R,+)\ \&\ \rho\in\mathscr{C}_r(R,\cdot),$$
$$\rho\in\mathscr{C}(R,+)\ \&\ \rho\in\mathscr{C}(R,\cdot)).$$

R 上全体左同余（右同余, 同余）构成的集合记为 $\mathscr{C}_l(R)$ $(\mathscr{C}_r(R),\mathscr{C}(R))$.

定义 2.4.5 令 $R\overset{\mathrm{d}}{=}(R;+,\cdot)$ 为一环, $\rho\in\mathscr{C}(R)$. 定义商集 R/ρ 上二元合成 $+,\cdot$ 如下:

$$(\forall\ a,b\in R)\ a\rho+b\rho\overset{\mathrm{d}}{=}(a+b)\rho,\quad a\rho\cdot b\rho\overset{\mathrm{d}}{=}(ab)\rho.$$

容易验证, $+,\cdot$ 都是 R/ρ 上的二元运算, 且 R/ρ 关于 $+,\cdot$ 成环. 称其为 R 关于同余 ρ 的剩余类环.

例 2.4.7　例 2.3.4 中的等价关系 $\sim$ 是整数环 $\mathbb{Z}$ 上的一个同余, 容易看出, 模 n 剩余类环 $\mathbb{Z}_n$ 即为整数环关于同余 $\sim$ 的剩余类环.

相应于定理 2.4.1 和推论 2.4.2, 关于群和环我们也有类似的结果, 详见 2.4.3 节和 2.4.4 节.

2.4.2　群（环）关于子群（左、右理想）的左、右陪集（左、右剩余类）分划与群（环）上的左、右同余

定义 2.4.6　令 G 为一群, $a \in G, H \leqslant G$. 称

$$aH \overset{\mathrm{d}}{=} \{ah \mid h \in H\} \ \big(Ha \overset{\mathrm{d}}{=} \{ha \mid h \in H\}\big)$$

为 G 中 H 的含 a 的左（右）陪集.

例 2.4.8　显然

$$H = \{(1), (12)\} \leqslant S_3,$$

它的左、右陪集分别为

$$(1)H = H = \{(1), (12)\} = H(1),$$

$$(13)H = \{(13), (123)\},$$

$$(23)H = \{(23), (132)\},$$

$$H(13) = \{(13), (132)\},$$

$$H(23) = \{(23), (123)\}.$$

因此, 一般地, 含同一元素的左陪集和右陪集是不同的.

推论 2.4.3　令 G 为一群, $H \leqslant G$. 则下列三条等价:

(1) $b \in aH \ \big(b \in Ha\big)$;

(2) $aH = bH \ \big(Ha = Hb\big)$;

(3) $a^{-1}b \in H \ \big(ba^{-1} \in H\big)$.

推论 2.4.4　令 G 为一群, $H \leqslant G$. 则

(1) $(\forall\, a \in G)\ a \in aH\big(Ha\big)$;

(2) $(\forall\, a, b \in G)\ aH \cap bH \neq \varnothing \Longleftrightarrow aH = bH\big(Ha \cap Hb \neq \varnothing \Longleftrightarrow Ha = Hb\big)$.

由推论 2.4.4 知, 下面推论成立.

推论 2.4.5　令 G 为一群, $H \leqslant G$,

$$\pi_H^l \overset{\mathrm{d}}{=} \{aH \mid a \in G\} \quad \big(\pi_H^r \overset{\mathrm{d}}{=} \{Ha \mid a \in G\}\big).$$

则 π_H^l (π_H^r) 形成 G 的一个分划.

下面只就左陪集进行讨论. 关于右陪集的一些结论, 读者可以类似地一一列举.

定理 2.4.3 令 G 为一群. 若 $H \leqslant G$. 则

$$\sigma_{\pi^l_H} \stackrel{\mathrm{d}}{=} \sigma^l_H \in \mathscr{C}_l(G).$$

反之, 关于任意 $\sigma \in \mathscr{C}_l(G)$, 存在 $H \leqslant G$, 使得 $\sigma = \sigma^l_H$.

证明 令 $H \leqslant G$. 关于任意 $a, b, c \in G$,

$$a\sigma^l_H b \Longrightarrow aH = bH \Longrightarrow (ca)H = (cb)H \Longrightarrow (ca)\sigma^l_H(cb).$$

因此, $\sigma^l_H \in \mathscr{C}_l(G)$.

反之, 令 $\sigma \in \mathscr{C}_l(G)$. 则 $e\sigma \leqslant G$. 事实上, 关于任意 $a, b \in e\sigma$, 有 $a\sigma e, b\sigma e$, 从而 $ab\sigma ae$, 即 $ab\sigma a$. 由等价关系的传递性知, $ab\sigma e$, 即 $ab \in e\sigma$. 又由 $a\sigma e$ 知, $a^{-1}a\sigma a^{-1}e$, 即 $e\sigma a^{-1}$, 从而 $a^{-1} \in e\sigma$. 因此, $e\sigma \leqslant G$. 记 $H = e\sigma$. 则 $H \leqslant G$.

令 $a \in G$. 关于任意 $h \in H$, 有 $h\sigma e$. 由 σ 为一左同余知, $(ah)\sigma(ae)$, 即 $(ah)\sigma a$, 从而 $ah \in a\sigma$, 因此 $aH \subseteq a\sigma$. 另一方面, 关于任意 $b \in a\sigma$, 有 $b\sigma a$. 由 σ 为一左同余知, $(a^{-1}b)\sigma(a^{-1}a)$, 即 $(a^{-1}b)\sigma e$, $a^{-1}b \in H$. 从而 $b = a(a^{-1}b) \in aH$, 即, $a\sigma \subseteq aH$. 因此, $a\sigma = aH$. 于是, $\sigma = \sigma^l_H$. □

定理 2.4.4 令 G 为一群. 则

$$\begin{aligned} f:\ \ \mathcal{S}(G) \stackrel{\mathrm{d}}{=} \{H \mid H \leqslant G\} &\longrightarrow \mathscr{C}_l(G), \\ H &\longmapsto \sigma^l_H \end{aligned}$$

为一双射.

证明 根据定理 2.4.3, f 为一映射. 且为一满射. 若 $\sigma^l_H = \sigma^l_K$, 则

$$H = e\sigma^l_H = e\sigma^l_K = K,$$

因此, f 又为一单射. 于是, f 为一双射. □

定理 2.4.5 令 G 为一群, $H \leqslant G$, $a \in G$. 则 $|aH| = |H| = |Ha|$.

证明 作映射

$$\begin{aligned} \varphi: H &\longrightarrow aH, \\ h &\longmapsto ah. \end{aligned}$$

显然, φ 为一满射. 关于任意 $h_1, h_2 \in H$, 若 $\varphi(h_1) = \varphi(h_2)$, 即 $ah_1 = ah_2$, 则 $h_1 = h_2$, 从而 φ 为一单射. 因此 φ 为一双射, 于是, $|H| = |aH|$. 同理可证, $|H| = |Ha|$. □

注 2.4.1 根据定理 2.4.5, 群关于子群的任一左（右）陪集都与子群等势, 因此, 群上的左（右）同余对群的分划是均匀的. 而半群上的左（右）同余, 甚至同余, 对半群的分划不一定是均匀的, 见例 2.4.2 ~ 例 2.4.4.

定义 2.4.7 令 R 为一环, $I \leqslant R$. 称 I 为 R 的一个左理想（右理想, 理想）, 如果

$$RI \subseteq I\ (IR \subseteq I,\ RI \cup IR \subseteq I),$$

记为 $I \trianglelefteq_l R$ ($I \trianglelefteq_r R, I \trianglelefteq R$).

推论 2.4.6　令 R 为一环, $\varnothing \neq I \subseteq R$. 则 $I \trianglelefteq_l R$ ($I \trianglelefteq_r R$) 当且仅当

(1) $(\forall\, a, b \in I)\ a - b \in I$;

(2) $(\forall\, a \in I,\ r \in R)\ ra \in I\ (ar \in I)$.

定理 2.4.6　令 $R \stackrel{\mathrm{d}}{=} (R; +, \cdot)$ 为一环. 若 $I \trianglelefteq_l R$, 则

$$\sigma_{\pi_I^l} \stackrel{\mathrm{d}}{=} \sigma_I^l \in \mathscr{C}_l(R),$$

其中, π_I^l 为加群 $(R, +)$ 关于子群 I 的（左）陪集分划. 反之, 关于任意 $\sigma \in \mathscr{C}_l(R)$, 存在 $I \trianglelefteq_l R$, 使得 $\sigma = \sigma_I^l$.

证明　令 $I \trianglelefteq_l R$. 根据定理 2.4.3, 由 $(R, +)$ 为一 Abel 群知, σ_I^l 为加群 $(R, +)$ 上一同余. 关于任意 $r \in R$,

$$a\sigma_I^l b \Longrightarrow a + I = b + I \Longrightarrow r(a + I) = r(b + I) \Longrightarrow ra + I = rb + I \Longrightarrow (ra)\sigma_I^l(rb).$$

因此, σ_I^l 为 $(R, \cdot)$ 上一左同余. 于是, σ_I^l 为 R 上一左同余.

反之, 令 $\sigma \in \mathscr{C}_l(R)$. 则 $0\sigma \trianglelefteq_l R$. 事实上, 根据定理 2.4.3 的证明, $0\sigma \leqslant (R, +)$. 关于任意 $a \in 0\sigma$, $r \in R$, 由 $a\sigma 0$, 以及 σ 为一左同余知, $(ra)\sigma(r0)$, 即 $(ra)\sigma 0$. 因此, $ra \in 0\sigma$, 于是, $0\sigma \trianglelefteq_l R$. 记 $I = 0\sigma$, 则 $I \trianglelefteq_l R$.

令 $r \in R$. 关于任意 $a \in I$, 由 $a\sigma 0$, 以及 σ 为 $(R, +)$ 上一同余知, $(r + a)\sigma(r + 0)$, 即 $(r + a)\sigma r$, 从而 $r + a \in r\sigma$, 因此 $r + I \subseteq r\sigma$. 另一方面, 关于任意 $b \in r\sigma$, 有 $b\sigma r$. 由 σ 为 $(R, +)$ 上一同余知, $(b - r)\sigma(r - r)$, 即 $(b - r)\sigma 0$, 从而 $b - r \in I$, $b = r + (b - r) \in r + I$, 即, $r\sigma \subseteq r + I$. 因此, $r\sigma = r + I$. 于是, $\sigma = \sigma_I^l$. □

易知, 下面定理成立.

定理 2.4.7　令 R 为一环. 则

$$\begin{aligned} f:\ \ & \mathscr{I}_l(R) \stackrel{\mathrm{d}}{=} \{I \mid I \trianglelefteq_l R\} \longrightarrow \mathscr{C}_l(R), \\ & I \longmapsto \sigma_I^l \end{aligned}$$

为一双射.

注 2.4.2　环的右理想和右同余也有平行于定理 2.4.6 和定理 2.4.7 的事实.

最后, 为给出一个重要的定理——Lagrange 定理. 首先建立

定理 2.4.8　令 G 为一群, $H \leqslant G$. 则 $|\pi_H^l| = |\pi_H^r|$.

证明　作

$$\begin{aligned} \varphi : \pi_H^l & \longrightarrow \pi_H^r, \\ aH & \longmapsto Ha^{-1}. \end{aligned}$$

由

$$aH = bH \iff a\sigma_H^l b$$
$$\iff a^{-1}b \in H$$
$$\iff b^{-1}(a^{-1})^{-1} \in H$$
$$\iff b^{-1}\sigma_H^r a^{-1}$$
$$\iff Hb^{-1} = Ha^{-1}$$

知, φ 为一映射, 且为一单射. 又, 关于任意 $Ha \in \pi_H^r$, $a^{-1}H$ 是其原像, 从而 φ 为一满射. 因此, φ 为一双射, 于是, $|\pi_H^l| = |\pi_H^r|$. □

定义 2.4.8 令 G 为一群, $H \leqslant G$. 称 $|\pi_H^l| = |\pi_H^r|$ 为 H 在 G 中的指数, 记为 $[G : H]$.

根据定理 2.4.5 和定理 2.4.8, 我们有如下定理.

定理 2.4.9 (Lagrange 定理) 令 G 为一有限群, $H \leqslant G$. 则

$$|G| = [G : H]|H|.$$

因此, G 的任意子群的阶和指数都整除 $|G|$. 特别地, G 的任意元素的阶都整除 $|G|$.

例 2.4.9 试求四次对称群 S_4 关于 Klein 四元群

$$K_4 = \{(1), (12)(34), (13)(24), (14)(23)\}$$

的指数, 并求出 S_4 关于 K_4 的所有左、右陪集.

首先, 由于 $|S_4| = 24$, $|K_4| = 4$, 从而

$$[S_4 : K_4] = 6.$$

其次, 任取 $\sigma \in S_4$, 但 $\sigma \notin K_4$, 得到左陪集 σK_4. 又取 $\tau \in S_4$, 但 $\tau \notin K_4$, 且 $\tau \notin \sigma K_4$, 得到左陪集 $\tau K_4, \cdots$, 如此下去, 即可得到 S_4 关于 K_4 的全体左、右陪集如下:

$$K_4 = \{(1), (12)(34), (13)(24), (14)(23)\},$$
$$(12)K_4 = \{(12), (34), (1324), (1423)\} = K_4(12),$$
$$(13)K_4 = \{(13), (1234), (24), (1432)\} = K_4(13),$$
$$(14)K_4 = \{(14), (1243), (1342), (23)\} = K_4(14),$$
$$(123)K_4 = \{(123), (134), (243), (142)\} = K_4(123),$$
$$(132)K_4 = \{(132), (234), (124), (143)\} = K_4(132).$$

因此, 关于任意 $\sigma \in S_4$, 有

$$\sigma K_4 = K_4\sigma.$$

对照例 2.4.8, 这是一特殊情形.

例 2.4.10 在同构意义上, 4 阶群只有两个, 一个是像 4 次单位根群那样的 4 阶循环群 (4 阶循环群显然是彼此同构的), 另一个是 Klein 四元群 (非循环的 Abel 群), 二者当然不同构.

前此, 我们已指出, 4 阶循环群皆为有一 4 阶元的 4 阶群. 为了证明上面结论, 我们只需证明无 4 阶元的 4 阶群皆同构于 Klein 四元群.

为此, 首先证明, 满足乘法表 2.1 的半群胚 $G=\{e,a_2,a_3,a_4\}$ 为一群, 且同构于群 K_4. 根据定理 2.2.5 的 (1), 只需证明半群胚 G 同构于半群胚 K_4, 这一同构可由映射

表 2.1

$\cdot$	e	a_2	a_3	a_4
e	e	a_2	a_3	a_4
a_2	a_2	e	a_4	a_3
a_3	a_3	a_4	e	a_2
a_4	a_4	a_3	a_2	e

$$\begin{aligned}\varphi: G &\longrightarrow K_4,\\ e &\longmapsto (1),\\ a_2 &\longmapsto (12)(34),\\ a_3 &\longmapsto (13)(24),\\ a_4 &\longmapsto (14)(23)\end{aligned}$$

提供 (容易验证).

然后证明, 若 $G'=\{e',a_2',a_3',a_4'\}$ 为一没有 4 阶元的 4 阶群, 则在分别等同 e' 和 a_i' 与 e 和 a_i 时, $i=2,3,4$, G' 满足半群胚乘法表. 事实上, 根据 Lagrange 定理, G 中除了幺元 e, 每个元素的阶都为 2, 从而 G 的每个元素都满足方程 $x^2=e$, 由习题 2 第 6 题知, G 为一 Abel 群, 又由 G 为一双消半群知, G 的任意两个不同的 2 阶元的积都为第三个 2 阶元. 于是, G' 等同于 G 时, 具上半群胚乘法表.

2.4.3 群 (环) 的正规子群 (理想) 与群 (环) 上的同余

1. 群 (环) 的正规子群 (理想) 的定义、例子和基本性质

定义 2.4.9 令 G 为一群, $H\leqslant G$. 称 H 为 G 的一个正规子群 (或不变子群, 或自共轭子群), 如果 H 的每一左陪集都是一个右陪集, 即

$$(\forall\, a\in G)(\exists\, a'\in G)\quad aH=Ha'.$$

记为 $H\trianglelefteq G$.

推论 2.4.7 令 G 为一群, $H\leqslant G$. 则下列各条等价:

(1) $H\trianglelefteq G$;

(2) $(\forall\, a\in G)\ aH=Ha$;

(3) $(\forall\ a \in G)\ aHa^{-1} = H$;

(4) $(\forall\ a \in G)\ aHa^{-1} \subseteq H$, 即

$$(\forall\ a \in G)(\forall\ h \in H)\ aha^{-1} \in H.$$

证明 (1) $\Longleftrightarrow$ (2) 显然. 只需证明 (2) $\Longrightarrow$ (3) $\Longrightarrow$ (4) $\Longrightarrow$ (2).

(2) $\Longrightarrow$ (3). 关于任意 $a \in G$, 由 $aH = Ha$ 知,

$$(aH)a^{-1} = (Ha)a^{-1}.$$

因此, $aHa^{-1} = H$.

(3) $\Longrightarrow$ (4). 显然.

(4) $\Longrightarrow$ (2). 关于任意 $a \in G$, 由 $aHa^{-1} \subseteq H$ 知, $(aHa^{-1})a \subseteq Ha$, 即 $aH \subseteq Ha$; 又 $a^{-1}H(a^{-1})^{-1} \subseteq H$, 因此 $a[a^{-1}H(a^{-1})^{-1}] \subseteq aH$, 即 $Ha \subseteq aH$. 于是, $Ha = aH$. □

例 2.4.11 令 G 为一群. 则

(1) $\{1\}$, $G \trianglelefteq G$, 称 $\{1\}$, G 为 G 的平凡正规子群, 只有平凡正规子群的非平凡群称为单群 (见定义 4.2.1);

(2) $Z(G) \trianglelefteq G$.

例 2.4.12 Abel 群的任一子群都是正规子群.

例 2.4.13 考察 S_3. 令 $H_1 = \{(1), (12)\}, H_2 = \{(1), (123), (132)\}$. 则子群 H_1 不是 S_3 的正规子群. 因为 $H_1(13) = \{(13), (132)\}, (13)H_1 = \{(13), (123)\}$; 子群 H_2 是 S_3 的正规子群. 一般地, 群的指数为 2 的子群都是正规的 (见习题 2 第 25 题).

注 2.4.3 子群的正规性不具有传递性, 即

$$K \trianglelefteq H \trianglelefteq G \not\Rightarrow K \trianglelefteq G.$$

例如, 在四次对称群 S_4 中, 由例 2.4.9 知,

$$K_4 = \{(1), (12)(34), (13)(24), (14)(23)\} \trianglelefteq S_4.$$

又 K_4 为一 Abel 群, 从而

$$C_4 = \{(1), (12)(34)\} \trianglelefteq K_4,$$

即 $C_4 \trianglelefteq K_4 \trianglelefteq S_4$. 但 $C_4 \ntrianglelefteq S_4$, 因为

$$(13)C_4 = \{(13), (1234)\} \neq \{(13), (1432)\} = C_4(13).$$

定理 2.4.10 令 G, G' 为两个群, $H \trianglelefteq G, H' \trianglelefteq G'$, $f : G \longrightarrow G'$ 为一群满同态映射. 则

$$f(H) \trianglelefteq G',\quad f^{-1}(H') \trianglelefteq G.$$

证明 根据定理 2.2.12,

$$f(H) \leqslant G',\quad f^{-1}(H') \leqslant G.$$

关于任意 $g' \in G'$, 由 f 为一满射知, 存在 $g \in G$, 使得 $g' = f(g)$. 从而, 由 $H \trianglelefteq G$ 知,

$$g'f(H)g'^{-1} = f(g)f(H)f(g)^{-1} = f(gHg^{-1}) = f(H).$$

因此, $f(H) \trianglelefteq G'$.

关于任意 $h \in f^{-1}(H')$, 由 $f(h) \in H'$ 和 $H' \trianglelefteq G'$ 知,

$$(\forall\, g \in G)\ f(ghg^{-1}) = f(g)f(h)f(g)^{-1} \in H'.$$

从而 $ghg^{-1} \in f^{-1}(H')$. 因此, $f^{-1}(H') \trianglelefteq G$. □

定理 2.4.11　令 G 为一群, $H \leqslant G$, $K \leqslant G$.

(1) 若 $H \trianglelefteq G$, 则 $H \cap K \trianglelefteq K$, $HK \leqslant G$;

(2) 若 $H \trianglelefteq G$, $K \trianglelefteq G$, 则 $H \cap K \trianglelefteq G$, $HK \trianglelefteq G$.

证明　(1) 关于任意 $k \in K$, $x \in H \cap K$, 有 $kxk^{-1} \in K$. 又由 $H \trianglelefteq G$ 知, $kxk^{-1} \in H$. 从而

$$kxk^{-1} \in H \cap K.$$

因此, $H \cap K \trianglelefteq K$.

关于任意

$$hk \in HK, \quad h \in H, \quad k \in K,$$

有

$$hk \in Hk = kH \subseteq KH,$$

从而 $HK \subseteq KH$. 同理可证 $KH \subseteq HK$, 因此 $HK = KH$. 于是, 根据定理 2.2.10 的 (2), $HK \leqslant G$.

(2) 只证 $HK \trianglelefteq G$, $(H \cap K) \trianglelefteq G$ 的证明留给读者.

由 (1) 知, $HK \leqslant G$. 关于任意 $a \in G$, 有

$$a(HK) = (aH)K = (Ha)K = H(aK) = H(Ka) = (HK)a,$$

因此, $HK \trianglelefteq G$. □

注 2.4.4　关于定理 2.4.11 的 (1), 能否将 $H \cap K \trianglelefteq K$ 改为 $H \cap K \trianglelefteq H$?

推论 2.4.8　令 R 为一环, $\varnothing \neq I \subseteq R$. 则 $I \trianglelefteq R$ 当且仅当

(1) $(\forall\, a, b \in I)\ a - b \in I$;

(2) $(\forall\, a \in I \,\&\, r \in R)\ ra \in I \,\&\, ar \in I$.

例 2.4.14　关于任意环 R, 若 $|R| > 1$, 则 R 至少有两个理想: $\{0\}$ (称为零理想) 和 R. 称这两个理想为 R 的平凡理想. 只有平凡理想的非平凡环称为单环.

例 2.4.15　令 R 为一环, $n \in \mathbb{Z}$. 则容易验证

$$nR = \{na \mid a \in R\} \trianglelefteq R.$$

例 2.4.16 令 $\mathbb{F}$ 为一数域,

$$\mathbb{F}[x]_0 = \{f(x) \in \mathbb{F}[x] \mid f(0) = 0\}.$$

则 $\mathbb{F}[x]_0 \trianglelefteq \mathbb{F}[x]$.

例 2.4.17 令 $m \in \mathbb{Z}$,

$$\mathbb{Z}_m^{n\times n} = \left\{A = (a_{ij}) \in \mathbb{Z}^{n\times n} \;\middle|\; m \mid a_{ij},\ i,j = 1,2,\cdots,n\right\}.$$

则 $\mathbb{Z}_m^{n\times n} \trianglelefteq \mathbb{Z}^{n\times n}$. 而域 $\mathbb{F}$ 上的 n 阶矩阵环 $\mathbb{F}^{n\times n}$ 却为单环 (该事实作为习题请读者自行证明).

注 2.4.5 类似于子群的正规性不具有传递性, 请读者自行举例说明子环的理想性也不具有传递性, 即, 若 $I_2 \trianglelefteq I_1 \trianglelefteq R$, 则未必有 $I_2 \trianglelefteq R$.

平行于定理 2.4.10 和定理 2.4.11, 我们有下面的定理.

定理 2.4.12 令 R, R' 为两个环, $I \trianglelefteq R$, $I' \trianglelefteq R'$, $\varphi: R \longrightarrow R'$ 为一环满同态映射. 则

$$\varphi(I) \trianglelefteq R',\quad \varphi^{-1}(I') \trianglelefteq R.$$

定理 2.4.13 令 R 为一环, $I \leqslant R$, $S \leqslant R$,

$$I + S \stackrel{\mathrm{d}}{=} \{a + b \mid a \in I,\ b \in S\}.$$

(1) 若 $I \trianglelefteq R$, 则 $I \cap S \trianglelefteq S$, $I + S \leqslant R$;

(2) 若 $I,\ S \trianglelefteq R$, 则 $I \cap S \trianglelefteq R$, $I + S \trianglelefteq R$.

容易将定理 2.4.13 的 (2) 中的理想推广到 n 个的情形.

推论 2.4.9 令 R 为一环, $I_1, I_2, \cdots, I_n \trianglelefteq R$. 则

$$(I_1 \cap I_2 \cap \cdots \cap I_n) \trianglelefteq R,$$

$$I_1 + I_2 + \cdots + I_n \stackrel{\mathrm{d}}{=} \{a_1 + a_2 + \cdots + a_n \mid a_i \in I_i, i = 1,2,\cdots,n\} \trianglelefteq R.$$

令 R 为一环, M 为 R 的一个非空子集. 则

$$\langle M\rangle \stackrel{\mathrm{d}}{=} R \text{ 的所有包含 } M \text{ 的理想的交}$$

显然为 R 的包含 M 的最小理想. 称其为由 M 生成的理想. 称 $\langle M\rangle$ 为一有限生成理想, 如果 M 为一有限集. 当 $M = \{a_1, a_2, \cdots, a_n\}$ 时, $\langle M\rangle$ 简记为 $\langle a_1, a_2, \cdots, a_n\rangle$. 特别地, 当 $M = \{a\}$ 时, $\langle M\rangle$ 简记为 $\langle a\rangle$, 此时称 $\langle a\rangle$ 为由 a 生成的主理想, 简称主理想. 我们有

$$\langle a\rangle = \left\{na + sa + at + \sum_{i=1}^{m} s_i a t_i \;\middle|\; n \in \mathbb{Z}, s, t, s_i, t_i \in R, i = 1,2,\cdots,m, m \in \mathbb{Z}^+\right\}.$$

当 R 为一交换环、幺环与交换幺环时, 我们分别有

$$\langle a\rangle = \{na + ra \mid r \in R, n \in \mathbb{Z}\};$$

$$\langle a\rangle = \left\{\sum_{i=1}^{m} s_i a t_i \;\middle|\; s_i, t_i \in R,\ i = 1,2,\cdots,m,\ m \in \mathbb{Z}^+\right\};$$

$$\langle a\rangle = \{ra \mid r \in R\}.$$

由生成理想的定义及推论 2.4.9 知, 下面推论成立.

推论 2.4.10　令 R 为一环, $\{a_1, a_2, \cdots, a_n\}$ 为 R 的一个子集. 则

$$\langle a_1, a_2, \cdots, a_n\rangle = \langle a_1\rangle + \langle a_2\rangle + \cdots + \langle a_n\rangle.$$

例 2.4.18　在整数环 $\mathbb{Z}$ 中,

$$\langle 2\rangle = \{2m \mid m \in \mathbb{Z}\},$$
$$\langle 4, 6\rangle = \langle 4\rangle + \langle 6\rangle = \{4m + 6n \mid m, n \in \mathbb{Z}\}.$$

定理 2.4.14　(1) 整数环 $\mathbb{Z}$ 的每个理想都是主理想;

(2) 数域 $\mathbb{F}$ 上多项式环 $\mathbb{F}[x]$ 的每个理想都是主理想.

证明　(1) 令 $I \trianglelefteq \mathbb{Z}$. 若 $I = \{0\}$, 则 $I = \langle 0\rangle$. 若 $I \neq \{0\}$, 则 $I \cap \mathbb{Z}^+ \neq \varnothing$. 令 a 为 I 中最小的正整数. 显然, $\langle a\rangle \subseteq I$. 关于任意 $b \in I$, 若

$$b = aq + r, \quad q, r \in \mathbb{Z}, \quad 0 \leqslant r < a,$$

则 $r = b - aq \in I$, 由 a 为 I 中最小的正整数知, $r = 0$. 从而 $b = aq \in \langle a\rangle$, 即 $I \subseteq \langle a\rangle$. 于是, $I = \langle a\rangle$ 为一主理想.

(2) 令 $I \trianglelefteq \mathbb{F}[x]$. 若 $I = \{0\}$, 则 $I = \langle 0\rangle$. 若 $I \neq \{0\}$, 令 $m(x)$ 为 I 中次数最小的一个多项式. 则 $\langle m(x)\rangle \subseteq I$. 关于任意 $f(x) \in I$, 若

$$f(x) = q(x)m(x) + r(x),$$

其中 $q(x)$, $r(x) \in \mathbb{F}[x]$, $r(x) = 0$ 或 $r(x)$ 的次数小于 $m(x)$ 的次数, 则

$$r(x) = f(x) - q(x)m(x) \in I,$$

又 $m(x)$ 为 I 中次数最小的一个多项式, 从而 $r(x) = 0$. 因此 $f(x) = q(x)m(x) \in I$, 即 $I \subseteq \langle m(x)\rangle$. 于是 $I = \langle m(x)\rangle$ 为一主理想. □

2. 群 (环) 的正规子群 (理想) 与群 (环) 上的同余

根据定理 2.4.3 和相应的群关于子群的右陪集分划与右同余的事实, 易知下面两个定理成立.

定理 2.4.15　令 G 为一群, $H \leqslant G$. 若 $H \trianglelefteq G$, 则

$$\sigma_H^l = \sigma_H^r \overset{\mathrm{d}}{=} \sigma_H \in \mathscr{C}(G).$$

反之, 关于任意 $\sigma \in \mathscr{C}(G)$, 存在 $H \trianglelefteq G$, 使得 $\sigma = \sigma_H$.

定理 2.4.16　令 G 为一群. 则

$$\begin{aligned} f:\ \ & \mathscr{N}(G) \overset{\mathrm{d}}{=} \{H \mid H \trianglelefteq G\} \longrightarrow \mathscr{C}(G), \\ & H \longmapsto \sigma_H \end{aligned}$$

为一双射.

注 2.4.6 令 $\varphi: G \longrightarrow G'$ 为一群同态映射, e 和 e' 分别为 G 和 G' 的幺元. 集合

$$\operatorname{Ker}\varphi = \{(a,b) \in G \times G \mid \varphi(a) = \varphi(b)\}$$

和

$$e\operatorname{Ker}\varphi = \varphi^{-1}(e') = \{a \in G \mid \varphi(a) = e'\}$$

可以等同起来, 我们都用 $\operatorname{Ker}\varphi$ 表示. 在使用时, 联系上下文, 读者不难辨别. 事实上, 前者 (G 上的等价关系) 由后者 (它的那个等价类) 完全确定.

于是, 我们有如下推论.

推论 2.4.11 令 $\varphi: G \longrightarrow G'$ 为一群同态映射. 则 $\operatorname{Ker}\varphi \trianglelefteq G$.

联系定理 2.4.1 和推论 2.4.12, 该怎样刻画群 (还有后面的环) 上的等价关系是群 (环) 上的同余?

推论 2.4.12 令 G 为一群, $H \trianglelefteq G$. 定义 $G/\sigma_H = \pi^l_H$ 上的二元合成 $\cdot$ 如下

$$aH \cdot bH \stackrel{\mathrm{d}}{=} (ab)H.$$

则 $\cdot$ 为 G/σ_H 上的一个二元运算, 且 G/σ_H 关于 $\cdot$ 成一群. 称其为 G 关于 H 的商群, 记为 $G/H\ (= G/\sigma_H)$.

例 2.4.19 令 $\mathbb{Z} \stackrel{\mathrm{d}}{=} (\mathbb{Z}, +)$ 为整数加群, $n \in \mathbb{Z}^+$. 则由 $\mathbb{Z}$ 为一 Abel 群知, $\langle n\rangle$ 是正规子群, 于是, 可得商群 $\mathbb{Z}/\langle n\rangle$. 显然, 商群 $\mathbb{Z}/\langle n\rangle$ 为模 n 剩余类加群, 即, $\mathbb{Z}/\langle n\rangle = \mathbb{Z}_n$.

平行于定理 2.4.15, 定理 2.4.16, 推论 2.4.11 和推论 2.4.12, 有下面的定理.

定理 2.4.17 令 R 为一环, $I \leqslant R$. 若 $I \trianglelefteq R$, 则

$$\sigma^l_I = \sigma^r_I \stackrel{\mathrm{d}}{=} \sigma_I \in \mathscr{C}(R).$$

反之, 关于任意 $\sigma \in \mathscr{C}(R)$, 存在 $I \trianglelefteq R$, 使得 $\sigma = \sigma_I$.

定理 2.4.18 令 R 为一环. 则

$$\begin{aligned} f:\ \ & \mathscr{I}(R) \stackrel{\mathrm{d}}{=} \{I \mid I \trianglelefteq R\} \longrightarrow \mathscr{C}(R), \\ & I \longmapsto \sigma_I \end{aligned}$$

为一双射.

推论 2.4.13 令 $\varphi: R \longrightarrow R'$ 为一环同态映射. 则 $\operatorname{Ker}\varphi \trianglelefteq R$.

推论 2.4.14 令 $R \stackrel{\mathrm{d}}{=} (R; +, \cdot)$ 为一环, $I \trianglelefteq R$. 称

$$r + I = \{r + a \mid a \in I\}$$

为 R 关于 I 的含 r 的剩余类. 又令

$$R/I \stackrel{\mathrm{d}}{=} \{r + I \mid r \in R\}.$$

定义 R/I 上的二元合成 $+, \cdot$ 为

$$(\forall\, r, s \in R)\ (r + I) + (s + I) = (r + s) + I,$$

$$(\forall\, r, s \in R)\ (r+I)\cdot(s+I) = (rs)+I.$$

则 $+, \cdot$ 为 R/I 上的二元运算, 且 R/I 关于 $+, \cdot$ 成环. 称其为 R 关于理想 I 的剩余类环. 记为 $R/I\ (=R/\sigma_I)$.

例 2.4.20 令 $\mathbb{Z}$ 为整数环, $n \in \mathbb{Z}^+$. 则 $\mathbb{Z}$ 关于由 n 生成的主理想 $\langle n\rangle$ 的剩余类环为 $\mathbb{Z}/\langle n\rangle$. 显然, 剩余类环 $\mathbb{Z}/\langle n\rangle$ 为模 n 剩余类环, 即, $\mathbb{Z}/\langle n\rangle = \mathbb{Z}_n$.

2.4.4 群 (环) 的同态基本定理, 两个同构定理

平行于定理 2.4.2, 我们有下面的定理.

定理 2.4.19 令 $\varphi: G \longrightarrow G'$ 为一群同态映射. 则 φ 可分解为一群满同态映射 ψ 和一群单同态映射 ϕ 的合成, 即 $\varphi = \phi\circ\psi$.

推论 2.4.15 (群同态基本定理) 令 $\varphi: G \longrightarrow G'$ 为一群满同态映射. 则

$$G/\mathrm{Ker}\,\varphi \cong G'.$$

引理 2.4.1 令 $\varphi: G \longrightarrow G'$ 为一群满同态映射. 则

(1) $(\forall\, H' \leqslant G')\ \varphi(\varphi^{-1}(H')) = H'$;

(2) $(\forall\, H \leqslant G)\ H \subseteq \varphi^{-1}(\varphi(H))$, $\varphi^{-1}(\varphi(H)) = H$ 当且仅当 $\mathrm{Ker}\,\varphi \subseteq H$.

证明 (1) 结论显然成立.

(2) $H \subseteq \varphi^{-1}(\varphi(H))$ 显然. 下证 $\varphi^{-1}(\varphi(H)) = H$ 当且仅当 $\mathrm{Ker}\,\varphi \subseteq H$.

若 $\varphi^{-1}(\varphi(H)) = H$, 则

$$\mathrm{Ker}\,\varphi = \varphi^{-1}(e') \subseteq \varphi^{-1}(\varphi(H)) = H,$$

其中, e' 为 G' 的幺元.

反之, 令 $\mathrm{Ker}\,\varphi \subseteq H$. 关于任意 $a \in \varphi^{-1}(\varphi(H))$, 存在 $b \in H$, 使得 $\varphi(a) = \varphi(b)$. 从而, $e' = \varphi(a)\varphi(b)^{-1} = \varphi(ab^{-1})$, 即 $ab^{-1} \in \mathrm{Ker}\,\varphi \subseteq H$, 因此 $a = (ab^{-1})b \in H$, 即 $\varphi^{-1}(\varphi(H)) \subseteq H$. 又, $H \subseteq \varphi^{-1}(\varphi(H))$. 于是 $\varphi^{-1}(\varphi(H)) = H$. □

定理 2.4.20 令 $\varphi: G \longrightarrow G'$ 为一群满同态映射,

$$\mathscr{S} = \{H \mid H \leqslant G\ \&\ \mathrm{Ker}\,\varphi \subseteq H\}, \quad \mathscr{S}' = \{H' \mid H' \leqslant G'\}.$$

则 $\mathscr{S}$ 与 $\mathscr{S}'$ 之间存在一个双射.

证明 作

$$\eta: \mathscr{S} \longrightarrow \mathscr{S}',$$
$$H \longmapsto \varphi(H),$$

根据定理 2.2.12, η 为一映射, 且为一满射. 根据引理 2.4.1,

$$\varphi(H_1) = \varphi(H_2) \Longrightarrow \varphi^{-1}\big(\varphi(H_1)\big) = \varphi^{-1}\big(\varphi(H_2)\big) \Longleftrightarrow H_1 = H_2.$$

从而, η 为一单射. 于是, η 为一双射. □

注 2.4.7 根据定理 2.4.10, 将定理 2.4.20 中的子群改成正规子群, 结论也成立. 即, G 中包含 $\mathrm{Ker}\,\varphi$ 的正规子群与 G' 中的正规子群一一对应.

定理 2.4.21 (第一同构定理) 令 $\varphi: G \longrightarrow G'$ 为一群满同态映射, $H \trianglelefteq G$, 且 $\mathrm{Ker}\,\varphi \subseteq H$. 则 $G/H \cong G'/\varphi(H)$.

证明 根据定理 2.4.10, $\varphi(H) \trianglelefteq G'$. 作

$$\begin{aligned} \eta: G/H &\longrightarrow G'/\varphi(H), \\ aH &\longmapsto \varphi(a)\varphi(H). \end{aligned}$$

由

$$\begin{aligned} aH = bH &\Longleftrightarrow a^{-1}b \in H \\ &\Longleftrightarrow \varphi(a^{-1}b) \in \varphi(H) \\ &\Longleftrightarrow \varphi(a)^{-1}\varphi(b) \in \varphi(H) \\ &\Longleftrightarrow \varphi(a)\varphi(H) = \varphi(b)\varphi(H) \end{aligned}$$

(其中, 由 $\varphi(a^{-1}b) \in \varphi(H)$ 得出 $a^{-1}b \in H$, 利用到了引理 2.4.1) 知, η 为一映射, 且为一单射. 由 φ 为一满射及 η 的构作知, η 为一满射. 从而, η 为一双射. 又

$$\begin{aligned} &\eta(aHbH) = \eta((ab)H) = \varphi(ab)\varphi(H), \\ &\eta(aH)\eta(bH) = (\varphi(a)\varphi(H))(\varphi(b)\varphi(H)) = (\varphi(a)\varphi(b))\varphi(H) = \varphi(ab)\varphi(H), \end{aligned}$$

因此, η 为一同态映射. 于是, η 为一同构映射, 从而 $G/H \cong G'/\varphi(H)$. □

推论 2.4.16 令 G 为一群, $K, H \trianglelefteq G, K \leqslant H$. 则

$$G/H \cong (G/K)/(H/K).$$

定理 2.4.22 (第二同构定理) 令 G 为一群, $H \trianglelefteq G, K \leqslant G$. 则

$$KH/H \cong K/(K \cap H).$$

证明 根据定理 2.4.11 的 (1), $(K \cap H) \trianglelefteq K$, $KH \leqslant G$. 显然, $H \subseteq KH$, 从而由 $H \trianglelefteq G$ 知, $H \trianglelefteq KH$.

证法一: 令 $k \in K, h \in H$. 则 $(kh)H = k(hH) = kH$. 作

$$\begin{aligned} \varphi: KH/H &\longrightarrow K/(K \cap H), \\ kH &\longmapsto k(K \cap H). \end{aligned}$$

由

$$k_1H = k_2H \Longleftrightarrow k_1^{-1}k_2 \in H \Longleftrightarrow k_1^{-1}k_2 \in H \cap K \Longleftrightarrow k_1(H \cap K) = k_2(H \cap K)$$

知, φ 为一映射, 且为一单射. 显然 φ 为一满射. 从而 φ 为一双射. 又

$$\begin{aligned}\varphi(k_1Hk_2H) &= \varphi(k_1k_2H) = k_1k_2(H\cap K)\\ &= k_1(H\cap K)k_2(H\cap K)\\ &= \varphi(k_1H)\varphi(k_2H),\end{aligned}$$

因此, φ 为一同态映射. 于是, φ 为一同构映射, 从而 $KH/H \cong K/(K\cap H)$.

证法二：作

$$\begin{aligned}\varphi: K &\longrightarrow KH/H,\\ k &\longmapsto kH.\end{aligned}$$

容易验证 φ 为一满同态映射. 又, 关于任意 $k\in K$,

$$k\in \operatorname{Ker}\varphi \Longleftrightarrow kH = H \Longleftrightarrow k\in H \Longleftrightarrow k\in K\cap H,$$

从而 $\operatorname{Ker}\varphi = K\cap H$. 于是, 根据同态基本定理, $KH/H\cong K/(K\cap H)$. □

例 2.4.21 6 阶群只有 6 阶循环群和 S_3 (在同构意义上).

事实上, 令 G 为一 6 阶群. 根据 Lagrange 定理, 群 G 的元的阶为 6 的因子, 只能为 $1,2,3,6$. 若 G 有 6 阶元, 则 G 为一 6 阶循环群. 若 G 没有 6 阶元. 因为 G 的阶为偶数, 所以由习题 2 第 5 题知, G 一定含有 2 阶元. 假设 G 中非幺元的阶全为 2, 那么 G 为一 Abel 群 (习题 2 第 6 题). 进而有, $\{e,a,b,ab\}\leqslant G, a,b\in G$. 从而 $4|6$, 一个矛盾. 因此, G 既含有 2 阶元又含有 3 阶元.

令 a,b 分别为 G 中的 2 阶元和 3 阶元. 容易验证, e,a,b,b^2,ab,ab^2 两两互不相同. 因此, $G=\{e,a,b,b^2,ab,ab^2\}$. 显然, $|b^2|=3$. 假设 $|ab|=3$, 那么可以验证 $(ab)^{-1}$ 只能为 ab^2. 从而

$$ab^2 = (ab)^{-1} = (ab)^2 = abab = a(ba)b.$$

又

$$ba = (a^2)(ba)(b^3) = a(abab^2)b = a[ab(ab)^{-1}]b = ab.$$

因此, $ab^2 = a(ba)b = a(ab)b = b^2$, 从而 $a=e$, 一个矛盾. 于是 $|ab|=2$. 进而, $|ab^2|=2$. 可以验证 G 与 S_3 同构.

例 2.4.22 A_4 没有 6 阶子群.

事实上, (1) 假设 H 是 A_4 的 6 阶子群. 由 A_4 没有 6 阶元知, H 也没有 6 阶元, H 不是循环群. 由例 2.4.21 知, H 与 S_3 同构. 因此, H 含有 3 个 2 阶元, 但 A_4 仅有的 2 阶元就是 K_4 中的三个 2 阶元, 从而 $K_4\leqslant H$, 根据 Lagrange 定理, $|K_4|\,|\,|H|$, 一个矛盾. 于是, A_4 没有 6 阶子群;

或者

(2) 假设 H 是 A_4 的 6 阶子群. 由 H 的阶为偶数知, H 至少含有一个 2 阶元, 记为 a. 若 H 还含不同于 a 的 2 阶元, 记为 b, 则在 A_4 中, $c=ab$ 也是与 a,b 不同的 2 阶元, 从而 $K_4\leqslant H$, $|K_4|\,|\,|H|$, 一个矛盾. 因此 H 只含有一个 2 阶元 a.

令 $N=\{(1),a\}$. 则 $N\leqslant H$. 关于任意 $g\in H$, $gNg^{-1}\leqslant H$, 且 $|gNg^{-1}|=|N|=2$. 又 H 只含有一个 2 阶元, 因此, $gNg^{-1}=N$, 即 $\{gag^{-1},(1)\}=\{a,(1)\}$. 从而, $ag=ga$. 任取 H 中一 3 阶元 b, 则 $ab\in H\subseteq A_4$, 由 $ab=ba$, 根据定理 2.2.8 和其证明后的一个说明知, $|ab|=6$, 一个矛盾. 于是, A_4 没有 6 阶子群;

或者

(3) 假设 H 是 A_4 的 6 阶子群, 则 $[A_4:H]=2$, A_4 为 H 与 aH 的不交并, 其中 $a\in A_4$, $a\notin H$. 任取 A_4 中一 3-循环, 不妨设为 (123). 我们有 $(123)\in H$. 事实上, 若 $(123)\notin H$, 则 $(123)^{-1}\notin H$. 从而 $(123),(123)^{-1}\in aH$, 因此 $(123)H=(123)^{-1}H$, 进而 $(123)^{-1}(123)^{-1}\in H$, 即 $(123)\in H$, 一个矛盾. 从而, A_4 中的 8 个 3-循环都在 H 中, 一个矛盾. 于是, A_4 没有 6 阶子群.

由例 2.4.22 知, Lagrange 定理的逆不成立.

例 2.4.23 例 2.4.22 已经指出 A_4 不含 6 阶子群; S_4 显然也不含 6 阶循环子群 (因为 S_4 无 6 阶元), 但 S_3 却为 S_4 的子群 (视 S_3 的 6 个 3 元置换为 4 不动的 4 元置换, 即知), 而且 S_3 为 S_4 的同态像.

关于最后一个论断, 事实上, 由 $K_4\trianglelefteq S_4$, 根据第二同构定理, 有

$$S_3K_4/K_4\cong S_3/(S_3\cap K_4).$$

由 $S_3\cap K_4=\{(1)\}$ 知, 若 $a_1,a_2\in S_3$, $k_1,k_2\in K_4$, 且 $(a_1,k_1)\neq(a_2,k_2)$, 则显然

$$a_1k_1\neq a_2k_2.$$

因此,

$$|S_3K_4|=24,$$

从而 $S_4=S_3K_4$, 于是,

$$S_4/K_4\cong S_3/\{(1)\}\cong S_3.$$

试问, S_3 是 K_4 的同态像吗?

关于定理 2.4.20, 群的同态基本定理以及第一 (二) 同构定理, 环也有平行的相关事实. 鉴于证明方法类似, 这里将不再加以证明.

定理 2.4.23 令 $\varphi:R\longrightarrow R'$ 为一环满同态映射,

$$\mathscr{S}=\big\{H\mid H\leqslant R\ \&\ \mathrm{Ker}\,\varphi\subseteq H\big\},\quad \mathscr{S}'=\big\{H'\mid H'\leqslant R'\big\}.$$

则 $\mathscr{S}$ 与 $\mathscr{S}'$ 之间存在一个双射.

注 2.4.8 根据定理 2.4.12, 将定理 2.4.23 中的子环改成理想, 结论也成立. 即, R 中包含 $\mathrm{Ker}\,\varphi$ 的理想与 R' 中的理想一一对应.

定理 2.4.24 (环同态基本定理) 令 $\varphi:R\longrightarrow R'$ 为一环满同态映射. 则

$$R/\mathrm{Ker}\,\varphi\cong R'.$$

定理 2.4.25 (环的第一同构定理)　令 $\varphi : R \longrightarrow R'$ 为一环满同态映射, $I \trianglelefteq R$, 且 $\operatorname{Ker}\varphi \subseteq I$. 则

$$R/I \cong R'/\varphi(I).$$

定理 2.4.26 (环的第二同构定理)　令 R 为一环, $I \trianglelefteq R$, $S \leqslant R$. 则

$$(S+I)/I \cong S/(S \cap I).$$

2.5　群, 环的 (外) 直积与内直积

定义 2.5.1　令 S_1, S_2 为两个半群. 定义 S_1 与 S_2 的 Descartes 积 $S_1 \times S_2$ 上的二元合成 $\cdot$ 如下:

$$(a,b)\cdot(c,d) \equiv (ac, bd).$$

则容易验证 $\cdot$ 为 $S_1 \times S_2$ 上的一个二元运算, 且 $S_1 \times S_2$ 关于 $\cdot$ 成一半群. 称其为半群 S_1 与 S_2 的 (外) 直积, 仍记为 $S_1 \times S_2$, S_1 和 S_2 称为 $S_1 \times S_2$ 的直积因子.

定义 2.5.2　令 G_1, G_2 为两个群. 可以验证 G_1 与 G_2 的半群直积 $G_1 \times G_2$ 也构成群, 称其为群 G_1 与 G_2 的 (外) 直积.

特别地, 当 G_1, G_2 为 Abel 群时, $G_1 \times G_2$ 也为一 Abel 群. 此时, 直积 $G_1 \times G_2$ 也称为 (外) 直和, 也记为 $G_1 \oplus G_2$, G_1 和 G_2 称为 $G_1 \oplus G_2$ 的直和项.

定理 2.5.1　令 G_1, G_2 为两个群, e_1, e_2 分别为 G_1, G_2 的幺元,

$$\bar{G_1} \overset{\mathrm{d}}{=} \{(a, e_2) \mid a \in G_1\}, \quad \bar{G_2} \overset{\mathrm{d}}{=} \{(e_1, b) \mid b \in G_2\}.$$

则

(1) $G_1 \cong \bar{G_1}$, $G_2 \cong \bar{G_2}$;

(2) $\bar{G_1}, \bar{G_2} \trianglelefteq G_1 \times G_2$;

(3) $G_1 \times G_2 = \bar{G_1}\bar{G_2}$;

(4) $G_1 \times G_2$ 中任一元素可以唯一地表示成 $\bar{G_1}, \bar{G_2}$ 中元素的乘积.

证明　(1) 作映射

$$\begin{aligned} \varphi : G_1 &\longrightarrow \bar{G_1}, \\ g &\longmapsto (g, e_2). \end{aligned}$$

显然 φ 为一双射. 又关于任意 $g, h \in G_1$,

$$\varphi(gh) = (gh, e_2) = (g, e_2)(h, e_2) = \varphi(g)\varphi(h).$$

从而 φ 为一同态映射. 因此 φ 为一同构映射, 从而 $G_1 \cong \bar{G_1}$. 同理可证 $G_2 \cong \bar{G_2}$.

(2) 由 (1) 知, $\bar{G_1}, \bar{G_2} \leqslant G_1 \times G_2$. 又关于任意 $(g_1, g_2) \in G_1 \times G_2$, $(g, e_2) \in \bar{G_1}$,

$$\begin{aligned}(g_1, g_2)(g, e_2)(g_1, g_2)^{-1} &= (g_1, g_2)(g, e_2)(g_1^{-1}, g_2^{-1}) \\ &= (g_1 g g_1^{-1}, g_2 e_2 g_2^{-1}) \\ &= (g_1 g g_1^{-1}, g_2 g_2^{-1}) \\ &= (g_1 g g_1^{-1}, e_2) \in \bar{G_1}.\end{aligned}$$

因此, $\bar{G_1} \trianglelefteq G_1 \times G_2$. 同理可证 $\bar{G_2} \trianglelefteq G_1 \times G_2$.

(3) 和 (4) 是显然的. □

定理 2.5.2 令 G 为一群, $G_1, G_2 \trianglelefteq G$. 若

(1) $G = G_1 G_2$;

(2) G 的任一元素可以唯一地表示为 G_1 与 G_2 的元素的乘积,

则 $G \cong G_1 \times G_2$.

证明 作映射

$$\varphi : G_1 \times G_2 \longrightarrow G,$$
$$(g_1, g_2) \longmapsto g_1 g_2.$$

由 (1) 知, φ 为一满射. 由 (2) 知,

$$\varphi(g_1, g_2) = \varphi(g_1', g_2') \Longrightarrow g_1 g_2 = g_1' g_2' \Longrightarrow g_1 = g_1', g_2 = g_2' \Longrightarrow (g_1, g_2) = (g_1', g_2').$$

从而 φ 为一单射. 因此 φ 为一双射.

下证 φ 为一同态映射. 为此, 先证

$$(\forall\ g_1 \in G_1, g_2 \in G_2)\ g_1 g_2 = g_2 g_1.$$

令 $g \in G_1 \cap G_2$. 则由

$$ge = g = eg$$

及分解的唯一性知, $g = e$. 从而 $G_1 \cap G_2 = \{e\}$, 其中 e 为 G 的幺元.

关于任意 $g_1 \in G_1, g_2 \in G_2$, 由 $G_1, G_2 \trianglelefteq G$ 知,

$$g_1 g_2 g_1^{-1} g_2^{-1} = (g_1 g_2 g_1^{-1}) g_2^{-1} \in G_2,$$
$$g_1 g_2 g_1^{-1} g_2^{-1} = g_1 (g_2 g_1^{-1} g_2^{-1}) \in G_1.$$

从而, $g_1 g_2 g_1^{-1} g_2^{-1} \in G_1 \cap G_2$. 因此, $g_1 g_2 g_1^{-1} g_2^{-1} = e$, 即 $g_1 g_2 = g_2 g_1$.

因此, 关于任意 $(g_1, g_2), (g_1', g_2') \in G_1 \times G_2$,

$$\begin{aligned}\varphi((g_1, g_2)(g_1', g_2')) &= \varphi(g_1 g_1', g_2 g_2') = (g_1 g_1')(g_2 g_2') \\ &= g_1 (g_1' g_2) g_2' = g_1 (g_2 g_1') g_2' \\ &= (g_1 g_2)(g_1' g_2') = \varphi(g_1, g_2)\varphi(g_1', g_2').\end{aligned}$$

从而, φ 为一同态映射. 于是, φ 为一同构映射, 即 $G \cong G_1 \times G_2$. □

定义 2.5.3　令 G 为一群, $G_1, G_2 \trianglelefteq G$. 称 G 是 G_1 与 G_2 的内直积. 如果

(1) $G = G_1G_2$;

(2) G 的任一元素可以唯一地表示为 G_1 与 G_2 的元素的乘积.

注 2.5.1　(1) 与线性空间分解成子空间的直和的情况类似, 定义 2.5.3 中的 (2), 可以用

$$(\forall\ g_1 \in G_1,\ g_2 \in G_2)\ g_1g_2 = e = e^2 \Longrightarrow g_1 = e, g_2 = e \tag{2.7}$$

或

$$G_1 \cap G_2 = \{e\} \tag{2.8}$$

替换, 其中 e 为 G 的幺元;

(2) 当 G 为一 Abel 群时, 内直积也称为内直和;

(3) 根据定理 2.5.1, 群的直积 $G_1 \times G_2$ 是其正规子群 $\bar{G_1}$ 与 $\bar{G_2}$ 的内直积;

(4) 根据定理 2.5.2, G_1 与 G_2 的内直积同构于直积 $G_1 \times G_2$. 因此, G_1 与 G_2 的内直积也记为 $G = G_1 \times G_2$, 有时对群的内直积与直积不加区分, 统称为直积.

例 2.5.1　(1) Klein 四元群 K_4 是 $\langle(12)(34)\rangle$ 与 $\langle(13)(24)\rangle$ 的内直积;

(2) 在例 2.4.23 里, 我们固然有 $S_4 = S_3K_4$ 和 $S_3 \cap K_4 = \{(1)\}$, 但 S_4 不是 S_3 和 K_4 的内直积 (请读者思考为什么?).

直积的概念容易推广到多个群的情形, 此处不再赘述.

定义 2.5.4　令 R_1, R_2 为两个环. 定义 R_1 与 R_2 的 Descartes 积 $R_1 \times R_2$ 上的二元合成 $+, \cdot$ 如下:

$$(a, b) + (c, d) = (a + c, b + d),$$

$$(a, b)(c, d) = (ac, bd),$$

则容易验证 $+, \cdot$ 为 $R_1 \times R_2$ 上的二元运算, 且 $R_1 \times R_2$ 关于 $+, \cdot$ 成一环. 称其为环 R_1 与 R_2 的 (外) 直积, 仍记为 $R_1 \times R_2$, R_1 和 R_2 称为 $R_1 \times R_2$ 的直积因子.

$R_1 \times R_2$ 的零元是 $(0, 0)$. 若 R_1, R_2 为幺环, 则 $R_1 \times R_2$ 也为一幺环, 其幺元为 $(1, 1)$. $R_1 \times R_2$ 的子环 $R_1 \times \{0\}, \{0\} \times R_2$ 也为幺环, 其幺元分别为 $(1, 0), (0, 1)$. 若 R_1, R_2 为交换环, 则 $R_1 \times R_2$ 也为一交换环.

平行于群的直积, 我们有

定理 2.5.3　令 R_1, R_2 为两个环,

$$\bar{R_1} \stackrel{\mathrm{d}}{=} \{(r_1, 0) \mid r_1 \in R_1\}, \quad \bar{R_2} \stackrel{\mathrm{d}}{=} \{(0, r_2) \mid r_2 \in R_2\}.$$

则

(1) $\bar{R_1} \cong R_1,\ \bar{R_2} \cong R_2$;

(2) $\bar{R_1}, \bar{R_2} \trianglelefteq R_1 \times R_2$;

(3) $R_1 \times R_2 = \bar{R_1} + \bar{R_2}$.

定理 2.5.3 表明, 直积 $R_1 \times R_2$ 是它的理想 $\bar{R_1}$ 和 $\bar{R_2}$ 的和, 且容易验证 $R_1 \times R_2$ 中的任一元素可以唯一地分解为 $\bar{R_1}$ 和 $\bar{R_2}$ 中的元素的和.

定理 2.5.4 令 R 为一环, $R_1, R_2 \trianglelefteq R$. 若

(1) $R = R_1 + R_2$;

(2) R 的任一元素可以唯一地表示为 R_1 与 R_2 的元素的和,

则 $R \cong R_1 \times R_2$.

定义 2.5.5 令 R 为一环, $R_1, R_2 \trianglelefteq R$. 称 R 是 R_1 与 R_2 的内直积. 如果

(1) $R = R_1 + R_2$;

(2) R 的任一元素可以唯一地表示为 R_1 与 R_2 的元素的和.

注 2.5.2 (1) 定义 2.5.5 中的 (2), 可以用

$$(\forall\, r_1 \in R_1, r_2 \in r_2)\; r_1 + r_2 = 0 \Longrightarrow r_1 = 0, r_2 = 0 \tag{2.9}$$

或

$$R_1 \cap R_2 = \{0\} \tag{2.10}$$

替换, 其中 0 为环 R 的零元;

(2) 根据定理 2.5.3, 环的直积 $R_1 \times R_2$ 是其理想 $\bar{R_1}$ 与 $\bar{R_2}$ 的内直积;

(3) 根据定理 2.5.4, R_1 与 R_2 的内直积同构于直积 $R_1 \times R_2$. 因此, R_1 与 R_2 的内直积也记为 $R = R_1 \times R_2$, 有时对环的内直积与直积不加区分, 统称为直积.

直积的概念容易推广到多个环的情形.

习 题 2

1. 令 V 为数域 $\mathbb{F}$ 上一线性空间, $\mathcal{A} \in \mathcal{L}(V)$. 证明, 若 $\mathcal{A}$ 为一幂等变换, 则

$$V = \operatorname{Ker} \mathcal{A} \oplus \operatorname{Im} \mathcal{A}.$$

2. 证明: 若半群 S 同时存在左幺元、右幺元, 则它们相等, 即为 S 的幺元.

3. 令 $\mathbb{F}$ 为一数域, $B \in \mathbb{F}^{n\times n}$ 为一可逆矩阵. 证明:

$$G = \{A \in \mathbb{F}^{n\times n} | A'BA = B\}$$

关于矩阵通常乘法成一群.

4. 令 G 为一群, $a \in G$, 且 $|a| = n$. 证明:

$$a^s = a^t \Longleftrightarrow n \mid (s - t).$$

5. 令 G 为一有限群. 证明:

(1) G 中阶大于 2 的元素的个数为偶数;

(2) 若 G 为一偶数阶群, 则 G 中必含阶为 2 的元素.

6. 令 G 为一群. 证明: 若 G 中每个元素都满足方程 $x^2 = e$, 其中 e 为 G 的幺元, 则 G 为一 Abel 群.

7. 令 G 为一群. 证明: 若

$$(ab)^2 \equiv a^2 b^2,$$

则 G 为一 Abel 群.

8. 证明: 有理数加群 $(\mathbb{Q},+)$ 的任一有限生成子群都为一循环群.

9. 证明: 任一群 G 都不是它的任意两个真子群的并. 但是它的不少于 3 个真子群的并的群是存在的, 请举例说明.

10. 令 G 为一群, $H,K \leqslant G$, $a,b \in G$. 证明: 若 $Ha = Kb$, 则 $H = K$.

11. 令 G 为一群, $A,B,C \leqslant G$, 且 $A \leqslant C$. 证明:

$$AB \cap C = A(B \cap C).$$

12. 令 G 为一群, $A,B,C \leqslant G$, 且 $A \leqslant B$. 证明: 若 $A \cap C = B \cap C$, $AC = BC$, 则 $A = B$.

13. 在 S_3 中找出两个元素 a,b, 满足 $(ab)^2 = a^2b^2$.

14. 令 G 为一群, $a \in G, |a| = n$. 证明: 关于任意 $m \in \mathbb{Z}$,

$$|a^m| = \frac{n}{(m,n)}.$$

特别地, (1) 若 $|a| = st,\ s,t \in \mathbb{Z}^+$, 则 $|a^s| = t$;

(2) $|a^m| = n$ 当且仅当 $(m,n) = 1$.

15. 试求出三次对称群

$$S_3 = \{(1),(12),(13),(23),(123),(132)\}$$

的所有子群.

16. 确定 n 次置换

$$\sigma = \begin{pmatrix} 1 & 2 & \cdots & n-1 & n \\ n & n-1 & \cdots & 2 & 1 \end{pmatrix}$$

的奇偶性.

17. 将置换

$$(456)(567)(671)(123)(234)(345)$$

写成不相连的循环之积.

18. 令

$$\tau = (327)(26)(14), \quad \sigma = (134)(57).$$

求 $\sigma\tau\sigma^{-1}, \sigma^{-1}\tau\sigma$.

19. 令 G 为一群, $H,K \leqslant G$. 证明: $H \cap K$ 的任一左陪集是 H 的一个左陪集与 K 的一个左陪集的交.

20. 令 G 为一群. $H,K \leqslant G$. 证明: 若 $[G:H] < \infty$, $[G:K] < \infty$, 则 $[G:H\cap K] < \infty$.

21. 令 G 为一有限群, $H,K \leqslant G$. 证明:

$$|HK| = \frac{|H||K|}{|H \cap K|}.$$

22. 令 G 为一群, $H,K \leqslant G$. 证明: 若 $(|G:H|,|G:K|) = 1$, 则 $G = HK$.

23. 令 G 为一群, $H \leqslant G$, $x \in G$. 证明: $H \cong xHx^{-1}$.

24. 令 G 为一有限群, $\varnothing \neq A,B \subseteq G$. 证明: 若 $|A| + |B| > |G|$, 则 $G = AB$.

25. 证明: 指数为 2 的子群为正规子群.

26. 证明: 不存在恰有两个指数为 2 的子群的群.

27. 令

$$G = \left\{ \left(\begin{array}{cc} a & b \\ c & b \end{array} \right) \middle| a,b,c,d \in \mathbb{Z},\ |ad-bc| = 1 \right\},$$

$$H=\left\{\begin{pmatrix}1 & x\\ 0 & 1\end{pmatrix}\middle| x\in\mathbb{Z}\right\}.$$

证明:

(1) G 关于矩阵通常乘法构成群;

(2) $H\leqslant G$, 且 $H\ntrianglelefteq G$;

(3) 给出 G 的一个非平凡正规子群.

28. 令 G 为一群, $N=\langle a\rangle\trianglelefteq G$. 证明: N 的任意子群都是 G 的正规子群.

29. 令 G 为一群, $H\leqslant K\leqslant G$. 证明:

(1) 若 $H\trianglelefteq G$, $K\trianglelefteq G$, 则 $K/H\trianglelefteq G/H$;

(2) 若 $H\trianglelefteq G$, $K/H\trianglelefteq G/H$, 则 $K\trianglelefteq G$.

30. 找出 S_4 的所有正规子群.

31. 证明: 4 次对称群 S_4 关于 Klein 四元群 K_4 的商群与 S_3 同构.

32. 令 G 为一群. 证明:

$$\begin{aligned}\varphi:\ & G\longrightarrow G,\\ & x\longmapsto x^{-1}.\end{aligned}$$

为 G 的一个自同构当且仅当 G 为一 Abel 群.

33. 令 G 为一群. 证明: 若

$$\begin{aligned}\varphi:\ & G\longrightarrow G,\\ & x\longmapsto x^{3}.\end{aligned}$$

为 G 的一个单自同态, 则 G 为一 Abel 群.

34. 令 $\mathbb{Z}$ 为整数环. 在集合 $S=\mathbb{Z}\times\mathbb{Z}$ 上定义

$$(a,b)+(c,d)=(a+c,b+d),$$

$$(a,b)\cdot(c,d)=(ac+bd,ad+bc).$$

试问, S 关于上述两种合成是否构成一幺环?

35. 在整数集 $\mathbb{Z}$ 上定义二元合成 $\oplus$ 和 $\odot$ 如下:

$$a\oplus b=ab,\quad a\odot b=a+b.$$

试问, $\mathbb{Z}$ 关于上述两种合成是否成一环?

36. 令 R 为一交换幺环. 在 R 上定义二元合成 $\oplus$ 和 $\odot$ 如下:

$$a\oplus b=a+b-1,\quad a\odot b=a+b-ab.$$

证明: R 关于上述两种合成仍为一交换幺环, 并且与原来的环同构.

37. 证明: 关于幺环, 加法交换律可由定义中其他条件推出.

38. 令 R 为一环, 且关于任意 $a\in R$, 都有 $a^2=a$. 证明:

(1) R 为一交换环;

(2) 若 $|R|\geqslant 3$, 则 R 不是整环.

39. (华罗庚定理) 令 $(R;+,\cdot)$ 为一环, $f\in \mathrm{End}(R,+)$. 证明:

$$f\in\mathrm{End}(R,\cdot),\ 或\ f\in\mathrm{AntiEnd}(R,\cdot),$$

即

$$f(ab) \equiv f(a)f(b), \text{或 } f(ab) \equiv f(b)f(a),$$

当且仅当

$$(\forall\, a, b \in R)\ f(ab) = f(a)f(b), \text{或 } f(b)f(a).$$

(必要性是显然的, 只需证明充分性. 提示: 联系本章习题第 9 题)

40. 令 R 为一环, $a \in R$. 称 a 为一幂零元, 如果存在 $m \in \mathbb{Z}^+$, 使得 $a^m = 0$. 证明:

(1) 若 R 为一幺环, $a \in R$ 为一幂零元, 则 $1 - a$ 为一单位;

(2) 若 R 为一交换环, 则 R 的全体幂零元构成的集合 N 为一理想, 且剩余类环 R/N 不含非零幂零元.

41. 令 R 为一幺环, $a, b \in R$. 证明: 若 $1 + ab$ 为一单位, 则 $1 + ba$ 也为一单位.

42. 令 R 为一环, $I, H, N \trianglelefteq R$. 证明:

$$(H + N)I = HI + NI, \quad I(H + N) = IH + IN.$$

43. 令 R 为一至少含两个元素的环, 且关于任意 $a \in R \setminus \{0\}$, 都存在唯一的 $b \in R$, 使得 $aba = a$. 证明:

(1) R 无零因子;

(2) $bab = b$;

(3) R 为一幺环;

(4) R 为一除环.

44. 在四元数除环 H 中, 令

$$H_0 = \{a + bI + cJ + dK \mid a, b, c, d \in \mathbb{Q}\}.$$

证明: H_0 为一除环.

45. 决定四元数除环 H 的中心 (即 H 中与所有元素乘法可交换的全体元素).

46. 证明: 四元数除环 H 的单位 $\{\pm 1, \pm I, \pm J, \pm K\}$ 关于 H 的乘法运算成群, 叫做四元数群, 记为 Q_8. 并进一步证明 Q_8 为 Hamilton 群 (即所有子群都正规的非 Abel 群).

47. 令 $\mathbb{F}$ 为一域. 证明: $\mathbb{F}$ 无非平凡的理想.

48. 令 R 为一交换幺环. 证明: 若 R 无非平凡的理想, 则 R 为一域.

49. 令 p 为一素数, $\mathbb{F}$ 为一特征为 p 的域. 证明:

$$(a + b)^p \equiv a^p + b^p.$$

50.① 假设如 Kablansky 定理, $a, b \in R$. 证明:

(1) $|\, S_a \,| \geqslant 2$, 当且仅当

$$(\forall\, n \in \mathbb{Z}^+)\ \ |\, S_{a^n} \,| \geqslant 2,$$

也当且仅当

$$(\exists\, n \in \mathbb{Z}^+)\ \ |\, S_{a^n} \,| \geqslant 2;$$

(2) $ab = e$ 时, $|\, S_a^r \,| \geqslant 2$ 当且仅当 $|\, S_b^l \,| \geqslant 2$;

(3) 若 a_1 与 a 分别至少有一个或两个右逆元, 则 $|\, S_{a_1 a} \,| \geqslant 2$, $|\, S_{a a_1} \,| \geqslant 2$.

51. 证明: 域 $\mathbb{F}$ 上的 n 阶矩阵环 $\mathbb{F}^{n\times n}$ 为一单环 (即只有零理想和本身两个理想的环).

① 此题的 3 个结论由兰州大学 2014 级拔尖本科生数学萃英班钟声明给出.

52. 令 $\mathbb{Z}[\mathrm{i}]$ 为 Gauss 整环, 即

$$\mathbb{Z}[\mathrm{i}] = \{a + b\mathrm{i} \mid a, b \in \mathbb{Z}\},$$

其中 $\mathbb{Z}$ 为整数环. 试求出剩余类环 $\mathbb{Z}[\mathrm{i}]/\langle 1+\mathrm{i}\rangle$ 的所有元素.

53. 令 $R, \overline{R}$ 为两个环, $\varphi : R \longrightarrow \overline{R}$ 为一环满同态映射, $I \trianglelefteq R$. 证明:

$$\varphi(I) = \overline{R} \Longleftrightarrow I + \mathrm{Ker}\ \varphi = R.$$

54. 令 $R, \overline{R}$ 为两个环, $\varphi : R \longrightarrow \overline{R}$ 为一环满同态映射. 判断下列命题是否正确. 正确的加以证明, 不正确的请举反例.

(1) 若 $a \in R$ 为一幂零 (幂等) 元, 则 $\varphi(a) \in \overline{R}$ 也为一幂零 (幂等) 元;

(2) 若 $a \in R$ 为 R 的一个零因子, 则 $\varphi(a) \in \overline{R}$ 也为 $\overline{R}$ 的一个零因子;

(3) 若 R 为一整环, 则 $\varphi(R) = \overline{R}$ 也为一整环;

(4) 若 $u \in R$ 为 R 的一个单位, 则 $\varphi(u) \in \overline{R}$ 也为 $\overline{R}$ 的一个单位;

(5) 若 $\varphi(u) \in \overline{R}$ 为 $\overline{R}$ 的一个单位, 则 $u \in R$ 也为 R 的一个单位.

55. 确定整数环 $\mathbb{Z}$ 的一切自同态映射.

56. 令 R 为一环, φ 为 R 的一个自同态满射. 证明: 若 R 仅有有限个子环, 则 φ 为 R 的一个自同构.

第 3 章　Green 关系与正则半群

3.1　半群上的 Green 关系和半群的 $\mathscr{D}$-类的结构

3.1.1　Green 关系

联系定理 1.3.1, 类比全变换半群上的四种等价关系, 下面我们建立抽象半群上的五种等价关系.

定义 3.1.1　令 S 为一半群. 称 S 上的下列五个二元关系 $\mathscr{L}, \mathscr{R}, \mathscr{J}, \mathscr{H}$ 和 $\mathscr{D}$ 为 S 上的 Green 关系:

$$a\mathscr{L}b \overset{\mathrm{d}}{\iff} (\exists\, u, v \in S^1)\ a = ub, b = va;$$

$$a\mathscr{R}b \overset{\mathrm{d}}{\iff} (\exists\, u, v \in S^1)\ a = bu, b = av;$$

$$a\mathscr{J}b \overset{\mathrm{d}}{\iff} (\exists\, x, y, u, v \in S^1)\ a = xby, b = uav;$$

$$a\mathscr{H}b \overset{\mathrm{d}}{\iff} \mathscr{L} \cap \mathscr{R};$$

$$a\mathscr{D}b \overset{\mathrm{d}}{\iff} \langle \mathscr{L} \cup \mathscr{R} \rangle,$$

其中, $\langle \mathscr{L} \cup \mathscr{R} \rangle$ 为 S 上所有包含 $\mathscr{L}$ 和 $\mathscr{R}$ 的等价关系的交.

显然, 定义 3.1.1 中的五个 Green 关系都是 S 上的等价关系, 且 $\mathscr{H}$ 为 S 上包含于 $\mathscr{L}$ 又包含于 $\mathscr{R}$ 的最大等价关系, $\mathscr{D}$ 为 S 上包含 $\mathscr{L}$ 和 $\mathscr{R}$ 的最小等价关系. 以后, 我们将 a 所在的 $\mathscr{L}$ $(\mathscr{R}, \mathscr{J}, \mathscr{H}, \mathscr{D})$-类 $a\mathscr{L}$ $(a\mathscr{R}, a\mathscr{J}, a\mathscr{H}, a\mathscr{D})$ 写成 L_a (R_a, J_a, H_a, D_a).

例 2.4.2 中已给出半群的理想的概念, 下面我们给出几个与 Green 关系有关的涉及半群子系统的概念.

定义 3.1.2　令 S 为一半群, $\varnothing \neq S_1 \subseteq S$. 称 S_1 为 S 的一个左理想 (右理想, 理想, 拟理想), 如果

$$SS_1 \subseteq S_1 \big(S_1S \subseteq S_1,\ SS_1 \cup S_1S \subseteq S_1,\ SS_1 \cap S_1S \subseteq S_1\big).$$

$S^1a = Sa \cup \{a\}$ $\big(aS^1, S^1aS^1, S^1a \cap aS^1\big)$ 显然是包含 a 的最小左理想 (右理想, 理想, 拟理想), 称其为由 a 生成的左理想 (右理想, 理想, 拟理想). 我们有

定理 3.1.1　令 S 为一半群, $a, b \in S$. 则

$$a\mathscr{L}b \iff S^1a = S^1b;$$

$$a\mathscr{R}b \iff aS^1 = bS^1;$$

$$a\mathscr{H}b \iff S^1a \cap aS^1 = S^1b \cap bS^1;$$

$$a\mathscr{J}b \iff S^1aS^1 = S^1bS^1.$$

证明略.

定理 3.1.2 令 S 为一半群. 则 S 上的五个 Green 关系有如下性质:

(1)

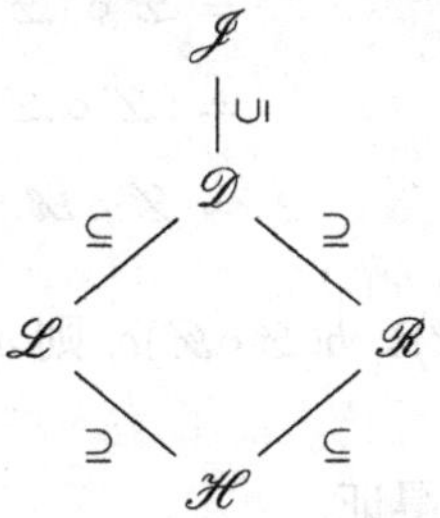

(2) $\mathscr{L}(\mathscr{R})$ 是 S 上的右 (左) 同余;

(3) $\mathscr{L}\circ\mathscr{R}=\mathscr{R}\circ\mathscr{L}$;

(4) $\mathscr{D}=\mathscr{L}\circ\mathscr{R}$;

(5) $a\mathscr{D}b \Longleftrightarrow L_a\cap R_b\neq\varnothing \Longleftrightarrow R_a\cap L_b\neq\varnothing$.

其中, $\circ$ 为二元关系的通常合成.

证明 (1) 图中各 "包含" 是显然的. 事实上, 每一 " 包含" 都有 "真包含" 的情形出现. 见后面的例 3.1.1 和例 3.1.3.

(2) 令 $a,b\in S$. 若 $a\mathscr{L}b$, 则存在 $u,v\in S^1$, 使得 $b=ua$, $a=vb$, 从而关于任意 $c\in S$, $bc=u(ac)$, $ac=v(bc)$, 即 $ac\mathscr{L}bc$. 因此 $\mathscr{L}$ 为 S 上的右同余. 同理可证, $\mathscr{R}$ 是 S 上的左同余.

(3) 令 $a,b\in S$. 若 $a(\mathscr{L}\circ\mathscr{R})b$, 即, 存在 $c\in S$, 使得

$$a\mathscr{L}c,\quad c\mathscr{R}b,$$

则

$$(\exists\, x,y\in S^1)\ a=xc,\quad c=ya,$$

$$(\exists\, u,v\in S^1)\ b=cu,\quad c=bv.$$

令 $c'=xcu$. 则

$$c'=au=xb,\quad b=yc',\quad a=c'v,$$

从而, $a\mathscr{R}c'$, $c'\mathscr{L}b$, 即 $a(\mathscr{R}\circ\mathscr{L})b$. 因此, $\mathscr{L}\circ\mathscr{R}\subseteq\mathscr{R}\circ\mathscr{L}$. 同理可证, $\mathscr{R}\circ\mathscr{L}\subseteq\mathscr{L}\circ\mathscr{R}$. 于是, $\mathscr{L}\circ\mathscr{R}=\mathscr{R}\circ\mathscr{L}$.

(4) 由 $\mathscr{D}$ 的定义知, $\mathscr{L},\mathscr{R}\subseteq\mathscr{D}$, 又 $\mathscr{D}$ 是等价关系, 从而 $\mathscr{L}\circ\mathscr{R}\subseteq\mathscr{D}$.

下证 $\mathscr{D}\subseteq\mathscr{L}\circ\mathscr{R}$. 显然, $\mathscr{L}\subseteq\mathscr{L}\circ\mathscr{R}$, $\mathscr{R}\subseteq\mathscr{L}\circ\mathscr{R}$. 因此, 欲证 $\mathscr{D}\subseteq\mathscr{L}\circ\mathscr{R}$, 只需证明 $\mathscr{L}\circ\mathscr{R}$ 是等价关系.

(i) 关于任意 $a\in S$, 显然, $a\mathscr{L}a, a\mathscr{R}a$, 从而, $a(\mathscr{L}\circ\mathscr{R})a$, 即 $\mathscr{L}\circ\mathscr{R}$ 具有自反性;

(ii) 关于任意 $a,b\in S$, 若 $a(\mathscr{L}\circ\mathscr{R})b$, 则由 (3) 知, $a(\mathscr{R}\circ\mathscr{L})b$, 从而 $b(\mathscr{L}\circ\mathscr{R})a$, 即 $\mathscr{L}\circ\mathscr{R}$ 具有对称性;

(iii) 由 $\circ$ 满足结合律及 (3) 知,

$$\begin{aligned}(\mathscr{L}\circ\mathscr{R})\circ(\mathscr{L}\circ\mathscr{R}) &= \mathscr{L}\circ(\mathscr{R}\circ\mathscr{L})\circ\mathscr{R}\\ &= \mathscr{L}\circ(\mathscr{L}\circ\mathscr{R})\circ\mathscr{R}\\ &= (\mathscr{L}\circ\mathscr{L})\circ(\mathscr{R}\circ\mathscr{R})\\ &= \mathscr{L}\circ\mathscr{R}.\end{aligned}$$

因此, 关于任意 $a,b,c\in S$, 若 $a(\mathscr{L}\circ\mathscr{R})b$, $b(\mathscr{L}\circ\mathscr{R})c$, 则 $a\big((\mathscr{L}\circ\mathscr{R})\circ(\mathscr{L}\circ\mathscr{R})\big)c$, 从而 $a(\mathscr{L}\circ\mathscr{R})c$, 即 $\mathscr{L}\circ\mathscr{R}$ 具有传递性.

综上, $\mathscr{L}\circ\mathscr{R}$ 是等价关系. 结论得证.

(5) 由 (4) 和 (3) 立得. □

注 3.1.1　定理 3.1.2 的 (3) 的证明中 $c'=xcu$ 的选取可解释为:

由于 $c\mathscr{R}b$, 根据定理 3.1.2 的 (2), $\mathscr{R}$ 为 S 上的右同余, 从而

$$a=(xc)\mathscr{R}(xb)=(xcu)\overset{\mathrm{d}}{=}c'.$$

由 $\mathscr{L}$ 为 S 上的右同余, 类似可证 $c'=xcu\mathscr{L}b$. 这显示了 c' 的选取是很自然的.

注 3.1.2　定理 3.1.3 给出了定理 3.1.2 中的性质 (3) 和 (4) 的等价性.

根据定理 3.1.2 中的性质 (3) 和 (4), 我们可以用图 3.1 给出在同一 $\mathscr{D}$-类的 $\mathscr{L},\mathscr{R},\mathscr{H}$-类之间的关系. 大方格表示一个 $\mathscr{D}$-类, 每一行表示一个 $\mathscr{R}$-类, 每一列表示一个 $\mathscr{L}$-类, 里面每一个小方格表示一个 $\mathscr{H}$-类, 称其为蛋箱结构. 在蛋箱结构中, 可能只有一列 (行), 也可能有无限个列 (行).

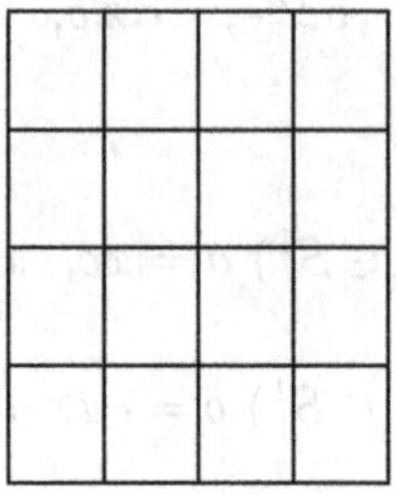

图 3.1

注 3.1.3　图 3.1 中同一 $\mathscr{D}$-类的 $\mathscr{L},\mathscr{R},\mathscr{H}$-类都是等势的 (理由见 3.1.2 节).

一般地, 我们有如下定理.

定理 3.1.3　令 A 为一非空集, $\sigma,\tau\in\mathscr{E}(A)$. 则 $\langle\sigma\cup\tau\rangle=\sigma\circ\tau$ 当且仅当 $\sigma\circ\tau=\tau\circ\sigma$, 其中, $\mathscr{E}(A)$ 为 A 上等价关系的全体.

证明　充分性由定理 3.1.2 的 (4) 的证明过程立得. 下证必要性.

若 $\langle\sigma\cup\tau\rangle=\sigma\circ\tau$, 则 $\sigma\circ\tau$ 是一个等价关系. 由

$$a(\sigma\circ\tau)b\Longrightarrow b(\sigma\circ\tau)a\Longrightarrow a(\tau\circ\sigma)b$$

知, $\sigma\circ\tau\subseteq\tau\circ\sigma$. 又 $\tau\circ\sigma\subseteq\langle\sigma\cup\tau\rangle=\sigma\circ\tau$, 于是, $\sigma\circ\tau=\tau\circ\sigma$. □

例 3.1.1 令 $A=\{a_1,a_2,a_3\}$, $B=\{b_1,b_2\}$. 在 $A\times B$ 上定义二元合成 $\circ$ 如下:

$$(a_i,b_j)\circ(a_k,b_l)=(a_i,b_l).$$

容易知道, $A\times B$ 上的这一合成 $\circ$ 是一满足结合律的二元运算. 因此 $(A\times B,\circ)$ 为一半群.

(1) 半群 $A\times B$ 上的 $\mathscr{L}$-类为:

$$L_1=\{(a_1,b_1),(a_2,b_1),(a_3,b_1)\},\quad L_2=\{(a_1,b_2),(a_2,b_2),(a_3,b_2)\};$$

(2) 半群 $A\times B$ 上的 $\mathscr{R}$-类为:

$$R_1=\{(a_1,b_1),(a_1,b_2)\},\ R_2=\{(a_2,b_1),(a_2,b_2)\},\ R_3=\{(a_3,b_1),(a_3,b_2)\};$$

(3) 半群 $A\times B$ 上的 $\mathscr{J}=\mathscr{D}=\omega_{A\times B}$, 因此, 只有一个 $\mathscr{J}$ $(=\mathscr{D})$-类 $A\times B$;

(4) 半群 $A\times B$ 上的 $\mathscr{H}=\iota_{A\times B}$, 因此, $\mathscr{H}$-类都是单元集.

于是, 一般地, 有图 3.2

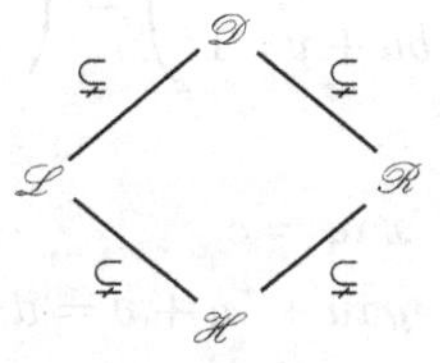

图 3.2

例 3.1.2 令 S 为一无幺元的双消半群 (这样的半群是存在的, 见例 3.1.3). 则 S 上的 Green 关系有

$$\mathscr{H}=\mathscr{L}=\mathscr{R}=\mathscr{D}=\iota_S.$$

事实上, 我们用反证法仅证 $\mathscr{L}=\iota_S$, 同理可证 $\mathscr{R}=\iota_S$, 从而 $\mathscr{H}=\iota_S$, $\mathscr{D}=\iota_S$.

若存在 $a,b\in S$, $a\neq b$, 且 $a\mathscr{L}b$, 则存在 $u,v\in S$, 使得 $b=ua$, $a=vb$. 从而

$$a=vb=v(ua)=(vu)a.$$

记 $e=vu\in S$. 则 $ea=a$. 从而 $e^2a=eea=ea$, 由 S 为一双消半群知, $e^2=e$, 即 e 为 S 的幂等元. 因此, 关于任意 $b\in S$,

$$e^2b=eb,\quad be^2=be.$$

又由 S 为一双消半群知,

$$eb=b,\quad be=b,$$

因此 e 为 S 的幺元, 一个矛盾.

例 3.1.3 令

$$S=\left\{\left.\begin{pmatrix}a&0\\b&1\end{pmatrix}\right|a,b\in\mathbb{R}^+\right\}.$$

则 S 上的 Green 关系有

$$\mathscr{H}=\mathscr{L}=\mathscr{R}=\mathscr{D}=\iota_S\subsetneq\omega_S=\mathscr{J}.$$

事实上, 显然, $S \leqslant GL_2(\mathbb{R})$, 因此, S 为一无幺元的双消半群. 根据例 3.1.2, 在 S 上有

$$\mathscr{H} = \mathscr{L} = \mathscr{R} = \mathscr{D} = \iota_S \subsetneq \omega_S.$$

下证 $\mathscr{J} = \omega_S$. 只需证明关于任意 $a, b, c, d \in \mathbb{R}^+$, 有

$$\begin{pmatrix} a & 0 \\ b & 1 \end{pmatrix} \mathscr{J} \begin{pmatrix} c & 0 \\ d & 1 \end{pmatrix}, \tag{3.1}$$

这又只需证明存在 $x, y, u, v \in \mathbb{R}^+$, 使得

$$\begin{pmatrix} x & 0 \\ y & 1 \end{pmatrix} \begin{pmatrix} a & 0 \\ b & 1 \end{pmatrix} \begin{pmatrix} u & 0 \\ v & 1 \end{pmatrix} = \begin{pmatrix} c & 0 \\ d & 1 \end{pmatrix}. \tag{3.2}$$

$\mathbb{R}^+$ 中满足式 (3.2) 的 x, y, u, v 当然存在. 事实上, 由式 (3.2), 有

$$\begin{pmatrix} xau & 0 \\ yau + bu + v & 1 \end{pmatrix} = \begin{pmatrix} c & 0 \\ d & 1 \end{pmatrix},$$

从而

$$\begin{cases} xau = c, \\ yau + bu + v = d. \end{cases}$$

上面方程组等价于

$$\begin{cases} xu = \dfrac{c}{a}, \\ yu = \dfrac{d - bu - v}{a}. \end{cases}$$

此时, 取充分小的 $u, v \in \mathbb{R}^+$, 使得 $d - bu - v \in \mathbb{R}^+$ (可以做到这一点), 从而

$$x = \frac{c}{au} \in \mathbb{R}^+, \quad y = \frac{d - bu - v}{au} \in \mathbb{R}^+.$$

这说明式 (3.2) 成立, 即式 (3.1) 成立. 结论得证.

例 3.1.4 令 G 为一群. 则 G 上的 Green 关系有

$$\mathscr{H} = \mathscr{L} = \mathscr{R} = \mathscr{D} = \mathscr{J} = \omega_G.$$

例 3.1.5 令 S 为一交换半群. 则 S 上的 Green 关系有

$$\mathscr{H} = \mathscr{L} = \mathscr{R} = \mathscr{D} = \mathscr{J} \in \mathscr{C}(S).$$

关于有限单演半群和无限单演半群, 这个同余会是什么?

为了给出下面的定理, 我们先做如下准备.

定义 3.1.3 令 S 为一半群, $a \in S$. 称 a 为 S 的一个周期元 (挠元), 如果

$$(\exists\, m, n \in \mathbb{Z}^+, m \neq n)\ a^m = a^n. \tag{3.3}$$

称 S 为一周期半群 (挠半群), 如果 S 中的元素都是周期元.

联系推论 2.2.2 和有限单演半群的性质, 易知下面推论成立.

推论 3.1.1 令 S 为一半群, $a \in S$. 则以下三条等价:

(1) a 为一周期元;

(2) $\langle a\rangle$ 为一有限单演半群;

(3) 存在 $l \in \mathbb{Z}^+$, a^l 为一幂等元.

定理 3.1.4 令 S 为一周期半群 (特别地, 有限半群). 则 S 上的 Green 关系有 $\mathscr{D} = \mathscr{J}$.

证明 只需证明 $\mathscr{J} \subseteq \mathscr{D}$. 令 $a, b \in S$. 若 $(a, b) \in \mathscr{J}$, 即 $a\mathscr{J}b$, 则

$$(\exists\, x, y, u, v \in S^1)\ b = xay, \quad a = ubv.$$

从而

$$a = ubv = u(xay)v = (ux)a(yv),$$

$$b = xay = x(ubv)y = (xu)b(vy).$$

因此, 关于任意 $k \in \mathbb{Z}^+$, 有

$$a = (ux)^k a(yv)^k, \quad b = (xu)^k b(vy)^k.$$

由 S 为一周期半群知, ux 和 vy 为周期元. 根据推论 3.1.1, 存在 $m, n \in \mathbb{Z}^+$, 使得 $(ux)^m$ 和 $(vy)^n$ 为幂等元. 令 $xa = c$. 则 $b = cy$, 且

$$\begin{aligned} a &= (ux)^m a(yv)^m \\ &= (ux)^m (ux)^m a(yv)^m \\ &= (ux)^m a = (ux)^{m-1}(ux)a \\ &= [(ux)^{m-1}u](xa) \\ &= [(ux)^{m-1}u]c, \end{aligned}$$

$$\begin{aligned} c = xa &= x(ux)^{n+1}a(yv)^{n+1} \\ &= (xu)^{n+1}(xay)(vy)^n v \\ &= (xu)^{n+1}b(vy)^n(vy)^n v \\ &= (xu)^{n+1}b(vy)^{n+1}(vy)^{n-1}v \\ &= b(vy)^{n-1}v. \end{aligned}$$

从而, $(a, c) \in \mathscr{L}$, $(c, b) \in \mathscr{R}$. 因此, $(a, b) \in \mathscr{L} \circ \mathscr{R}$, 即 $(a, b) \in \mathscr{D}$. 于是, $\mathscr{J} \subseteq \mathscr{D}$. □

3.1.2 $\mathscr{D}$-类的结构

定理 3.1.5 (Green 引理) 令 S 为一半群, $a, b \in S$, $a\mathscr{R}b$. 若 $s, s' \in S^1$ 满足

$$as = b, \quad bs' = a,$$

则 S 上的右平移 s_r 和 s'_r 分别在 L_a 和 L_b 上的限制 $s_r|_{L_a}$ 和 $s'_r|_{L_b}$ 为 L_a 到 L_b 和 L_b 到 L_a 的一对互逆的保持 $\mathscr{R}$ 关系的双射.

证明 令 $x \in L_a$. 则 $x\mathscr{L}a$. 又 $\mathscr{L}$ 是右同余, 从而 $xs\mathscr{L}as$. 因此 $s_r(x) \in L_{as} = L_b$, 即 $s_r|_{L_a}$ 为 L_a 到 L_b 的一个映射. 同理, $s'_r|_{L_b}$ 为 L_b 到 L_a 的一个映射.

令 $x \in L_a, y \in L_b$. 则

$$(\exists\, u, v \in S^1)\ ua = x, \quad vb = y.$$

从而

$$s'_r|_{L_b} s_r|_{L_a}(x) = xss' = (ua)ss' = u(as)s' = u(bs') = ua = x,$$
$$s_r|_{L_a} s'_r|_{L_b}(y) = ys's = (vb)s's = v(bs')s = v(as) = vb = y.$$

根据定理 1.2.1, $s_r|_{L_a}, s'_r|_{L_b}$ 为 L_a 到 L_b 和 L_b 到 L_a 的一对互逆的双射.

关于任意 $x \in L_a$, 令 $y = s_r(x)$. 则

$$y = xs, \quad x = ys'.$$

从而, $y\mathscr{R}x$. 因此 $s_r|_{L_a}$ 保持 $\mathscr{R}$ 关系. 同理, $s'_r|_{L_b}$ 保持 $\mathscr{R}$ 关系. □

类似地, 我们有如下定理.

定理 3.1.6 (Green 引理) *令 S 为一半群, $a, b \in S$, $a\mathscr{L}b$. 若 $t, t' \in S^1$ 满足*

$$ta = b, \quad t'b = a,$$

则 S 上的左平移 t_l 和 t'_l 分别在 R_a 和 R_b 上的限制 $t_l|_{R_a}$ 和 $t'_l|_{R_b}$ 为 R_a 到 R_b 和 R_b 到 R_a 的一对互逆的保持 $\mathscr{L}$ 关系的双射.

推论 3.1.2 *同一 $\mathscr{D}$-类中的 $\mathscr{L}$ ($\mathscr{R}, \mathscr{H}$)-类都是等势的.*

证明 同一 $\mathscr{D}$-类中的 $\mathscr{L}$ ($\mathscr{R}$)-类等势是 Green 引理的直接推论. 下证 $\mathscr{H}$-类等势.

令 S 为一半群, $a, b \in S$, $a\mathscr{D}b$. 根据定理 3.1.2,

$$(\exists\, c \in S)\ a\mathscr{R}c, \quad c\mathscr{L}b.$$

从而

$$(\exists\, s, s', t, t' \in S^1)\ as = c, \quad cs' = a, \quad tc = b, \quad t'b = c.$$

根据定理 3.1.5, $s_r|_{L_a}$ 和 $s'_r|_{L_c}$ 为 L_a 到 L_c 和 L_c 到 L_a 的一对互逆的保持 $\mathscr{R}$ 关系的双射. 因此, $s_r|_{H_a}$ 为 H_a 到 H_c 的一个双射 ($s'_r|_{H_c}$ 为其逆映射). 同理可证, $t_l|_{H_c}$ 为 H_c 到 H_b 的一个双射 ($t'_l|_{H_b}$ 为其逆映射). 从而, $(t_l|_{H_c}) \circ (s_r|_{H_a})$ 为 H_a 到 H_b 的一个双射. 于是, $|H_a| = |H_b|$, 即同一 $\mathscr{D}$-类的 $\mathscr{H}$-类等势. □

从推论 3.1.2 的证明过程, 我们得到下面的推论.

推论 3.1.3 *令 S 为一半群, H 为 S 上的一个 $\mathscr{H}$-类. 则*

(1) *若 $x \in H$, $xy \in H$, 则 $y_r|_H$ 为 H 上一双射变换;*

(2) *若 $x \in H$, $yx \in H$, 则 $y_l|_H$ 为 H 上一双射变换.*

定义 3.1.4 *令 S 为一半群, S_1 为 S 的一个非空子集. 称 S_1 为 S 的一个子群, 如果 S_1 关于半群 S 的乘法成群.*

定理 3.1.7 (Green 定理) 令 S 为一半群, H 为 S 的一个 $\mathscr{H}$-类. 则 $H^2 \cap H \neq \varnothing$ 当且仅当 H 为 S 的一个子群. 此时, 显然 $H^2 = H$.

证明 充分性显然, 只需证明必要性. 令 $H^2 \cap H \neq \varnothing$. 则

$$(\exists\, a, b \in H)\ ab \in H.$$

由推论 3.1.3 知, $b_r|_H$ 和 $a_l|_H$ 为 H 上的双射变换. 因此

$$(\forall\, h \in H)\ hb \in H, \quad ah \in H.$$

又由推论 3.1.3 知, $h_l|_H$ 和 $h_r|_H$ 也为 H 上的双射变换, 从而

$$hH = H,\ Hh = H.$$

由 h 的任意性, 根据定理 2.2.1 的 (6), H 关于半群 S 的乘法成群. 显然, $H^2 = H$. □

推论 3.1.4 令 S 为一半群, H 为一 $\mathscr{H}$-类. 则 $H \cap E(S) \neq \varnothing$ 当且仅当 H 是 S 的一个子群. 因此, S 中的每一 $\mathscr{H}$-类至多含有一个幂等元.

3.2 正则 $\mathscr{D}$-类和正则半群

3.2.1 正则 $\mathscr{D}$-类

在 2.2.1 节 (双消半群与群) 中, 我们给出了半群的正则元的概念. 令 S 为一半群, $a \in S$. 则

$$a \text{ 是正则的} \overset{\text{d}}{\Longleftrightarrow} (\exists\, x \in S)\ axa = a.$$

记

$$W(a) \overset{\text{d}}{=} \{x \in S \mid axa = a\}$$

时, $W(a) \neq \varnothing$ 刻画 a 的正则性.

定理 3.2.1 令 S 为一半群, $a \in S$. 则 a 是正则的当且仅当 D_a 的每一元素都是正则的.

证明 只需证明必要性. 令 a 是正则的. 下证 L_a, R_a 的每一元素都是正则的, 从而由 $\mathscr{D}$-类的蛋箱结构知, D_a 的每一元素都是正则的.

令 $b \in L_a$. 则

$$(\exists\, u, v \in S^1)\ ua = b,\ vb = a.$$

由 a 是正则的知,

$$(\exists\, x \in S)\ axa = a.$$

从而 $uaxa = ua$, 因此

$$b = ua = uaxa = bxvb.$$

于是 b 是正则的. 同理可证 R_a 的每一元素都是正则的. □

注 3.2.1 定理 3.2.1 中的 D_a 不能改为 J_a, 此处不再赘述, 详见参考文献中 *Fundamentals of Semigroup Theory* (Howie, 1995) 中第 5 章习题 26.

每一元素都正则的 $\mathscr{D}$-类称为正则 $\mathscr{D}$-类. 根据定理 3.2.1, 关于一个 $\mathscr{D}$-类 D, D 不是正则 $\mathscr{D}$-类当且仅当 D 不含正则元.

因为幂等元是正则的, 所以含幂等元的 $\mathscr{D}$-类是正则 $\mathscr{D}$-类; 反之, 我们有如下事实.

定理 3.2.2 令 S 为一半群, D 为一正则 $\mathscr{D}$-类. 则 D 中每一 $\mathscr{L}$-类和 $\mathscr{R}$-类至少包含一个幂等元.

证明 令 $a \in D$. 则

$$(\exists\, x \in S)\ axa = a.$$

显然, $a\mathscr{L}xa$, 且 xa 为一幂等元; $a\mathscr{R}ax$, 且 ax 为一幂等元. □

定理 3.2.3 令 S 为一半群, $e \in E(S)$. 则 e 为 L_e (R_e) 的右 (左) 幺元.

证明 关于任意 $a \in L_e$,

$$(\exists\, x \in S^1)\ xe = a.$$

因此

$$ae = xe^2 = xe = a.$$

同理可证, 关于任意 $b \in R_e$, $eb = b$. □

定义 3.2.1 令 S 为一半群, $a \in S$. 称 a 为可逆的, 如果

$$(\exists\, a' \in S)\ aa'a = a, \quad a'aa' = a'.$$

同时称 a' 为 a 的一个逆元.

记

$$V(a) \overset{d}{=} \{a' \in S \mid aa'a = a, a'aa' = a'\}$$

时, $V(a) \neq \varnothing$ 刻画 a 的可逆性.

注 3.2.2 若 a 可逆, 则 a 显然是正则的; 反之, 若 a 是正则的, 即

$$(\exists\, x \in S)\ axa = a,$$

则, 易知 $xax \in V(a)$, 从而 a 可逆. 因此, a 的可逆性和正则性是一致的. 关于 $V(a)$ 和 $W(a)$, 显然 $V(a) \subseteq W(a)$, 这一包含一般是真包含. 例如, 在矩阵半群 $(\mathbb{R}^{2\times 2}, \circ)$ 中,

$$\begin{pmatrix} 1 & 0 \\ 0 & 0 \end{pmatrix} E_2 \begin{pmatrix} 1 & 0 \\ 0 & 0 \end{pmatrix} = \begin{pmatrix} 1 & 0 \\ 0 & 0 \end{pmatrix},$$

而

$$E_2 \begin{pmatrix} 1 & 0 \\ 0 & 0 \end{pmatrix} E_2 = \begin{pmatrix} 1 & 0 \\ 0 & 0 \end{pmatrix} \neq E_2,$$

其中, E_2 为 2 阶单位矩阵. 但, 易知,

$$V(a) = W(a)aW(a).$$

因此, $V(a) \neq \varnothing$ 当且仅当 $W(a) \neq \varnothing$.

例 3.2.1 在例 3.1.1 中, 关于任意 $(a_i,b_j)\in A\times B$,

$$V\big((a_i,b_j)\big)=A\times B.$$

定理 3.2.4 令 S 为一半群, $a\in S$, D_a 为一正则 $\mathscr{D}$-类. 则

(1) $V(a)\subseteq D_a$;

(2) $(\forall\, b\in D_a)\ H_b\cap V(a)\neq\varnothing$ 当且仅当 $R_a\cap L_b$ 和 $L_a\cap R_b$ 都含幂等元;

(3) $(\forall\, b\in D_a)\ |H_b\cap V(a)|\leqslant 1$.

证明 (1) 令 $a'\in V(a)$. 则

$$a=aa'a,\quad a'aa'=a'.$$

令

$$e=aa',\quad f=a'a.$$

则由定理 3.2.2 证明过程知, $e,\ f$ 为幂等元, 且

$$a\mathscr{R}e,\ a\mathscr{L}f,\ a'\mathscr{R}f,\ a'\mathscr{L}e.$$

从而 $a(\mathscr{R}\circ\mathscr{L})a'$, 因此 $a'\in D_a$.

(2) 充分性. 令 $e\in R_a\cap L_b$, $f\in L_a\cap R_b$ 为幂等元. 则

$$(\exists\, x,y\in S^1)\ ax=e,\quad ya=f.$$

根据定理 3.2.3,

$$ea=a,\quad af=a.$$

令 $a^*=fxe$. 则

$$\begin{aligned}aa^*a&=(af)x(ea)=axa=ea=a,\\ a^*aa^*&=fx(eaf)xe=fx(ax)e=fxe^2=fxe=a^*.\end{aligned}$$

从而 $a^*\in V(a)$. 又

$$\begin{aligned}aa^*&=(af)xe=axe=e^2=e,\\ a^*a&=fxea=fxa=yaxa=ya=f.\end{aligned}$$

从而 $a^*\in(L_e\cap R_f)=L_b\cap R_b=H_b$. 因此 $a^*\in(H_b\cap V(a))$, 于是 $H_b\cap V(a)\neq\varnothing$.

必要性. 令 $a'\in H_b\cap V(a)$. 则由 (1) 的证明过程知,

$$e=aa',\quad f=a'a$$

为幂等元, 且

$$e\in(R_a\cap L_{a'})=R_a\cap L_b,\quad f\in(L_a\cap R_{a'})=L_a\cap R_b.$$

(3) 若 $\mathscr{H}$-类 H_b 包含 a 的逆元 a', a^*, 则 aa', aa^* 是幂等元, 且

$$aa' \in (R_a \cap L_{a'}), \quad aa^* \in (R_a \cap L_{a^*}).$$

从而

$$aa' \in (R_a \cap L_b), \quad aa^* \in (R_a \cap L_b).$$

根据推论 3.1.4, $aa' = aa^*$. 同理可证, $a'a = a^*a$. 于是,

$$a' = a'aa' = a^*aa' = a^*aa^* = a^*. \qquad \square$$

注 3.2.3　怎样利用 Green 引理, $v(a) = w(a)aw(a)$ 和定理 3.2.3, 使得定理 3.2.4 (2) 的充分性证明中的 $a^* = fxe$ 的选取显得很自然呢?

由定理 3.2.4 的证明, 我们还有

定理 3.2.5　令 S 为一半群, $e, f \in E(S)$. 则 $e\mathscr{D}f$ 当且仅当

$$(\exists\, a \in S,\ a' \in V(a))\quad e = aa', \quad f = a'a.$$

定理 3.2.6　令 S 为一半群, H, K 为 S 的同一 $\mathscr{D}$-类中的两个子群 $\mathscr{H}$-类. 则 $H \cong K$.

证明　令 e, f 分别为子群 H, K 的幺元. 则 $e\mathscr{D}f$, $H = H_e$, $K = H_f$.

令 $a \in (R_e \cap L_f)$. 则 $ea = a$, $af = a$, 且

$$(\exists\, a' \in V(a))\ aa' = e, \quad a'a = f.$$

根据 Green 引理 (定理 3.1.5 和定理 3.1.6), $a_r\,|_{H_e}\colon H_e \longrightarrow H_a$ 和 $a'_r\,|_{H_a}\colon H_a \longrightarrow H_e$ 为一对互逆的保持 $\mathscr{R}$ 关系的双射, $a'_l\,|_{H_a}\colon H_a \longrightarrow H_f$ 和 $a_l\,|_{H_f}\colon H_f \longrightarrow H_a$ 是一对互逆的保持 $\mathscr{L}$ 关系的双射. 从而 $\varphi = a'_l\,|_{H_a} \circ a_r\,|_{H_e}\colon H_e \longrightarrow H_f$ 为一双射. 又, 关于任意 $u, v \in H_e$,

$$\begin{aligned}
\varphi(u)\varphi(v) &= \big((a'_l \circ a_r)(u)\big)\big((a'_l \circ a_r)(v)\big)\\
&= (a'ua)(a'va)\\
&= a'u(aa')va\\
&= a'ueva\\
&= a'(uv)a\\
&= (a'_l \circ a_r)(uv)\\
&= \varphi(uv),
\end{aligned}$$

从而 $\varphi: H_e \longrightarrow H_f$ 为一同构映射. 于是, $H \cong K$. $\square$

定理 3.2.7 (Miller-Clifford 定理)　令 S 为一半群, $a, b \in S$. 若 $D_a = D_b$, 则 $ab \in R_a \cap L_b$ 当且仅当 $L_a \cap R_b$ 含幂等元.

证明　必要性. 令 $ab \in (R_a \cap L_b)$. 则 a 也以 ab 为左因子, 即

$$(\exists\, c \in S^1)\ (ab)c = a.$$

根据 Green 引理 (定理 3.1.5), $b_r|_{L_a}: L_a \longrightarrow L_{ab}(=L_b)$ 和 $c_r|_{L_{ab}}: L_{ab}(=L_b) \longrightarrow L_a$ 为一对互逆的保持 $\mathscr{R}$ 关系的双射. 从而 $bc = c_r(b) \in (L_a \cap R_b)$. 显然

$$(bc)^2 = bc \cdot bc = [(bc)b]c = [b_r(c_r(b))]c = [(b_r \circ c_r)(b)]c = bc.$$

因此 bc 为一幂等元.

充分性. 令 $e \in (L_a \cap R_b)$ 为一幂等元. 则根据定理 3.2.3,

$$eb = b.$$

又根据 Green 引理 (定理 3.1.5), $b_r|_{L_e}: L_e(=L_a) \longrightarrow L_b$ 为一保持 $\mathscr{R}$ 关系的双射. 于是, $ab = b_r(a) \in (R_a \cap L_b)$. □

3.2.2 正则半群

在第 2 章中, 我们已经给出正则半群的定义: 每一元素都是正则元的半群称为正则半群. 若 S 为一正则半群, 则由

$$(\forall\, a \in S)(\exists\, a' \in S)\ aa'a = a$$

知,

$$\begin{aligned} a &= (aa')a\ (\in Sa) \\ &= a(a'a)\ (\in aS) \\ &= (aa')a(a'a)\ (\in SaS). \end{aligned}$$

从而, $S^1a = Sa,\ aS^1 = aS,\ S^1aS^1 = SaS$. 因此, 在正则半群 S 中, 我们有

$$a\mathscr{L}b \Longleftrightarrow Sa = Sb \Longleftrightarrow (\exists\, u, v \in S)\ a = ub, \quad b = va;$$

$$a\mathscr{R}b \Longleftrightarrow aS = bS \Longleftrightarrow (\exists\, u, v \in S)\ a = bu, \quad b = av;$$

$$a\mathscr{J}b \Longleftrightarrow SaS = SbS \Longleftrightarrow (\exists\, x, y, u, v \in S)\ a = xby, \quad b = uav.$$

定理 3.2.8 令 S 为一正则半群, $a, b \in S$. 则

(1) $a\mathscr{L}b \Longleftrightarrow (\exists\, a' \in V(a))(\exists\, b' \in V(b))\ a'a = b'b$;

(2) $a\mathscr{R}b \Longleftrightarrow (\exists\, a' \in V(a))(\exists\, b' \in V(b))\ aa' = bb'$;

(3) $a\mathscr{H}b \Longleftrightarrow (\exists\, a' \in V(a))(\exists\, b' \in V(b))\ a'a = b'b$ 且 $aa' = bb'$.

证明 (1) 令 $a\mathscr{L}b$. 则幂等元 $a'a \in L_a(=L_b)$, 其中 $a' \in V(a)$. 根据定理 3.2.2, $\mathscr{R}$-类 R_b 至少包含一个幂等元, 记为 e. 又根据定理 3.2.4 中 (2) 的证明过程知, $\mathscr{H}$-类 $R_{a'a} \cap L_e$ 包含 b 的一个逆元, 记为 b', 且

$$bb' = e, \quad b'b = a'a.$$

反之, 若

$$(\exists\, a' \in V(a))(\exists\, b' \in V(b))\ a'a = b'b,$$

则根据定理 3.2.4 中 (1) 的证明过程知, $a\mathscr{L}a'a, b\mathscr{L}b'b$. 从而 $a\mathscr{L}b$.

(2) 类似 (1) 可证.

(3) 由 (1), (2) 即得. □

定理 3.2.9 令 S 为一半群, $U \leqslant S$. 则显然有

(1) $\mathscr{L}^U \subseteq \mathscr{L}^S \cap \omega_U$;

(2) $\mathscr{R}^U \subseteq \mathscr{R}^S \cap \omega_U$;

(3) $\mathscr{H}^U \subseteq \mathscr{H}^S \cap \omega_U$;

(4) $\mathscr{D}^U \subseteq \mathscr{D}^S \cap \omega_U$;

(5) $\mathscr{J}^U \subseteq \mathscr{J}^S \cap \omega_U$.

注 3.2.4 在定理 3.2.9 中, $\subseteq$ 为 $\subsetneq$ 的情况是存在的. 例如, 令

$$S = \langle a \rangle = \{\cdots, a^{-n}, \cdots, a^{-2}, a^{-1}, a^0, a^1, a^2, \cdots, a^n, \cdots\}$$

为一由 a 生成的无限循环群,

$$U = \{a^1, a^2, \cdots, a^n, \cdots\}.$$

则无限单演半群 U 显然为 S 的子半群. 显然,

$$\mathscr{L}^S = \mathscr{R}^S = \mathscr{H}^S = \mathscr{D}^S = \mathscr{J}^S = \omega_S,$$

而

$$\mathscr{L}^U = \mathscr{R}^U = \mathscr{H}^U = \mathscr{D}^U = \mathscr{J}^U = \iota_U.$$

定理 3.2.10 令 S 为一半群, $U \leqslant S$, 且 U 是正则的. 则

(1) $\mathscr{L}^U = \mathscr{L}^S \cap \omega_U$;

(2) $\mathscr{R}^U = \mathscr{R}^S \cap \omega_U$;

(3) $\mathscr{H}^U = \mathscr{H}^S \cap \omega_U$.

证明 (1) 只需证明 $\mathscr{L}^S \cap \omega_U \subseteq \mathscr{L}^U$, 即证明

$$(\forall\, a, b \in U)\ a\mathscr{L}^S b \Longrightarrow a\mathscr{L}^U b.$$

令 $a, b \in U$, $a\mathscr{L}^S b$. 则由 U 的正则性知,

$$(\exists\, a' \in V(a) \cap U)\ a'a\mathscr{L}^U a,$$

$$(\exists\, b' \in V(b) \cap U)\ b'b\mathscr{L}^U b,$$

从而 $a'a\mathscr{L}^S a$, $b'b\mathscr{L}^S b$. 又 $a\mathscr{L}^S b$, 因此 $a'a\mathscr{L}^S b'b$. 根据定理 3.2.3, 和 $a'a$, $b'b$ 为幂等元,

$$a'a = (a'a)(b'b),$$

$$b'b = (b'b)(a'a).$$

从而 $(a'a)\mathscr{L}^U(b'b)$, 因此, $a\mathscr{L}^U b$.

(2) 类似 (1) 可证.

(3) 由 (1),(2) 即得. □

注 3.2.5 定理 3.2.10 关于 $\mathscr{D}$ 和 $\mathscr{J}$ 并不成立. 例如, 令

$$S=\{0,e,f,a,b\},\quad U=\{0,e,f\},$$

其中

$$0=\begin{pmatrix}0&0\\0&0\end{pmatrix},\quad e=\begin{pmatrix}1&0\\0&0\end{pmatrix},\quad f=\begin{pmatrix}0&0\\0&1\end{pmatrix},\quad a=\begin{pmatrix}0&1\\0&0\end{pmatrix},\quad b=\begin{pmatrix}0&0\\1&0\end{pmatrix}.$$

则 $(S,\cdot)$ 构成一半群, 其中 $\cdot$ 是通常矩阵的乘法. 这里, 只需说明 S 关于 $\cdot$ 封闭即可. 事实上, S 的乘法表如表 3.1.

表 3.1

$\cdot$	0	e	f	a	b
0	0	0	0	0	0
e	0	e	0	a	0
f	0	0	f	0	b
a	0	0	a	0	e
b	0	b	0	f	0

容易验证

$$\mathscr{L}^U=\mathscr{R}^U=\mathscr{H}^U=\mathscr{D}^U=\mathscr{J}^U=\iota_U.$$

但在 S 中, $e\mathscr{D}f$, $e\mathscr{J}f$, 从而 $\mathscr{D}^U\neq\mathscr{D}^S\cap\omega_U$, $\mathscr{J}^U\neq\mathscr{J}^S\cap\omega_U$.

定义 3.2.2 令 S 为一半群, 在 $S/\mathscr{L}$, $S/\mathscr{R}$ 和 $S/\mathscr{J}$ 中引入二元关系如下:

$$L_b\leqslant L_a\iff(\exists\, x\in S^1)\ b=xa,$$

$$R_b\leqslant R_a\iff(\exists\, x\in S^1)\ b=ax,$$

$$J_b\leqslant J_a\iff(\exists\, x,y\in S^1)\ b=xay,$$

显然, $\leqslant_L$, $\leqslant_R$, $\leqslant_J$ 分别为 $S/\mathscr{L}$, $S/\mathscr{R}$, $S/\mathscr{J}$ 上的偏序关系.

定理 3.2.11 (Lallement 引理) 令 S 为一正则半群, $\rho\in\mathcal{C}(S)$. 则 $a\rho$ 为 S/ρ 的一个幂等元当且仅当

$$(\exists\, e\in E(S))\begin{cases}e\rho=a\rho,\\ L_e\leqslant L_a,\\ R_e\leqslant R_a.\end{cases}$$

证明 充分性显然, 只需证明必要性.

令 $a\rho$ 为 S/ρ 的一个幂等元. 由 S 为一正则半群知, S 的每一元素都是正则元, 特别地, a^2 为一正则元, 从而 a^2 的逆元存在. 令 $z\in V(a^2)$, 且 $e=aza$. 则显然 $L_e\leqslant L_a$, $R_e\leqslant R_a$, 且

$$e^2=(aza)^2=azaaza=a(za^2z)a=aza=e,$$

即 $e\in E(S)$. 又由 $a\rho$ 为 S/ρ 的一个幂等元知,

$$e\rho=(aza)\rho=(a\rho)(z\rho)(a\rho)=(a^2\rho)(z\rho)(a^2\rho)=(a^2za^2)\rho=a^2\rho=(a\rho)^2=a\rho.$$

结论得证. □

注 3.2.6　定理 3.2.11 中的 S 的正则性不能去掉. 在例 2.4.4 中, 无限单演半群 S 不是正则的, S/ρ 有幂等元, 但 S 中无幂等元.

引理 3.2.1　令 S 为一半群, $E \in \mathcal{E}(S)$. 则

$$E^{\flat} = \{(a,b) \in S \times S \mid (\forall\, x, y \in S^1)\ (xay, xby) \in E\}$$

为含于 E 的最大同余.

证明　关于任意 $(a,b) \in E^{\flat}$, 令 $x = y = 1$. 则 $(a,b) \in E$, 从而 $E^{\flat} \leqslant E$.

下证 $E^{\flat}$ 为 S 上的一个同余.

显然, $E^{\flat}$ 为一等价关系. 令 $(a,b) \in E^{\flat}$. 则

$$(\forall\, x, y \in S^1,\ c \in S)\ \big(x(ac)y, x(bc)y\big) = \big(xa(cy), xb(cy)\big) \in E.$$

从而 $(ac, bc) \in E^{\flat}$. 同理可证 $(ca, cb) \in E^{\flat}$. 因此 $E^{\flat}$ 为 S 上的一个同余.

再证 $E^{\flat}$ 为含于 E 的最大同余.

令 $\rho \in \mathcal{C}(S)$, 且 $\rho \leqslant E$. 若 $(a,b) \in \rho$, 则

$$(\forall\, x, y \in S^1)\ (xay, xby) \in \rho \leqslant E.$$

从而 $(a,b) \in E^{\flat}$. 因此, $\rho \leqslant E^{\flat}$. □

定义 3.2.3　令 S 为一半群, $\rho \in \mathcal{E}(S)$. 称 ρ 在 S 上为幂等元分离的, 如果

$$(\forall\, a \in S)\ \big|a\rho \cap E(S)\big| \leqslant 1.$$

推论 3.2.1　令 S 为一半群, $\rho \in \mathcal{C}(S)$. 若 $\rho \leqslant \mathscr{H}$, 则 ρ 是幂等元分离的. 显然, $\mathscr{H}^{\flat}$ 是幂等元分离的.

注 3.2.7　推论 3.2.1 的逆命题不成立. 例如,

令 $S = \{x, 0\}$, 且定义 S 上的乘法如下:

$$x^2 = x0 = 0x = 00 = 0,$$

即 $S^2 = \{0\}$. 则 0 是半群 S 的唯一幂等元, 全关系 ω_S 是幂等分离的. 但

$$H_x \neq H_0,$$

从而 $\omega_S \not\leqslant \mathscr{H}$.

然而, 关于正则半群我们有如下结论.

定理 3.2.12　令 S 为一正则半群, $\rho \in \mathcal{C}(S)$. 则 ρ 是幂等元分离的当且仅当 $\rho \leqslant \mathscr{H}$. 因此, $\mathscr{H}^{\flat}$ 为 S 上的最大幂等元分离同余.

证明　只需证明必要性.

令 ρ 是幂等元分离的. 关于任意 $a, b \in S$, 若 $(a,b) \in \rho$, 则

$$(aa', ba') \in \rho,$$

其中, $a' \in V(a)$. 由 aa' 是 S 的一个幂等元知, $(ba')\rho = (aa')\rho$ 是 S/ρ 的一个幂等元. 根据引理 3.2.11, 存在一个幂等元 e, 使得

$$e\rho = (ba')\rho, \quad R_e \leqslant R_{ba'}.$$

又由 ρ 是幂等分离的知, $e = aa'$. 从而

$$R_a = R_{aa'} = R_e \leqslant R_{ba'} \leqslant R_b.$$

同理可证, $R_b \leqslant R_a$. 因此 $R_b = R_a$, 即 $a\mathscr{R}b$. 同理可证 $a\mathscr{L}b$. 从而 $a\mathscr{H}b$, 即 $(a,b) \in \mathscr{H}$. 因此, $\rho \leqslant \mathscr{H}$. □

最后, 联系定理 2.2.13 和定理 2.2.14, 我们将对集合 A 上的全变换半群 $\mathscr{T}(A) \overset{\mathrm{d}}{=} (\mathscr{T}(A), \circ)$ 和有限维线性空间 V 上的全线性变换半群 $\mathcal{L}(V) \overset{\mathrm{d}}{=} (\mathcal{L}(V), \circ)$ 作一个回访.

例 3.2.2 令 A 为一非空有限集. 考察全变换半群 $\mathscr{T}(A)$. 令 $f, g \in \mathscr{T}(A)$. 根据定理 1.3.1,

$$f\mathscr{L}g \Longleftrightarrow \mathrm{Ker}\, f = \mathrm{Ker}\, g,$$

$$f\mathscr{R}g \Longleftrightarrow \mathrm{Im}\, f = \mathrm{Im}\, g.$$

因此,

$$f\mathscr{H}g \Longleftrightarrow \mathrm{Ker}\, f = \mathrm{Ker}\, g, \text{ 且 } \mathrm{Im}\, f = \mathrm{Im}\, g,$$

且

$$f\mathscr{D}g \Longleftrightarrow r_f = r_g,$$

其中, $r_f = |\mathrm{Im}\, f|$.

又, 基于 $r_{fg} \leqslant r_f, r_g$, 有

$$\mathscr{J} = \mathscr{D}.$$

关于 $\mathscr{H}$-类 $H_{f,g} = L_f \cap R_g$, $H_{f,g}$ 成群当且仅当 $\mathrm{Im}\, g$ 为 $\mathrm{Ker}\, f$ 的一个截面.

事实上, 根据推论 3.1.4, $H_{f,g}$ 成群当且仅当 $H_{f,g}$ 含有幂等元. 因此, 只需证明 $H_{f,g}$ 含有幂等元当且仅当 $\mathrm{Im}\, g$ 为 $\mathrm{Ker}\, f$ 的一个截面. 令 $h \in H_{f,g}$. 则

$$\mathrm{Ker}\, h = \mathrm{Ker}\, f, \quad \mathrm{Im}\, h = \mathrm{Im}\, g.$$

又令

$$\{A_i \mid i \in I\}$$

为 $\mathrm{Ker}\, h$ 确定的分划,

$$\mathrm{Im}\, h = \{a_i \mid h(A_i) = \{a_i\}, i \in I\}.$$

则 h 为一幂等元当且仅当 $a_i \in A_i$, $i \in I$, 即 $\mathrm{Im}\, h$ 为 $\mathrm{Ker}\, h$ 的一个截面, 结论成立.

最后, 我们指出 $(\mathscr{T}(A), \circ)$ 为一正则半群. 令 $f \in \mathscr{T}(A)$. 则存在 $g \in \mathscr{T}(A)$, 使得 $\mathrm{Im}\, g$ 为 $\mathrm{Ker}\, f$ 的一个截面. 从而 $f\mathscr{D}g$, 且 D_f 含有幂等元 (因为 $H_{f,g} \subseteq D_f$). 因此, D_f 为一正则 $\mathscr{D}$-类, f 为一正则元.

例 3.2.3 令 V 为数域 $\mathbb{F}$ 上一 n 维线性空间. 考查全线性变换半群 $\mathcal{L}(V) \stackrel{\mathrm{d}}{=} (\mathcal{L}(V), \circ)$. 令 $\mathcal{A}, \mathcal{B} \in \mathcal{L}(V)$. 根据第 1 章习题第 11 题,

$$\mathcal{A}\mathscr{L}\mathcal{B} \Longleftrightarrow \mathrm{Ker}\ \mathcal{A} = \mathrm{Ker}\ \mathcal{B},$$

$$\mathcal{A}\mathscr{R}\mathcal{B} \Longleftrightarrow \mathrm{Im}\ \mathcal{A} = \mathrm{Im}\ \mathcal{B}.$$

因此,

$$\mathcal{A}\mathscr{H}\mathcal{B} \Longleftrightarrow \mathrm{Ker}\ \mathcal{A} = \mathrm{Ker}\ \mathcal{B},\ 且\ \mathrm{Im}\ \mathcal{A} = \mathrm{Im}\ \mathcal{B},$$

且

$$\mathcal{A}\mathscr{D}\mathcal{B} \Longleftrightarrow r_{\mathcal{A}} = r_{\mathcal{B}},$$

其中, $r_{\mathcal{A}} = \dim(\mathrm{Im}\ \mathcal{A})$.

又, 基于 $r_{\mathcal{AB}} \leqslant r_{\mathcal{A}}, r_{\mathcal{B}}$, 有

$$\mathscr{J} = \mathscr{D}.$$

关于 $\mathscr{H}$-类 $H_{\mathcal{A},\mathcal{B}} = L_{\mathcal{A}} \cap R_{\mathcal{B}}$, $H_{\mathcal{A},\mathcal{B}}$ 成群当且仅当

$$V = \mathrm{Ker}\ \mathcal{A} \oplus \mathrm{Im}\ \mathcal{B}.$$

事实上, 根据推论 3.1.4, $H_{\mathcal{A},\mathcal{B}}$ 成群当且仅当 $H_{\mathcal{A},\mathcal{B}}$ 含有幂等元. 因此, 只需证明 $H_{\mathcal{A},\mathcal{B}}$ 含有幂等元当且仅当

$$V = \mathrm{Ker}\ \mathcal{A} \oplus \mathrm{Im}\ \mathcal{B}.$$

若 $\mathcal{C} \in H_{\mathcal{A},\mathcal{B}}$ 为一幂等元, 则 $\mathrm{Ker}\ \mathcal{C} = \mathrm{Ker}\ \mathcal{A}$, $\mathrm{Im}\ \mathcal{C} = \mathrm{Im}\ \mathcal{B}$. 因此, 根据第 2 章习题第 1 题,

$$V = \mathrm{Ker}\ \mathcal{C} \oplus \mathrm{Im}\ \mathcal{C},$$

即

$$V = \mathrm{Ker}\ \mathcal{A} \oplus \mathrm{Im}\ \mathcal{B}.$$

反之, 若

$$V = \mathrm{Ker}\ \mathcal{A} \oplus \mathrm{Im}\ \mathcal{B},$$

则关于任意 $\alpha \in V$, 有

$$\alpha = \alpha_1 + \alpha_2, \quad \alpha_1 \in \mathrm{Ker}\ \mathcal{A}, \quad \alpha_2 \in \mathrm{Im}\ \mathcal{B}.$$

令

$$\begin{aligned} \mathcal{C}:\ V &\longrightarrow V, \\ \alpha &\longmapsto \alpha_2. \end{aligned}$$

显然, $\mathcal{C} \in \mathcal{L}(V)$, 且 $\mathrm{Ker}\ \mathcal{C} = \mathrm{Ker}\ \mathcal{A}$, $\mathrm{Im}\ \mathcal{C} = \mathrm{Im}\ \mathcal{B}$, 从而 $\mathcal{C} \in H_{\mathcal{A},\mathcal{B}}$, 且 $\mathcal{C}$ 是 $H_{\mathcal{A},\mathcal{B}}$ 的一个幂等元.

最后, 我们指出 $\mathcal{L}(V)$ 是正则半群. 根据上面的讨论, 只需证明关于任意 $\mathcal{A} \in \mathcal{L}(V)$, 存在 $\mathcal{B} \in \mathcal{L}(V)$, 使得

$$V = \mathrm{Ker}\ \mathcal{A} \oplus \mathrm{Im}\ \mathcal{B}.$$

事实上, 常存在 $W \leqslant V$, 使得

$$V = \mathrm{Ker}\ \mathcal{A} \oplus W.$$

又关于任意 $\alpha = \alpha_1 + \alpha_2 \in V$, $\alpha_1 \in \mathrm{Ker}\ \mathcal{A}$, $\alpha_2 \in W$, 作

$$\mathcal{B}:\ V \longrightarrow V,$$
$$\alpha \longmapsto \alpha_2,$$

则 $\mathcal{B} \in \mathcal{L}(V)$, 且 $\mathrm{Im}\ \mathcal{B} = W$. 结论得证.

注 3.2.8 实际上, 例 3.2.2 和例 3.2.3 利用 Green 关系给出定理 2.2.13 和定理 2.2.14 中 H 成群的充要条件的一个新的证明, 并从新的角度证明了 $\mathscr{T}(A)$ 和 $\mathcal{L}(V)$ 为正则半群 (该事实在第 2 章已经获得, 见例 2.2.11 和 例 2.2.12).

*3.3 完全正则半群

相对于我们已知的

定理 3.3.1 令 S 为一半群. 则以下几条等价:

(1) S 是正则的 (即, $(\forall\, a \in S)\ W(a) \neq \varnothing$);

(2) $(\forall\, a \in S)\ D_a \cap E(S) \neq \varnothing$;

(3) $(\forall\, a \in S)\ L_a \cap E(S) \neq \varnothing$;

(4) $(\forall\, a \in S)\ R_a \cap E(S) \neq \varnothing$.

我们有

定义 3.3.1 令 S 为一半群. 称 S 为一完全正则半群 (或, S 为完全正则的), 如果

$$(\forall\, a \in S)\ H_a \cap E(S) \neq \varnothing,$$

即, S 的任意 $\mathscr{H}$-类都是群.

定义 3.3.2 令 B 为一半群. 称 B 为一带, 如果 B 满足恒等式

$$a^2 \equiv a,$$

即, B 的任意元素都是幂等元.

显然, 带是完全正则半群, 在带 B 中, $\mathscr{H} = \iota_B$.

例 3.3.1 令 B 为一带, G 为一群. 则半群直积 $B \times G$ 为一完全正则半群.

定义 3.3.3 令 B 为一半群. 称 B 为一矩形带 (交换带), 如果 B 满足恒等式

$$aba \equiv a\ (ab \equiv ba, a^2 \equiv a).$$

定理 3.3.2 令 S 为一半群. 则以下几条等价:

(1) S 为一矩形带 (即 $aba \equiv a$);

(2) $abc \equiv ac$, $a^2 \equiv a$;

(3) $S \cong L \times R$, 其中 L (R) 为一左 (右) 零半群;

(4) $S \cong A \times B$, 其中 $A, B \neq \varnothing$, $A \times B$ 为集合 $A \times B$ 关于下述合成 $\circ$ 形成的半群

$$(a,b) \circ (c,d) = (a,d). \tag{3.4}$$

证明 (1) $\Longrightarrow$ (2). 令 S 为一矩形带. 则关于任意 $a, b \in S$, $aba = a$. 从而关于任意 $a, c \in S$,

$$ac = (aba)(cbc) = a\big(b(ac)b\big)c = abc.$$

特别地, 令 $b = a$. 则 $a^3 = aaa = a$. 从而 $a^4 = a^3 \cdot a = a^2$. 又 $a^4 = aa^2a = a$, 因此, $a^2 = a$.

(2) $\Longrightarrow$ (3). 令 $c \in S$. 作

$$L \overset{\mathrm{d}}{=} Sc \leqslant S, \quad R \overset{\mathrm{d}}{=} cS \leqslant S.$$

显然, L (R) 为一左 (右) 零半群. 又作映射

$$\begin{aligned} \varphi:\quad & S \longrightarrow L \times R, \\ & x \longmapsto (xc, cx). \end{aligned}$$

关于任意 $x, y \in S$, 若 $\varphi(x) = \varphi(y)$, 即 $(xc, cx) = (yc, cy)$, 则 $xc = yc$, $cx = cy$. 从而

$$x = x^2 = xcx = xc^2x = xccx = yccy = yc^2y = y^2 = y.$$

因此, φ 为一单射.

关于任意 $(xc, cy) \in L \times R$,

$$(xc, cy) = (xyc, cxy) = \varphi(xy).$$

因此, φ 为一满射.

又关于任意 $x, y \in S$, 有

$$\varphi(xy) = (xyc, cxy) = (xcyc, cxcy) = (xc, cx)(yc, cy) = \varphi(x)\varphi(y).$$

因此, φ 为一同态.

综上, φ 为一同构映射, 于是, $S \cong L \times R$.

(3) $\Longrightarrow$ (4). 令 $S \cong L \times R$, 且 $A = L$, $B = R$. 则 $S \cong A \times B$, 且关于任意

$$(l_1, r_1), (l_2, r_2) \in A \times B,$$

显然

$$(l_1 l_2, r_1 r_2) = (l_1, r_2).$$

其中, 运算 l_1l_2 和 r_1r_2 分别是在左零半群 L 和右零半群 R 中进行的, 因此, 半群 $A\times B$ 作为左零半群 $A\ (=L)$ 和右零半群 $B\ (=R)$ 的半群直积与 $A\times B$ 为非空集的 Descartes 积关于运算 (3.4) 构成的半群是一样的. 由 (3) 知, $S\cong A\times B$ ($A\times B$ 是后者意义上的半群).

(4) $\Longrightarrow$ (1). 由 $S\cong A\times B$ 知, 只需证明 $A\times B$ 满足

$$xyx\equiv x.$$

事实上, 关于任意 $x=(a,b),\ y=(c,d)\in A\times B$, 有

$$xyx=(a,b)(c,d)(a,b)=(a,d)(a,b)=(a,b)=x.$$ □

定义 3.3.4 称偏序集 $S\overset{\mathrm{d}}{=}(S,\leqslant)$ 为一 (下) 半格, 如果

$$(\forall\, a,b\in S)\ a,b\text{关于}\leqslant\text{有最大下界},$$

即

$$(\exists\, c\in S)\ c\leqslant a\ \&\ c\leqslant b,$$

且

$$(\forall\, d\in S)\ d\leqslant a\ \&\ d\leqslant b\Longrightarrow d\leqslant c.$$

记 a,b 的最大下界为 $a\wedge b$.

定理 3.3.3 若 $S\overset{\mathrm{d}}{=}(S,\cdot)$ 为一交换带, 则存在半格 $S\overset{\mathrm{d}}{=}(S,\leqslant)$, 使得

$$(\forall\, e,f\in S)\ e\wedge f=ef.$$

反之, 若 $S\overset{\mathrm{d}}{=}(S,\leqslant)$ 为一半格, 则存在交换带 $S\overset{\mathrm{d}}{=}(S,\cdot)$, 使得

$$(\forall\, e,f\in S)\ ef=e\wedge f.$$

显然, 二者相互唯一确定, 即, 若交换带 $(S,\cdot)$ 确定的半格为 $(S,\leqslant)$, 则后面的半格 $(S,\leqslant)$ 确定的交换带恰为前面的交换带 $(S,\cdot)$; 反之亦然. 因此, 二者不加区别时, 称交换带为半格.

证明 作交换带 S 上的二元关系 $\leqslant$ 如下:

$$e\leqslant f\Longleftrightarrow ef=fe=e.$$

显然 $\leqslant$ 为 S 上一偏序. 令 $e,f\in S$. 则

$$e(ef)=(ef)e=(fe)e=fe=ef,$$

从而 $ef\leqslant e$. 同理 $ef\leqslant f$, 即 ef 为 e,f 的一个下界. 若

$$(\exists\, g\in S)\ g\leqslant e\ \&\ g\leqslant f,$$

则

$$g(ef)=(ef)g=e(fg)=eg=g.$$

因此 $g \leqslant ef$. 于是 $e \wedge f = ef$, 即 $S \stackrel{\mathrm{d}}{=} (S, \leqslant)$ 为一半格.

反之, 作半格 S 上的二元运算 · 如下:

$$ef = e \wedge f.$$

显然

$$(\forall\, e, f, g \in S)\ (ef)g = e(fg),$$

且

$$(\forall\, e, f \in S)\ ef = fe,\ e^2 = e.$$

因此 $S \stackrel{\mathrm{d}}{=} (S, \cdot)$ 为一交换带. □

定理 3.3.4 令 S 为一完全正则半群. 则 S 上的 $\mathscr{J}$ 为一半格同余, 即 $\mathscr{J}$ 是 S 上的同余, 且商半群 $S/\mathscr{J}$ 为一半格.

证明 令 J 为 S 的一个 $\mathscr{J}$-类.

(1) 关于任意 $a \in S$, 由 S 为一完全正则半群知, a 所在的 $\mathscr{H}$-类 H_a 为一群. 从而 $a^2 \in H_a \subseteq J_a$. 因此

$$J_a = J_{a^2}.$$

(2) 关于任意 $a, b \in S$, 有

$$J_{ab} = J_{(ab)^2} = J_{a(ba)b} \leqslant J_{ba}.$$

同理 $J_{ba} \leqslant J_{ab}$. 从而

$$J_{ab} = J_{ba}.$$

因此, 关于任意 $a, b, c \in S$, 若 $J_a = J_b$, 即

$$(\exists\, x, y, u, v \in S)\ xay = b, \quad ubv = a,$$

则

$$J_{ac} = J_{ubvc} \leqslant J_{bvc} = J_{c(bv)} = J_{(cb)v} \leqslant J_{cb} = J_{bc}.$$

同理 $J_{bc} \leqslant J_{ac}$. 从而 $J_{ac} = J_{bc}$. 类似地, 有 $J_{ca} = J_{cb}$. 因此, $\mathscr{J}$ 为一同余.

由 (1) 和 (2) 知,

$$(\forall\, J_a \in S/\mathscr{J})\ J_a^2 = J_{a^2} = J_a,$$

$$(\forall\, J_a, J_b \in S/\mathscr{J})\ J_a J_b = J_{ab} = J_{ba} = J_b J_a.$$

于是, 商半群 $S/\mathscr{J}$ 为一半格. □

定理 3.3.5 令 $B \stackrel{\mathrm{d}}{=} (B, \cdot)$ 为一带. 则 $\mathscr{J} = \mathscr{D}$ 为一半格同余, 且

$$(\forall\, e \in B)\ J_e \text{ 为一矩形带}.$$

证明 显然 B 为一周期半群, 根据定理 3.1.4, $\mathscr{J}=\mathscr{D}$. 又, 带是完全正则半群, 根据定理 3.3.4, $\mathscr{J}=\mathscr{D}$ 为一半格同余.

下证关于任意 $e\in B$, J_e 为一矩形带, 为此, 只需证 D_e 为一矩形带.

由 B 为一带知, D_e 中每一元素都是幂等元. 关于任意 $f,g\in D_e$, 根据定理 3.2.7,

$$gf\in R_g\cap L_f.$$

又根据定理 3.2.3,

$$fgf=f(gf)=f.$$

因此 D_e 为一矩形带. □

定义 3.3.5 令 S 为一半群, $\rho\in\mathcal{C}(S)$. 若 ρ 为一半格同余 (即 $(a\rho)^2=a\rho$, $(a\rho)(b\rho)=(b\rho)(a\rho)$, 也即商半群 $S/\rho\overset{\mathrm{d}}{=}Y$ 为一半格), 则记

$$S/\rho=\{S_\alpha\mid\alpha\in Y\}$$

称 S 为半群 S_α 的半格.

注 3.3.1 定理 3.3.5 说明, 带常为矩形带的半格.

*3.4 夹心集与纯正半群

定理 3.4.1 令 S 为一正则半群, $e,f\in E(S)$. 则集合

$$S(e,f)\overset{\mathrm{d}}{=}\{g\in V(ef)\cap E(S)\mid ge=fg=g\}$$

非空.

证明 令 S 为一正则半群, $e,f\in E(S)$. 则必存在 $x\in V(ef)$. 又令 $g=fxe$. 则

$$(ef)g(ef)=ef^2xe^2f=efxef=ef,$$
$$g(ef)g=fxe^2f^2xe=f(xefx)e=fxe=g,$$

从而 $g\in V(ef)$. 又

$$g^2=fxefxe=f(xefx)e=fxe=g,$$

因此 $g\in E(S)$. 再有

$$ge=fxe^2=fxe=g,$$
$$fg=f^2xe=fxe=g.$$

综上所述, $g\in S(e,f)$. 于是, $S(e,f)$ 非空. □

定义 3.4.1 假设如定理 3.4.1. 称 $S(e,f)$ 为 e 和 f 的夹心集.

推论 3.4.1 假设如定理 3.4.1. 则

$$S(e,f)=\{g\in E(S)|ge=fg=g,\ egf=ef\}.$$

证明　只需证明关于任意满足 $ge = fg = g$ 的幂等元 g, $g \in V(ef)$ 当且仅当 $egf = ef$. 令 $g \in V(ef)$. 则

$$ef = (ef)g(ef) = e(fge)f = egf.$$

反之, 令 $egf = ef$. 则

$$(ef)g(ef) = e(fge)f = egf = ef,$$

$$g(ef)g = (ge)(fg) = gg = g.$$

因此, $g \in V(ef)$. □

定理 3.4.2　令 S 为一正则半群, $e, f, g \in E(S)$.

(1) 若 $e\mathscr{L}f$, 则 $S(e,g) = S(f,g)$;

(2) 若 $e\mathscr{R}f$, 则 $S(g,e) = S(g,f)$.

证明　(1) 令 $e\mathscr{L}f$. 则 $ef = e$, $fe = f$. 关于任意 $x \in S(e,g)$,

$$xe = gx = x, \quad exg = eg.$$

从而

$$xf = (xe)f = x(ef) = xe = x,$$

$$fxg = (fe)xg = f(exg) = f(eg) = (fe)g = fg.$$

总之

$$xf = gx = x, \quad fxg = fg.$$

因此, $x \in S(f,g)$, 即 $S(e,g) \subseteq S(f,g)$. 同理可证 $S(f,g) \subseteq S(e,g)$. 于是, $S(f,g) = S(e,g)$.

(2) 类似于 (1) 可证 $S(g,e) = S(g,f)$. □

推论 3.4.2　令 S 为一正则半群, a, $b \in S$, a', $a^* \in V(a)$, b', $b^* \in V(b)$. 则 $S(a'a, bb') = S(a^*a, bb^*)$. 因此, $S(a'a, bb')$ 只依赖于 a, b, 与 a', b' 的选取无关.

定理 3.4.3　令 S 为一正则半群, $e, f \in E(S)$. 则 $S(e,f)$ 为一矩形带.

证明　令 $g, h \in S(e,f)$. 则

$$ghg = (ge)h(fg) = g(ehf)g = g(ef)g = (ge)(fg) = g^2 = g.$$

从而

$$(gh)^2 = ghgh = (ghg)h = gh.$$

又

$$(gh)e = g(he) = gh, \quad f(gh) = (fg)h = gh,$$
$$e(gh)f = egfhf = (egf)hf = efhf = ehf = ef,$$

因此, $gh \in S(e,f)$, 于是 $S(e,f) \leqslant S$, 且 $S(e,f)$ 为一矩形带. □

定理 3.4.4 令 S 为一正则半群, $a,b\in S$. 则

$$(\forall\ a'\in V(a),\ b'\in V(b))\ V(b)S(a'a,bb')V(a)\subseteq V(ab),$$

即

$$(\forall\ a^*\in V(a),\ b^*\in V(b))\ (\forall\ g\in S(a'a,bb'))\ \ b^*ga^*\in V(ab).$$

证明 关于任意 $a^*\in V(a)$, $b^*\in V(b)$, $g\in S(a'a,bb')$,

$$(b^*ga^*)(ab)(b^*ga^*)=b^*g(a^*a)(bb^*)ga^*=b^*g^2a^*=b^*ga^*,$$

$$(ab)(b^*ga^*)(ab)=a(bb^*)g(a^*a)b=agb=a(a'a)g(bb')b=a(a'a)(bb')b=ab.$$

因此 $b^*ga^*\in V(ab)$. □

定义 3.4.2 令 S 为一正则半群. 称 S 为一纯正半群, 如果

$$E(S)\leqslant S.$$

例 3.4.1 令 X 为一非空集. 则 $\mathscr{T}(X)$ 为一正则半群, 但不是纯正半群. 例如, 令 $X=\{1,2,3\}$. 显然

$$\sigma_1=\begin{pmatrix}1&2&3\\1&3&3\end{pmatrix},\quad \sigma_2=\begin{pmatrix}1&2&3\\1&2&1\end{pmatrix}$$

为幂等元, 但

$$\sigma_1\sigma_2=\begin{pmatrix}1&2&3\\1&3&3\end{pmatrix}\begin{pmatrix}1&2&3\\1&2&1\end{pmatrix}=\begin{pmatrix}1&2&3\\1&3&1\end{pmatrix}$$

不是幂等元.

例 3.4.2 令 $V_{\mathbb{F},n}$ 为数域 $\mathbb{F}$ 上一 n 维线性空间. 则 $\mathcal{L}(V_{\mathbb{F},n})$ 为一正则半群, 但不是纯正半群. 例如, 令 $n=3$. 则 $\mathcal{L}(V_{\mathbb{F},3})\cong\mathbb{F}^{3\times3}$. 显然

$$A=\begin{pmatrix}0&1&1\\0&1&0\\0&0&1\end{pmatrix},\quad B=\begin{pmatrix}1&0&0\\0&1&0\\1&1&0\end{pmatrix}$$

都是幂等阵, 但

$$AB=\begin{pmatrix}0&1&1\\0&1&0\\0&0&1\end{pmatrix}\begin{pmatrix}1&0&0\\0&1&0\\1&1&0\end{pmatrix}=\begin{pmatrix}1&2&0\\0&1&0\\1&1&0\end{pmatrix}$$

不是幂等阵. 从而 $\mathbb{F}^{3\times3}$ 不是纯正半群, 因此 $\mathcal{L}(V_{\mathbb{F},3})$ 不是纯正半群.

例 3.4.3 令 B 为一带, G 为一群. 则带 B 和群 G 显然都为纯正半群, $B\times G$ 也为一纯正半群.

定理 3.4.5 令 S 为一正则半群. 则下列几条等价:

(1) S 为一纯正半群;

(2) $(\forall\, e,f\in E(S))\ fe\in S(e,f)$;

(3) $(\forall\, a,b\in S)\ V(b)V(a)\subseteq V(ab)$;

(4) $(\forall\, e\in E(S))\ V(e)\subseteq E(S)$.

证明 (1) $\Longrightarrow$ (2). 令 $e,f\in E(S)$. 由 $E(S)\leqslant S$ 知, $ef,\ fe\in E(S)$, 且

$$(fe)e=f(fe)=fe,\quad e(fe)f=(ef)^2=ef.$$

因此, 根据推论 3.4.1, $fe\in S(e,f)$.

(2) $\Longrightarrow$ (3). 令 $a,b\in S,\ a'\in V(a),\ b'\in V(b)$. 由 (2) 知, $bb'a'a\in S(a'a,bb')$. 根据定理 3.4.4,

$$b'a'=(b'bb')(a'aa')=b'(bb'a'a)a'\in V(ab).$$

因此 $V(b)V(a)\subseteq V(ab)$.

(3) $\Longrightarrow$ (4). 令 $e\in E(S),\ x\in V(e)$. 则

$$xex=x,\quad exe=e,$$

且 xe,ex 是幂等元. 从而, $xe,\ ex$ 分别是自身的一个逆元. 由 (3) 知, $(ex)(xe)$ 是 $(xe)(ex)$ 的一个逆元, 即 ex^2e 是

$$(xe)(ex)=xe^2x=xex=x$$

的一个逆元. 因此

$$x=x(ex^2e)x=(xex)(xex)=x^2.$$

即 $x\in E(S)$. 于是 $V(e)\subseteq E(S)$.

(4) $\Longrightarrow$ (1). 令 $e,f\in E(S)$. 根据定理 3.4.1, $S(e,f)$ 非空. 令 $g\in S(e,f)$. 则 g 为一幂等元, 且 $g\in V(ef)$. 又由 (4) 知, $ef\in V(g)\subseteq E(S)$. 从而 $E(S)\leqslant S$, 因此 S 为一纯正半群. □

定理 3.4.6 令 S 为一纯正半群, $a\in S,\ a'\in V(a),\ e\in E(S)$. 则

$$aea',\ a'ea\in E(S).$$

证明 显然 $a'a\in E(S)$. 由 S 为一纯正半群知, $ea'a\in E(S)$, 从而

$$(aea')^2=aea'aea'=aea'aea'aa'=a(ea'a)^2a'=aea'aa'=aea'.$$

因此 $aea'\in E(S)$. 同理可证, $a'ea\in E(S)$. □

*3.5 逆 半 群

定义 3.5.1 令 S 为一正则半群. 称 S 为一逆半群, 如果

$$(\forall\, e,f\in E(S))\ ef=fe.$$

即 $E(S)$ 为一交换带.

定理 3.5.1 令 S 为一正则半群. 则下列几条等价:

(1) S 为一逆半群;

(2) S 的每一 $\mathscr{L}$-类和每一 $\mathscr{R}$-类都恰含一个幂等元;

(3) S 的每一元素的逆元唯一. 记 $a \in S$ 的逆元为 a^{-1}.

证明 (1) $\Longrightarrow$ (2). 令 L 为 S 的一个 $\mathscr{L}$-类. 根据定理 3.2.2, L 至少包含一个幂等元. 若 e, f 都是 L 的幂等元, 则根据定理 3.2.3,

$$ef = e, \quad fe = f.$$

又 S 为一逆半群, 即幂等元关于乘法交换, 因此 $e = f$.

类似可证每一 $\mathscr{R}$-类都恰含一个幂等元.

(2) $\Longrightarrow$ (3). 令 $a \in S$. 若 a', $a'' \in V(a)$, 则

$$aa',\ aa'' \in R_a, \quad a'a,\ a''a \in L_a.$$

由 (2) 知,

$$aa' = aa'', \quad a'a = a''a.$$

因此,

$$a' = a'aa' = a'aa'' = a''aa'' = a''.$$

(3) $\Longrightarrow$ (1). 令 $e, f \in E(S)$, $x \in V(ef)$. 则

$$(fxe)^2 = fxefxe = fx(ef)xe = fxe,$$

即 $fxe \in E(S)$. 又

$$ef \cdot fxe \cdot ef = efxef = ef,$$

$$fxe \cdot ef \cdot fxe = fxefxe = fxe,$$

即 $fxe \in V(ef)$. 由 (3) 知, $x = fxe$, 从而 $x^2 = x$, 因此 $x \in V(x)$, 显然 $ef \in V(x)$, 于是 $x = ef$, 即 $(ef)^2 = ef$. 同理可证 $(fe)^2 = fe$. 因此

$$ef \cdot fe \cdot ef = ef \cdot ef = ef,$$

$$fe \cdot ef \cdot fe = fe \cdot fe = fe,$$

即 $fe \in V(ef)$. 由 $(ef)^2 = ef$ 知, $ef \in V(ef)$. 于是 $ef = fe$. □

例 3.5.1 令 G 为一群. 则

$$C_r(G) \overset{\mathrm{d}}{=} \{Ha | H \leqslant G,\ a \in G\}$$

关于下合成 $*$ 构成一逆半群

$$Ha * Kb \overset{\mathrm{d}}{=} (H \vee aKa^{-1})(ab).$$

事实上, 若 $Ha = Ha'$, $Kb = Kb'$, 则

$$(\exists\, h \in H,\ k \in K)\ a' = ha, \quad b' = kb.$$

从而

$$\begin{aligned} Ha' * Kb' &= (H \vee a'K(a')^{-1})(a'b') \\ &= (H \vee haK(ha)^{-1})(hakb) \\ &= (H \vee haKa^{-1}h^{-1})(hakb) \\ &= (H \vee haKa^{-1}h^{-1})(akb) \\ &= (hHh^{-1} \vee haKa^{-1}h^{-1})(akb) \\ &= [h(H \vee aKa^{-1})h^{-1}](akb) \\ &= (H \vee aKa^{-1})(akb) \\ &= (H \vee aKa^{-1})(aka^{-1}ab) \\ &= (H \vee aKa^{-1})(ab) \\ &= Ha * Kb. \end{aligned}$$

因此, $*$ 为 $C_r(G)$ 上的一个二元运算.

又

$$\begin{aligned} (Ha * Kb) * Jc &= (H \vee aKa^{-1})(ab) * Jc \\ &= [(H \vee aKa^{-1}) \vee abJ(ab)^{-1}](abc) \\ &= [H \vee aKa^{-1} \vee abJ(ab)^{-1}](abc), \end{aligned}$$

$$\begin{aligned} Ha * (Kb * Jc) &= Ha * (K \vee bJb^{-1})(bc) \\ &= [H \vee a(K \vee bJb^{-1})a^{-1}](abc) \\ &= [H \vee aKa^{-1} \vee abJ(ab)^{-1}](abc), \end{aligned}$$

从而 $(Ha * Kb) * Jc = Ha * (Kb * Jc)$, 即 $*$ 满足结合律. 因此 $C_r(G)$ 为一半群.

再, 关于任意 $Ha \in C_r(G)$, 有

$$Ha * (a^{-1}Ha)a^{-1} * Ha = (H \vee H) * Ha = H * Ha = (H \vee H)a = Ha,$$

$$\begin{aligned} (a^{-1}Ha)a^{-1} * Ha * (a^{-1}Ha)a^{-1} &= (a^{-1}Ha \vee a^{-1}Ha) * (a^{-1}Ha)a^{-1} \\ &= a^{-1}Ha * (a^{-1}Ha)a^{-1} \\ &= (a^{-1}Ha \vee a^{-1}Ha)a^{-1} \\ &= (a^{-1}Ha)a^{-1}, \end{aligned}$$

即 $C_r(G)$ 为一正则半群, 且 $(a^{-1}Ha)a^{-1}$ 为 Ha 的一个逆元.

最后考察 $C_r(G)$ 的幂等元.

(1) $C_r(G)$ 的幂等元是且仅是 G 的子群. 事实上, 若 $H \leqslant G$, 则

$$H * H = He * He = (H \vee eHe^{-1})ee = H,$$

即子群 H 为一幂等元. 反之, 若 $Ha \in E(C_r(G))$, 即

$$(H \vee aHa^{-1})aa = Ha * Ha = Ha,$$

则 $a^2 \in Ha$, 从而存在 $h \in H$, 使得 $a^2 = ha$, 因此 $a = h \in H$, 即 $Ha = H$ 为 G 的一个子群.

(2) $C_r(G)$ 的中心幂等元是且仅是 G 的正规子群. 充分性是显然的, 下证必要性. 若 $H \leqslant G$, 则关于任意 $K \leqslant G, a \in G$, 有

$$(H \vee K)a = H * Ka = Ka * H = (K \vee aHa^{-1})a,$$

当取 $K = H$ 时, 就有

$$Ha = (H \vee aHa^{-1})a,$$

从而 $H = H \vee aHa^{-1}$, 因此, $aHa^{-1} \leqslant H$. 由 a 的任意性, $a^{-1}Ha \leqslant H$, 从而 $H \leqslant aHa^{-1}$, 于是 $aHa^{-1} = H$, 即 $H \trianglelefteq G$.

(3) 幂等元可换. 事实上, 关于任意 $H, K \leqslant G$,

$$H * K = He * Ke = (H \vee K)e = H \vee K,$$

$$K * H = Ke * He = (K \vee H)e = K \vee H,$$

因此, $H * K = K * H$.

注 3.5.1 由例 3.5.1 知, 非 Abel 群 G 为一 Hamilton 群 (即所有子群都正规的非 Abel 群) 当且仅当逆半群 $C_r(G)$ 的幂等元都是中心的.

定理 3.5.2 令 S 为一逆半群. 则

(1) $(\forall\, a, b \in S)\ (ab)^{-1} = b^{-1}a^{-1}$;

(2) $(\forall\, a \in S)(\forall\, e \in E(S))\ \ aea^{-1},\ a^{-1}ea \in E(S)$;

(3) $(\forall\, a, b \in S)\ a\mathscr{L}b \Longleftrightarrow a^{-1}a = b^{-1}b,\ \ a\mathscr{R}b \Longleftrightarrow aa^{-1} = bb^{-1}$;

(4) $(\forall\, e, f \in E(S))\ \ e\ \mathscr{D}\ f \Longleftrightarrow (\exists\, a \in S)\ \ aa^{-1} = e,\ a^{-1}a = f$.

证明 (1) 由于逆半群是纯正的, 根据定理 3.4.5 的 (1) 立得.

(2) 由于逆半群是纯正的, 根据定理 3.4.6 立得.

(3) 由于逆半群是纯正的, 根据定理 3.2.8 立得.

(4) 充分性显然, 只需证明必要性.

令 $e, f \in E(S)$. 若 $e\ \mathscr{D}\ f$, 则

$$(\exists\, a \in S)\ \ e\mathscr{R}a,\ a\mathscr{L}f.$$

从而

$$e,\ aa^{-1} \in R_a, \quad a^{-1}a,\ f \in L_a.$$

又 S 为一逆半群, 根据定理 3.5.1, $e = aa^{-1},\ f = a^{-1}a$. □

推论 3.5.1 令 S 为一逆半群, $a_1, a_2, \cdots, a_n \in S, n \in \mathbb{Z}^+$. 则

$$(a_1a_2\cdots a_n)^{-1} = a_n^{-1}a_{n-1}^{-1}\cdots a_1^{-1}.$$

*3.6 Clifford 半群

定义 3.6.1 令 S 为一半群. 称 S 为一 Clifford 半群, 或称 S 是 Clifford 的, 如果 S 是正则的, 且

$$(\forall\, e \in E(S)\ \&\ \forall\, a \in S)\ ea = ae, \tag{3.5}$$

即

$$E(S) \subseteq Z(S) \overset{\text{d}}{=} \{a \in S \mid (\forall x \in S)\ ax = xa\}.$$

定理 3.6.1 令 S 为一 Clifford 半群. 则 S 为一逆半群, 也为一完全正则半群.

证明 根据定义, Clifford 半群是逆半群. 下证它的完全正则性. 令 S 为一 Clifford 半群. 则 S 为一正则半群. 令 $a \in S$. 则 D_a 为一正则 $\mathscr{D}$-类. 从而

$$(\exists\, a' \in V(a))\ e = aa' \in R_a,\quad f = a'a \in L_a,$$

且 e, f 为幂等元. 又根据定理 3.2.3 和式 (3.5),

$$a = ea = ae,\quad a = af = fa.$$

因此,

$$fe = (a'a)e = a'(ae) = a'a = f,$$

$$fe = f(aa') = (fa)a' = aa' = e.$$

从而 $f = e \in R_a \cap L_a$, 即 $e \in H_a$. 于是 S 为一完全正则半群. □

除了关于一族半群的半格的概念 (定义 3.3.5), 还有关于一族半群的强半格的概念.

定义 3.6.2 令 $\{S_\alpha \mid \alpha \in Y\}$ 为一族半群, Y 为一半格. 若关于任意 $\alpha, \beta \in Y, \alpha \geqslant \beta$, 存在半群同态

$$\phi_{\alpha,\beta} : S_\alpha \longrightarrow S_\beta,$$

使得

(1) $(\forall\, \alpha \in Y)\ \phi_{\alpha,\alpha} = 1_{S_\alpha}$;

(2) $(\forall\, \alpha, \beta, \gamma \in Y)\ \phi_{\beta,\gamma}\phi_{\alpha,\beta} = \phi_{\alpha,\gamma}$,

则

$$S = \bigcup_{\alpha \in Y} S_\alpha$$

关于如下合成

$$(\forall\, x \in S_\alpha, y \in S_\beta)\ xy = \phi_{\alpha,\alpha\beta}(x)\phi_{\beta,\alpha\beta}(y)$$

成一半群 (易证). 称此半群 S 为

$$\{S_\alpha \mid \alpha \in Y\}$$

的一个强半格.

定理 3.6.2 令 S 为一半群. 则下列几条等价:

(1) S 是 Clifford 的;

(2) S 是正则的, 且 $\mathscr{J}=\mathscr{H}$ 为一半格同余;

(3) S 是群的一个半格;

(4) S 是群的一个强半格.

证明 (1) $\Longrightarrow$ (2). 若 S 是 Clifford 的, 根据定理 3.6.1 和定理 3.3.4, S 为一完全正则半群, $\mathscr{J}$ 为 S 上的一个半格同余. 下证 $\mathscr{J}=\mathscr{H}$. 只需证明

$$(\forall\, a,b\in S)\ a\mathscr{J}b\Longrightarrow a\mathscr{H}b.$$

令 $a,b\in S$, $a\mathscr{J}b$. 由 S 为一完全正则半群知,

$$(\exists\, e,f\in E(S))\ \ e\in H_a, f\in H_b. \tag{3.6}$$

显然, $e\mathscr{J}f$. 又由 $\mathscr{J}$ 为一同余知, $ee\mathscr{J}fe$, 即 $e\mathscr{J}fe$, 从而, 由定理 3.2.8 上面的一段讨论知,

$$(\exists\, x,y\in S)\ e=x(fe)y.$$

再由 (3.5) 知,

$$e=xy(fe)=ef(xy).$$

因此 $e\mathscr{L}fe$, $e\mathscr{R}ef$. 显然 $ef=fe$, 从而 $e\mathscr{H}ef$. 同理可证, $f\mathscr{H}ef$. 因此 $e\mathscr{H}f$. 根据推论 3.1.4, $e=f$. 于是由 (3.6) 立得, $a\mathscr{H}b$.

(2) $\Longrightarrow$ (3). 显然.

(3) $\Longrightarrow$ (4). 令 S 为群的一个半格, 即, S 关于其上一同余 ρ 的商半群 $S/\rho\overset{\mathrm{d}}{=}Y$ 为一半格, 且每一 ρ-类 S_α 都为群, $\alpha\in Y$. 令 e_β 为 S_β 的幺元, $\beta\in Y$. 若 $\alpha\geqslant\beta$, 则

$$(\forall\ a_\alpha\in S_\alpha)\ e_\beta a_\alpha\in S_{\alpha\beta}=S_\beta.$$

作映射

$$\begin{aligned}\phi_{\alpha,\beta}:S_\alpha&\longrightarrow S_\beta,\\ a_\alpha&\longmapsto e_\beta a_\alpha.\end{aligned}$$

显然, $\phi_{\alpha,\alpha}$ 是 S_α 上的恒等变换. 关于任意 $a_\alpha,b_\alpha\in S_\alpha$,

$$\phi_{\alpha,\beta}(a_\alpha)\phi_{\alpha,\beta}(b_\alpha)=(e_\beta a_\alpha)(e_\beta b_\alpha)=(e_\beta a_\alpha e_\beta)b_\alpha.$$

又 $e_\beta a_\alpha\in S_\beta$, 且 e_β 是 S_β 的幺元, 有

$$\phi_{\alpha,\beta}(a_\alpha)\phi_{\alpha,\beta}(b_\alpha)=e_\beta a_\alpha b_\alpha=\phi_{\alpha,\beta}(a_\alpha b_\alpha).$$

因此 $\phi_{\alpha,\beta}$ 为一同态映射.

令 $\alpha \geqslant \beta \geqslant \gamma$, $\alpha, \beta, \gamma \in Y$. 关于任意 $a_\alpha \in S_\alpha$,

$$\begin{aligned}\phi_{\beta,\gamma}\phi_{\alpha,\beta}(a_\alpha) &= e_\gamma(e_\beta a_\alpha)\\ &= (e_\gamma e_\beta)a_\alpha = \phi_{\beta,\gamma}(e_\beta)a_\alpha\\ &= e_\gamma a_\alpha = \phi_{\alpha,\gamma}(a_\alpha).\end{aligned}$$

于是

$$\phi_{\alpha,\beta}\phi_{\beta,\gamma} = \phi_{\alpha,\gamma}.$$

(4) $\Longrightarrow$ (1). 令 Y 为一半格, S 为群族 $\{S_\alpha \mid \alpha \in Y\}$ 的一个强半格. 显然, 群的强半格为一正则半群. S 的幂等元为群 S_α 的幺元 $e_\alpha, \alpha \in Y$. 关于任意 $g_\beta \in S_\beta, \beta \in Y$,

$$\begin{aligned}e_\alpha g_\beta &= \phi_{\alpha,\alpha\beta}(e_\alpha)\phi_{\beta,\alpha\beta}(g_\beta) = e_{\alpha\beta}\phi_{\beta,\alpha\beta}(g_\beta) = \phi_{\beta,\alpha\beta}(g_\beta),\\ g_\beta e_\alpha &= \phi_{\beta,\alpha\beta}(g_\beta)\phi_{\alpha,\alpha\beta}(e_\alpha) = \phi_{\beta,\alpha\beta}(g_\beta)e_{\alpha\beta} = \phi_{\beta,\alpha\beta}(g_\beta).\end{aligned}$$

因此, 幂等元是 S 的中心元. 于是, S 为一 Clifford 半群. □

习 题 3

1. 令 S 为一不含幺元的双消半群. 证明: S 中不存在元素对 $e, a \in S$, 使得 $ea = a$ 或 $ae = a$. 因此 $\mathscr{L} = \mathscr{R} = \mathscr{D} = \iota_S$.

2. 证明:

$$S = \left\{ \begin{pmatrix} a & 0 \\ b & 1 \end{pmatrix} \;\middle|\; a, b \in \mathbb{R}, a, b > 0 \right\}$$

关于矩阵通常乘法成一不含幺元的双消半群.

3. 在题 3.6 中, 证明: $\mathscr{J} = S \times S$, 且 $\mathscr{D} \subsetneq \mathscr{J}$.

4. 令 S 为一半群. 称 S 为右 (左) 单的, 如果 $\mathscr{R} = S \times S$ ($\mathscr{L} = S \times S$). 证明: S 是群当且仅当 S 既是右单的又是左单的.

5. 令 S 为一半群. 定义 S 上的等价关系 $\mathscr{L}^*$ 如下: $a\mathscr{L}^*b$ 当且仅当

$$(\forall\, x, y \in S^1)\ ax = ay \Longleftrightarrow bx = by.$$

证明:

(1) $\mathscr{L} \subseteq \mathscr{L}^*$, 特别地, 当 S 为一正则半群时, $\mathscr{L} = \mathscr{L}^*$;

(2) $\mathscr{L}^*$ 为 S 上的一个右同余;

(3) $(\forall\, a \in S,\ e \in E(S))\ a\mathscr{L}^*e$ 当且仅当

$$ae = a \text{ 且 } (\forall\, x, y \in S^1)\ ax = ay \Longrightarrow ex = ey.$$

因此, 幂等元 e 为其所在 $\mathscr{L}^*$-类的右幺元.

6. 令 S 为一正则半群. 证明下列三条等价:

(1) S 恰有一个幂等元;

(2) S 为一双消半群;

(3) S 为一群.

7. 令 S 为一半群. 证明：S 为一完全正则半群当且仅当

$$(\forall\, a \in S)(\exists\, x \in S)\ \ axa = a, \quad ax = xa.$$

8. 令 S 为一交换半群, $a, b \in S$. 若存在 $x \in S$, 使得 $ax = b$, 则记为 $a|b$.

$$\eta \overset{\mathrm{d}}{=} \{(a,b) \in S \times S \mid (\exists\, m, n \in \mathbb{Z}^+)\ a|b^m, b|a^n\}.$$

证明：

(1) η 为 S 上的一个同余;

(2) S/η 为一半格;

(3) η 为 S 上的最小半格同余. 换言之, 若 ρ 为 S 上的一个同余, 且 S/ρ 为一半格, 则 $\eta \subseteq \rho$.

9. 令 S 为一逆半群. 证明：$\mathscr{D}$-类是方的, 即在同一 $\mathscr{D}$-类中, 存在 $\mathscr{L}$-类集到 $\mathscr{R}$-类集的双射.

10. 证明：若环的乘法半群为一含零带, 则这个含零带为一交换带.

第 4 章　群 (特别地, 有限群)

4.1　群与左 (右) 群

为了更好地把握群概念的内涵和外延, 除双消半群之外, 我们也考察群的其他较小的半群属概念——左 (右) 群.

联系群的定义 (定义 2.2.6) 和它的等价的左—右对偶定义 (注 2.2.1 中的 $(*)$).

定义 4.1.1　*令 S 为一半群. 称 S 为一左 (右) 群, 如果*

$$(\exists\ e \in S)\ ae \equiv a\ \left(ea \equiv a\right)$$
$$((\forall\ a \in S)\ (\exists\ a' \in S)\ a'a = e\ \left(aa' = e\right)).$$

注 4.1.1　*群是左 (右) 右群, 但反之未必, 左 (右) 零半群 S 是左 (右) 群, 但当 $|S| \geqslant 2$ 时, S 的幂等元多于 1 个, S 当然不是群.*

定理 4.1.1　*令 S 为一半群. 则*

(1) S 为一左群当且仅当 S 含一幂等元 e, 且 S 中元素互为右因子, 即 $S = L_e$;

(2) S 为一右群当且仅当 S 含一幂等元 e, 且 S 中元素互为左因子, 即 $S = R_e$.

证明　(1) 令 S 为一左群. 显然 e 为一幂等元, 且关于任意 $a \in S$, $a\mathscr{L}e$, 即 $a \in L_e$. 从而 $S \subseteq L_e$. 因此联系显然的包含 $L_e \subseteq S$, 有 $S = L_e$.

另一方面, 令 e 为 S 的一个幂等元, 且 $S = L_e$. 则, 关于任意 $a \in S$, $a\mathscr{L}e$. 根据定理 3.2.3,

$$ae = a,$$

且

$$(\exists\ a' \in S)\ a'a = e.$$

因此, S 为一左群.

(2) 类似可证. □

定理 4.1.2　*半群 S 为一左 (右) 群, 当且仅当存在左 (右) 零半群 $L(R)$ 和群 G, 使得*

$$S \cong L\ (R) \times G.$$

证明　仅就左群的情形给出证明.

充分性. 令 $S \cong L \times G$. 则欲证 S 为一左群, 只需证明 $L \times G$ 为一左群. 令 1 为 G 的幺元,

$$L \overset{\mathrm{d}}{=} \left\{f_i \;\middle|\; i \in I \cup \{0\}\right\}, \quad f_0 \overset{\mathrm{d}}{=} e, \quad 0 \notin I.$$

显然,

$$L \times \{1\} = \left\{(f_i, 1) \;\middle|\; i \in I \cup \{0\}\right\}$$

为 $L\times G$ 的全部幂等元, 它们都是 $L\times G$ 的右幺元. 因此, 关于 $(e,1)$, 我们有

$$(\forall\ f_i\in L,\ a\in G)\ \begin{cases}(f_i,a)(e,1)=(f_i,a),\\ (e,a^{-1})(f_i,a)=(e,1).\end{cases}$$

根据定义 4.1.1, $L\times G$ 为一左群.

必要性. 令 S 为一左群. 则根据定理 4.1.1, S 中存在幂等元 e, 使得 $S=L_e$. 又令

$$L\overset{\mathrm{d}}{=}\{f\in S\mid f^2=f\}\overset{\mathrm{d}}{=}\{f_i\mid i\in I\cup\{0\}\},\quad f_0\overset{\mathrm{d}}{=}e,\quad 0\notin I.$$

根据定理 3.2.3, 每一 f_i 都是 S 的右幺元. 因此, L 为 S 的一个子半群, 且为一左零半群 (见定义 2.2.9, 也称左零带). 又, S 的 $\mathscr{H}$-类为

$$H_{f_i}\ (=R_{f_i}),\quad i\in I\cup\{0\},$$

根据推论 3.1.4 和定理 3.2.6, 它们都是同构的群, 且左平移 $(f_i)_l$ 提供了 H_e 到 H_{f_i} 的一个同构映射. 记 $H_e=G$, 则 $H_{f_i}=f_iG$. 显然, 映射

$$\eta:\ S=\bigcup_{i\in I\cup\{0\}}f_iG\longrightarrow L\times G,$$
$$f_ig\longmapsto(f_i,g)$$

为一双射. 且关于任意 $f_ig,f_jh\in S$,

$$\eta((f_ig)(f_jh))=\eta(f_i(gf_j)h)=\eta(f_igh)=(f_i,gh)=(f_i,g)(f_j,h)=\eta(f_ig)\eta(f_jh).$$

因此, η 为一同构映射. 于是, $S\cong L\times G$. □

注 4.1.2 (1) 定理 4.1.2 中, 左群 S 为一群当且仅当 $|L|=1$;

(2) 联系定理 2.2.1, 半群 S 为一左 (右) 群的相应于定理 2.21 的 (3)—(5) 等价刻画为:

(3)″ S 上方程 $ya=b$ $(ax=b)$ 在 S 中常有解, 且解唯一;

(4)″ 关于任意 $a\in S$, 右, 左平移 a_r (a_l) 常为 S 上的双射变换;

(5)″ S 中任二元素都互为右 (左) 因子, 且相应的左 (右) 因子唯一.

(3) 联系定义 3.1.2, 称一半群为一单 (左单、右单、拟单) 半群, 如果它没有真理想 (真左理想, 真右理想, 真拟理想). 于是, 我们有如下的事实:

一个半群分别为一左 (右) 群和群当且仅当它分别为一左 (右) 单的右 (左) 消半群和拟单半群.

下面定理是许绍楠建立的 (许绍楠, 1962), 并且给出了一个不易得到的初等证明方法. 在这里, 我们将应用 Green 方法给出一个简洁证明, 这充分显示了理论和方法的重要性.

定理 4.1.3 (相对于第 2 章习题第 39 题的华罗庚定理, 这是涉及左、右群的一个华–型定理) 令 S 为一半群. 则下面两条等价:

(1) S 为一左群或右群, 即

$$(\exists\ e\in S)\ ae\equiv a,$$

$$(\forall\ a\in S)\ (\exists\ a'\in S)\ a'a=e.$$

或

$$(\exists\ e \in S)\ ea \equiv a,$$
$$(\forall\ a \in S)\ (\exists\ a' \in S)\ aa' = e.$$

(2)

$$(\exists\ e \in S)\ (\forall\ a \in S)\ ae = a \text{ 或 } ea = a,$$
$$(\forall\ a \in S)\ (\exists\ a' \in S)\ a'a = e \text{ 或 } aa' = e.$$

证明 (1) $\Longrightarrow$ (2). 显然.

(2)$\Longrightarrow$ (1). 显然, e 是 S 的一个幂等元. 令

$$A = \{a \in S \mid ae = a\},\ \ B = \{a \in S \mid ea = a\},$$

则 $S = A \cup B$. 又令

$$A_1 = \{a \in A \mid (\exists\ a' \in S)\ a'a = e\},\ \ A_2 = \{a \in A \mid (\exists\ a' \in S)\ aa' = e\},$$
$$B_1 = \{a \in B \mid (\exists\ a' \in S)\ aa' = e\},\ \ B_2 = \{a \in B \mid (\exists\ a' \in S)\ a'a = e\}.$$

则 $A = A_1 \cup A_2$, $B = B_1 \cup B_2$. 下证 $A \subseteq L_e$, $B \subseteq R_e$.

关于任意 $a \in A$, 当 $a \in A_1$ 时,

$$ae = a,$$
$$(\exists\ a' \in S)\ a'a = e.$$

从而 $a\mathscr{L}e$, 即 $a \in L_e$.

当 $a \in A_2$ 时,

$$\begin{aligned} &ae = a, \\ &(\exists\ a' \in S)\ aa' = e. \end{aligned} \tag{4.1}$$

这等价于下面的式 (4.2),

$$\begin{aligned} &ae = a, \\ &(\exists\ a' \in eSe)\ aa' = e. \end{aligned} \tag{4.2}$$

事实上, 若式 (4.1) 成立, 则

$$\begin{aligned} aa' = e &\Longrightarrow aa'e = ee = e \\ &\Longrightarrow (ae)a'e = e \\ &\Longrightarrow a(ea'e) = e. \end{aligned}$$

令 $a'' = ea'e$. 则 $a'' \in eSe$. 因此, 式 (4.2) 成立. 反过来是显然的.

由式 (4.2) 知,

$$(a'a)e = a'(ae) = a'a,$$

从而 $a'a \in A$. 又

$$(a'a)(a'a) = a'(aa')a = (a'e)a,$$

由 $a' \in eSe$ 知, $a'e = a'$. 因此 $(a'a)(a'a) = a'a$.

若 $a'a \in A_1$, 则

$$(\exists\, x \in S)\ x(a'a) = e.$$

从而 $(xa')a = e$. 又 $ae = a$, 因此 $a\mathscr{L}e$, 即 $a \in L_e$.

若 $a'a \in A_2$, 则

$$(\exists\, y \in S)\ (a'a)y = e.$$

从而

$$e = (a'a)y = (a'aa'a)y = a'a(a'ay) = a'ae = a'a.$$

又 $ae = a$, 因此 $a\mathscr{L}e$, 即 $a \in L_e$.

综上所述, 关于任意 $a \in A$, 有 $a \in L_e$. 从而 $A \subseteq L_e$. 同理可证 $B \subseteq R_e$. 因此

$$S = A \cup B \subseteq L_e \cup R_e \subseteq S.$$

于是 $S = L_e \cup R_e$. 由 $\mathscr{D}$-类的蛋箱结构知, $R_e \subseteq L_e$, 或 $L_e \subseteq R_e$. 从而 $S = L_e$, 或 $S = R_e$. 根据定理 4.1.1, S 为一左群或右群. □

注 4.1.3 *根据定理 4.1.3 的证明, 注意到群和左群 (右群) 的定义, 我们罗列群、左群和右群的若干充要条件 (包括定义) 如下:*

关于半群 S

(1) *S 为一群当且仅当*

$$\begin{cases} (\exists\, e \in S)\ ea \equiv a, \\ (\forall\, a \in S)\ (\exists\, a' \in S)\ a'a = e \end{cases} \left(\begin{cases} (\exists\, e \in S)\ ae \equiv a, \\ (\forall\, a \in S)\ (\exists\, a' \in S)\ aa' = e. \end{cases} \right);$$

(2) *S 为一左群 (右群) 当且仅当*

$$\begin{cases} (\exists\, e \in S)\ ae \equiv a, \\ (\forall\, a \in S)\ (\exists\, a' \in S)\ a'a = e \end{cases} \left(\begin{cases} (\exists\, e \in S)\ ea \equiv a, \\ (\forall\, a \in S)\ (\exists\, a' \in S)\ aa' = e. \end{cases} \right);$$

当且仅当

$$\begin{cases} (\exists\, e \in S)\ ae \equiv a, \\ (\forall\, a \in S)\ (\exists\, a' \in S)\ a'a = e, \text{或}\ aa' = e \end{cases} \left(\begin{cases} (\exists\, e \in S)\ ea \equiv a, \\ (\forall\, a \in S)\ (\exists\, a' \in S)\ aa' = e, \text{或}\ a'a = e. \end{cases} \right);$$

当且仅当

$$\begin{cases} (\exists\, e \in S)\ ae = a, \text{或}\ ea = a, \\ (\forall\, a \in S)\ (\exists\, a' \in S)\ a'a = e \end{cases} \left(\begin{cases} (\exists\, e \in S)\ ae = a, \text{或}\ ea = a, \\ (\forall\, a \in S)\ (\exists\, a' \in S)\ aa' = e. \end{cases} \right).$$

注 4.1.4 定理 2.2.3 (Thierrin 定理) 的 (1) 与 (2) 的等价性也构成了涉及左、右零半群的一个华–型定理, 因为, 恒等式

$$ab \equiv a \ (ab \equiv b)$$

等价于蕴涵

$$ab = cd \Longrightarrow a = c$$

$$\big(ab = cd \Longrightarrow b = d\,\big).$$

定理 4.1.3 是它的一个推广.

综合定理 4.1.1 和定理 4.1.2, 我们有如下推论.

推论 4.1.1

$$\text{群类} = \text{双消半群类} \cap \text{左(右)群类}$$
$$= \text{左群类} \cap \text{右群类}.$$

4.2 几类特殊的群

4.2.1 单群

定义 4.2.1 令 G 为一非平凡群. 称 G 为一单群, 如果 G 没有非平凡的正规子群, 即

$$H \trianglelefteq G \Longrightarrow H = \{e\} \text{ 或 } H = G,$$

其中, e 为 G 的幺元.

例 4.2.1 令 G 为一 Abel 群. 则 G 为一单群当且仅当 G 为一素数阶循环群.

事实上, 因为 Abel 群的每个子群都是正规子群, 所以 Abel 群 G 为一单群当且仅当 G 无非平凡的子群, 从而当且仅当 G 为一素数阶循环群.

为了指出非 Abel 单群的存在性, 我们需要下面的引理.

引理 4.2.1 令 $\pi, (i_1 i_2 \cdots i_r) \in S_n$, $n \in \mathbb{Z}^+$. 则 $\pi(i_1 i_2 \cdots i_r)\pi^{-1} = (\pi(i_1)\pi(i_2)\cdots\pi(i_r))$.

证明 (1) 若 $i \in \{\pi(i_1), \pi(i_2), \cdots, \pi(i_r)\}$, 则不妨令 $i = \pi(i_1)$. 从而, 有

$$\begin{aligned}\pi(i_1 i_2 \cdots i_r)\pi^{-1}(i) &= \pi(i_1 i_2 \cdots i_r)\pi^{-1}(\pi(i_1)) \\ &= \pi(i_1 i_2 \cdots i_r)(\pi^{-1}\pi)(i_1) \\ &= \pi(i_1 i_2 \cdots i_r)(i_1) \\ &= \pi(i_2)\end{aligned}$$

和

$$(\pi(i_1)\pi(i_2)\cdots\pi(i_r))(i) = (\pi(i_1)\pi(i_2)\cdots\pi(i_r))(\pi(i_1)) = \pi(i_2).$$

(2) 若 $i \notin \{\pi(i_1), \pi(i_2), \cdots, \pi(i_r)\}$, 则 $\pi^{-1}(i) \notin \{i_1, i_2, \cdots, i_r\}$. 从而, 有

$$\pi(i_1 i_2 \cdots i_r)\pi^{-1}(i) = \pi(i_1 i_2 \cdots i_r)(\pi^{-1}(i)) = \pi(\pi^{-1}(i)) = (\pi\pi^{-1})(i) = i$$

和

$$(\pi(i_1)\pi(i_2)\cdots\pi(i_r))(i)=i.$$

综上, 关于任意 $i\in\{1,2,\cdots,n\}$, 有

$$\pi(i_1i_2\cdots i_r)\pi^{-1}(i)=(\pi(i_1)\pi(i_2)\cdots\pi(i_r))(i).$$

于是, $\pi(i_1i_2\cdots i_r)\pi^{-1}=(\pi(i_1)\pi(i_2)\cdots\pi(i_r))$. □

引理 4.2.2 令 $\sigma\in A_n$, $n\in\mathbb{Z}^+$, $n\geqslant 3$. 则 σ 可分解为 3-轮换的乘积. 因此, A_n 由所有 3-轮换生成.

证明 若 $\sigma=(1)$, 则 $\sigma=(123)^3$. 若 $\sigma\neq(1)$, 则由 A_n 的元素都可表示为偶数个对换之积知, σ 可写成一些形如 $(ab)(ac)$ 或 $(ab)(cd)$ 的置换之积, 其中 $a,b,c,d\in\{1,2,\cdots,n\}$, 且两两不同. 又

$$\begin{aligned}&(ab)(ac)=(acb),\\&(ab)(cd)=(ba)\big((bc)(cb)\big)(cd)=(bca)(cdb),\end{aligned}$$

因此 σ 可分解为 3-轮换的乘积. □

推论 4.2.1 令 $n\in\mathbb{Z}^+$, $n\geqslant 3$, $\{(1)\}\lneqq H\trianglelefteq A_n$. 则下列三条等价:

(1) $H=A_n$;

(2) H 包含 S_n 的所有 3- 轮换;

(3) H 包含 S_n 的一个 3- 轮换.

证明 由引理 4.2.2 知, (1)$\Longleftrightarrow$ (2).

(2)$\Longrightarrow$(3) 显然成立.

(3)$\Longrightarrow$(2). 不妨令 $\pi=(123)\in H$. 则关于任意 $(ijk)\in A_n$, 根据引理 4.2.1, 存在置换

$$\delta=\begin{pmatrix}1&2&3&4&\cdots&n\\i&j&k&x_4&\cdots&x_n\end{pmatrix},$$

使得 $(ijk)=\delta(123)\delta^{-1}$. 若 δ 为一偶置换, 则取 $\varphi=\delta$. 若 δ 为一奇置换, 则由 $(45)\in S_n(n\geqslant 5)$ 知, $\delta(45)$ 为一偶置换, 且也使得

$$[\delta(45)](123)[\delta(45)]^{-1}=(ijk).$$

此时, 取 $\varphi=\delta(45)$. 总之, 存在 $\varphi\in A_n$, 使得

$$(ijk)=\varphi\pi\varphi^{-1}.$$

又由 $H\trianglelefteq A_n$ 知, $(ijk)\in H$. 因此, H 包含 S_n 的所有 3-轮换. □

定理 4.2.1 令 $n\in\mathbb{Z}^+$, $n\geqslant 5$. 则 A_n 为一单群.

证明 令 $H\trianglelefteq A_n, H\neq\{(1)\}$. 由推论 4.2.1 知, 欲证 $H=A_n$, 只需证明 H 含 S_n 的一个 3-轮换.

令 $\tau\in A_n$. 称 i 为 τ 的一个不动点, 如果 $\tau(i)=i$. 记 τ 的不动点的个数为 $f(\tau)$. 又令 π 为 H 中不动点的个数最多的非幺元. 则 $f(\pi)=n-3$. 事实上, 由对换为奇置换知,

$f(\pi) \neq n-2$, 从而 $f(\pi) \leqslant n-3$. 假设 $f(\pi) < n-3$. 根据定理 2.2.15, π 可分解为互不相交的轮换的乘积. 下面分两种情况进行讨论.

(1) π 的分解式中只有对换. 不妨令 $\pi = (12)(34)\cdots$.

令 $\sigma = (345) \in A_n$. 则由 $H \trianglelefteq A_n$ 知, $\pi^{-1}\sigma\pi\sigma^{-1} = \pi^{-1}(\sigma\pi\sigma^{-1}) \in H$. 显然除了 5, π 的不动点也是 $\pi^{-1}\sigma\pi\sigma^{-1}$ 的不动点. 又

$$\pi^{-1}\sigma\pi\sigma^{-1}(1) = 1, \quad \pi^{-1}\sigma\pi\sigma^{-1}(2) = 2,$$

而 $\pi(1) = 2$, $\pi(2) = 1$. 因此, $f(\pi^{-1}\sigma\pi\sigma^{-1}) > f(\pi)$, 且 $\pi^{-1}\sigma\pi\sigma^{-1} \neq (1)$, 一个矛盾.

(2) π 的分解式中至少有一个 k-轮换, $k \geqslant 3$. 不妨令 $\pi = (123\cdots)\cdots$.

若 $f(\pi) = n-4$, 则不妨令 4 也不是 π 的不动点, 从而

$$\pi = (1234) = (14)(13)(12) \notin A_n.$$

一个矛盾.

若 $f(\pi) \leqslant n-5$, 则不妨令 4, 5 也不是 π 的不动点. 令 $\sigma = (345) \in A_n$. 依然考察 $\pi^{-1}\sigma\pi\sigma^{-1} \in H$. 显然, π 的不动点也是 $\pi^{-1}\sigma\pi\sigma^{-1}$ 的不动点. 又 $\pi^{-1}\sigma\pi\sigma^{-1}(1) = 1$, 从而 $f(\pi^{-1}\sigma\pi\sigma^{-1}) > f(\pi)$, 且 $\pi^{-1}\sigma\pi\sigma^{-1} \neq (1)$, 一个矛盾.

因此, $f(\pi) = n-3$, 于是 π 为一 3-轮换. □

4.2.2 可解群

定义 4.2.2　令 G 为一群, $a, b \in G$. 称

$$[a,b] \overset{\mathrm{d}}{=} a^{-1}b^{-1}ab$$

为 a, b 确定的换位子. 又称

$$G' \overset{\mathrm{d}}{=} \langle [a,b] \mid a, b \in G \rangle$$

为 G 的导群 (或换位子群).

显然,

$$ab = ba[a,b], \quad [a,b]^{-1} = [b,a].$$

推论 4.2.2　令 G 为一群, $a, b \in G$. 则

(1) $ab = ba$ 当且仅当 $[a,b] = e$;

(2) G 为一 Abel 群当且仅当 $G' = \{e\}$.

推论 4.2.3　令 G 为一群. 则 $G' \trianglelefteq G$, 且 G/G' 为一 Abel 群.

证明　关于任意 $[a,b] \in G'$, $g \in G$,

$$\begin{aligned} g[a,b]g^{-1} &= ga^{-1}b^{-1}abg^{-1} \\ &= ga^{-1}(g^{-1}g)b^{-1}(g^{-1}g)a(g^{-1}g)bg^{-1} \\ &= (gag^{-1})^{-1}(gbg^{-1})^{-1}(gag^{-1})(gbg^{-1}) \\ &= [gag^{-1}, gbg^{-1}] \in G'. \end{aligned}$$

从而, $G' \trianglelefteq G$. 又关于任意 aG', $bG' \in G/G'$, 由

$$(ab)^{-1}ba = b^{-1}a^{-1}ba \in G'$$

知, $(ab)G' = (ba)G'$, 即 $(aG')(bG') = (bG')(aG')$. 因此, G/G' 为一 Abel 群. □

注 4.2.1 推论 4.2.3 中的事实 $G' \trianglelefteq G$ 还可以如下证明.

关于任意 $a \in G'$, $g \in G$,

$$g^{-1}ag = aa^{-1}g^{-1}ag = a(a^{-1}g^{-1}ag) = a[a,g] \in G',$$

从而, $G' \trianglelefteq G$.

定理 4.2.2 令 G 为一群, $N \trianglelefteq G$. 则 G/N 为一 Abel 群当且仅当 $G' \subseteq N$.

证明 易知

$$\begin{aligned} G/N \text{ 为一 Abel 群} &\Longleftrightarrow (\forall\, a,b \in G)\ aN \cdot bN = bN \cdot aN \\ &\Longleftrightarrow (\forall\, a,b \in G)\ (ab)N = (ba)N \\ &\Longleftrightarrow (\forall\, a,b \in G)\ (ba)^{-1}(ab) \in N \\ &\Longleftrightarrow (\forall\, a,b \in G)\ a^{-1}b^{-1}ab \in N \\ &\Longleftrightarrow G' \subseteq N. \end{aligned}$$

□

规定 $G^{(0)} = G$, $G^{(i+1)} = (G^{(i)})'$, $i \geqslant 0$.

定义 4.2.3 令 G 为一群. 称 G 为一可解群, 如果

$$(\exists\, n \in \mathbb{Z}^+)\ G^{(n)} = \{e\},$$

其中, e 为 G 的幺元.

例 4.2.2 由推论 4.2.2 知, Abel 群都是可解群.

例 4.2.3 (1) S_1, S_2 为可解群, 因为 S_1, S_2 为 Abel 群;

(2) S_3, S_4 为可解群. $S_n (n \geqslant 5)$ 不是可解群.

事实上, 由 S_n 的任一换位子是偶置换知, $S_n' \subseteq A_n$. 根据推论 4.2.3, $S_n' \trianglelefteq S_n$, 从而, $S_n' \trianglelefteq A_n$.

A_3 的子群的阶只能为 1 或 3. 若子群 S_3' 的阶为 1, 则 $S_3' = \{e\}$, 由推论 4.2.2 知, S_3 为一 Abel 群, 矛盾. 从而子群 S_3' 的阶为 3, 因此 $S_3' = A_3$. 显然 A_3 为一 Abel 群, 从而由推论 4.2.2 知, $A_3' = \{e\}$, 即 $S_3^{(2)} = \{e\}$. 因此 S_3 为一可解群.

A_4 中的任一元素都为换位子, 例如

$$(12)(34) = ((13)(24))^{-1}(34)^{-1}((13)(24))(34),$$

$$(123) = (23)^{-1}(12)^{-1}(23)(12).$$

从而, $A_4 \subseteq S_4'$, 但 $S_4' \leqslant A_4$, 因此 $S_4' = A_4$. 考察 A_4'. 可以验证 A_4 的任一换位子都在 K_4 中, 从而 $A_4' \subseteq K_4$. 又, K_4 的任一元素是 A_4 的某一换位子, 例如

$$(12)(34) = (243)^{-1}\big((13)(24)\big)^{-1}(243)\big((13)(24)\big).$$

因此, $A_4' = K_4$. 由 K_4 为一 Abel 群知, $K_4' = \{e\}$, 即 $S_4^{(3)} = \{e\}$. 于是 S_4 为一可解群.

当 $n \geqslant 5$ 时, 根据定理 4.2.1, A_n 为一单群, 从而作为 A_n 的正规子群的 $S_n' = \{e\}$ 或 A_n. 但 S_n 不是 Abel 群, 即 $S_n' \neq \{e\}$, 因此, $S_n' = A_n$. 同样的分析可知, $A_n' = A_n$. 于是, 关于任意 $k \in \mathbb{Z}^+$, 有 $S_n^{(k)} = A_n$, 即 S_n 不是可解群.

定理 4.2.3 可解单群是素数阶循环群.

证明 令 G 为一可解单群. 则由 G 可解知, $G' \neq G$. 又 G 为一单群, 从而 $G' = \{e\}$. 根据推论 4.2.2, G 为一 Abel 群. 因此, 由例 4.2.1 知, G 为一素数阶循环群. □

定理 4.2.4 令 G 为一可解群, H 为一群. 则

(1) 若 $\varphi: G \longrightarrow H$ 为一满同态, 则 H 可解, 即, 可解群的同态像是可解群;

(2) 若 $H \leqslant G$, 则 H 也可解, 即可解群的子群是可解群.

证明 (1) 令 G 为一可解群. 则

$$(\exists\, n \in \mathbb{Z}^+)\ G^{(n)} = \{e\}.$$

由 $\varphi: G \longrightarrow H$ 为一满同态知, $H = \varphi(G)$. 又关于任意 $a, b \in G$, $[\varphi(a), \varphi(b)] = \varphi[a, b]$, 从而 $H' = \varphi(G')$. 用数学归纳法可证

$$H^{(n)} = \varphi(G^{(n)}) = \varphi(\{e\}) = \{e'\},$$

其中, e' 为 H 的幺元. 于是, H 为一可解群.

(2) 令 G 为一可解群. 则

$$(\exists\, n \in \mathbb{Z}^+)\ G^{(n)} = \{e\}.$$

若 $H \leqslant G$, 则显然 $H^{(n)} \leqslant G^{(n)} = \{e\}$, 因此, H 可解. □

推论 4.2.4 令 G 为一群, $N \trianglelefteq G$. 则 G 可解当且仅当 N 与 G/N 皆可解.

证明 必要性由定理 4.2.4 立得.

充分性. 若 N 与 G/N 都可解, 则

$$(\exists\, s, t \in \mathbb{Z}^+)\ N^{(s)} = \{e\}, \quad (G/N)^{(t)} = \{\overline{e}\},$$

其中, e, $\overline{e}$ 分别为 N 和 G/N 的幺元. 由于 G/N 为 G 在自然同态 η 下的同态像, 根据定理 4.2.4 的证明过程, 关于任意 $k \in \mathbb{Z}^+$,

$$(G/N)^{(k)} = \eta(G^{(k)}) = (G^{(k)}N)/N.$$

因此

$$(G^{(t)}N)/N = (G/N)^{(t)} = \{\overline{e}\},$$

即 $G^{(t)}N = N$. 从而 $G^{(t)} \subseteq N$. 于是 $G^{(s+t)} \subseteq N^{(s)} = \{e\}$, 即, G 可解. □

为了给出可解群的几个等价条件, 我们先介绍下面几个概念及相关结论.

定义 4.2.4 令 G 为一非平凡群. 称 G 的子群的有限严格降列

$$G = G_0 > G_1 > G_2 > \cdots > G_k = \{e\}$$

为 G 的一个合成群列, 如果 $k \geqslant 1$, 关于任意 $i \in \{0,1,2,\cdots,k-1\}$, $G_{i+1} \lhd G_i$, 且商群 G_i/G_{i+1} 为一单群. 称上面合成群列的长度为 k. 合成群列中的商群 $G_i/G_{i+1}(i=0,1,2,\cdots,k-1)$ 称为 G 的合成因子.

定义 4.2.5 令 G 为一群, $M \trianglelefteq G$, 且 $M \neq G$. 称 M 为 G 的极大正规子群, 如果

$$(\forall\, N \trianglelefteq G)\ M \subsetneq N \Longrightarrow N = G.$$

显然, 任意非平凡有限群都有极大正规子群. 易知, M 为群 G 的一个极大正规子群当且仅当 G/M 为一单群 (请读者思考为什么?).

定理 4.2.5 非平凡有限群有合成群列.

证明 令 G 为一非平凡有限群, $|G| = n\ (n \geqslant 2)$. 关于 n 作第二数学归纳法.

当 $n = 2$ 时, $G = G_0 > G_1 = \{e\}$ 即为 G 的一个合成群列.

当 $n > 2$ 时, 假设阶小于 n 的非平凡有限群有合成群列, 今考察阶为 n 的情形. 若 G 为一单群, 则 $G = G_0 > G_1 = \{e\}$ 即为 G 的一个合成群列. 若 G 不是单群, 则 G 有非平凡的极大正规子群 M, 从而 $1 < |M| < |G|$. 由归纳假设, M 有合成群列

$$M = M_0 > M_1 > \cdots > M_k = \{e\}.$$

又由 M 为 G 的一个极大正规子群知, G/M 为一单群. 因此

$$G > M > M_1 > \cdots > M_k = \{e\}$$

即为 G 的一个合成群列. □

定义 4.2.6 令 G 为一群. 称 G 的子群的有限降列

$$G = G_0 \geqslant G_1 \geqslant G_2 \geqslant \cdots \geqslant G_k = \{e\}$$

为 G 的一个次正规群列, 如果 $k \geqslant 1$, 关于任意 $i \in \{0,1,2,\cdots,k-1\}$, $G_{i+1} \trianglelefteq G_i$. 次正规群列中的商群 $G_i/G_{i+1}(i=0,1,2,\cdots,k-1)$ 称为 G 的次正规因子. 称一个次正规群列为一正规群列, 如果关于任意 $i \in \{0,1,2,\cdots,k\}$, $G_i \trianglelefteq G$. 正规群列中的商群 $G_i/G_{i+1}(i=0,1,2,\cdots,k-1)$ 称为 G 的正规因子.

定义 4.2.7 令 G 为一群, $H \leqslant G$. 称 H 为 G 的一个特征子群, 如果

$$(\forall\, \sigma \in \mathrm{Aut}(G))\ \sigma(H) \leqslant H,$$

这等价于

$$(\forall\, \sigma \in \mathrm{Aut}(G))\ \sigma(H) = H\ (\text{即}\sigma\,|_H \in \mathrm{Aut}(H)).$$

记为 $H\ \mathrm{char}\ G$. 这一等价性由下式可知

$$(\forall\, \sigma \in \mathrm{Aut}(G))\ H = (\sigma\sigma^{-1})(H) = \sigma[\sigma^{-1}(H)] \leqslant \sigma(H).$$

例 4.2.4 令 G 为一群. 则 $Z(G)$ char G.

显然, 特征子群是正规子群 (由定义 4.2.9 可知, 正规子群是在 $\mathrm{Aut}(G)$ 的一个特殊子群下不变的), 但反之不然. 例如, Klein 四元群

$$K_4=\{(1),(12)(34),(13)(24),(14)(23)\}$$

为一 Abel 群, 其任意子群都是它的正规子群. 特别地,

$$H=\{(1),(12)(34)\}\trianglelefteq K_4,$$

但, H 不是 K_4 的特征子群 (请读者自行验证). 又如, 令

$$G=\{1,a,a^2,a^3,b,ab,a^2b,a^3b\},$$

其中, $a^4=b^2=1$, $b^{-1}ab=a^3$. 则显然

$$H=\{1,a^2,b,a^2b\}\trianglelefteq G,$$

但, H 不是 G 的特征子群 (请读者自行验证).

定理 4.2.6 令 G 为一群, H char K char G. 则 H char G.

证明 令 $\sigma\in\mathrm{Aut}(G)$. 则由 K char G 知, $\sigma|_K\in\mathrm{Aut}(K)$. 又由 H char K 知, $(\sigma|_K)|_H\in\mathrm{Aut}(H)$, 从而

$$\sigma(H)=H.$$

因此 H char G. □

定理 4.2.7 令 G 为一群. 则 G' char G.

证明 令 $\sigma\in\mathrm{Aut}(G)$. 则关于任意 $a,b\in G$,

$$\sigma([a,b])=[\sigma(a),\sigma(b)].$$

从而 $\sigma(G')\leqslant G'$. 于是, G' char G. □

根据定理 4.2.6 和定理 4.2.7, 下面推论成立.

推论 4.2.5 令 G 为一群. 则 $G^{(n)}\trianglelefteq G$, $n\in\mathbb{Z}^+\cup\{0\}$.

定理 4.2.8 令 G 为一群. 则以下几条等价:

(1) G 可解;

(2) G 有一正规群列, 且它的所有正规因子都为 Abel 群;

(3) G 有一次正规群列, 且它的所有次正规因子都为 Abel 群.

证明 (1) $\Longrightarrow$ (2). 根据推论 4.2.5 和推论 4.2.3, 结论成立.

(2) $\Longrightarrow$ (3). 显然.

(3) $\Longrightarrow$ (1). 令

$$G=G_0\geqslant G_1\geqslant G_2\geqslant\cdots\geqslant G_k=\{e\}$$

为 G 的一个次正规群列, 且 $G_i/G_{i+1}(i=0,1,2,\cdots,k-1)$ 为一 Abel 群 (不妨令 $k\geqslant 1$). 由 $G_k=\{e\}$ 知, 要证明 G 可解, 只需证明 $G^{(i)}\leqslant G_i$, $i=1,2,\cdots,k$.

为此, 关于 i 作第一数学归纳法证明.

当 $i=1$ 时, 由于 G/G_1 为一 Abel 群, 根据定理 4.2.2, $G' \subseteq G_1$. 结论成立.

假设 $k>1$, 且当 $i=m$ 时结论成立, 即 $G^{(m)} \subseteq G_m$, 其中 $1 \leqslant m \leqslant k-1$. 考察 $i=m+1$ 时的情形. 由于 G_m/G_{m+1} 为一 Abel 群, 根据定理 4.2.2, $G'_m \subseteq G_{m+1}$. 由归纳假设,

$$G^{(m+1)} = (G^{(m)})' \subseteq G'_m \subseteq G_{m+1}. \qquad \square$$

下面我们给出有限可解性的一个更加常用的等价条件.

定理 4.2.9 令 G 为一非平凡有限群. 则 G 可解当且仅当 G 有一合成群列, 且它的所有合成因子都为素数阶循环群.

证明 充分性. 令 G 有一合成群列, 且它的所有合成因子都为素数阶循环群. 则由素数阶循环群必为 Abel 群知, G 的这一合成群列为 G 的一个次正规群列, 根据定理 4.2.8, G 可解.

必要性. 令 G 为一有限可解群. 根据定理 4.2.5, G 有一合成群列. 又令 K/H 为 G 的一个合成因子, 其中 $H \trianglelefteq K \leqslant G$. 则由推论 4.2.4 知, K/H 可解. 从而 K/H 为一可解单群. 根据定理 4.2.3, K/H 为一素数阶循环群. $\square$

4.2.3 群的自同构群

定义 4.2.8 令 G 为一群. 容易验证 $\mathrm{Aut}(G)$ 关于变换的通常合成构成群, 称其为 G 的自同构群.

例 4.2.5 循环群的自同构群为一 Abel 群.

事实上, 令 $G=\langle a\rangle$ 为一循环群, $\sigma,\ \tau \in \mathrm{Aut}(G)$,

$$\sigma(a)=a^m, \quad \tau(a)=a^n, \quad m,n\in\mathbb{Z}.$$

则关于任意 $a^k \in G$,

$$\sigma\tau(a^k)=\sigma[\tau(a^k)]=\sigma[\tau(a)^k]=\sigma[a^{nk}]=[\sigma(a)]^{nk}=(a^m)^{nk}=a^{mnk},$$

同理, $\tau\sigma(a^k)=a^{nmk}=a^{mnk}$. 从而 $\sigma\tau=\tau\sigma$, 因此 $\mathrm{Aut}(G)$ 为一 Abel 群.

例 4.2.6 确定循环群 $G=\langle a\rangle$ 的自同构群.

(1) 若 $G=\langle a\rangle$ 为一 n 阶循环群, 则根据定理 2.2.19, G 有 $\varphi(n)$ 个生成元, 其中 φ 为欧拉函数. 因此 $\mathrm{Aut}(G)$ 为一 $\varphi(n)$ 阶 Abel 群.

(2) 若 $G=\langle a\rangle$ 为一无限循环群, 则根据定理 2.2.19, G 有两个生成元 a 和 a^{-1}. 因此 $\mathrm{Aut}(G)$ 为一 2 阶 Abel 群. 其自同构一个是恒等自同构, 一个是将 a 映成 a^{-1} 的自同构.

定义 4.2.9 令 G 为一群. 则关于任意 $a \in G$,

$$\begin{aligned}\tau_a: G &\longrightarrow G,\\ g &\longmapsto g^a(\stackrel{\mathrm{d}}{=} aga^{-1})\end{aligned}$$

为 G 的一个自同构. 称其为由 a 确定的 G 的内自同构.

群 G 的全体内自同构构成的集合记为 $\mathrm{Inn}(G)$. 显然 $\mathrm{Inn}(G) \subseteq \mathrm{Aut}(G)$, 又

$$(\forall\, \tau_a, \tau_b \in \mathrm{Inn}(G)) \quad (\tau_a)^{-1}=\tau_{a^{-1}} \in \mathrm{Inn}(G), \quad \tau_a\tau_b=\tau_{ab}\in\mathrm{Inn}(G),$$

总之, 有 $\mathrm{Inn}(G) \leqslant \mathrm{Aut}(G)$. 称 $\mathrm{Inn}(G)$ 为 G 的内自同构群.

令 G 为一群, $a \in G$, $\sigma \in \mathrm{Aut}(G)$. 则 $\sigma\tau_a\sigma^{-1} = \tau_{\sigma(a)}$. 事实上, 关于任意 $x \in G$, 存在 $y \in G$, 使得 $x = \sigma(y)$, 从而

$$\begin{aligned}(\sigma\tau_a\sigma^{-1})(x) &= (\sigma\tau_a\sigma^{-1})(\sigma(y)) = \sigma\tau_a(y)\\ &= \sigma(aya^{-1}) = \sigma(a)\sigma(y)\sigma(a^{-1})\\ &= \sigma(a)x\sigma(a)^{-1}\\ &= \tau_{\sigma(a)}(x).\end{aligned}$$

因此 $\sigma\tau_a\sigma^{-1} = \tau_{\sigma(a)}$.

综上所述, 我们有如下定理.

定理 4.2.10 令 G 为一群. 则 $\mathrm{Inn}(G) \trianglelefteq \mathrm{Aut}(G)$, 称商群 $\mathrm{Aut}(G)/\mathrm{Inn}(G)$ 为 G 的外自同构群.

定理 4.2.11 令 G 为一群. 则

$$\mathrm{Inn}(G) \cong G/Z(G).$$

证明 作

$$\begin{aligned}\varphi:\ & G \longrightarrow \mathrm{Inn}(G),\\ & a \longmapsto \tau_a.\end{aligned}$$

则 φ 为一满同态 (请读者自行验证). 又

$$\begin{aligned}\mathrm{Ker}\,\varphi &= \{a \in G \mid \tau_a = 1_G\}\\ &= \{a \in G \mid (\forall\, g \in G)\ aga^{-1} = g\}\\ &= \{a \in G \mid (\forall\, g \in G)\ ag = ga\}\\ &= Z(G).\end{aligned}$$

根据同态基本定理,

$$\mathrm{Inn}(G) \cong G/Z(G).$$ □

例 4.2.7 确定 S_3 的内自同构群和自同构群.

显然, $Z(S_3) = \{(1)\}$. 根据定理 4.2.11,

$$\mathrm{Inn}(S_3) \cong S_3/Z(S_3) \cong S_3.$$

下面确定 $\mathrm{Aut}(S_3)$. 令 $a = (123)$, $b = (12)$. 则

$$S_3 = \{e, a, a^2, b, ab, a^2b\},$$

即 a, b 为 S_3 的生成元. 因此, 关于任意 $\sigma \in \mathrm{Aut}(S_3)$, σ 由 $\sigma(a)$ 与 $\sigma(b)$ 完全确定. 由于 a, a^2 为 3 阶元, b, ab, a^2b 为 2 阶元, 从而, $\sigma(a) = a$ 或 a^2. $\sigma(b) = b$, ab 或 a^2b, 即 $\sigma(a)$ 有两种取

法, $\sigma(b)$ 有三种取法. 因此 $|\mathrm{Aut}(S_3)| \leqslant 6$. 而 $6 = |\mathrm{Inn}(S_3)| \leqslant |\mathrm{Aut}(S_3)|$, 从而 $|\mathrm{Aut}(S_3)| = 6$. 于是,

$$\mathrm{Aut}(S_3) = \mathrm{Inn}(S_3) \cong S_3.$$

下面我们将给出另一个与自同构群有关的重要结论. 首先有如下定义.

定义 4.2.10 令 G 为一群, $H \leqslant G$. 则容易验证

$$N_G(H) \stackrel{\mathrm{d}}{=} \{g \in G \mid gHg^{-1} \subseteq H \text{ (实为 =)}\} \leqslant G,$$

$$Z_G(H) \stackrel{\mathrm{d}}{=} \{g \in G \mid (\forall\, h \in H)\ gh = hg\} \leqslant G.$$

分别称其为 H 的正规化子和中心化子.

易知, 下面推论成立 (推论的 (2) 可类似于例 4.2.8 给出证明).

推论 4.2.6 令 G 为一群, $H \leqslant G$. 则

(1) $H \trianglelefteq N_G(H)$;

(2) $Z_G(H) \trianglelefteq N_G(H)$, 特别地, 若 $H \trianglelefteq G$, 则 $Z_G(H) \trianglelefteq G$;

(3) 若 $H \trianglelefteq K \leqslant G$, 则 $K \leqslant N_G(H)$.

可以认为, $N_G(H) = H$ 时, H 在 G 中的正规程度最差; $N_G(H) = G$ 时, H 在 G 中的正规程度最好, 即 H 为 G 的正规子群.

例 4.2.8 令 G 为一群, $a \in G$. 若 $\langle a \rangle \trianglelefteq G$, 则

$$G' \subseteq Z_G(\langle a \rangle).$$

事实上, 为此, 我们只需证明

$$(\forall\, c, d \in G)\ a[c,d] = [c,d]a.$$

这是因为

$$\begin{aligned}
a[c,d] &= a(c^{-1}d^{-1}cd)\\
&= c^{-1}(cac^{-1})d^{-1}cd\\
&= c^{-1}a^m d^{-1}cd \quad ((\text{由 } \langle a \rangle \text{ 为循环群和 } \langle a \rangle \trianglelefteq G), m \in \mathbb{Z})\\
&= c^{-1}d^{-1}(da^m d^{-1})cd\\
&= c^{-1}d^{-1}(dad^{-1})^m cd\\
&= c^{-1}d^{-1}(a^n)^m cd \quad (\text{理由如上}) \quad (n \in \mathbb{Z})\\
&= c^{-1}d^{-1}c(c^{-1}a^m c)^n d\\
&= c^{-1}d^{-1}ca^n d\\
&= c^{-1}d^{-1}cd(d^{-1}a^n d)\\
&= (c^{-1}d^{-1}cd)a\\
&= [c,d]a.
\end{aligned}$$

定理 4.2.12　令 G 为一群, $H \leqslant G$. 则

$$N_G(H)/Z_G(H) \cong \mathrm{Inn}(N_G(H))|_H \leqslant \mathrm{Aut}(H).$$

证明　令 $g \in N_G(H)$. 则 $gHg^{-1} = H$, 即 $\tau_g(H) = H$, 其中 $\tau_g \in \mathrm{Inn}(N_G(H))$. 因此, $\tau_g|_H$ 为 H 上的一个自同构. 据此, 存在映射

$$\begin{aligned} \varphi: \quad & N_G(H) \longrightarrow \mathrm{Aut}(H), \\ & g \longmapsto \tau_g|_H. \end{aligned}$$

易知 φ 为一同态映射. 又

$$\begin{aligned} \mathrm{Ker}\ \varphi &= \{g \in N_G(H) \mid \tau_g|_H = 1_H\} \\ &= \{g \in N_G(H) \mid (\forall\ h \in H)\ ghg^{-1} = h\} \\ &= Z_G(H) \cap N_G(H) \\ &= Z_G(H). \end{aligned}$$

于是, 根据群的同态基本定理,

$$N_G(H)/Z_G(H) \cong \varphi(N_G(H)) \leqslant \mathrm{Aut}(H).$$

即

$$N_G(H)/Z_G(H) \cong \mathrm{Inn}(N_G(H))|_H \leqslant \mathrm{Aut}(H).$$ □

定理 4.2.12 的下述推论是定理 4.2.11 的一个直接的推广.

推论 4.2.7　令 G 为一群, $H \trianglelefteq G$. 则

$$G/Z_G(H) \cong \mathrm{Inn}(G)\ |_H \leqslant \mathrm{Aut}(H).$$

注 4.2.2　例 4.2.8 的证明是很初等的, 没有用到有关理论. 请读者应用推论 4.2.6 的 (2)、推论 4.2.7、例 4.2.5 和定理 4.2.2 给出一个更简练更形象的证明, 从而体会理论研究的必要性和理论研究成果的威力. 在本书各章节处处展现着这一点, 请读者注意.

4.3　群作用与有限群的 Sylow 定理

4.3.1　群作用 —— 从线性空间的定义讲起

先回顾数域上线性空间的定义. 称 $V \stackrel{\mathrm{d}}{=} (V; +, \cdot_{\mathbb{F}})$ 为数域 $\mathbb{F}$ 上一线性空间, 如果

I. $(V, +)$ 为一 Abel 群, 记其幺元为 θ;

II. $\cdot_{\mathbb{F}}$ 为 $\mathbb{F} \times V$ 到 V 的一个映射, 我们将 (k, α) 在映射 $\cdot_{\mathbb{F}}$ 下的像 $\cdot_{\mathbb{F}}(k, \alpha)$ 简记为 $k\alpha$ 时, 它满足

(1) $k(\alpha + \beta) \equiv k\alpha + k\beta$;

(2) $(k + \ell)\alpha \equiv k\alpha + \ell\alpha$;

(3) $(k\ell)\alpha \equiv k(\ell\alpha)$;

(4) $1\alpha \equiv \alpha$.

如果我们将线性空间 $(V;+,\cdot_{\mathbb{F}})$ 中的加法"+"删除, 那么线性空间的上述公理中的 I 以及 II 中的 (1) 和 (2) 就随之不存在了. 因此数域 $\mathbb{F}$ 的加法就没有了表现机会, 因为 II 中 (2) 的左边是它的唯一展现之处; $\mathbb{F}$ 中的零 (0) 也随着公理 I 中的 θ 不存在, 而得不到表现机会了, 因为 $\theta \equiv 0\alpha \equiv k\theta$ 是线性空间的一个性质. 于是, 如果将线性空间 V 视为数域 $\mathbb{F}$ 在 Abel 群 $(V,+)$ 上的作用, 那么现在就只剩下了数域 $\mathbb{F}$ 的乘法群 $(\mathbb{F}\setminus\{0\},\cdot)$ 在非空集 V 上的作用, 它体现在公理 II 中的 (3) 和 (4) 上. 后者的一般情形是我们要在下面定义的群作用的概念.

定义 4.3.1 令 X 为一非空集或 X 为某代数系统, G 为一群, e 为群 G 的幺元. 称映射

$$f : G\times X \longrightarrow X,$$
$$(g,x) \longmapsto f(g,x) \stackrel{\mathrm{d}}{=} g(x)$$

为群 G 在 X 上的作用, 如果 f 满足

(1) $(\forall\, g,h\in G\ \&\ \forall\, x\in X)\ (gh)x = g(h(x))$;

(2) $(\forall\, x\in X)\ ex = x$.

定理 4.3.1 令 X 为一非空集, G 为一群. 则 G 在 X 上的一个群作用 f 确定了 G 到 X 上的对称群 S_X 的一个群同态 η. 反之亦然.

证明 作

$$\eta : G \longrightarrow S_X,$$
$$g \longmapsto \sigma_g,$$

其中, $\sigma_g : x \longmapsto g(x)$. 显然, $\sigma_g \in \mathscr{T}(X)$. 由

$$(\forall\, x\in X)\ (\sigma_{g^{-1}}\circ\sigma_g)(x) = \sigma_{g^{-1}}(\sigma_g(x)) = g^{-1}(g(x)) = (g^{-1}g)(x) = e(x) = x$$

知, $\sigma_{g^{-1}}\circ\sigma_g = 1_X$. 同理, $\sigma_g\circ\sigma_{g^{-1}} = 1_X$. 根据定理 1.2.1, σ_g 为一双射, $\sigma_g\in S_X$. 这证明了 η 为一映射. 又, 关于任意 $h,g\in G$, $x\in X$,

$$\eta(hg)(x) = \sigma_{hg}(x) = (hg)(x) = h(g(x)),$$
$$[\eta(h)\circ\eta(g)](x) = (\sigma_h\circ\sigma_g)(x) = \sigma_h(\sigma_g(x)) = h(g(x)),$$

因此, $\eta(hg) = \eta(h)\circ\eta(g)$. 从而 η 为一同态映射.

反之, 令 η 为群 G 到 X 上对称群 S_X 的一个同态映射. 作映射

$$f : G\times X \longrightarrow X,$$
$$(g,x) \longmapsto g(x) \stackrel{\mathrm{d}}{=} (\eta(g))(x).$$

关于任意 $h, g \in G,\ x \in X$,

$$\begin{aligned}(hg)(x) &= \eta(hg)(x) = (\eta(h) \circ \eta(g))(x) \\ &= \eta(h)[\eta(g)(x)] = \eta(h)(g(x)) \\ &= h(g(x)),\end{aligned}$$

$$e(x) = \eta(e)(x) = 1_X(x) = x,$$

因此, f 为 G 在 X 上的一个群作用. □

注 4.3.1 定理 4.3.1 证明中的被 f 确定的 η 严格地说应写为 η_f, 反过来, 由 η 确定的 f 应写为 f_η. 可以证明

$$f_{\eta_f} = f, \quad \eta_{f_\eta} = \eta.$$

例 4.3.1 令 G 为一群, $H \leqslant G$. 则

(1) G 上的左平移变换

$$\begin{aligned}f_1 : G \times G &\longrightarrow G, \\ (g, x) &\longmapsto g(x) \stackrel{\mathrm{d}}{=} gx = g_l(x)\end{aligned}$$

提供 G 在 G 上的一个群作用;

(2) G 上的右平移变换

$$\begin{aligned}f_2 : G \times G &\longrightarrow G, \\ (g, x) &\longmapsto g(x) \stackrel{\mathrm{d}}{=} xg^{-1} = (g^{-1})_r(x)\end{aligned}$$

提供 G 在 G 上的一个群作用;

(3) G 上的共轭变换

$$\begin{aligned}f_3 : G \times G &\longrightarrow G, \\ (g, x) &\longmapsto g(x) \stackrel{\mathrm{d}}{=} gxg^{-1}\end{aligned}$$

提供 G 在 G 上的一个群作用;

(4) G 与 G 关于子群 H 的左陪集的全体 G/H_l (称为 G 的一个齐性空间) 之间的下述变换

$$\begin{aligned}f_4 : G \times G/H_l &\longrightarrow G/H_l \\ (g, aH) &\longmapsto g(aH) \stackrel{\mathrm{d}}{=} (ga)H\end{aligned}$$

提供 G 在其齐性空间 G/H_l 上的一个群作用.

例 4.3.2 令 $\mathbb{F}$ 为一数域, $V = (V; +, \cdot_{\mathbb{F}})$ 为数域 $\mathbb{F}$ 上一 n 维线性空间. 群 $G = GL_n(\mathbb{F})$, $X = V$. 若 $(\alpha_i)_1^n$ 为线性空间 V 的一个基底, 则显然有下面的群同构

$$\begin{aligned}\eta: \quad GL_n(\mathbb{F}) &\longrightarrow \mathcal{L}_{\text{可逆}}(V), \\ A &\longmapsto \mathcal{A},\end{aligned}$$

其中, A 为 $\mathcal{A}$ 在基底 $(\alpha_i)_1^n$ 下的矩阵, 严格地, η 应写为 $\eta_{(\alpha_i)_1^n}$, 即

$$\mathcal{A}(\alpha_1, \alpha_2, \cdots, \alpha_n) = (\alpha_1, \alpha_2, \cdots, \alpha_n)A.$$

显然, 映射

$$f : GL_n(\mathbb{F}) \times V \longrightarrow V,$$
$$(A, \alpha) \longmapsto A(\alpha) \stackrel{\mathrm{d}}{=} \eta(A)(\alpha) = \mathcal{A}(\alpha)$$

提供 $GL_n(\mathbb{F})$ 在 V 上的一个群作用.

定义 4.3.2 令 f 为群 G 在非空集 X 上的一个群作用. 在 X 上定义二元关系 $\sim$ 为

$$x \sim y \stackrel{\mathrm{d}}{\Longleftrightarrow} (\exists\, g \in G)\; g(x) = y,$$

则 $\sim$ 为 X 上的一个等价关系. 称 X 在等价关系 $\sim$ 下的等价类为群作用 f 的轨道, x 所在的轨道记为 O_x.

推论 4.3.1 假设如定义 4.3.2. 则

$$(\forall\, x \in X)\; O_x = \{g(x) \mid g \in G\},$$

且

$$X = \dot{\bigcup_{x \in X'}} O_x,$$

其中 X' 为 $\sim$ 的一个截面 (根据选择公理, 这一截面是存在的).

例 4.3.3 (1) 例 4.3.1 中的群作用 f_1, f_2 和 f_4 都只有一个轨道, 即 X. 称这样的作用为可迁的;

(2) 例 4.3.1 中的群作用 f_3 的一个轨道 O_x 只包含一个元素, 即 $O_x = \{x\}$, 当且仅当 $x \in Z(G)$;

(3) 例 4.3.2 中的群作用 f 只有两个轨道 $\{\theta\}$ 和 $\{\alpha \in V \mid \alpha \neq \theta\}$.

定义 4.3.3 令 G 为一群, X, X' 为两个非空集, G 在 X, X' 上各有一群作用. 称这两个群作用是等价的, 如果存在 X 到 X' 的双射 φ, 使得

$$(\forall\, g \in G)\; (\forall\, x \in X)\; \varphi(g(x)) = g(\varphi(x)).$$

即, 关于任意 $g \in G$, 图 4.1 可换.

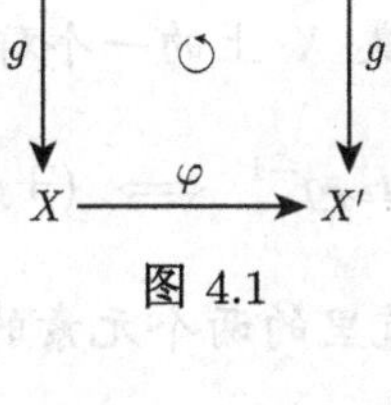

图 4.1

例 4.3.4 令 G 为一群. 则 G 在 G 上的左平移作用 f_1 与其在 G 上的右平移作用 f_2 是等价的.

事实上, 作

$$\varphi: G \longrightarrow G,$$
$$x \longmapsto x^{-1}.$$

则

$$(\forall\, g \in G)\ (\forall\, x \in G)\ f_1(g,x) = gx = g_l(x), \quad f_2(g,x) = xg^{-1} = (g^{-1})_r(x).$$

因此,

$$\varphi(g_l(x)) = \varphi(gx) = (gx)^{-1} = x^{-1}g^{-1} = (g^{-1})_r(x^{-1}) = (g^{-1})_r(\varphi(x)).$$

定义 4.3.4 令 G 为一群, X 为一非空集, G 在 X 上有一群作用 f, $x \in X$,

$$H_x \stackrel{\mathrm{d}}{=} \{g \in G \mid g(x) = x\}.$$

则由 $e \in H_x$ 知, H_x 非空. 容易证明, $H_x \leqslant G$. 称 H_x 为 x 在 f 下的稳定子群.

定理 4.3.2 令 G 为一群, X 为一非空集, G 在 X 上有一群作用 f, $x \in X$. 则显然 f 在 O_x 上限制出一群作用, 且 G 在 O_x 上的群作用与 G 在其齐性空间 $G/(H_x)_l$ 上的群作用等价.

证明 作

$$\varphi: G/(H_x)_l \longrightarrow O_x,$$
$$aH_x \longmapsto a(x).$$

由

$$aH_x = bH_x \Longleftrightarrow a^{-1}b \in H_x \Longleftrightarrow x = (a^{-1}b)(x) \Longleftrightarrow a(x) = b(x)$$

知, φ 为一映射, 且为一单射. 又显然 φ 为一满射, 因此 φ 为一双射.

关于任意 $g \in G$, $aH_x \in G/(H_x)_l$,

$$\varphi[g(aH_x)] = \varphi[(ga)H_x] = (ga)(x) = g(a(x)) = g[\varphi(aH_x)].$$

因此, 两群作用等价. □

注 4.3.2 令 f 为群 G 在非空集 X 上的一个群作用, $H \leqslant G$, $x \in X$. 则

$$(\exists\, g \in G)\ H = gH_xg^{-1} \iff (\exists\, y \in O_x)\ H = H_y.$$

请读者思考下面的问题, 不同轨道里的两个元素的稳定子群是否是共轭的?

推论 4.3.2 令 G 为一有限群, X 为一非空有限集, G 在 X 上有一群作用. 则

$$|O_x| = |G : H_x|,$$

从而, $|O_x|\,\big|\,|G|$.

定义 4.3.5 令 G 为一群. 称 G 为一有限 p-群, 如果 $|G| = p^k$, 其中 p 为一素数, $k \in \mathbb{Z}^+$.

例 4.3.5 素数 p-阶群是有限 p-群; K_4 是有限 2-群, 因为 $|K_4| = 2^2$.

定义 4.3.6 令 f 为群 G 在非空集 X 上的一个群作用. 称 $x \in X$ 为群作用 f 的一个不动点, 如果

$$(\forall\, g \in G)\ g(x) = x.$$

即 $|O_x| = 1$.

定理 4.3.3 令 G 为一 p-群, $|G| = p^k, k \in \mathbb{Z}^+$, p 为一素数, X 为一集合, $|X| = n$, t 为 G 在 X 上的群作用 f 的不动点个数, 其中, $n \in \mathbb{Z}^+$, $t \in \mathbb{Z}^+ \cup \{0\}$. 则

$$t \equiv n \ (\mathrm{mod}\ p).$$

证明 令 X 为群作用 f 的轨道的如下无交并

$$X = O_{x_1} \cup O_{x_2} \cup \cdots \cup O_{x_m}.$$

不妨令 $x_1, x_2, \cdots, x_t$ 为 f 的所有不动点. 则

$$|X| = t + \sum_{i=t+1}^{m} |O_{x_i}|.$$

由推论 4.3.2 知, $p \mid |O_{x_i}|$, $i = t+1, t+2, \cdots, m$. 从而

$$p \mid (n-t),$$

即 $t \equiv n \ (\mathrm{mod}\ p)$. □

推论 4.3.3 假设如定理 4.3.3. 若 $(p, n) = 1$, 则群作用有不动点.

推论 4.3.4 有限 p-群有非平凡中心.

证明 令 G 为一 p-群, $|G| = p^k, k \in \mathbb{Z}^+$, p 为一素数, t 为 G 在 G 上的共轭作用 f_3 的不动点个数. 根据定理 4.3.3,

$$t \equiv p^k \ (\mathrm{mod}\ p).$$

从而 $p \mid t$, 但根据例 4.3.3 的 (2), $t \geqslant 1$, 又根据定理 4.3.3, $t > 1$. 再根据例 4.3.3 的 (2), $|Z(G)| = t > 1$, 即 G 有非平凡中心. 实际上, 根据 Lagrange 定理, $|Z(G)| = t = p^{\ell}$, $1 \leqslant \ell \leqslant k$. □

4.3.2　有限群的 Sylow 定理

引理 4.3.1　令 $n = p^\ell m$, $p, \ell, m \in \mathbb{Z}^+$, $(p, m) = 1, \ell \geqslant 1$, p 为一素数. 则关于任意 $0 \leqslant k \leqslant \ell$,

$$p^{\ell-k} \left| \mathrm{C}_n^{p^k} \right., \text{ 但 } p^{\ell-k+1} \nmid \mathrm{C}_n^{p^k}.$$

证明　根据

$$\mathrm{C}_n^{p^k} = \frac{n(n-1)\cdots(n-(p^k-1))}{p^k(p^k-1)\cdots(p^k-(p^k-1))} = p^{\ell-k}m\frac{(n-1)\cdots(n-(p^k-1))}{(p^k-1)\cdots(p^k-(p^k-1))},$$

关于任意 i, s, $i = 1, 2, \cdots, p^k - 1$, $k \leqslant s$, 显然, $p^s \nmid (p^k - i)$. 我们也有, $p^s \nmid (n - i)$, 否则, 由 $p^s | (n - i)$, 有 $p^k | (n - i)$, 又由 $p^k | n$, 有 $p^k | i$, 一个矛盾.

下面只就任意 i, t, $i = 1, 2, \cdots, p^k - 1$, $t = 0, 1, \cdots, k - 1$, 考察 p^t 与上面分式中分子和分母各因子的关系. 显然

$$p^t \big| (n-i) \Longleftrightarrow p^t \big| i \Longleftrightarrow p^t \big| (p^k - i),$$

因此, 消去

$$\frac{(n-1)\cdots(n-(p^k-1))}{(p^k-1)\cdots(p^k-(p^k-1))}$$

中分子、分母的所有公因子 p 后得到一分子分母都与 p 互素的分数. 又 $(p, m) = 1$, 所以

$$p \nmid m \cdot \frac{(n-1)\cdots(n-(p^k-1))}{(p^k-1)\cdots(p^k-(p^k-1))}.$$

于是, $p^{\ell-k} \mid \mathrm{C}_n^{p^k}$, 但 $p^{\ell-k+1} \nmid \mathrm{C}_n^{p^k}$. □

定理 4.3.4 (第一 Sylow 定理)　令 G 为一群, $|G| = p^\ell m$, $p, \ell, m \in \mathbb{Z}^+, (p, m) = 1$, p 为一素数. 则关于任意 $1 \leqslant k \leqslant \ell$, G 中一定有 p^k 阶子群. 特别地, 有 p^ℓ 阶子群, 称其为 G 的 Sylow p-子群.

证明　令 $X = \left\{A \subseteq G \;\middle|\; |A| = p^k\right\}$. 关于任意 $g \in G$, $A \in X$, 显然, $gA \in X$, 因此,

$$f : G \times X \longrightarrow X,$$
$$(g, A) \longmapsto g(A) \stackrel{\mathrm{d}}{=} gA$$

为一映射, 其中, $gA = \left\{ga \middle| a \in A\right\}$. 关于任意 g, $h \in G$, $A \in X$,

$$e(A) = eA = A,$$

$$(gh)(A) = (gh)A = g(hA) = g(h(A)),$$

从而 f 为群 G 在 X 上的一个群作用, X 为群作用 f 的轨道的无交并. 令这一无交并为

$$X = O_{A_1} \cup O_{A_2} \cup \cdots \cup O_{A_{m'}}.$$

则

$$|X| = \sum_{i=1}^{m'} |O_{A_i}|.$$

根据引理 4.3.1,

$$p^{\ell-k} \mid |X|,\ 但\ p^{\ell-k+1} \nmid |X|.$$

因此,

$$(\exists\, j \in \{1, 2, \cdots, m'\})\ p^{\ell-k+1} \nmid |O_{A_j}|,$$

即 $|O_{A_j}|$ 至多含有 $\ell - k$ 个素因子 p. 根据 Lagrange 定理和推论 4.3.2,

$$|G| = |O_{A_j}||H_{A_j}|.$$

从而 $|H_{A_j}|$ 含有素因子 p 的个数至少为 $\ell - (\ell - k) = k$, 即 $p^k \mid |H_{A_j}|$. 因为 $H_{A_j} = \{g \in G \mid g(A_j) = A_j\}$, 所以关于任意 $a \in A_j$, $g \in H_{A_j}$,

$$ga = g(a) \in A_j.$$

从而, H_{A_j} 的右陪集 $H_{A_j}a \subseteq A_j$. 因此

$$|H_{A_j}| = |H_{A_j}a| \leqslant |A_j| = p^k \leqslant |H_{A_j}|.$$

于是, $|H_{A_j}| = p^k$, 即 A_j 的稳定子群 H_{A_j} 为 G 的一个 p^k 阶子群. □

定义 4.3.7 令 G 为一群, $H \leqslant G$, $g \in G$. 则显然 $gHg^{-1} \leqslant G$, 称 gHg^{-1} 为 H 在 G 中的共轭子群.

定理 4.3.5 (第二 Sylow 定理) 令 G 为一群, $|G| = p^\ell m$, $p, \ell, m \in \mathbb{Z}^+$, $(p, m) = 1$, p 为一素数, P 为 G 的一个 Sylow p-子群, H 为 G 的一个 p^k 阶子群, $k \in \mathbb{Z}^+$, $k \leqslant \ell$. 则

$$(\exists\, a \in G)\ H \subseteq aPa^{-1}.$$

证明 令 X 为 G 关于 Sylow p-子群 P 的全体左陪集构成的集合, 即, X 为群 G 关于 Sylow p-子群 P 的齐性空间. 则 $|X| = |G/P_l| = [G : P] = m$. 作映射

$$\begin{aligned} f: H \times X &\longrightarrow X, \\ (h, gP) &\longmapsto h(gP) \overset{\mathrm{d}}{=} (hg)P. \end{aligned}$$

关于任意 $h_1, h_2 \in H$, $gP \in X$,

$$e(gP) = (eg)P = gP,$$

$$(h_1h_2)(gP) = [(h_1h_2)g]P = [h_1(h_2g)]P = h_1[h_2(gP)].$$

从而 f 为群 H 在 X 上的一个群作用.

由 $(p, m) = 1$, 根据推论 4.3.3, f 有不动点, 记为 aP, 即关于任意 $h \in H$, $h(aP) = aP$. 从而 $(ha)P = aP$, 因此 $a^{-1}ha \in P$. 于是 $a^{-1}Ha \subseteq P$, 即 $H \subseteq aPa^{-1}$. □

推论 4.3.5 群 G 的 Sylow p-子群都是相互共轭的. 因此, 令 P 为 G 的一个 Sylow p-子群. 则 G 仅有一个 Sylow p-子群当且仅当 $P \trianglelefteq G$.

推论 4.3.6 令 G 为一有限群, p 为一素数, $p \mid |G|$. 则 G 的 Sylow p-子群的个数 n_p 为 $|G|$ 的因子.

证明 令 X 为 G 的所有 Sylow p-子群构成的集合. 作映射

$$f: G \times X \longrightarrow X,$$
$$(g, P) \longmapsto g(P) \stackrel{\mathrm{d}}{=} gPg^{-1}.$$

则容易验证 f 为一群作用. 根据推论 4.3.5, 群作用 f 只有一个轨道, 即 X. 又由推论 4.3.2 知, $n_p = |X|$ 为 $|G|$ 的一个因子. □

引理 4.3.2 令 P 为有限群 G 的一个 Sylow p-子群. 则 $N_G(P)$ 只有一个 Sylow p-子群 P, 从而 $N_G(N_G(P)) = N_G(P)$.

证明 显然 P 为 $N_G(P)$ 的一个 Sylow p-子群, 且 $P \trianglelefteq N_G(P)$. 根据推论 4.3.5, $N_G(P)$ 只有一个 Sylow p-子群 P.

下证 $N_G(N_G(P)) = N_G(P)$. 令 $g \in N_G(N_G(P))$. 则

$$gN_G(P)g^{-1} = N_G(P).$$

由 $P \subseteq N_G(P)$ 知,

$$gPg^{-1} \subseteq gN_G(P)g^{-1} = N_G(P).$$

因此, gPg^{-1} 为 $N_G(P)$ 的一个 Sylow p-子群. 又 $N_G(P)$ 只有一个 Sylow p-子群 P, 从而 $gPg^{-1} = P$, 即 $g \in N_G(P)$. 因此 $N_G(N_G(P)) \subseteq N_G(P)$. 又, 反过来的包含是显然的, 于是 $N_G(N_G(P)) = N_G(P)$. □

定理 4.3.6 (第三 Sylow 定理) 令 G 为一群, $|G| = p^{\ell}m$, $p, \ell, m \in \mathbb{Z}^+, (p, m) = 1$, p 为一素数. 则 G 的 Sylow p-子群的个数 n_p 满足 $n_p \equiv 1 (\mathrm{mod}\ p)$, 且 $n_p \mid m$.

证明 令 P 为 G 的一个 Sylow p-子群, X 为 G 的所有 Sylow p-子群构成的集合, 记 $X = \{P_1 = P, P_2, \cdots, P_{n_p}\}$. 则

$$f: P \times X \longrightarrow X,$$
$$(a, P_i) \longmapsto a(P_i) \stackrel{\mathrm{d}}{=} aP_ia^{-1}$$

提供了群 P 在 X 上的一个群作用. 令此群作用的不动点个数为 t. 则根据定理 4.3.3,

$$n_p \equiv t\ (\mathrm{mod}\ p).$$

下证 $t = 1$. 显然, $P \in X$ 为群作用 f 的一个不动点. 若 P_j 也为群作用 f 的一个不动点, 则

$$(\forall\ g \in P)\ P_j = g(P_j) = gP_jg^{-1}.$$

从而 $P \subseteq N_G(P_j)$, 因此 P 为 $N_G(P_j)$ 的一个 Sylow p-子群. 由引理 4.3.2 知, $P = P_j$. 于是 $t = 1$, 即 $n_p \equiv 1 (\mathrm{mod}\ p)$, 从而 $(n_p, p^{\ell}) = 1$. 根据推论 4.3.6, $n_p \mid p^{\ell}m$, 因此 $n_p \mid m$. □

推论 4.3.7 假设如定理 4.3.6. 则 G 的 Sylow p-子群的个数 n_p 为 $1 + sp$, $s \in \mathbb{Z}^+ \cup \{0\}$, 且 $n_p \mid m$.

例 4.3.6 令 G 为一群, $|G|=72$. 则 G 不是单群.

事实上, 由于 $|G|=72=2^3 3^2$, 根据第三 Sylow 定理, G 的 Sylow 3-子群的个数是 $1+3s$ 且 $(1+3s)\mid 8$. 因此, $s=0$ 或 $s=1$.

当 $s=0$ 时, G 的 Sylow 3-子群只有 1 个, 其为 9 阶正规子群.

当 $s=1$ 时, G 的 Sylow 3-子群有 4 个, 记为 P_1, P_2, P_3, P_4. 令

$$X=\{P_1, P_2, P_3, P_4\}.$$

考虑 G 在 X 上的共轭作用. 则, 由群作用的等价定义, G 的每一元素提供了一个 4 次置换. 于是, 我们得到一个映射

$$\varphi: G \longrightarrow S_4,$$

且 φ 为一同态映射. 由 $|G|=72>|S_4|=24$ 知, φ 不是单射, 即 $\operatorname{Ker}\varphi\neq\{e\}$, 其中 e 为 G 的幺元. 又显然 $\varphi(G)\neq\{(1)\}$ (因为 $P_j \ntrianglelefteq G$, $j=1,2,3,4$). 从而, $\operatorname{Ker}\varphi\neq G$. 于是, G 有非平凡的正规子群 $\operatorname{Ker}\varphi$.

综上所述, G 不是单群.

4.4 附录 (关于 4.1 节不涉及第 3 章的一个初等处理)

在这一节, 我们将分别给出 4.1 节中三个定理的不依赖于第 3 章任何内容的一个初等处理. 为此, 我们先给出如下定义.

定义 4.4.1 令 $S \overset{\mathrm{d}}{=} (S,\cdot)$ 为一半群, 即, $S\neq\varnothing$, $\cdot$ 为 S 上一结合的二元运算. 定义 S 上的二元关系 $\mathscr{L}$ 和 $\mathscr{R}$ 为

$$a\mathscr{L}b \overset{\mathrm{d}}{\Longleftrightarrow} (\exists\, u,v\in S^1)\ ua=b,\quad vb=a;$$

$$a\mathscr{R}b \overset{\mathrm{d}}{\Longleftrightarrow} (\exists\, u,v\in S^1)\ au=b,\quad bv=a.$$

这里 S^1 与 S 的关系见注 2.2.4 的说明.

推论 4.4.1 (1) $\mathscr{L}$ 与 $\mathscr{R}$ 都为 S 上的等价关系;

(2) $\mathscr{L}(\mathscr{R})$ 为 S 上的一个右 (左) 同余, 即

$$(\forall\, a,b,c\in S)\ a\mathscr{L}b\ (a\mathscr{R}b) \Longrightarrow (ac)\mathscr{L}(bc)\ ((ca)\mathscr{R}(cb));$$

(3) $\mathscr{L}(\mathscr{R})$-类 $L_a(R_a)$ 中的幂等元 e (即 $e^2=e$) 皆为 $L_a(R_a)$ 的右 (左) 幺元;

(4) $a\in S$ 为一正则元, 即

$$(\exists\, x\in S)\ axa=a,$$

则 $L_a(R_a)$ 中元素皆为正则的;

(5) 关于任意 $a,b\in S$, $L_a\cap R_b\neq\varnothing$ 当且仅当 $L_b\cap R_a\neq\varnothing$.

证明 (1)—(3) 显然成立.

(4) 关于任意 $b\in L_s$, $a\mathscr{L}b$, 即

$$(\exists\, u,v\in S^1)\ ua=b,\quad vb=a,$$

从而

$$b = ua = u(axa) = (ua)xa = bxa = bx(vb) = b(xv)b,$$

即 b 为正则元. 类似可证 R_s 中元素也都为正则元.

(5) 由 a, b 的任意性, 只需证明 "$L_a \cap R_b \neq \varnothing$ 蕴涵 $L_b \cap R_a \neq \varnothing$". 若 $c \in L_a \cap R_b$, 则

$$(\exists\, x, y, u, v \in S^1) \begin{cases} a = xc, & c = ya, \\ b = cu, & c = bv, \end{cases}$$

由 (2) 知 au 和 xb 所处的位置如图 4.2.

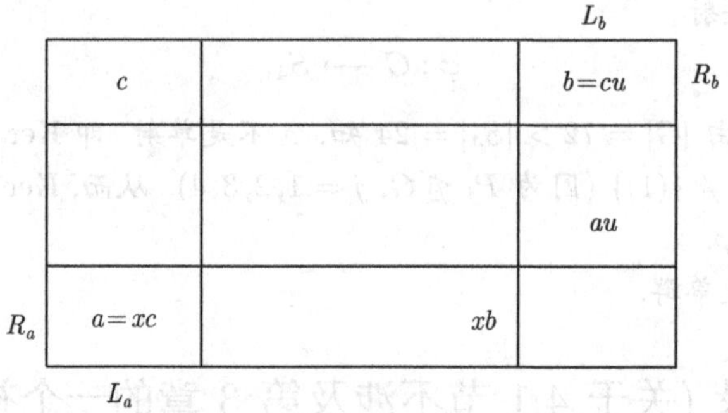

图 4.2

但

$$au = (xc)u = x(cu) = xb,$$

因此

$$c' \overset{\mathrm{d}}{=} xcu \in L_b \cap R_a,$$

□

即图 4.3.

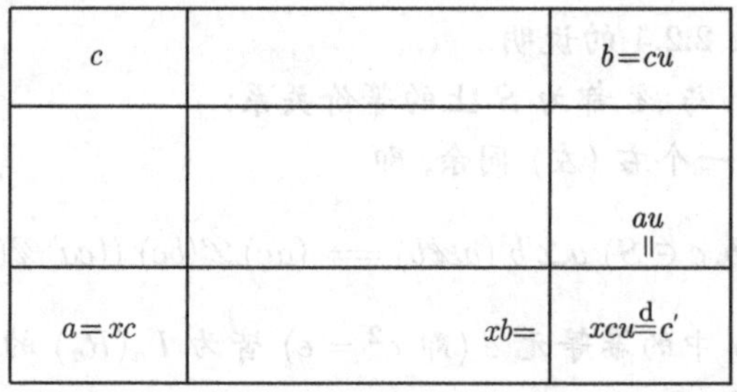

图 4.3

下面给出 4.1 节三个定理的初等证明.

定理 4.1.1 的初等证明 (1) 令 S 为一左群. 根据左群的定义, 显然 e 为一幂等元, 且关于任意 $a \in S$, $a\mathscr{L}e$, 即 $a \in L_e$. 从而 $S \subseteq L_e$. 因此, 联系显然的包含 $L_e \subseteq S$, 有 $S = L_e$.

另一方面, 令 e 为 S 的一个幂等元, 且 $S = L_e$. 则, 关于任意 $a \in S$, $a\mathscr{L}e$. 根据推论 4.4.1 的 (3), 有

$$ae = a,$$

且

$$(\exists\, a' \in S)\ a'a = e.$$

因此, S 为一左群.

(2) 类似可证. □

定理 4.1.2 的初等证明 必要性. 根据左群的定义, e 为一幂等元, 且 $\mathscr{L}$ 为 S 上的泛关系 ω_S, 即, $S = L_e$. 幂等元显然是正则元, 根据推论 4.4.1 的 (4), $S(= L_e)$ 的每一元素 a 都是正则的, 即

$$(\exists\, x \in S)\ axa = a.$$

易知 $ax\mathscr{R}a$. 注意到 $(ax)^2 = ax$, $S(= L_e)$ 的每一 $\mathscr{R}$-类含幂等元. 根据推论 4.1.1 的 (3), $S(= L_e)$ 的每一 $\mathscr{R}$-类仅含一个幂等元. 令 S 的幂等元全体为

$$E(S) \overset{\text{d}}{=} \{f_i \in S \mid f_i^2 = f_i, i \in I \cup \{0\}\}, \quad 0 \notin I, \quad f_0 = e.$$

则 $S = L_e = \dot{\bigcup\limits_{i \in I\cup\{0\}}} R_{f_i}$, 见图 4.4 (此处, 我们用行表示 $\mathscr{L}$-类, 列表示 $\mathscr{R}$-类).

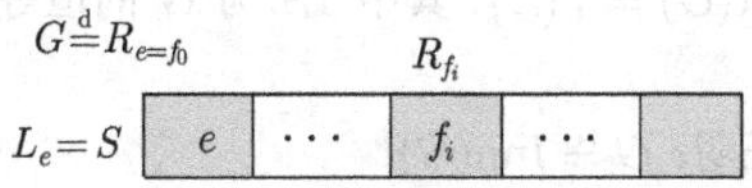

图 4.4

首先, 我们断言, 每一 R_{f_i} 为一群. 事实上, 若 $a, b \in R_{f_i}$, 则根据推论 4.4.1 的 (2) 和 (3),

$$b\mathscr{R}f_i \Longrightarrow (ab)\mathscr{R}(af_i = a),$$

这指出了 R_{f_i} 为 S 的子半群. 因为 $R_{f_i} \subseteq L_e$, 根据推论 4.4.1 的 (3), f_i 为 R_{f_i} 的幺元. 关于任意 $a \in R_{f_i}$, 存在 $x \in S$ 使得 $xa = f_i$. 从而, $f_i x a = f_i f_i = f_i$. 令 $f_i x = a'$. 则 $a'a = f_i$. 因此 $a'\mathscr{R}f_i$, $a' \in R_{f_i}$. 于是, R_{f_i} 为一群.

其次, 我们断言

$$(\forall\, i \in I)\ R_{f_i} \cong R_e \overset{\text{d}}{=} G.$$

事实上

$$\begin{aligned} \eta:\ R_e &\longrightarrow R_{f_i}, \\ g &\longmapsto f_i g \end{aligned} \qquad 与 \qquad \begin{aligned} \theta:\ R_{f_i} &\longrightarrow R_e, \\ h &\longmapsto eh \end{aligned}$$

显然为一对互逆的双射. 又

$$\begin{aligned} (\forall\, g_1, g_2 \in R_e)\ \ \eta(g_1 g_2) &= f_i(g_1 g_2) = f_i\big((g_1 f_i) g_2\big) \\ &= (f_i g_1)(f_i g_2) = \eta(g_1)\eta(g_2). \end{aligned}$$

因此, η 为 R_e 到 R_{f_i} 的一个群同构. 从而, $R_{f_i} \cong R_e (= G)$.

最后, 证明 $S \cong E(S) \times G$. 事实上, 注意到 $S = \dot{\bigcup\limits_{i \in I\cup\{0\}}} R_{f_i}$ 且 $R_{f_i} = f_i G$, 容易验证

$$\begin{aligned} \varphi: S &\longrightarrow E(S) \times G, \\ f_i g (\in R_{f_i}) &\longmapsto (f_i, g) \end{aligned}$$

为一半群同构映射. 显然 $E(S)\in\mathscr{S}_{lz}$, 必要性得证.

充分性. 只需证明 $L\times G$ 为一左群. 令 1 为 G 的幺元. 关于给定的 $e\in L$, 我们有

$$(\forall\ (l,g)\in L\times G)\ \ (l,g)(e,1)=(l,g),\ \ (e,g^{-1})(l,g)=(e,1).$$

因此, $L\times G$ 为一左群. □

定理 4.1.3 的初等证明 仅将 4.1 节定理 4.1.3 证明中倒数第二行的"由 $\mathscr{D}$-类的蛋箱结构知"改为"由推论 4.4.1 的 (5) 知"即可. □

习 题 4

1. 令 S 为一半群. 证明: S 为群当且仅当 S 为一恰含一个幂等元的正则半群.

2. 令 G 为一群, $N\trianglelefteq G$, $N\cap G'=\{e\}$. 证明: $N\leqslant Z(G)$.

3. 令 G 为一群, $H,K\trianglelefteq G$. 证明: 若 G/H, G/K 都可解, 则 $G/(H\cap K)$ 可解.

4. 决定 $(\mathbb{Q},+)$ 的所有自同构群.

5. 令 G 为一群. 证明: 若 $\mathrm{Aut}(G)=\{1_G\}$, 其中 1_G 为 G 的恒等自同构, 则 G 为一 Abel 群, 且 G 的每个元素满足方程 $x^2=e$.

6. 令 G 为一非 Abel 单群. 证明: $G\cong\mathrm{Inn}(G)$.

7. 令 G 为一 n 阶有限群. 证明:

$$|\mathrm{Aut}(G)|\ \big|\ (n-1)!.$$

8. 令 $G=\mathrm{GL}_n(\mathbb{C})$, $X=\mathbb{C}^{n\times n}$,

$$f:G\times X\longrightarrow X,$$
$$(P,A)\longmapsto P(A)\overset{\mathrm{d}}{=}P^{-1}AP$$

为一群作用.

(1) 证明: $A,B\in X$ 相似当且仅当 A,B 在同一轨道内, 因而每个轨道内有一个 Jordan 标准形;

(2) 试问, 在群作用 f 下, 怎样的轨道是最短轨道?

9. 令 $G=\mathrm{GL}_n(\mathbb{C})\times\mathrm{GL}_m(\mathbb{C})$, $X=\mathbb{C}^{n\times m}$,

$$f:G\times X\longrightarrow X,$$
$$((P,Q),A)\longmapsto(P,Q)(A)\overset{\mathrm{d}}{=}P^{-1}AQ$$

为一群作用.

(1) 试问: 在这个作用下有多少个轨道?

(2) 若 O 为一长度大于 1 的轨道, $A\in O$, 求出 A 的稳定子群 H_A.

10. 决定 S_4 的所有 Sylow 2-子群和 Sylow 3-子群.

11. 令 G 为一有限群, P 为 G 的一个 Sylow p-子群, $N\trianglelefteq G$. 证明: $P\cap N$ 是 N 的一个 Sylow p-子群, PN/N 是 G/N 的一个 Sylow p-子群.

12. 令 G 为一有限群, P 为 G 的一个 p-子群, 但不是 Sylow p-子群. 证明: $P<N_G(P)$. (提示: 考虑 G 关于 P 的双陪集分解: $G=\bigcup_{i=1}^{k}Px_iP$).

13. 证明: 若 M 为有限 p-群 G 的一个极大子群, 则 $[G:M]=p$, 且 $M\trianglelefteq G$.

14. 证明: 有限 p-群 G 为可解群.

15. 证明：pq 阶群 G 为可解群，其中，p,q 为两个不同的素数.
16. 证明：$p^m q$ 阶群为可解群，其中，p,q 为两个不同的素数，$m \in \mathbb{Z}^+$.
17. 证明：pqr 阶群 G 为可解群，其中，p,q,r 为素数，且 $p > q > r$.
18. 决定全部互不同构的 10 阶群.
19. 决定全部互不同构的 15 阶群.
20. 证明：不存在 12, 56, 96, 148 和 200 等阶数的单群.

第5章 环与理想

5.1 环的乘法半群和加法群

我们由第 2 章已知, 环是一个非空集 R 连同定义在其上的两个二元运算 $+$ 和 $\cdot$ 构成的代数系统, 其中, $(R,+)$ 为一 Abel 群, $(R,\cdot)$ 为一半群, 而且 $\cdot$ 左, 右分配 $+$.

我们自然会问下面的问题:

(1) 是否任一半群 $(S,\cdot)$ 都允许环结构 (即, 允许在 S 上定义另一种运算 $+$, 使得 $(S,+)$ 为一 Abel 群, 且 $\cdot$ 左, 右分配 $+$)?

(2) 是否任一 Abel 群 $(G,+)$ 都允许环结构 (即, 允许在 G 上定义另一种运算 $\cdot$, 使得 $(G,\cdot)$ 为一半群, 且 $+$ 被 $\cdot$ 左, 右分配)?

关于问题 (1), 鉴于环 R 的乘法半群都是含零的 (乘法) 半群, 即 $(R,\cdot)=(R,\cdot)^0$. 因此, 非含零的 (乘法) 半群不允许环结构.

即便是含零的乘法半群, 也未必允许环结构. 例如, $T=E^0$, 其中, E 为一矩形带, $|E|\geqslant 2$, T 是一个含零元的非交换带. 如果 T 允许环结构, 那么依据第 3 章习题第 10 题, T 应该是交换的, 矛盾.

实际上, 相当一批半群是不允许环结构的. 例如, 不是逆半群的纯正半群, 以及不是 Clifford 半群的逆半群. 因为由 “正则环论” 已知, 环的乘法半群是纯正的当且仅当它是 Clifford 的, 这里不再赘述.

关于问题 (2), 回答是正面的. 因为, 关于任一 Abel 群 $(G,+)$, 在 G 上定义所谓 “零乘法”, 即

$$a\cdot b\equiv 0,$$

其中, 0 为 Abel 群 $(G,+)$ 的幺元. 显然, $(G;+,\cdot)$ 构成一环. 所谓 “把一个 Abel 群视为一环” 就是在上述意义上说的.

如果排除这一 “平凡” 构作, 我们可以将问题 (2) 修正为:

(2)$'$ 是否任一 Abel 群 $(G,+)$ 都允许非 “平凡” 的环结构 (即, 允许在 G 上定义一种非 “零乘法” $\cdot$, 使得 $(G,\cdot)$ 为一半群, 且 $+$ 被 $\cdot$ 左、右分配)?

那么, 情形如何? 回答是反面的. 这已是 “允许环结构的 Abel 群” 的研究课题了, 这里不详述.

读者在学习这一章时, 应关注环中两种运算通过分配律的相互影响, 相互牵制.

5.2 素理想和极大理想

定义 5.2.1 令 R 为一环, $P\trianglelefteq R$, 且 $P\neq R$. 称 P 为 R 的一个素理想, 如果

$$(\forall\ A,B\trianglelefteq R)\ AB\subseteq P\Longrightarrow A\subseteq P \text{ 或 } B\subseteq P.$$

定理 5.2.1 令 R 为一环, $P \trianglelefteq R$, 且 $P \neq R$. 若

$$(\forall\, a, b \in R)\ ab \in P \Longrightarrow a \in P \text{ 或 } b \in P, \tag{5.1}$$

则 P 为 R 的一个素理想. 反之, 若 P 为 R 的一个素理想, 则当 R 可换时, P 满足条件 (5.1).

证明 令 $P \trianglelefteq R$, $P \neq R$, 且 P 满足条件 (5.1). 关于任意 $A, B \trianglelefteq R$, 若 $AB \subseteq P$, 且 $A \not\subseteq P$, 则存在 $a \in A$, 但 $a \notin P$. 从而, 关于任意 $b \in B$, 由

$$ab \in AB \subseteq P$$

和条件 (5.1) 知, $b \in P$. 因此 $B \subseteq P$. 于是, P 为 R 的一个素理想.

反之, 令 P 为 R 的一个素理想. 关于任意 $a, b \in R$, 若 $ab \in P$, 则由 R 可换知,

$$\langle a \rangle \langle b \rangle = \langle ab \rangle \subseteq P.$$

从而, $\langle a \rangle \subseteq P$ 或 $\langle b \rangle \subseteq P$. 即, $a \in P$ 或 $b \in P$. 于是, P 满足条件 (5.1). □

注 5.2.1 (1) 关于交换环, 定理 5.2.1 中的条件 (5.1) 为素理想的充要条件;

(2) R 不是交换环时, R 的素理想未必满足定理 5.2.1 中的条件 (5.1). 例如, 根据第 2 章习题第 51 题, 域 $\mathbb{F}$ 上 n 阶矩阵环 $\mathbb{F}^{n\times n}$ 为一单环, $n \in \mathbb{Z}^+$. 它的唯一的真理想 $\langle 0 \rangle$ 为 $\mathbb{F}^{n\times n}$ 的素理想. 而当 $n \geqslant 2$ 时, $\mathbb{F}^{n\times n}$ 有零因子, 如令

$$a = \begin{pmatrix} 1 & 0 & \cdots & 0 \\ 0 & 0 & \cdots & 0 \\ \vdots & \vdots & & \vdots \\ 0 & 0 & \dots & 0 \end{pmatrix}, \quad b = \begin{pmatrix} 0 & 0 & \cdots & 0 \\ 0 & 0 & \cdots & 0 \\ \vdots & \vdots & & \vdots \\ 0 & 0 & \dots & 1 \end{pmatrix}.$$

则 $ab = 0 \in \langle 0 \rangle$, 但 $a \neq 0$, $b \neq 0$, 即素理想 $\langle 0 \rangle$ 不满足定理 5.2.1 中的条件 (5.1).

定义 5.2.2 令 R 为一环, $M \trianglelefteq R$, 且 $M \neq R$. 称 M 为 R 的一个极大理想, 如果

$$(\forall\, I \trianglelefteq R)\ M \subsetneq I \Longrightarrow I = R.$$

例 5.2.1 在偶数环 $2\mathbb{Z}$ 中, $\langle 4 \rangle$ 是极大理想, 但不是素理想. 事实上, 显然 $\langle 4 \rangle \neq 2\mathbb{Z}$. 若存在 $I \trianglelefteq 2\mathbb{Z}$, 使得

$$\langle 4 \rangle \subsetneq I \subseteq 2\mathbb{Z},$$

则存在某一偶数 $2m \in I$, 但 $2m \notin \langle 4 \rangle$. 从而 m 为一奇数, 不妨令 $m = 2k + 1$, $k \in \mathbb{Z}$. 则

$$2 = 4k + 2 - 4k = 2(2k + 1) - 4k = 2m - 4k \in I,$$

从而 $I = 2\mathbb{Z}$. 因此, $\langle 4 \rangle$ 是极大理想.

显然 $2 \cdot 2 = 4 \in \langle 4 \rangle$, 但 $2 \notin \langle 4 \rangle$, 根据注 5.2.1 的 (1), $\langle 4 \rangle$ 不是素理想.

例 5.2.2 容易验证全体整系数多项式 $\mathbb{Z}[x]$ 关于多项式通常加法和乘法成环, 且为一整环. $\langle x \rangle$ 是 $\mathbb{Z}[x]$ 的素理想, 但不是极大理想. 事实上, 显然 $\langle x \rangle$ 是由全体常数项为 0 的整系数多项式构成的理想. 关于任意

$$f(x) = a_n x^n + \cdots + a_1 x + a_0 \in \mathbb{Z}[x],$$

$$g(x) = b_m x^m + \cdots + b_1 x + b_0 \in \mathbb{Z}[x].$$

若

$$f(x)g(x) \in \langle x \rangle,$$

则 $a_0 b_0 = 0$. 从而 $a_0 = 0$, 或 $b_0 = 0$, 即 $f(x) \in \langle x \rangle$, 或 $g(x) \in \langle x \rangle$. 根据注 5.2.1 的 (1), $\langle x \rangle$ 是 $\mathbb{Z}[x]$ 的素理想.

显然, $\langle 2, x \rangle$ 是由全体常数项为偶数的整系数多项式构成的理想, 且

$$\langle x \rangle \subsetneq \langle 2, x \rangle \subsetneq \mathbb{Z}[x].$$

因此, $\langle x \rangle$ 不是 $\mathbb{Z}[x]$ 的极大理想.

下面我们专门讨论交换幺环.

引理 5.2.1　令 R 为一交换幺环. 则

(1) 零理想 $\{0\}$ 为一素理想当且仅当 R 为一整环;

(2) 零理想 $\{0\}$ 为一极大理想当且仅当 R 为一域.

证明　(1) 令 R 为一整环. 关于任意 $a, b \in R$, 若 $ab \in \{0\}$, 则 $ab = 0$. 从而 $a = 0$ 或 $b = 0$, 即 $a \in \{0\}$ 或 $b \in \{0\}$. 根据定理 5.2.1, $\{0\}$ 为一素理想.

反之, 令 $\{0\}$ 为一素理想. 关于任意 $a, b \in R$, 若 $ab = 0$, 则 $ab \in \{0\}$. 根据定理 5.2.1, $a \in \{0\}$ 或 $b \in \{0\}$, 即 $a = 0$ 或 $b = 0$. 从而 R 无零因子. 又 R 为一交换幺环, 因此, R 为一整环.

(2) 令 R 为一域. 若 $I \trianglelefteq R$, 且 $\{0\} \subsetneq I \subseteq R$, 则存在 $a \in I$, 且 $a \neq 0$. 又 R 为一域, 从而由 I 为一理想知,

$$(\exists\, a^{-1} \in R)\ 1 = a^{-1} a \in I,$$

其中 1 为 R 的幺元. 因此 $I = R$. 于是 $\{0\}$ 为一极大理想.

反之, 令 $\{0\}$ 为一极大理想. 关于任意 $0 \neq a \in R$, 显然

$$\{0\} \subsetneq \langle a \rangle \subseteq R.$$

由 $\{0\}$ 为一极大理想知, $\langle a \rangle = R$, 从而 R 的幺元 $1 \in \langle a \rangle$. 因此, 由交换幺环中主理想中元素的构成 (见 63 页) 知,

$$(\exists\, a' \in R)\ aa' = 1,$$

即 R 的任意非零元都有逆元. 又 R 交换, 于是 R 为一域. □

引理 5.2.2　令 R, R' 为两个交换幺环, $\psi: R \longrightarrow R'$ 为一环满同态映射, $P \trianglelefteq R$, $P' \trianglelefteq R'$, $\operatorname{Ker} \psi \subseteq P$.

(1) 若 P 为 R 的素理想 (极大理想), 则 $\psi(P)$ 为 R' 的素理想 (极大理想);

(2) 若 P' 为 R' 的素理想 (极大理想), 则 $\psi^{-1}(P')$ 为 R 的素理想 (极大理想).

证明　请读者自行完成证明. □

定理 5.2.2　令 R 为一交换幺环, $P, M \trianglelefteq R$, 且 $P, M \neq R$. 则

(1) P 为一素理想当且仅当 R/P 为一整环;

(2) M 为一极大理想当且仅当 R/M 为一域.

证明 根据引理 5.2.1 与引理 5.2.2 立得. □

易知, 下面推论成立.

推论 5.2.1 交换幺环的极大理想是素理想.

联系定理 2.4.23, 我们有如下定理.

定理 5.2.3 令 R, R' 为两个交换幺环, $\varphi: R \longrightarrow R'$ 为一环满同态映射,

$$S = \{P(M) \mid P(M)\text{为}R\text{的素理想 (极大理想)}, \operatorname{Ker}\varphi \subseteq P(M)\},$$

$$S' = \{P'(M') \mid P'(M')\text{为}R'\text{的素理想 (极大理想)}\}.$$

则 S 与 S' 之间存在一个双射.

证明 请读者自行完成证明. □

本节最后讨论交换幺环的极大理想的存在性问题.

定理 5.2.4 令 R 为一交换幺环, $a \in R$ 为一非幂零元. 则存在 R 的一个素理想不包含 a 的任何方幂 a^m, $m \in \mathbb{Z}^+ \cup \{0\}$.

证明 令 S 为 R 的一切与 $\{a^m \mid m \in \mathbb{Z}^+ \cup \{0\}\}$ 无交的理想的集合. 显然, $\{0\} \in S$, 从而 S 非空. 因此, S 按集合的包含关系成一偏序集. 令 $T = \{A_\alpha \mid \alpha \in I\}$ 为 S 的任一链, $A = \bigcup\limits_{\alpha \in I} A_\alpha$. 则 A 为 R 的一个理想. 事实上, 关于任意 $b, c \in A$,

$$(\exists\, A_\beta, A_\gamma \in T)\ b \in A_\beta,\ c \in A_\gamma.$$

由 T 为一个链知, A_β, A_γ 有包含关系, 不妨令 $A_\beta \subseteq A_\gamma$. 则 $b - c \in A_\gamma$, 从而 $b - c \in A$. 又关于任意 $r \in R$, 有 $rb \in A_\beta$, 从而 $rb \in A$. 因此, A 为 R 的一个理想. 若存在 $m \in \mathbb{Z}^+ \cup \{0\}$, 使得 $a^m \in A$, 则必存在某个 $A_\alpha \in T$, 使得 $a^m \in A_\alpha$, 一个矛盾. 于是, $A \in S$. 显然, A 为 T 的一个上界. 根据 Zorn 引理, S 有一个极大元 P.

下证 P 为一素理想. 假设 P 不是素理想, 则, 根据注 5.2.1, 存在 $b, c \in R$, 使得 $bc \in P$, 但 $b \notin P$, 且 $c \notin P$. 令

$$I = \langle b \rangle + P, \quad N = \langle c \rangle + P.$$

显然, $I \neq P, N \neq P$. 由 P 为 S 的极大元知, $I \notin S$, 因此, 存在 a 的某个方幂 $a^s \in I$. 同理可证, 存在 a 的某个方幂 $a^t \in N$. 因此, $a^{s+t} \in I \cdot N$. 但是

$$I \cdot N \subseteq \langle b \rangle\langle c \rangle + \langle b \rangle P + \langle c \rangle P + P^2 = \langle bc \rangle + \langle b \rangle P + \langle c \rangle P + P^2 \subseteq P.$$

因此, $I \cdot N$ 与 $\{a^m \mid m \in \mathbb{Z}^+ \cup \{0\}\}$ 无交, 一个矛盾. 于是, P 为一素理想. □

推论 5.2.2 交换幺环有极大理想.

证明 在定理 5.2.4 的证明中, 令 $a = 1$. 则 P 为一极大理想. 事实上, 若

$$(\exists\, I \trianglelefteq R)\ P \subsetneq I \subseteq R,$$

则由 P 为 S 的极大元知, $I \notin S$. 从而 I 与 $\{1\}$ 有交, 即 $1 \in I$. 因此 $I = R$. 于是, P 为一极大理想. □

推论 5.2.3　令 R 为一交换幺环, 记 $r(R)$ 为 R 的全部素理想的交. 则 $r(R)$ 恰由 R 的全部幂零元作成.

证明　令 $a \in R$ 为一幂零元. 则存在 $m \in \mathbb{Z}^+$, 使得 $a^m = 0$. 关于 R 的任一素理想 P, 显然 $a^m = 0 \in P$. 又令 r 为使得 $a^r \in P$ 的最小正整数. 若 $r > 1$, 则由 $aa^{r-1} = a^r \in P$ 知, $a \in P$ 或 $a^{r-1} \in P$, 这与 r 的取法矛盾. 因此 $r = 1$, 即 $a \in P$. 于是, $a \in r(R)$. 反之, 令 $b \in R$ 为任一非幂零元. 则根据定理 5.2.4, 存在 R 的一个素理想 P, 使得 $b \notin P$, 从而 $b \notin r(R)$. 这指出, $r(R)$ 恰由 R 的全部幂零元作成. □

注 5.2.2　(1) 推论 5.2.3 说明, 交换幺环 R 的全体幂零元构成 R 的一个理想, 即, 若 $a, b \in R$ 为幂零元, 则 $a \pm b$, ra $(r \in R)$ 仍为幂零元;

(2) 推论 5.2.3 给出第 2 章习题第 40 题的另一种证明.

5.3　整环的分式域

整数环 $\mathbb{Z}$ 可以扩张为有理数域 $\mathbb{Q}$. 那么, 关于任意一个一般的环 R, R 能否扩张为一个域? 换句话说, R 能否作为某个域的子环? 显然, 若 R 为某个域的子环, 则 R 必然满足域的两个基本性质: 交换和无零因子. 事实上, 任一交换无零因子环都可扩张为一个域, 特别地, 任一整环都能扩张为一个域, 即它的分式域.

定义 5.3.1　令 R 为一整环, $\mathbb{F}$ 为一域. 称 $\mathbb{F}$ 为 R 的分式域, 如果

(1) R 为 $\mathbb{F}$ 的一个子环;

(2) $(\forall\, a \in \mathbb{F})$ $(\exists\, b, c \in R)$ $a = bc^{-1}$, $c \neq 0$.

例 5.3.1　有理数域 $\mathbb{Q}$ 是整数环 $\mathbb{Z}$ 的分式域.

下面我们按照由整数环作出有理数域的方法, 由整环 R 作出 R 的分式域.

令 R 为一整环, $R^* = R \setminus \{0\}$. 作 Descartes 积

$$T \overset{\mathrm{d}}{=} R \times R^* = \big\{(a, b) \mid a \in R,\ b \in R^*\big\}.$$

定义 T 上的一个二元关系 $\sim$ 如下:

$$(a, b) \sim (c, d) \Longleftrightarrow ad = bc.$$

则 $\sim$ 为 T 上的一个等价关系. 事实上, 显然 $\sim$ 满足自反性和对称性. 令

$$(a, b) \sim (c, d), \quad (c, d) \sim (e, f).$$

则

$$ad = bc, \quad cf = de.$$

在上面两个等式两端分别同乘 f 和 b, 有

$$adf = bcf, \quad bcf = bde,$$

从而 $afd = bed$. 由 $d \neq 0$ 和 R 为一整环知, $af = be$, 即 $(a, b) \sim (e, f)$. 因此 $\sim$ 满足传递性. 于是, $\sim$ 为 T 上的一个等价关系.

作商集 $\mathbb{F}=T/\sim$. 令 (a,b) 所在的类记为 $\dfrac{a}{b}$. 则

$$\mathbb{F}=\left\{\frac{a}{b}\ \middle|\ a\in R,b\in R^*\right\},$$

且

$$\frac{a}{b}=\frac{c}{d}\Longleftrightarrow ad=bc.$$

在 $\mathbb{F}$ 上定义二元合成 $+,\cdot$ 为

$$\frac{a}{b}+\frac{c}{d}=\frac{ad+bc}{bd},\quad \frac{a}{b}\cdot\frac{c}{d}=\frac{ac}{bd}.$$

令

$$\frac{a'}{b'}=\frac{a}{b},\quad \frac{c'}{d'}=\frac{c}{d}.$$

则

$$a'b=ab',\quad c'd=cd'.$$

由

$$\frac{a'}{b'}+\frac{c'}{d'}=\frac{a'd'+b'c'}{b'd'},\quad \frac{a}{b}+\frac{c}{d}=\frac{ad+bc}{bd},$$

和

$$(a'd'+b'c')bd=(a'b)d'd+(c'd)b'b=ab'd'd+cd'b'b=(ad+bc)b'd'$$

知,

$$\frac{a'd'+b'c'}{b'd'}=\frac{ad+bc}{bd},$$

即

$$\frac{a'}{b'}+\frac{c'}{d'}=\frac{a}{b}+\frac{c}{d}.$$

类似可证

$$\frac{a'}{b'}\cdot\frac{c'}{d'}=\frac{a}{b}\cdot\frac{c}{d}.$$

因此, $+,\cdot$ 都是良好定义的, 即都是 $\mathbb{F}$ 上的二元运算. 读者可自行验证 $+,\cdot$ 都满足结合律和交换律, 且

(1) $\dfrac{0}{b}$ 为 $\mathbb{F}$ 的零元, 简记为 0;

(2) $-\dfrac{a}{b}=\dfrac{-a}{b}$ 为 $\dfrac{a}{b}$ 的负元;

(3) $\dfrac{b}{b}$ 为 $\mathbb{F}$ 的幺元, 简记为 1;

(4) 若 $\dfrac{a}{b}\neq 0$, 则 $\left(\dfrac{a}{b}\right)^{-1}=\dfrac{b}{a}$ 为 $\dfrac{a}{b}$ 的逆元.

因此, $(\mathbb{F};+,\cdot)$ 为一域. 显然

$$R'=\left\{\frac{a}{1}\ \middle|\ a\in R\right\}$$

为 $\mathbb{F}$ 的一个子环, 且

$$\left(\forall\ \frac{a}{b}\in\mathbb{F}\right)\ \left(\exists\ \frac{a}{1},\ \frac{b}{1}\in R'\right)\ \frac{a}{b}=\frac{a}{1}\cdot\frac{1}{b}=\frac{a}{1}\cdot\left(\frac{b}{1}\right)^{-1}.$$

又容易验证

$$\begin{aligned}\varphi:\ \ R&\longrightarrow R',\\ a&\longmapsto \frac{a}{1}\end{aligned}$$

为一同构映射. 从而可将 a 与 $\dfrac{a}{1}$ 等同, R 与 $\mathbb{F}$ 的子环 R' 等同, 即, 可视 R 为 $\mathbb{F}$ 的子环, 且关于任意 $a\in\mathbb{F}$, 存在 $b,c\in R$, 使得 $a=bc^{-1}$. 因此, $\mathbb{F}$ 为 R 的分式域.

因此, 下面定理成立.

定理 5.3.1 令 R 为一整环. 则 R 的分式域存在.

定理 5.3.2 令 R 为一整环, $\mathbb{F}$ 为 R 的分式域. 则 $\mathbb{F}$ 是包含 R 的最小域. 因此, R 的分式域唯一 (同构意义上).

证明 令 $\mathbb{F}'$ 为包含 R 的任一域. 则

$$\mathbb{F}_1=\left\{ab^{-1}\ \middle|\ a,b\in R,\ b\neq 0\right\}$$

为 $\mathbb{F}'$ 的子域. 事实上, 关于任意 $ab^{-1},\ cd^{-1}\in\mathbb{F}_1$,

$$ab^{-1}+cd^{-1}=(ad+cb)(bd)^{-1},\quad -(ab^{-1})=(-a)b^{-1},$$

从而 $\mathbb{F}_1$ 关于加法成 $\mathbb{F}'$ 的子群. 又关于任意 $ab^{-1},\ cd^{-1}\in\mathbb{F}_1\setminus\{0\}$,

$$(ab^{-1})(cd^{-1})^{-1}=(ad)(bc)^{-1},$$

从而 $\mathbb{F}_1\setminus\{0\}$ 关于乘法成 $\mathbb{F}'\setminus\{0\}$ 的子群. 因此, $\mathbb{F}_1$ 是 $\mathbb{F}'$ 的子域.

又容易验证

$$\begin{aligned}\varphi:\ \ \mathbb{F}&\longrightarrow\mathbb{F}_1,\\ \frac{a}{b}&\longmapsto ab^{-1}\end{aligned}$$

为一同构映射. 从而可将 $\mathbb{F}$ 与 $\mathbb{F}_1$ 等同. 因此, $\mathbb{F}\subseteq\mathbb{F}'$. □

例 5.3.2 令 $\mathbb{F}$ 为一数域, $\mathbb{F}(x)$ 为 $\mathbb{F}[x]$ 的分式域. 则

$$\mathbb{F}(x)=\left\{\frac{f(x)}{g(x)}\ \middle|\ f(x),g(x)\in\mathbb{F}[x],\ g(x)\neq 0\right\}.$$

注 5.3.1 定理 5.3.1 和定理 5.3.2 中的结论可以推广到无零因子交换环上, 即环中不必有幺元.

例 5.3.3 令 $0\neq m\in\mathbb{Z}$. 则 $m\mathbb{Z}$ 的分式域为 $\mathbb{Q}$.

5.4 多项式环

5.4.1 交换幺环上的多项式环

环上的多项式环是数域上的多项式环的推广. 本节只考虑交换幺环上的多项式环.

定义 5.4.1 令 R' 为一含幺元 1 的交换环, R 是 R' 的一个子环, 且 $1 \in R$, $u \in R'$. 则

$$R[u] \stackrel{\mathrm{d}}{=} \left\{a_0 + a_1u + \cdots + a_nu^n \;\middle|\; n \in \mathbb{Z}^+ \cup \{0\}, a_i \in R, i = 0, 1, \cdots, n\right\}$$

为 R' 的一个子环. 称 $R[u]$ 为 R 上添加 u 生成的子环. 称

$$f(u) = a_0 + a_1u + \cdots + a_nu^n \in R[u]$$

为 R 上 u 的多项式, a_i 称为此多项式的系数, $i = 0, 1, \cdots, n$.

定义 5.4.2 假设如定义 5.4.1. 称 u 为 R 上的超越元 (或未定元), 如果关于任意 $f(u) \in R[u]$,

$$f(u) = 0 \Longleftrightarrow f(u) \text{ 的系数全为零}.$$

否则, 称 u 为 R 上的代数元.

例 5.4.1 令 $R' = \mathbb{C}$. 则虚单位 i 为整数环 $\mathbb{Z}$ 上的代数元. 而 π 为 $\mathbb{Z}$ 上的未定元.

例 5.4.2 令 $R' = \mathbb{Q}$. 则 $\mathbb{Q}$ 中的数皆为整数环 $\mathbb{Z}$ 上的代数元.

定义 5.4.3 假设如定义 5.4.1. 若 x 为 R 上的一个未定元, 则称 $R[x]$ 为 R 上的一元多项式环, R 上 x 的多项式称为 R 上的一元多项式, 一般用 $f(x), g(x), h(x)$ 等表示.

例 5.4.3 令 $\mathbb{F}$ 为一数域, x 为一文字. 则 $\mathbb{F}[x]$ 为 $\mathbb{F}$ 上的一元多项式环, x 为 $\mathbb{F}$ 上的未定元.

交换幺环 R 上关于未定元 x 的一个一元多项式只能唯一地写成

$$f(x) = a_0 + a_1x + \cdots + a_nx^n, \quad a_i \in R, \quad i = 0, 1, \cdots, n$$

的形式 (不计系数为零的项). 关于这种多项式可以像数域上的一元多项式一样引入次数的概念, 仍记为 $\partial(f(x))$, 并规定 0 的次数为 $-\infty$.

令 R 为一交换幺环. 关于给定的满足定义 5.4.1 假设条件的 R', R' 未必含有 R 上的未定元, 见例 5.4.2. 下面, 我们再给出一个例子.

例 5.4.4 令 $\mathbb{Z}$ 为整数环. 则

$$\mathbb{Z}[\mathrm{i}] = \left\{m + \mathrm{i}n \;\middle|\; m, n \in \mathbb{Z}\right\}$$

为一整环. 称其为 Gauss 整数环. 关于任意 $\alpha = a + \mathrm{i}b \in \mathbb{Z}[\mathrm{i}]$, 都有

$$\alpha^2 + (-2a)\alpha + (a^2 + b^2) = 0,$$

从而 α 为 $\mathbb{Z}$ 上的代数元.

但是我们有下面的重要定理.

定理 5.4.1　令 R 为一交换幺环. 则 R 上的一元多项式环一定存在.

证明　令

$$R' \stackrel{\mathrm{d}}{=} \{(a_0, a_1, a_2, \cdots) \mid a_i \in R, i = 0, 1, 2, \cdots, \text{ 且仅有有限个 } a_i \text{ 不为零}\},$$

且

$$(a_0, a_1, a_2, \cdots) = (b_0, b_1, b_2, \cdots) \Longleftrightarrow a_i = b_i, \quad i = 0, 1, 2, \cdots$$

定义 R' 上的二元合成 $+, \cdot$ 为

$$(a_0, a_1, a_2, \cdots) + (b_0, b_1, b_2, \cdots) = (a_0 + b_0, a_1 + b_1, a_2 + b_2, \cdots),$$
$$(a_0, a_1, a_2, \cdots) \cdot (b_0, b_1, b_2, \cdots) = (c_0, c_1, c_2, \cdots),$$

其中

$$c_n = \sum_{i+j=n} a_i b_j, \quad n = 0, 1, 2, \cdots.$$

则 $+, \cdot$ 为 R' 上的二元运算, 且 R' 关于 $+, \cdot$ 成交换幺环, 其零元和幺元分别为 $(0, 0, \cdots, 0, \cdots)$ 和 $(1, 0, \cdots, 0, \cdots)$ (请读者自行验证).

令 $R_0 = \{(a_0, 0, 0, \cdots) \mid a_0 \in R\}$. 则 R_0 为 R 的一个子环, 且 $(1, 0, \cdots, 0, \cdots) \in R_0$. 作映射

$$\varphi: \ R \longrightarrow R_0,$$
$$a \longmapsto (a, 0, 0, \cdots).$$

易知 φ 为一同构映射. 从而可将 R 中的任一元素 a 与 $(a, 0, 0, \cdots)$ 等同, R 与 R_0 等同, 即可视 R 为 R' 的子环. R 的幺元 1 等同于 R_0 的幺元 $(1, 0, \cdots)$.

下证 R' 即为 R 上的一元多项式环. 令

$$x = (0, 1, 0, \cdots).$$

则

$$x^k = (\overbrace{0, \cdots, 0}^{k\text{个}}, 1, 0, \cdots),$$

$$a_k x^k = (\overbrace{0, \cdots, 0}^{k\text{个}}, a_k, 0, \cdots), \quad a_k \in R.$$

关于任意 $f = (a_0, a_1, a_2, \cdots) \in R'$,

$$(\exists\, n \in \mathbb{Z}^+)\ a_{n+1} = a_{n+2} = \cdots = 0,$$

从而

$$f = (a_0, a_1, a_2, \cdots, a_n, 0, 0, \cdots) = a_0 + a_1 x + a_2 x^2 + \cdots + a_n x^n \in R[x].$$

因此 $R' \subseteq R[x]$. 又另一边的包含关系是显然的. 于是 $R' = R[x]$. 若

$$a_0 + a_1 x + a_2 x^2 + \cdots + a_n x^n = 0,$$

即

$$(a_0, a_1, a_2, \cdots, a_n, 0, 0, \cdots) = (0, 0, 0, \cdots, 0, 0, 0, \cdots),$$

则 $a_0 = a_1 = a_2 = a_n = 0$, 从而 x 为 R 上的未定元. 于是, $R[x]$ 为 R 上的一元多项式环. □

定理 5.4.2 令 R, S 为两个交换幺环, 其幺元分别为 1, $1'$, φ 为 R 到 S 的一个环同态映射, 且 $\varphi(1) = 1'$. 则关于任意 $u \in S$, φ 可唯一地扩张成 R 上一元多项式环 $R[x]$ 到 S 的一个同态映射 φ_u, 使得 $\varphi_u(x) = u$.

证明 作

$$\varphi_u: \quad R[x] \longrightarrow S,$$
$$\sum_{i=0}^{n} a_i x^i \longmapsto \sum_{i=0}^{n} \varphi(a_i) u^i,$$

则显然 φ_u 为一映射.

容易验证 φ_u 保持加法运算, 下证 φ_u 保持乘法运算. 关于任意

$$f(x) = a_0 + a_1 x + \cdots + a_n x^n \in R[x],$$
$$g(x) = b_0 + b_1 x + \cdots + b_m x^m \in R[x],$$

令

$$f(x)g(x) = c_0 + c_1 x + \cdots + c_{n+m} x^{n+m},$$

其中,

$$c_i = \sum_{s+t=i} a_s b_t, \quad i = 0, 1, \cdots, n+m.$$

则

$$\begin{aligned}
&\varphi_u\big(f(x)g(x)\big) \\
&= \varphi_u(c_0 + c_1 x + \cdots + c_{n+m} x^{n+m}) \\
&= \varphi(c_0) + \varphi(c_1) u + \cdots + \varphi(c_{n+m}) u^{n+m} \\
&= \varphi(a_0)\varphi(b_0) + \left(\sum_{s+t=1} \varphi(a_s)\varphi(b_t)\right) u + \cdots + \left(\sum_{s+t=n+m} \varphi(a_s)\varphi(b_t)\right) u^{n+m} \\
&= \big(\varphi(a_0) + \varphi(a_1) u + \cdots + \varphi(a_n) u^n\big)\big(\varphi(b_0) + \varphi(b_1) u + \cdots + \varphi(b_m) u^m\big) \\
&= \varphi_u\big(f(x)\big)\varphi_u\big(g(x)\big).
\end{aligned}$$

从而 φ_u 为一同态映射. 显然, $\varphi_u|_R = \varphi$. 因此, φ_u 是 φ 的一个扩张, 且

$$\varphi_u(x) = \varphi_u(1x) = \varphi_u(1)u = \varphi(1)u = 1'u = u.$$

令同态 $\varphi' : R[x] \longrightarrow S$ 也是 φ 的一个扩张, 且 $\varphi'(x) = u$. 则

$$\left(\forall \sum_{i=0}^{n} a_i x^i \in R[x]\right) \ \varphi'\left(\sum_{i=0}^{n} a_i x^i\right) = \sum_{i=0}^{n} \varphi'(a_i) u^i = \sum_{i=0}^{n} \varphi(a_i) u^i = \varphi_u\left(\sum_{i=0}^{n} a_i x^i\right).$$

因此, $\varphi' = \varphi_u$. □

推论 5.4.1 令 R 为一交换幺环, $R[x]$ 和 $R[y]$ 都为 R 上的一元多项式环. 则 $R[x]\cong R[y]$.

证明 令 φ 为 R 到 $R[y]$ 的嵌入映射, 即

$$\varphi: R\longrightarrow R[y],$$
$$a\longmapsto a.$$

则容易知道, φ 为一同态映射. 根据定理 5.4.2, φ 可以唯一地扩张成 $R[x]$ 到 $R[y]$ 的同态映射 φ_y, 使得 $\varphi_y(x)=y$. 显然 φ_y 为一满射, 且根据 φ 的单射性和 y 是未定元, 可以验证 φ_y 为一单射. 因此, φ_y 为一同构映射. 于是, $R[x]\cong R[y]$. □

定理 5.4.1 和推论 5.4.1 表明: 任一交换幺环上的一元多项式环是唯一存在的 (在同构意义下).

下面将交换幺环上的一元多项式环推广到交换幺环上的多元多项式环.

令 R' 为一含幺元 1 的交换环, R 为 R' 的一个子环, 且 $1\in R$. 关于任意 $u_1,u_2,\cdots,u_n\in R'$, $n\in\mathbb{Z}^+$, 我们先作 R 上添加 u_1 生成的子环 $R[u_1]$. 显然 $R[u_1]$ 仍为一以 1 为幺元的交换幺环, 再作 $R[u_1]$ 上添加 u_2 生成的子环 $R[u_1][u_2]$. 这样下去, 可以得到 $R[u_1][u_2]\cdots[u_n]$. 容易验证

$$R[u_1][u_2]\cdots[u_n]\overset{\mathrm{d}}{=}\Bigg\{\sum_{k_1k_2\cdots k_n}a_{k_1k_2\cdots k_n}u_1^{k_1}u_2^{k_2}\cdots u_n^{k_n}\ \Bigg|\ a_{k_1k_2\cdots k_n}\in R,\ k_i\in\mathbb{Z}^+\cup\{0\},$$
$$i=1,2,\cdots,n;\ a_{k_1k_2\cdots k_n}\text{中仅有有限个不为零}\Bigg\}.$$

定义 5.4.4 令 R' 为一含幺元 1 的交换环, R 是 R' 的一个子环, 且 $1\in R$, $u_1,u_2,\cdots,u_n\in R'$, $n\in\mathbb{Z}^+$. 称 $R[u_1][u_2]\cdots[u_n]$ 为 R 上添加 $u_1,u_2,\cdots,u_n$ 生成的子环, 记为 $R[u_1,u_2,\cdots,u_n]$. 称

$$f(u_1,u_2,\cdots,u_n)=\sum_{k_1k_2\cdots k_n}a_{k_1k_2\cdots k_n}u_1^{k_1}u_2^{k_2}\cdots u_n^{k_n}\in R[u_1,u_2,\cdots,u_n]$$

为 R 上 $u_1,u_2,\cdots,u_n$ 的多项式, $a_{k_1k_2\cdots k_n}$ 称为此多项式的系数.

易知, $R[u_1,u_2,\cdots,u_n]$ 中两个多项式的加法和乘法为

$$\begin{aligned}&\sum_{k_1k_2\cdots k_n}a_{k_1k_2\cdots k_n}u_1^{k_1}u_2^{k_2}\cdots u_n^{k_n}+\sum_{k_1k_2\cdots k_n}b_{k_1k_2\cdots k_n}u_1^{k_1}u_2^{k_2}\cdots u_n^{k_n}\\ =&\sum_{k_1k_2\cdots k_n}(a_{k_1k_2\cdots k_n}+b_{k_1k_2\cdots k_n})u_1^{k_1}u_2^{k_2}\cdots u_n^{k_n},\\ &\left(\sum_{i_1i_2\cdots i_n}a_{i_1i_2\cdots i_n}u_1^{i_1}u_2^{i_2}\cdots u_n^{i_n}\right)\cdot\left(\sum_{j_1j_2\cdots j_n}b_{j_1j_2\cdots j_n}u_1^{j_1}u_2^{j_2}\cdots u_n^{j_n}\right)\\ =&\sum_{k_1k_2\cdots k_n}c_{k_1k_2\cdots k_n}u_1^{k_1}u_2^{k_2}\cdots u_n^{k_n},\end{aligned}$$

其中

$$c_{k_1k_2\cdots k_n}=\sum_{i_m+j_m=k_m}a_{i_1i_2\cdots i_n}b_{j_1j_2\cdots j_n}.$$

与一元多项式环一样, 我们先给出无关未定元的概念.

定义 5.4.5 假设如定义 5.4.4. 称 $u_1, u_2, \cdots, u_n$ 在 R 上是代数无关的, 或为 R 上的无关未定元, 如果关于任意 $f(u_1, u_2, \cdots, u_n) \in R[u_1, u_2, \cdots, u_n]$,

$$f(u_1, u_2, \cdots, u_n) = 0 \Longleftrightarrow f(u_1, u_2, \cdots, u_n) \text{ 的系数全为零}.$$

否则, 称 $u_1, u_2, \cdots, u_n$ 在 R 上是代数相关的.

定义 5.4.6 假设如定义 5.4.4. 若 $x_1, x_2, \cdots, x_n$ 为 R 上的无关未定元, 则称 $R[x_1, x_2, \cdots, x_n]$ 为 R 上的 n 元多项式环, $R[x_1, x_2, \cdots, x_n]$ 中元素称为 R 上的 n 元多项式.

定理 5.4.3 令 R 为一交换幺环, $n \in \mathbb{Z}^+$. 则 R 上的 n 元多项式环一定存在.

证明 关于 n 在自然数集 $\mathbb{Z}^+$ 上作第一数学归纳法.

当 $n = 1$ 时, 根据定理 5.4.1, 结论成立.

假设 $n - 1 (\geqslant 1)$ 时结论成立, 即存在 R 上的 $n - 1$ 元多项式环 $R[x_1, x_2, \cdots, x_{n-1}]$. 今考察 n 的情形. 显然 $R[x_1, x_2, \cdots, x_{n-1}]$ 也为一交换幺环, 且

$$1 \in R \subsetneq R[x_1, x_2, \cdots, x_{n-1}],$$

其中 1 为 R 的幺元. 又根据定理 5.4.1, 存在 $R[x_1, x_2, \cdots, x_{n-1}]$ 上的一元多项式环 $(R[x_1, x_2, \cdots, x_{n-1}])[x_n]$, 使得

$$1 \in R \subsetneq R[x_1, x_2, \cdots, x_{n-1}] \subsetneq (R[x_1, x_2, \cdots, x_{n-1}])[x_n].$$

显然

$$R[x_1, x_2, \cdots, x_{n-1}, x_n] \subseteq (R[x_1, x_2, \cdots, x_{n-1}])[x_n].$$

令 $f \in (R[x_1, x_2, \cdots, x_{n-1}])[x_n]$. 则存在 $f_0, f_1, \cdots, f_k \in R[x_1, x_2, \cdots, x_{n-1}]$, 使得

$$f = f_0 + f_1 x_n + \cdots + f_k x_n^k.$$

又关于任意 $i \in \{0, 1, 2, \cdots, k\}$, f_i 都可写成有限形式和

$$f_i = \sum_{k_1 k_2 \cdots k_{n-1}} a_{k_1 k_2 \cdots k_{n-1} i} x_1^{k_1} x_2^{k_2} \cdots x_{n-1}^{k_{n-1}}.$$

从而 $f \in R[x_1, x_2, \cdots, x_{n-1}, x_n]$. 因此

$$R[x_1, x_2, \cdots, x_{n-1}, x_n] \supseteq (R[x_1, x_2, \cdots, x_{n-1}])[x_n].$$

于是

$$R[x_1, x_2, \cdots, x_{n-1}, x_n] = (R[x_1, x_2, \cdots, x_{n-1}])[x_n].$$

下证 $x_1, x_2, \cdots, x_{n-1}, x_n$ 为 R 上的无关未定元. 令有限形式和

$$\sum_{k_1 k_2 \cdots k_n} a_{k_1 k_2 \cdots k_n} x_1^{k_1} x_2^{k_2} \cdots x_n^{k_n} = 0.$$

又令

$$f_i = \sum_{k_1 k_2 \cdots k_{n-1}} a_{k_1 k_2 \cdots k_{n-1} i} x_1^{k_1} x_2^{k_2} \cdots x_{n-1}^{k_{n-1}}.$$

则 $f_i \in R[x_1, x_2, \cdots, x_{n-1}]$, 且满足

$$\sum_i f_i x_n^i = 0.$$

由 x_n 为 $R[x_1, x_2, \cdots, x_{n-1}]$ 上的一个未定元知, $f_i = 0$, 即

$$\sum_{k_1 k_2 \cdots k_{n-1}} a_{k_1 k_2 \cdots k_{n-1} i} x_1^{k_1} x_2^{k_2} \cdots x_{n-1}^{k_{n-1}} = 0.$$

由归纳假设, $x_1, x_2, \cdots, x_{n-1}$ 为 R 上的无关未定元, 从而

$$a_{k_1 k_2 \cdots k_{n-1} i} = 0.$$

因此, $x_1, x_2, \cdots, x_{n-1}, x_n$ 为 R 上的无关未定元. 于是, $R[x_1, x_2, \cdots, x_{n-1}, x_n]$ 为 R 上的一个 n 元多项式环. □

与一元多项式环类似, 交换幺环上的多元多项式环也有下面的事实.

定理 5.4.4　令 R, S 为两个交换幺环, 其幺元分别为 $1, 1'$, φ 为 R 到 S 的一个环同态映射且 $\varphi(1) = 1'$. 则关于任意 $u_1, u_2, \cdots, u_n \in S$, φ 可唯一地扩张成 R 上 n 元多项式环 $R[x_1, x_2, \cdots, x_n]$ 到 S 的一个同态映射 φ_n, 使得 $\varphi_n(x_i) = u_i$, $i = 1, 2, \cdots, n$.

推论 5.4.2　令 R 为一交换幺环, $R[x_1, x_2, \cdots, x_n]$ 和 $R[y_1, y_2, \cdots, y_n]$ 都为 R 上的 n 元多项式环. 则 $R[x_1, x_2, \cdots, x_n] \cong R[y_1, y_2, \cdots, y_n]$.

定理 5.4.4 和推论 5.4.2 的证明留给读者.

5.4.2　整环和域上的一元多项式环

定理 5.4.5　令 R 为一整环. 则 $R[x]$ 也为一整环.

证明　令 R 为一整环, 1 为其幺元. 则容易验证 $R[x]$ 也为一以 1 为幺元的交换幺环. 因此, 只需证明 $R[x]$ 无零因子.

令

$$f(x) = a_m x^m + \cdots + a_1 x + a_0 \in R[x], \quad a_m \neq 0,$$

$$g(x) = b_n x^n + \cdots + b_1 x + b_0 \in R[x], \quad b_n \neq 0.$$

则

$$f(x)g(x) = a_m b_n x^{m+n} + \cdots + (a_0 b_1 + a_1 b_0)x + a_0 b_0.$$

由 $a_m \neq 0$, $b_n \neq 0$ 和 R 为一整环知, $a_m b_n \neq 0$. 从而 $f(x)g(x) \neq 0$. 因此, $R[x]$ 无零因子. □

注 5.4.1　(1) 由定理 5.4.5 的证明可知, 整环 R 上的一元多项式环 $R[x]$ 中多项式的次数有如下性质:

$$(\forall\, f(x), g(x) \in R[x])\ \partial(f(x)g(x)) = \partial(f(x)) + \partial(g(x)).$$

试问, 上式关于一般交换幺环是否成立?

(2) 根据定理 5.4.3 的证明, 用数学归纳法可证: 整环 R 上的 n 元多项式环 $R[x_1,\cdots,x_n]$ 仍为一整环. 因此, $R[x_1,\cdots,x_n]$ 的分式域 $R(x_1,\cdots,x_n)$ 存在, 且

$$R(x_1,\cdots,x_n)=\left\{\frac{f(x_1,\cdots,x_n)}{g(x_1,\cdots,x_n)}\,\middle|\, f(x_1,\cdots,x_n),g(x_1,\cdots,x_n)\in R[x_1,\cdots,x_n],\right.$$
$$\left. g(x_1,\cdots,x_n)\neq 0\right\}.$$

数域上一元多项式的带余除法定理可推广为如下定理.

定理 5.4.6 (带余除法) 令 R 为一交换幺环, $f(x)$, $g(x)\in R[x]$, $g(x)\neq 0$, 且 $g(x)$ 的首项系数为一单位. 则存在唯一的 $q(x)$, $r(x)\in R[x]$, 使得

$$f(x)=q(x)g(x)+r(x),$$

其中 $\partial(r(x))<\partial(g(x))$. $q(x)$ $(r(x))$ 称为 $g(x)$ 除 $f(x)$ 的商 (余) 式.

证明 定理 5.4.6 的证明与数域时的情况完全一样. □

关于一般域 $\mathbb{F}$ 上的一元多项式环 $\mathbb{F}[x]$, 高等代数教材中关于数域上的多项式的整除、因式、最大公因式、不可约多项式、互素、因式分解以及根的相关概念和定理, 在 $\mathbb{F}[x]$ 中都成立. 特别地, 有如下定理.

定理 5.4.7 (余数定理) 令 $\mathbb{F}$ 为一域, $f(x)\in\mathbb{F}[x]$, $a\in\mathbb{F}$. 则 $x-a$ 除 $f(x)$ 的余式为一常数, 且此常数为 $f(a)$.

定理 5.4.8 (零点-因子定理) 令 $\mathbb{F}$ 为一域, $f(x)\in\mathbb{F}[x]$, $a\in\mathbb{F}$. 则 a 为 $f(x)$ 的根当且仅当 $(x-a)\mid f(x)$.

定理 5.4.9 令 $\mathbb{F}$ 为一域, $f(x)\in\mathbb{F}[x]$, $\partial(f(x))=n\geqslant 0$. 则 $f(x)$ 在 $\mathbb{F}$ 中最多有 n 个根 (重根以重数计).

定理 5.4.10 域 $\mathbb{F}$ 上任两个多项式的最大公因式不因域的扩大而改变.

注意到, 关于一般环上的多项式, 定理 5.4.9 未必成立.

例 5.4.5 $f(x)=x^2+1$ 在四元数除环 H 中至少有 3 个根 I,J,K. 实际上, 关于任意 $\alpha\in H$, 易知 $\alpha I\alpha^{-1}$ 都是 $f(x)$ 的根, 且

$$\begin{aligned}\alpha I\alpha^{-1}=\beta I\beta^{-1}&\Longleftrightarrow(\beta^{-1}\alpha)I(\alpha^{-1}\beta)=I\\&\Longleftrightarrow(\beta^{-1}\alpha)I(\beta^{-1}\alpha)^{-1}=I\\&\Longleftrightarrow(\beta^{-1}\alpha)I=I(\beta^{-1}\alpha)\\&\Longleftrightarrow\beta^{-1}\alpha\in\mathbb{R}[I],\end{aligned}$$

其中, $\mathbb{R}[I]$ 为实数域添加 $I\in H$ 所生成的 H 的子环. 因此, $f(x)$ 在 H 中有无穷多个根.

例 5.4.6 $f(x)=x^2-1$ 在模 15 剩余类环 $\mathbb{Z}/\langle 15\rangle$ 中有 4 个根 $\pm\bar{1},\pm\bar{4}$.

5.5 整环的因子分解理论

5.5.1 素元与不可约元

要讨论整环的因子分解问题, 首先要将整数环上的整除与素数等概念推广到一般整环上.

定义 5.5.1　令 R 为一整环, $a, b \in R$. 称 a 是 b 的因子 (或 a 整除 b), 记为 $a|b$, 如果

$$(\exists\, c \in R)\ b = ac.$$

推论 5.5.1　令 R 为一整环, $a, b \in R$. 则 $a|b$ 当且仅当 $\langle b \rangle \subseteq \langle a \rangle$.

定义 5.5.2　令 R 为一整环, $a, b \in R$. 称 a 与 b 相伴, 如果

$$a|b \text{ 且 } b|a.$$

推论 5.5.2　令 R 为一整环, $a, b \in R$. 则以下几条等价:

(1) a 与 b 相伴;

(2) $a = b\varepsilon$, 其中, ε 是 R 的一个单位;

(3) $\langle a \rangle = \langle b \rangle$.

证明　(1) $\Longrightarrow$ (2). 令 a 与 b 相伴. 则

$$(\exists\, u, v \in R)\ b = au, \quad a = bv.$$

从而 $a = auv$, 即 $a(1 - uv) = 0$. 由 R 为一整环知, $a = 0$, 或 $1 - uv = 0$. 若 $a = 0$, 则由 a 与 b 相伴知, $b = 0$. 从而 $a = b \cdot 1$, 其中 1 为 R 的幺元, 当然为一单位. 若 $1 - uv = 0$, 则 $uv = 1$, 即 u, v 为单位.

(2) $\Longrightarrow$ (3). 令 $a = b\varepsilon$, 其中, ε 为 R 的一个单位. 则 $a \in \langle b \rangle$, 从而 $\langle a \rangle \subseteq \langle b \rangle$. 由 ε 为一单位知,

$$b = (b\varepsilon)\varepsilon^{-1} = a\varepsilon^{-1},$$

从而 $b \in \langle a \rangle$. 因此 $\langle b \rangle \subseteq \langle a \rangle$. 于是 $\langle a \rangle = \langle b \rangle$.

(3) $\Longrightarrow$ (1). 令 $\langle a \rangle = \langle b \rangle$. 则 $a \in \langle b \rangle$, 且 $b \in \langle a \rangle$. 从而

$$(\exists\, u, v \in R)\ a = bu, \quad b = av,$$

即 $b \mid a$, 且 $a \mid b$. 因此, a 与 b 相伴. □

例 5.5.1　(1) 令 $a, b \in \mathbb{Z}$. 则 a 与 b 相伴当且仅当 $a = \pm b$;

(2) 令 $f(x), g(x) \in \mathbb{F}[x]$. 则 $f(x)$ 与 $g(x)$ 相伴当且仅当 $f(x) = cg(x)$, $0 \neq c \in \mathbb{F}$.

定义 5.5.3　令 R 为一整环, $0 \neq p \in R$, 且 p 非单位. 称 p 为 R 的一个素元, 如果

$$(\forall\, a, b \in R)\ p|ab \Longrightarrow p|a \text{ 或 } p|b.$$

定义 5.5.4　令 R 为一整环, $0 \neq p \in R$, 且 p 非单位. 称 p 为 R 的一个不可约元 (或既约元), 如果

$$p = ab \Longrightarrow a \text{ 为一单位或 } b \text{ 为一单位}.$$

否则, 称 p 为一可约元.

例 5.5.2　(1) 所有素数都是整数环 $\mathbb{Z}$ 的素元, 也是不可约元;

(2) 所有不可约多项式都是数域 $\mathbb{F}$ 上一元多项式环 $\mathbb{F}[x]$ 的素元, 也是不可约元.

定理 5.5.1 令 R 为一整环, $0 \neq p \in R$. 则

(1) 素元是不可约的, 但反之未必;

(2) p 为一素元当且仅当 $\langle p \rangle$ 为一素理想;

(3) p 为一不可约元当且仅当 $\langle p \rangle$ 在 R 的全体真主理想所组成的集合中极大.

证明 (1) 令 p 为一素元. 关于任意 $a, b \in R$, 若

$$p = ab,$$

则显然 $p|ab$. 由 p 为一素元知, $p|a$ 或 $p|b$. 当 $p|a$ 时,

$$(\exists\, c \in R)\ a = pc.$$

从而, $p = pcb$, 即 $p(1-cb) = 0$. 由 R 为一整环和 $p \neq 0$ 知, $1 - cb = 0$, 即 $cb = 1$. 因此 b 为一单位. 同理可证, 当 $p|b$ 时, a 为一单位. 因此, p 为一不可约元.

反之未必, 见例 5.5.3.

(2) 令 p 为一素元. 则 p 非零非单位, 从而 $\langle p \rangle \neq R$. 关于任意 $a, b \in R$, 若 $ab \in \langle p \rangle$, 则 $p \mid ab$. 由 p 为一素元知, $p \mid a$ 或 $p \mid b$, 即 $a \in \langle p \rangle$ 或 $b \in \langle p \rangle$. 因此, $\langle p \rangle$ 为一素理想.

反之, 令 $\langle p \rangle$ 为一素理想. 则 $\langle p \rangle \neq R$, 从而 p 非零非单位. 关于任意 $a, b \in R$, 若 $p \mid ab$, 则 $ab \in \langle p \rangle$. 由 $\langle p \rangle$ 为一素理想知, $a \in \langle p \rangle$ 或 $b \in \langle p \rangle$, 即 $p \mid a$ 或 $p \mid b$. 因此, p 为一素元.

(3) 令 p 为一不可约元. 关于任意真主理想 $\langle a \rangle \trianglelefteq R$, 若

$$\langle p \rangle \subseteq \langle a \rangle,$$

则 $a|p$. 从而

$$(\exists\, b \in R)\ p = ab.$$

由 p 为一不可约元知, a 为一单位, 或 b 为一单位. 显然 a 不是单位 (因为 $\langle a \rangle$ 为一真理想). 因此, b 为一单位. 根据推论 5.5.2, $\langle p \rangle = \langle a \rangle$. 这指出 $\langle p \rangle$ 在 R 的全体真主理想所组成的集合中极大.

反之, 关于任意 $a, b \in R$, 若 $p = ab$, 则 $a|p$. 从而, $\langle p \rangle \subseteq \langle a \rangle$. 由 $\langle p \rangle$ 在 R 的全体真主理想构成的集合中极大知, $\langle a \rangle = \langle p \rangle$ 或 $\langle a \rangle = R$. 因此, a 与 p 相伴或 a 为一单位. 又, a 与 p 相伴时, b 为一单位. 于是, p 为一不可约元. □

例 5.5.3 容易验证

$$R = \mathbb{Z}[\sqrt{5}\mathrm{i}] = \{a + \mathrm{i}b\sqrt{5} \mid a, b \in \mathbb{Z}\}$$

关于复数通常的加法和乘法成一环, 且为一整环. 3 为 R 的不可约元, 但不是素元. 事实上, 令 $\alpha = a + \mathrm{i}b\sqrt{5} \in R$, 称 $\overline{\alpha} = a - \mathrm{i}b\sqrt{5}$ 为 α 的共轭, $N(\alpha) = \alpha\overline{\alpha} = a^2 + 5b^2$. 显然, $N(\alpha) \in \mathbb{Z}^+ \cup \{0\}$, 且 $N(\alpha) = 0$ 当且仅当 $\alpha = 0$. 又, 关于任意 $\alpha, \beta \in R$, $N(\alpha\beta) = N(\alpha)N(\beta)$.

显然, 1 和 -1 是 R 的单位. 又若 $\alpha = a + \mathrm{i}b\sqrt{5} \in R$ 为一单位, 则

$$(\exists\, \beta = c + \mathrm{i}d\sqrt{5} \in R)\ \alpha\beta = 1.$$

从而 $N(\alpha)N(\beta)=N(1)=1$, 因此 $N(\alpha)=1$, 即 $a^2+5b^2=1$. 由 $a,b\in\mathbb{Z}$ 知, $a=\pm1$, $b=0$, 即 $\alpha=\pm1$. 于是 R 的单位只有 1 和 -1.

若 $\alpha=a+\mathrm{i}b\sqrt{5}\in R$ 为 3 的一个因子, 则

$$(\exists\ \beta=c+\mathrm{i}d\sqrt{5}\in R)\ 3=\alpha\beta.$$

从而 $N(\alpha)N(\beta)=N(3)=9$. 因此 $N(\alpha)=1$, 3, 或 9.

(1) 若 $N(\alpha)=1$, 则 $\alpha=\pm1$, 即 α 为一单位;

(2) 若 $N(\alpha)=3$, 则 $a^2+5b^2=3$, 此方程无整数解, 这种情况不存在;

(3) 若 $N(\alpha)=9$, 则 $N(\beta)=1$, 从而 $\beta=\pm1$, 即 β 为一单位.

总之, 若 $3=\alpha\beta$, 则 α 为一单位, 或 β 为一单位. 因此, 3 为一不可约元.

另一方面, 显然

$$3\mid 9(=(2+i\sqrt{5})(2-i\sqrt{5})),$$

但 $3\nmid(2+i\sqrt{5})$, 且 $3\nmid(2-i\sqrt{5})$. 因此, 3 不是素元.

5.5.2　唯一分解整环

定义 5.5.5　令 R 为一整环. 称 R 为一唯一分解整环, 如果

(1) R 中任一非零非单位元素 a 常可写成有限个不可约元的乘积;

(2) 上述分解在相伴意义下是唯一的, 即若

$$a=p_1p_2\cdots p_n=q_1q_2\cdots q_m,$$

其中, p_i, q_j 为不可约元, $i=1,2,\cdots,n$, $j=1,2,\cdots,m$, $m,n\in\mathbb{Z}^+$, 则 $n=m$, 且适当调整顺序可使得 p_i 与 q_i 相伴, $i=1,2,\cdots,n$.

例 5.5.4　整数环 $\mathbb{Z}$ 和数域 $\mathbb{F}$ 上一元多项式环 $\mathbb{F}[x]$ 都是唯一分解整环.

下面是唯一分解整环的一个重要性质.

定理 5.5.2　令 R 为一唯一分解整环, $p\in R$. 则 p 为一素元当且仅当 p 为一不可约元.

证明　只需证明充分性. 令 p 为一不可约元. 关于任意 $a,b\in R$, 若 $p|ab$, 则

$$(\exists\ c\in R)\ pc=ab.$$

显然, 若 a,b,c 中只要有一个元为零元或单位, 则

$$p|a,\quad 或\quad p|b.$$

从而 p 为一素元. 今令 a,b,c 皆非零非单位. 由 R 为一唯一分解整环知,

$$pc_1c_2\cdots c_l=a_1a_2\cdots a_mb_1b_2\cdots b_n,$$

其中, $a=a_1a_2\cdots a_m$, $b=b_1b_2\cdots b_n$, $c=c_1c_2\cdots c_l$, a_i,b_j,c_k 为不可约元, $i=1,2,\cdots,m$, $j=1,2,\cdots,n$, $k=1,2,\cdots,l$, $m,n,l\in\mathbb{Z}^+$, 且 p 与 $a_1,a_2,\cdots,a_m,b_1,b_2,\cdots,b_n$ 中某个元相伴. 当 p 与 $a_1,a_2,\cdots,a_m$ 中某个元相伴时, $p|a$; 当 p 与 $b_1,b_2,\cdots,b_n$ 中某个元相伴时, $p|b$. 因此, p 为一素元. □

定理 5.5.3 令 R 为一整环. 则 R 为一唯一分解整环, 当且仅当

(1) R 中任一非零非单位元素 a 均可写成有限个不可约元的乘积;

(2) 不可约元是素元.

证明 必要性由定义 5.5.5 和定理 5.5.2 立得. 下证充分性, 这又只需证明在相伴意义下分解的唯一性.

令 $a \in R$ 为非零非单位, 且

$$p_1p_2\cdots p_m = a = q_1q_2\cdots q_n,$$

其中, p_i, q_j 为不可约元, $i = 1,2,\cdots,m,\ j = 1,2,\cdots,n,\ m,n \in \mathbb{Z}^+$.

不妨令 $m \leqslant n$.

$n = 1$ 时, $m = 1$, $p_1 = q_1$. 唯一性成立.

假设 $n-1 \geqslant 1$ 时唯一性成立, 考查 n 时的情形. 因为 p_1 是素元, 所以 p_1 整除 q_1, q_2, $\cdots$, q_n 中某一元素, 不妨令 $p_1 \mid q_1$. 则

$$(\exists\ c \in R)\ q_1 = p_1c.$$

由 p_1, q_1 都是不可约元知, c 为一单位, 从而 p_1 与 q_1 相伴. 令

$$q_1 = p_1\varepsilon_1,$$

其中, ε_1 为一单位. 则

$$p_1p_2\cdots p_m = p_1\varepsilon_1q_2\cdots q_n.$$

又 R 为一整环, 由消去律知,

$$p_2\cdots p_m = \varepsilon_1q_2\cdots q_n.$$

根据归纳法假设, 适当排列顺序, 有 $m = n$, 且 p_i 与 q_i 相伴, $i = 2,3,4,\cdots,n$. 又, 我们已有 p_1 与 q_1 相伴, 因此结论得证. □

唯一分解整环的另一个重要性质就是任两个元素的最大公因子存在.

定义 5.5.6 令 R 为一整环, $a,b \in R$. 称 $d \in R$ 为 a, b 的一个最大公因子, 如果

(1) $d \mid a,\ d \mid b$;

(2) $(\forall\ c \in R)\ c \mid a,\ c \mid b \Longrightarrow c \mid d$.

定理 5.5.4 令 R 为一唯一分解整环, $a,b \in R$. 则 a,b 的最大公因子存在.

证明 若 a,b 中有一个为零, 不妨令 $a = 0$. 则 b 显然是 a,b 的一个最大公因子. 若 a,b 中有一个为单位, 不妨令 a 为一单位. 则 a 显然是 a,b 的一个最大公因子.

假设 a,b 都非零非单位. 令

$$a = \varepsilon_a p_1^{s_1}p_2^{s_2}\cdots p_n^{s_n},$$

$$b = \varepsilon_b p_1^{t_1}p_2^{t_2}\cdots p_n^{t_n},$$

其中, ε_a, ε_b 为单位, $p_1,p_2,\cdots,p_n$ 为两两不相伴的不可约元, $s_i,\ t_i \geqslant 0, i,j = 1,2,\cdots,n,\ n \in \mathbb{Z}^+$. 又令

$$d = p_1^{k_1}p_2^{k_2}\cdots p_n^{k_n},$$

其中, $k_i = \min\{s_i, t_i\}$, $i = 1, 2, \cdots, n$. 则显然 $d \mid a$, $d \mid b$.

关于 a, b 的任意公因子 c, 显然 $c \neq 0$. 若 c 为一单位, 则 $c \mid d$. 若 c 不是单位, 则

$$c = q_1 q_2 \cdots q_m,$$

其中, q_i 为不可约元, $i = 1, 2, \cdots, m$, $m \in \mathbb{Z}^+$. 由 $c \mid a$ 知, 关于任意 $1 \leqslant i \leqslant m$, $q_i \mid a$, 从而 q_i 整除某一 p_j. 因此, q_i 与 p_j 相伴. 于是

$$c = \varepsilon_c p_1^{l_1} p_2^{l_2} \cdots p_n^{l_n},$$

其中, ε_c 为一单位, $l_i \geqslant 0$, $i = 1, 2, \cdots, n$. 显然 $l_i \leqslant s_i$, $i = 1, 2, \cdots, m$. 同理可证, $l_i \leqslant t_i$, $i = 1, 2, \cdots, m$. 从而, $l_i \leqslant k_i$, $i = 1, 2, \cdots, m$. 因此 $c \mid d$. 于是, d 为 a, b 的一个最大公因子. □

例 5.5.5 例 5.5.3 中的环 $R = \mathbb{Z}[\mathrm{i}\sqrt{5}]$ 不满足唯一分解定理. 事实上, 与例 5.5.3 同样方法可证, $2 + \mathrm{i}\sqrt{5}$ 和 $2 - \mathrm{i}\sqrt{5}$ 都是不可约元, 且与 3 都不相伴. 从而

$$3 \cdot 3 = 9 = (2 + \mathrm{i}\sqrt{5})(2 - \mathrm{i}\sqrt{5})$$

为 R 中两种不同的分解. 因此, $R = \mathbb{Z}[\mathrm{i}\sqrt{5}]$ 不满足唯一分解定理. 同时也说明 9 和 $3(2+\mathrm{i}\sqrt{5})$ 的公因子只有 ± 1, ± 3, 和 $\pm(2 + \mathrm{i}\sqrt{5})$, 但它们都不是最大公因子.

5.5.3 主理想整环

定义 5.5.7 称整环 R 为一主理想整环, 如果 R 的每个理想都是主理想.

例 5.5.6 根据定理 2.4.14, 整数环 $\mathbb{Z}$ 为一主理想整环.

例 5.5.7 根据定理 5.4.6, 类似于定理 2.4.14 的 (2) 可证, 域 $\mathbb{F}$ 上的一元多项式环 $\mathbb{F}[x]$ 为一主理想整环.

在一般整环中, 不可约元未必是素元, 素理想未必是极大理想, 但根据推论 5.2.1 和定理 5.5.1, 易知下面定理成立.

定理 5.5.5 令 R 为一主理想整环, $0 \neq p \in R$. 则以下几条等价:

(1) p 为一素元;

(2) p 为一不可约元;

(3) $\langle p \rangle$ 为一极大理想;

(4) $\langle p \rangle$ 为一素理想.

推论 5.5.3 令 R 为一主理想整环, $0 \neq I \trianglelefteq R$. 则 I 为一素理想当且仅当 I 为一极大理想.

定理 5.5.6 令 R 为一主理想整环, $a, b, d \in R$. $\langle a \rangle + \langle b \rangle = \langle d \rangle$ 当且仅当 d 为 a, b 的一个最大公因子.

证明 请读者自行证明. □

推论 5.5.4 假设如上. 若 d 为 a, b 的一个最大公因子, 则

$$(\exists\, u, v \in R)\ d = ua + vb.$$

任意有限多个元素的最大公因子可以归纳地定义. 因此, 下面的推论成立.

推论 5.5.5 令 R 为一主理想整环, $a_1, a_2, \cdots, a_m, d \in R$, $m \in \mathbb{Z}^+$. 若

$$\langle a_1 \rangle + \langle a_2 \rangle + \cdots + \langle a_m \rangle = \langle d \rangle,$$

则 d 为 $a_1, a_2, \cdots, a_m$ 的一个最大公因子, 且

$$(\exists\, u_1, u_2, \cdots, u_m \in R)\ d = u_1 a_1 + u_2 a_2 + \cdots + u_m a_m.$$

定义 5.5.8 令 R 为一环, $I_i \trianglelefteq R$, $i \in \mathbb{Z}^+$. 称 $\{I_i \mid i \in \mathbb{Z}^+\}$ 为 R 的一个理想升链, 如果

$$I_i \subseteq I_{i+1}, \quad i \in \mathbb{Z}^+.$$

令 R 为一整环, $a_i \in R$, $i \in \mathbb{Z}^+$. 称 $\{a_i \mid i \in \mathbb{Z}^+\}$ 为 R 的一个因子降链, 如果

$$a_{i+1} \mid a_i, \quad i \in \mathbb{Z}^+.$$

引理 5.5.1 令 R 为一主理想整环. 则关于 R 的任一因子降链 $\{a_i \mid i \in \mathbb{Z}^+\}$, 常存在 $m \in \mathbb{Z}^+$, 使得关于任意 $n \in \mathbb{Z}^+$, 当 $n \geqslant m$ 时, a_n 与 a_m 相伴.

证明 该引理结论等价于, 关于 R 的任一理想升链 $\{\langle a_i \rangle \mid i \in \mathbb{Z}^+\}$, 常存在 $m \in \mathbb{Z}^+$, 使得关于任意 $n \in \mathbb{Z}^+$, 当 $n \geqslant m$ 时, $\langle a_n \rangle = \langle a_m \rangle$. 今证明后者.

令

$$I = \bigcup_{i=1}^{\infty} \langle a_i \rangle.$$

则 I 为 R 的一个理想 (请读者自行验证). 由 R 为一主理想整环知, $I = \langle d \rangle$, $d \in R$. 从而存在 $m \in \mathbb{Z}^+$, 使得 $d \in \langle a_m \rangle$. 这指出 $I \subseteq \langle a_m \rangle$. 因此, 关于任意 $n \in \mathbb{Z}^+$, 当 $n \geqslant m$ 时,

$$I \subseteq \langle a_m \rangle \subseteq \langle a_n \rangle \subseteq I.$$

于是, $I = \langle a_m \rangle = \langle a_n \rangle$. □

定理 5.5.7 令 R 为一主理想整环. 则 R 为一唯一分解整环.

证明 令 $a \in R$, 且 a 非零非单位. 根据定理 5.5.3 和定理 5.5.5, 只需证明 a 可以写成有限个不可约元的乘积.

假设 a 不能写成有限个不可约元的乘积, 则 a 为可约元. 从而 a 可写成

$$a = a_1 b_1,$$

其中, a_1, b_1 非零非单位.

因为 a 不能写成有限个不可约元的乘积, 所以 a_1, b_1 中至少有一个元不能写成有限个不可约元的乘积, 不妨令此元为 a_1. 同样地, a_1 可写成

$$a_1 = a_2 b_2,$$

其中, a_2, b_2 非零非单位.

因为 a_1 不能写成有限个不可约元的乘积, 所以 a_2, b_2 中至少有一个元不能写成有限个不可约元的乘积, 不妨令此元为 a_2.

这样不断地做下去, 我们会得到一个因子降链

$$\{a = a_0,\ a_1,\ a_2,\ \cdots,\ a_i,\ \cdots\}.$$

注意到, a_{i+1} 是 a_i 的因子, 且 a_{i+1} 与 a_i 不相伴, $i \in \mathbb{Z}^+ \cup \{0\}$. 这与引理 5.5.1 矛盾. 因此 a 可以写成有限个不可约元的乘积.

□

5.5.4 Euclid 整环

下面我们讨论一类特殊的主理想整环 —— Euclid 整环.

定义 5.5.9 令 R 为一整环. 称 R 为一 Euclid 整环, 如果存在一个 $R^* = R \setminus \{0\}$ 到 $\mathbb{Z}^+$ 的映射 φ, 使得关于任意 $a, b \in R$, $a \neq 0$,

$$(\exists\, q, r \in R)\ b = qa + r,$$

其中 $r = 0$, 或 $\varphi(r) < \varphi(a)$.

例 5.5.8 整数环 $\mathbb{Z}$ 为一 Euclid 整环. 事实上, 关于任意 $0 \neq a \in \mathbb{Z}$, 取映射 $\varphi(a) = |a|$ 即可, 其中, $|a|$ 表示 a 的绝对值.

例 5.5.9 域 $\mathbb{F}$ 上一元多项式环 $\mathbb{F}[x]$ 为一 Euclid 整环. 事实上, 作映射

$$\begin{aligned}\varphi:\ \ \mathbb{F}[x] \setminus \{0\} &\longrightarrow \mathbb{Z}^+,\\ f(x) &\longmapsto 1 + \partial(f(x)).\end{aligned}$$

关于任意 $f(x), g(x) \in \mathbb{F}[x]$, 若 $g(x) \neq 0$, 则 $g(x)$ 的首项系数 $a_n \neq 0$. 从而 a_n 为域 $\mathbb{F}$ 的一个单位. 根据定理 5.4.6, 存在唯一的 $q(x), r(x) \in \mathbb{F}[x]$, 使得

$$g(x) = q(x)g(x) + r(x),$$

其中 $\partial(r(x)) < \partial(g(x))$. 从而 $r(x) = 0$, 或

$$\varphi(r(x)) = 1 + \partial(r(x)) < 1 + \partial(g(x)) = \varphi(g(x)).$$

因此, $\mathbb{F}[x]$ 为一 Euclid 整环.

定理 5.5.8 令 R 为一 Euclid 整环. 则 R 为一主理想整环. 因此, R 为一唯一分解整环.

证明 令 R 为一 Euclid 整环, φ 为一满足其定义条件的映射, $I \trianglelefteq R$. 若 I 为零理想, 则 $I = \langle 0 \rangle$ 为一主理想. 若 $I \neq \{0\}$, 令 a 是 I 中使得 $\varphi(a)$ 最小的非零元, 即 $0 \neq a \in I$, 且

$$(\forall\, 0 \neq x \in I)\ \varphi(a) \leqslant \varphi(x).$$

则关于任意 $b \in I$,

$$(\exists\, q, r \in R)\ b = qa + r,$$

其中 $r = 0$, 或 $\varphi(r) < \varphi(a)$. 由 $I \trianglelefteq R$ 知, $r = b - qa \in I$. 根据 a 的取法, $r = 0$, 从而 $b = qa \in \langle a \rangle$. 因此 $I \subseteq \langle a \rangle$. 又显然, $\langle a \rangle \subseteq I$. 于是, $I = \langle a \rangle$. □

注 5.5.1 Euclid 整环 (主理想整环) 是主理想整环 (唯一分解整环); 但主理想整环 (唯一分解整环) 未必是 Euclid 整环 (主理想整环).

例如, 整数环 $\mathbb{Z}$ 为一唯一分解整环, 从而由本章习题第 32 题知, $\mathbb{Z}[x]$ 为一唯一分解整环. 但 $\mathbb{Z}[x]$ 不是主理想整环. 事实上, 理想 $\langle 2, x^2+1\rangle$ 不是主理想. 否则,

$$(\exists\, g(x) \in \mathbb{Z}[x])\ \langle 2, x^2+1\rangle = \langle g(x)\rangle,$$

$2 \in \langle g(x)\rangle$, 从而存在 $h(x) \in \mathbb{Z}[x]$, 使得 $2 = g(x)h(x)$. 因此

$$\partial(g(x)) + \partial(h(x)) = \partial(g(x)h(x)) = \partial(2) = 0,$$

从而 $\partial(g(x)) = \partial(h(x)) = 0$, 即 $g(x), h(x) \in \mathbb{Z}$. 于是, $g(x) = 1$, 或 2 (不妨令 $g(x) > 0$). 另一方面, 由 $g(x) \in \langle 2, x^2+1\rangle$ 知,

$$(\exists\, u(x), v(x) \in \mathbb{Z}[x])\ g(x) = u(x)(x^2+1) + 2v(x).$$

将 $x = 1$ 代入上式得, $g(1) = 2(u(1)+v(1))$, 从而 $2 \mid g(1)$. 因此, $g(x) = 2$, 即 $\langle 2, x^2+1\rangle = \langle 2\rangle$. 于是, $x^2+1 \in \langle 2\rangle$, 即

$$(\exists\, h(x) \in \mathbb{Z}[x])\ x^2+1 = 2h(x),$$

矛盾.

关于主理想整环不是 Euclid 整环的例子, 请读者参看参考文献中 Motzkin (1949) 的文章.

习 题 5

1. 令 R 为一环, $P \trianglelefteq R$, 且 $P \neq R$. 证明: P 为一素理想当且仅当

$$(\forall\, a, b \in R)\ aRb \subseteq P \Longrightarrow a \in P \text{ 或 } b \in P.$$

2. 令 R 为一交换环, 且 $R^2 = R$. 证明: R 的每个极大理想都是素理想.

3. (1) 令 $\mathbb{Z}$ 为整数环, $p \in \mathbb{Z}^+$. 证明: $\langle p\rangle$ 为一素理想 (极大理想) 当且仅当 p 为一素数;

(2) 令 $\mathbb{F}$ 为一域, $0 \neq p(x) \in \mathbb{F}[x]$. 证明: $\langle p(x)\rangle$ 为一素理想 (极大理想) 当且仅当 $p(x)$ 为一不可约多项式.

4. 令 $m \in \mathbb{Z}$, $m > 1$. 试问, $\mathbb{Z}_m$ 有多少理想? 有多少素理想? 有多少极大理想?

5. 令 R 为一环, $M \trianglelefteq R$, 且 $M \neq R$. 证明: M 为 R 的极大理想当且仅当 R/M 是单环, 即 R/M 只有平凡理想.

6. 令 R 为一交换环. 证明:

(1) 若 R 有限, 则 R 的素理想都是极大理想;

(2) 若关于任意 $a \in R$, 都存在 $m \in \mathbb{Z}$, $m > 1$, 使得 $a^m = a$, 则 R 的素理想都是极大理想.

7. 令 R 为一交换幺环, G 为 R 的所有单位关于乘法作成的群. 证明:

$$G = R - \cup M,$$

其中, $\cup M$ 为 R 的所有极大理想的并.

8. 令 R 为一交换幺环, 证明: 若 R 的每个非平凡理想都是极大理想, 则 R 至多有两个极大理想.

9. 确定一个域作为整环的分式域.

10. 确定整环

$$\mathbb{Z}[\sqrt{2}] = \{a + \sqrt{2}b \mid a, b \in \mathbb{Z}\}$$

的分式域.

11. 确定 Gauss 整数环 $\mathbb{Z}[\mathrm{i}]$ 的分式域.

12. 令 R 为一交换环, S 为 $R^* = R \backslash \{0\}$ 的乘法子半群, 且 S 中任何元素都不是零因子. 在 $R \times S$ 中可如下定义等价关系 $\sim$:

$$(\forall\ (a,b),(c,d) \in R \times S)\ (a,b) \sim (c,d) \Longleftrightarrow ad = bc.$$

$R \times S$ 关于等价关系 $\sim$ 的商集记为 RS^{-1}. 证明:

(1) RS^{-1} 为一交换幺环;

(2) R 可嵌入 RS^{-1} 中;

(3) $(\forall\ a \in S \subseteq RS^{-1})\ a$ 为一单位.

13. 令 $R = \mathbb{Z}_4$, $S = \{1, 3\}$. 求 RS^{-1}.

14. 令 $R = \mathbb{Z}$, $S = \{2^n | n \in \mathbb{Z}^+\}$. 求 RS^{-1}.

15. 令 $R = 3\mathbb{Z}$, $S = \{6^n | n \in \mathbb{Z}^+\}$. 证明: RS^{-1} 与 R 的子环

$$\left\{ \frac{m}{6^n} \;\middle|\; m \in \mathbb{Z}, n \in \mathbb{Z}^+ \right\}$$

同构.

16. 证明: 同构的整环有同构的分式域.

17. 令 R 为一整环, $\mathbb{F}$ 为 R 的分式域, $\mathbb{F}[x]$ 为 $\mathbb{F}$ 上的一元多项式环. 证明: $R[x]$ 为 R 上的一元多项式环, 且 $R[x]$ 与 $\mathbb{F}[x]$ 有相同的分式域.

18. 令 $R = \mathbb{Z}_7$. 在 $R[x]$ 中计算 $(3x^3 + 5x - 4)(4x^2 - x - 3)$.

19. 证明: $\omega = -\dfrac{1}{2} + \dfrac{\sqrt{-3}}{2}$ 为有理数域 $\mathbb{Q}$ 上的代数元, 且 $\mathbb{Q}[\omega] \cong \mathbb{Q}[x]/\langle x^2 + x + 1 \rangle$.

20. 证明: $u = \sqrt{2} + \sqrt{3}$ 为有理数域 $\mathbb{Q}$ 上的代数元, 并求 $\mathbb{Q}[x]$ 的理想 I, 使得 $\mathbb{Q}[u] \cong \mathbb{Q}[x]/I$.

21. 令 R 为一交换幺环, $I \trianglelefteq R$, $I[x_1, x_2, \cdots, x_n]$ 为 $R[x_1, x_2, \cdots, x_n]$ 中全体系数在 I 中的多项式构成的集合. 证明:

(1) $I[x_1, x_2, \cdots, x_n] \trianglelefteq R[x_1, x_2, \cdots, x_n]$;

(2) $R[x_1, x_2, \cdots, x_n]/I[x_1, x_2, \cdots, x_n] \cong (R/I)[y_1, y_2, \cdots, y_n]$, 其中 $y_1, y_2, \cdots, y_n$ 为 R/I 上的无关未定元.

22. 证明: Gauss 整数环 $\mathbb{Z}[\mathrm{i}]$ 中的单位有且仅有 ± 1, $\pm \mathrm{i}$.

23. 证明: Gauss 整数环 $\mathbb{Z}[\mathrm{i}]$ 中, 若 $\alpha \in \mathbb{Z}[\mathrm{i}]$, 且 $|\alpha|^2 = p$ 为一素数, 则 α 为 $\mathbb{Z}[\mathrm{i}]$ 的不可约元. 又问, 反之如何?

24. 证明: $x^2 + 1$ 为多项式环 $\mathbb{Z}[x]$ 中的不可约元, 但 $\mathbb{Z}[x]/\langle x^2 + 1 \rangle$ 不是域.

25. 证明: 在 Gauss 整数环 $\mathbb{Z}[\mathrm{i}]$ 中, 满足条件 $p \equiv 1 (\mathrm{mod}\ 4)$ 的奇素数不是素元, 从而也不是不可约元. 由此导出数论中的重要定理, 当且仅当奇素数 p 满足 $p \equiv 1 (\mathrm{mod}\ 4)$ 时, p 可以表示成两个整数的平方.

26. 证明: $\mathbb{Z}[x]$ 的理想 $\langle 3, x^3 + 2x^2 + 2x - 1 \rangle$ 不是主理想.

27. 令 R 为一整环, 且 $|R| > 1$. 证明: R 为一域当且仅当 $R[x]$ 为一主理想整环.

28. 证明: (1) Gauss 整数环 $\mathbb{Z}[i]$ 为一 Euclid 整环, 因而为一主理想整环, 也为一唯一分解整环;

(2) $1-2i$ 是 $\mathbb{Z}[i]$ 的一个素元.

29. 证明: 域一定是 Euclid 整环.

30. 令 R 为一唯一分解整环, $f(x)\in R[x]$. 称 $f(x)$ 为一本原多项式, 如果 $f(x)$ 的系数的最大公因式为 R 的一个单位. 证明:

(1) $R[x]$ 中任意非零多项式 $f(x)$ 常可写成一常数 $d\in R$ 和一本原多项式 $f_1(x)\in R[x]$ 的乘积, 且在相伴意义下, d 和 $f_1(x)$ 由 $f(x)$ 唯一确定;

(2) (Gauss 引理) 本原多项式的乘积仍为本原多项式.

31. 令 R 为一整环, $\mathbb{F}$ 为 R 的分式域, 且将 $R[x]$ 视为 $\mathbb{F}[x]$ 的子环. 证明:

(1) 关于任意 $f(x),g(x)\in R[x]$, $f(x)$ 与 $g(x)$ 在 $R[x]$ 中相伴当且仅当 $f(x)$ 与 $g(x)$ 在 $\mathbb{F}[x]$ 中相伴;

(2) $\mathbb{F}[x]$ 中任意非零多项式 $f(x)$ 常可写成

$$f(x)=\frac{a}{b}g(x),$$

其中, $a,b\in R$, $g(x)\in R[x]$ 为一本原多项式, 且在 $R[x]$ 中相伴意义下 $g(x)$ 由 $f(x)$ 唯一确定.

32. 证明: 唯一分解整环上的一元多项式环仍为唯一分解整环.

第 6 章　模与线性空间

*6.1　模的基本概念

模是线性空间的推广, 将线性空间定义中的基础域改为环, 即可得到模的概念. 本节介绍诸如模、子模、商模、模同态等一些基本概念和事实, 这些概念和事实在线性空间或群中都有对应的结果. 因此, 很多事实我们不再给出证明.

6.1.1　模的概念和例子

定义 6.1.1　令 R 为一幺环, M 为一非空集合. 称 $M \stackrel{\mathrm{d}}{=} (M; +, \cdot_R)$ 为一左 R-模, 如果 $(M, +)$ 为一 Abel 群, “$\cdot_R$” 提供了 R 在 $(M, +)$ 上的一个环作用, 即记 $\cdot_R(r, a)$ 为 ra 时, 下列八条公理成立:

(i) $a + b \equiv b + a$;

(ii) $(a + b) + c \equiv a + (b + c)$;

(iii)_l $(\exists\, 0 \in M)\ 0 + a \equiv a$;

(iv)_l $(\forall\, a \in M)\ (\exists\, a' \in M)\ a' + a = 0$;

(v) $r(a + b) \equiv ra + rb$;

(vi) $(r + s)a \equiv ra + sa$;

(vii) $(rs)a \equiv r(sa)$;

(viii) $1a \equiv a$, 其中 1 为 R 的幺元.

定义 6.1.2　假设如定义 6.1.1. 若其他公理不变, 将公理 (v)–(viii) 分别改为

$\text{(v)}'$ $(a + b)r \equiv ar + br$;

$\text{(vi)}'$ $a(r + s) \equiv ar + as$;

$\text{(vii)}'$ $a(rs) \equiv (ar)s$;

$\text{(viii)}'$ $a1 \equiv a$, 其中 1 为 R 的幺元,

则称 $M = (M; +, \cdot_R)$ 为一右 R-模,

从理论上讲, 左模和右模没有本质的区别. 以下, 除非特别声明, 我们所指的都是左模, 并且为简单起见, 我们还将左 R-模简称为 R-模.

由定义 6.1.1 立得, 线性空间为“幺环上的模”的特殊情形, 即“域上的模”. 以下我们借用线性空间的说法, 将 R-模 M 中的“$+$”和 R 在 $(M, +)$ 上的环作用“$\cdot_R$”分别称为“加法”和“数乘”.

推论 6.1.1 (模的简单性质)　令 M 为一 R-模. 则

(1) (iii) 中的 0 是唯一的, 称 0 为模的零元;

(2) 关于任意 $a \in M$, (iv) 中的 a' 是唯一的, 我们记 a' 为 $-a$, 称 $-a$ 为 a 的负元;

(3) $0a \equiv 0$;

(4) $r0 \equiv 0$;

(5) $(-r)a \equiv r(-a) \equiv -ra$;

(6) 若 $r \in R, a_1, a_2, \cdots, a_m \in M$, 则

$$r\sum_{i=1}^{m} a_i = \sum_{i=1}^{m} ra_i.$$

注 6.1.1 在域 $\mathbb{F}$ 上的线性空间 V 中, 还有性质:

$$(\forall\, k \in \mathbb{F} \,\&\, \forall\, \alpha \in V)\ k\alpha = \theta \Longrightarrow k = 0 \quad \text{或} \quad \alpha = \theta.$$

但在模中, 相应的事实将不再成立, 见下面的注 6.1.2.

例 6.1.1 Abel 群与 $\mathbb{Z}$-模等价. 事实上, 令 $A = (A, +)$ 为一 Abel 群. 定义数乘运算

$$n \cdot a \equiv na (= a + a + \cdots + a), \quad n \in \mathbb{Z}^+,$$

$$-n \cdot a \equiv n(-a)[= (-a) + (-a) + \cdots + (-a)], \quad n \in \mathbb{Z}^+,$$

特别地, $0a$ 等于 A 的零元. 则 A 为一 $\mathbb{Z}$-模. 反之, 任一 $\mathbb{Z}$-模当然为一 Abel 群.

注 6.1.2 例 6.1.1 说明, 虽然 $\mathbb{Z}$ 为一无限环, 但 $\mathbb{Z}$-模 A 可能为一有限群. 例如, 模 5 剩余类加群 $A = \langle [1] \rangle$ 为一有限群, 并且 5 不是 $\mathbb{Z}$ 的零元, $[1]$ 也不是 A 的零元, 但在模 A 中, $5[1] = [0]$.

例 6.1.2 令 R 为一幺环. 则容易验证 R 关于 R 的加法和乘法成一 R-模, 记为 ${}_RR$.

例 6.1.3 令 R 为一幺环, $n \in \mathbb{Z}^+$,

$$R^n = \{(a_1, a_2, \cdots, a_n) \mid a_i \in R,\ i = 1, 2, \cdots, n\}.$$

则 R^n 关于如下加法和数乘

$$(a_1, a_2, \cdots, a_n) + (b_1, b_2, \cdots, b_n) \equiv (a_1 + b_1, a_2 + b_2, \cdots, a_n + b_n),$$

$$r \cdot (a_1, a_2, \cdots, a_n) \equiv (ra_1, ra_2, \cdots, ra_n)$$

成一 R-模.

例 6.1.4 令 R 为一幺环, $I \trianglelefteq R$. 则 I 关于 R 的加法和乘法成一 R-模.

例 6.1.5 令 R 为一幺环, $I \trianglelefteq R$. 则剩余类环 R/I 关于

$$(a + I) + (b + I) \equiv (a + b) + I,$$

$$r \cdot (a + I) \equiv ra + I$$

成一 R-模.

例 6.1.6 令 V 为域 $\mathbb{F}$ 上一线性空间, $\mathcal{A} \in \mathcal{L}(V)$, $R = \mathbb{F}[x]$. 则 V 关于 V 上的加法和如下数乘

$$f(x) \cdot \alpha \equiv f(\mathcal{A})(\alpha)$$

成一 R-模. 特别地, 当 $f(x) = k \in \mathbb{F}$ 时, $f(x) \cdot \alpha = k\alpha$ 即为 k 与 α 在线性空间中的数乘.

例 6.1.7　令 R 为一交换幺环. 则 R 上一元多项式环 $R[x]$ 关于多项式的通常加法和如下数乘

$$r \cdot f(x) \equiv rf(x)$$

成一 R-模. 记为 ${}_RR[x]$.

例 6.1.8　令 R 为一幺环. 则 R 上 n 阶方阵的全体 $R^{n\times n}$ 关于矩阵的通常加法和如下数乘

$$r \cdot A \equiv rA$$

成一 R-模. 记为 ${}_RR^{n\times n}$.

注 6.1.3　在例 6.1.7 和例 6.1.8 中, 取 R 为一数域 $\mathbb{F}$ 时, 模 ${}_RR[x]$ 和 ${}_RR^{n\times n}$ 分别为高等代数教材中的 $\mathbb{F}$ 上的线性空间 $\mathbb{F}[x]$ 和 $\mathbb{F}^{n\times n}$.

6.1.2　子模、商模

定义 6.1.3　令 M 为一 R-模, $\varnothing \neq M_1 \subseteq M$. 称 M_1 为 M 的一个子模, 如果 M_1 关于 M 的加法和数乘也成一 R-模. 记为 $M_1 \leqslant M$.

容易验证下面推论成立.

推论 6.1.2　令 M 为一 R-模, $\varnothing \neq M_1 \subseteq M$. 则 $M_1 \leqslant M$ 当且仅当

(1) $(\forall\, a, b \in M_1)\ a - b \in M_1$;

(2) $(\forall\, r \in R\ \&\ a \in M_1)\ ra \in M_1$.

例 6.1.9　线性空间作为特殊的模, 其子空间都是子模.

例 6.1.10　令 R 为一幺环, $\varnothing \neq I \trianglelefteq R$. 则 I 作为 R-模是 ${}_RR$ 的子模.

例 6.1.11　假设如例 6.1.6, 且 V_1 是 V 的一个 $\mathcal{A}$-子空间. 则 V_1 是 V 的一个子模.

子空间的“交”与“和”运算可以推广到子模的“交”与“和”运算.

推论 6.1.3　令 M 为一 R-模, $M_1, M_2 \leqslant M$. 则 $M_1 \cap M_2 \leqslant M$. 称 $M_1 \cap M_2$ 为 M_1 与 M_2 的交, 它显然恰为 M 的含于 M_1 也含于 M_2 的最大子模.

注 6.1.4　M 的两个子模的并集 $M_1 \cup M_2$ 未必是 M 的子模. $M_1 \cup M_2$ 仍是 M 的子模当且仅当 $M_1 \subseteq M_2$ 或 $M_2 \subseteq M_1$.

推论 6.1.4　令 M 为一 R-模, $M_1, M_2 \leqslant M$. 则

$$\{a_1 + a_2 \mid a_1 \in M_1, a_2 \in M_2\} \leqslant M.$$

记这个子模为 $M_1 + M_2$, 称为 M_1 与 M_2 的和. 它显然恰为 M 的含 M_1 也含 M_2 的最小子模.

定义 6.1.4　令 M 为一 R-模, $\varnothing \neq S \subseteq M$. 则容易验证

$$\left\{r_1a_1 + r_2a_2 + \cdots + r_ma_m \;\middle|\; r_i \in R,\ a_i \in S,\ i = 1, 2, \cdots, m,\ m \in \mathbb{Z}^+\right\} \leqslant M.$$

称其为由 S 生成的子模, 记为 $\langle S\rangle$. 若 $M = \langle S\rangle$, 则称 M 由 S 生成. 又, 若 S 为一有限集, 则称 M 为一有限生成模, 否则, 称为一无限生成模. 由一个元素生成的模称为循环模.

例 6.1.12　(1) 循环群是循环 $\mathbb{Z}$-模;

(2) ${}_RR$ 是循环 R-模.

与线性空间中的商空间、半群中的商半群、群中的商群和环中的剩余类环一样, 模中也有商模的概念. 令 M 为一 R-模, $M_1 \leqslant M$. 则 M_1 是加群 M 的子群, 从而存在商群 M/M_1. 因此, 我们可以如下定义商模.

定义 6.1.5 令 M 为一 R-模, $M_1 \leqslant M$. 定义商群 M/M_1 上的加法和数乘如下:

$$(a+M_1)+(b+M_1) \equiv (a+b)+M_1,$$

$$r(a+M_1) \equiv ra+M_1.$$

则 M/M_1 关于上述加法和数乘成一 R-模, 称其为 M 关于 M_1 的商模.

6.1.3 模同态

定义 6.1.6 令 M, N 为两个 R-模. 称映射 $\varphi: M \longrightarrow N$ 为 M 到 N 的一个模同态 (简称同态), 如果

(1) $\varphi(a+b) \equiv \varphi(a)+\varphi(b)$;

(2) $\varphi(ra) \equiv r\varphi(a)$.

若 φ 为一单 (满) 射, 则称 φ 为一单 (满) 模同态; 若 φ 为一双射, 则称 φ 为一模同构, 相应的两个模也称为同构的. 模 M 到 N 的全体模同态构成的集合记为 $\mathrm{Hom}_R(M,N)$. 称模 M 到自身的模同态为 M 上的模自同态. M 上的全体模自同态构成的集合记为 $\mathrm{End}_R(M)$.

例 6.1.13 令 M, N 为域 $\mathbb{F}$ 上的线性空间. 称 M 到 N 的模同态 φ 为 M 到 N 的线性映射; 称 M 上的模自同态 $\mathcal{A}$ 为 M 上的线性变换. 显然, 当 $\mathbb{F}$ 为一数域时, φ 和 $\mathcal{A}$ 就是高等代数教材中所讲的线性空间的线性映射和线性变换.

例 6.1.14 令 M, N 为两个 Abel 群, $\eta: M \longrightarrow N$ 为一群同态. 则 η 为一 $\mathbb{Z}$-模 M 到 $\mathbb{Z}$-模 N 的模同态; 若 η 为一群同构, 则 η 也为一模同构.

例 6.1.15 令 M 为一 R-模, $N \leqslant M$. 则显然

$$\begin{aligned} \varphi:\ & M \longrightarrow M/N, \\ & a \longmapsto a+N \end{aligned}$$

为一群同态. 又关于任意 $r \in R$, $a \in M$,

$$\varphi(ra) = ra+N = r(a+N) = r\varphi(a).$$

因此, φ 为一模同态. 称 φ 为模 M 到商模 M/N 的自然同态.

定义 6.1.7 令 M, N 为两个 R-模, $\varphi: M \longrightarrow N$ 为一模同态. 称

$$\mathrm{Im}\,\varphi = \{\varphi(a) \mid a \in M\}$$

和

$$\mathrm{Ker}\,\varphi = \{a \in M \mid \varphi(a) = 0\}$$

分别为 φ 的像与核. 显然, $\mathrm{Im}\,\varphi \leqslant N$, $\mathrm{Ker}\,\varphi \leqslant M$ (请读者自行验证).

注 6.1.5 由定义 6.1.6 的 (1) 知, M 到 N 的模同态首先是 Abel 群 M 到 N 的群同态. 模同态的像与核就是将它作为群同态的像与核.

平行于定理 2.4.20 和定理 2.4.23, 群、环的同态基本定理及第一 (二) 同构定理, 还有模的相关事实.

定理 6.1.1　令 M, M' 为两个 R-模, $\varphi: M \longrightarrow M'$ 为一模满同态,

$$S = \{N \mid N \leqslant M \ \& \ \mathrm{Ker}\,\varphi \subseteq N\}, \quad S' = \{N' \mid N' \leqslant M'\}.$$

则 S 与 S' 之间存在一个双射.

定理 6.1.2 (模同态基本定理)　令 M, M' 为两个 R-模, $\varphi: M \longrightarrow M'$ 为一模满同态. 则

$$M/\mathrm{Ker}\,\varphi \cong M'.$$

定理 6.1.3 (模的第一同构定理)　令 M, M' 为两个 R-模, $\varphi: M \longrightarrow M'$ 为一模满同态, $N \leqslant M$, 且 $\mathrm{Ker}\,\varphi \subseteq N$. 则

$$M/N \cong M'/\varphi(N).$$

定理 6.1.4 (模的第二同构定理)　令 M 为一 R-模, $H, N \leqslant M$. 则

$$(H+N)/N \cong H/(H \cap N).$$

*6.2　自　由　模

6.2.1　自由模的基本概念和事实

在建立自由模基本概念和事实之前, 我们先给出环上矩阵的一些基本概念和事实.

环 R 中有加法和乘法运算, 因此, 环上的矩阵仍然可以像域上的矩阵一样定义加法、数乘、乘法和转置四种合成, 并且当 R 可交换时, 各种运算律也都成立. 特别地, 当 R 为一交换幺环时, 单位矩阵存在, 并且可以如下定义逆矩阵.

定义 6.2.1　令 R 为一交换幺环, $A \in R^{m\times n}$. 若

$$(\exists\, B \in R^{n\times m})\ AB = E_m, \quad BA = E_n,$$

则称 A 是可逆的, 并称 B 是 A 的逆矩阵.

显然, 交换幺环 R 上的全体 n 阶可逆矩阵关于矩阵通常乘法成群, 称为 R 上的一般线性群, 记为 $\mathrm{GL}_n(R)$.

关于交换环 R 上的方阵 A, 可以按通常域上的方阵一样定义行列式, 仍记为 $|A|$. 容易知道, 行列式的一些基本性质都成立, 特别地, 我们仍有如下定理.

定理 6.2.1　令 R 为一交换环, $A, B \in R^{n\times n}$. 则 $|AB| = |A||B|$.

利用行列式的定义, 我们可以定义交换环上矩阵的子式、余子式和代数余子式的概念, 进而定义交换环上矩阵的秩以及伴随矩阵的概念, 仍分别记为 r_A 和 A^*, 并且仍有如下定理.

定理 6.2.2　令 R 为一交换幺环, $A \in R^{n\times n}$, A^* 是 A 的伴随矩阵. 则

$$AA^* = A^*A = dE,$$

其中 $d = |A|$.

引理 6.2.1 令 R 为一交换幺环. 则 R 上的可逆矩阵 A 必为方阵.

证明 令 $A \in R^{m\times n}$. 若 A 可逆, 则

$$(\exists\, B \in R^{n\times m})\ AB = E_m, \quad BA = E_n.$$

假设 $m \neq n$, 不妨令 $m > n$. 作方阵

$$A_1 = (A \quad O), \quad B_1 = \begin{pmatrix} B \\ O \end{pmatrix}.$$

则

$$0 = |A_1||B_1| = |A_1B_1| = |AB| = |E_m| = 1,$$

一个矛盾. 于是 $m = n$. □

注 6.2.1 由引理 6.2.1 可知, 环上可逆矩阵的概念与高等代数教材中数域上可逆矩阵的概念是一致的. 并且易知当环上矩阵 A 可逆时, 逆矩阵唯一, 记为 A^{-1}.

引理 6.2.2 令 R 为一交换幺环, $A \in R^{n\times n}$. 则 A 可逆当且仅当 $|A|$ 为 R 的一个单位.

证明 必要性. 若 A 可逆, 则

$$(\exists\, B \in R^{n\times n})\ AB = BA = E.$$

从而

$$|A||B| = |B||A| = 1.$$

因此, $|A|$ 是 R 的一个单位.

充分性. 若 $|A| = d$ 是 R 的一个单位, 则关于 d 在 R 中的逆元 d^{-1}, 有

$$A(d^{-1}A^*) = (d^{-1}A^*)A = E.$$

于是, A 可逆, 并且 $A^{-1} = d^{-1}A^*$. □

注 6.2.2 当 $R = \mathbb{F}$ 为一域时, $a \in \mathbb{F}$ 为一单位当且仅当 $a \neq 0$. 根据引理 6.2.2, $A \in \mathbb{F}^{n\times n}$ 可逆当且仅当 $|A| \neq 0$. 关于一般的交换幺环 R, “行列式为 R 的单位”实际上是“矩阵可逆”的一个很强的限制条件. 例如, 整数环 $\mathbb{Z}$ 上的矩阵只有行列式为 1 或 -1 时才是可逆的. 固然如此, 当 $n > 1$ 时, 交换幺环 R 上的 n 阶可逆矩阵也是大量存在的. 事实上, 初等矩阵 $E_{ij}^{(a)} = E_n + aE_{ij}$ 都是可逆的, 其中, $a \in R$, $i \neq j$, E_{ij} 表示 (i, j) 位置元素为 1, 其余位置元素为 0 的 n 阶方阵.

定理 6.2.3 令 R 为一交换幺环, $A, B \in R^{n\times n}$. 则

$$AB = E \Longleftrightarrow BA = E.$$

证明 由 A, B 的任意性, 只需证明单方面的一个蕴涵.

令 $AB = E$. 则由 R 可交换知,

$$|B||A| = |A||B| = |AB| = |E| = 1,$$

从而 $|A|$ 为 R 的一个单位. 根据定理 6.2.2, A^{-1} 存在. 因此

$$BA = EBA = (A^{-1}A)BA = A^{-1}(AB)A = A^{-1}EA = A^{-1}A = E. \qquad \square$$

下面我们开始关于自由模的讨论. 类似于高等代数教材中只讨论有限生成 (即, 有限维) 的线性空间, 这里我们着重讨论有限生成 (即, 有限秩 (见定义 6.2.7)) 的自由模.

定义 6.2.2 令 M 为一 R-模, $a_1, a_2, \cdots, a_m$, $b \in M$, $m \geqslant 1$. 若存在 $r_1, r_2, \cdots, r_m \in R$, 使得

$$r_1a_1 + r_2a_2 + \cdots + r_ma_m = b,$$

则称 b 可被 $a_1, a_2, \cdots, a_m$ 线性表出, 或 b 是 $a_1, a_2, \cdots, a_m$ 的线性组合.

定义 6.2.3 令 M 为一 R-模, $a_1, a_2, \cdots, a_m \in M$, $m \geqslant 1$. 若存在不全为零的 $r_1, r_2, \cdots, r_m \in R$, 使得

$$r_1a_1 + r_2a_2 + \cdots + r_ma_m = 0,$$

则称 $a_1, a_2, \cdots, a_m$ 线性相关. 否则, 就称 $a_1, a_2, \cdots, a_m$ 线性无关, 即若

$$r_1a_1 + r_2a_2 + \cdots + r_ma_m = 0,$$

则必有 $r_1 = r_2 = \cdots = r_m = 0$.

易知, 下面推论成立.

推论 6.2.1 令 M 为一 R-模. 则

(1) M 的零元可被 M 的任一元素组线性表出;

(2) M 的任一包含零元的元素组必线性相关;

(3) 若 M 的一个元素组线性无关 (相关), 则该元素组的任意部分元素组 (任意扩充有限元素组) 也线性无关 (相关).

例 6.2.1 在 $\mathbb{Z}$-模 $\mathbb{Z}^3$ 中, 显然

$$a_1 = (2, 0, 0), \quad a_2 = (0, 3, 0), \quad a_3 = (0, 0, 5)$$

线性无关, 而

$$a_1 = (2, 0, 0), \quad a_2 = (0, 3, 0), \quad a_3 = (0, 0, 5), \quad b = (1, 1, 1)$$

线性相关. 但 b 不能被 a_1, a_2, a_3 线性表出. 实际上, a_1, a_2, a_3, b 中任意元素都不能被其余元素线性表出.

注 6.2.3 例 6.2.1 说明, 线性空间中的事实"向量组 $\alpha_1, \alpha_2, \cdots, \alpha_m$ $(m > 1)$ 线性相关当且仅当其中一个向量是其余向量的线性组合"和"若向量组 $\alpha_1, \alpha_2, \cdots, \alpha_m$ 线性无关, 而 $\alpha_1, \alpha_2, \cdots, \alpha_m, \eta$ 线性相关, 则 η 可被 $\alpha_1, \alpha_2, \cdots, \alpha_m$ 线性表出"在模中都未必成立.

定义 6.2.4 令 M 为一 R-模, $a_1, a_2, \cdots, a_m \in M$, $m \geqslant 1$. 称 $(a_1, a_2, \cdots, a_m)$ 为 M 的一个基底, 如果

(1) $a_1, a_2, \cdots, a_m$ 线性无关;

(2) M 中任意元素都可由 $a_1, a_2, \cdots, a_m$ 线性表出, 即 M 由 $a_1, a_2, \cdots, a_m$ 生成.

定义 6.2.5 令 M 为一 R-模. 称 M 为一自由模, 如果 M 有基底. 特别地, 规定由单独一个零元素组成的模也叫自由模.

显然, 例 6.1.3 中 R-模 R^n 存在基底:

$$(\varepsilon_1=(1,0,\cdots,0),\ \varepsilon_2=(0,1,\cdots,0),\ \cdots,\ \varepsilon_n=(0,0,\cdots,1)).$$

因此, R-模 R^n 为一自由模.

定理 6.2.4 令 M 为一 R-模, $a_1,a_2,\cdots,a_n\in M$, $n\geqslant 1$. 则映射

$$\begin{aligned}\varphi:\ \ R^n &\longrightarrow M,\\ (x_1,x_2,\cdots,x_n)&\longmapsto \sum_{i=1}^n x_ia_i\end{aligned}$$

为一模同态, 且

(1) φ 为一单同态当且仅当 $a_1,a_2,\cdots,a_n$ 线性无关;

(2) φ 为一满同态当且仅当 M 可由 $a_1,a_2,\cdots,a_n$ 生成;

(3) φ 为一同构当且仅当 $a_1,a_2,\cdots,a_n$ 为 M 的一个基底.

证明 容易验证 φ 为一模同态.

(1) φ 为一单射当且仅当 $\mathrm{Ker}\,\varphi=\{0\}$, 即 $\sum\limits_{i=1}^n x_ia_i=0$ 在 R 中只有零解, 亦即 $a_1,a_2,\cdots,a_n$ 线性无关.

(2) φ 为一满射当且仅当 $\mathrm{Im}\,\varphi=M$, 即

$$M=\{x_1a_1+x_2a_2+\cdots+x_na_n\mid x_i\in R, i=1,2,\cdots,n\},$$

亦即 M 可由 $a_1,a_2,\cdots,a_n$ 生成.

(3) 由 (1), (2) 立得. □

注 6.2.4 定理 6.2.4 中的 (2) 说明, 每个有限生成的 R-模都是某个自由 R-模的同态像.

关于线性空间 V, 如果 V 有一个由 n 个向量组成的基底, 那么 V 的任意基底都含有 n 个向量. 在自由 R-模中是否有同样的事实呢?

定义 6.2.6 令 R 为一交换幺环, M 为一自由 R-模, $(a_1,a_2,\cdots,a_n)$ 为 M 的一个基底. 则关于任意 $a\in M$, 存在唯一的 $x_1,x_2,\cdots,x_n\in R$, 使得

$$a=x_1a_1+x_2a_2+\cdots+x_na_n.$$

称 $(x_1,x_2,\cdots,x_n)\in R^n$ 为 a 在基底 $(a_1,a_2,\cdots,a_n)$ 下的坐标.

令 R 为一交换幺环, M 为一自由 R-模, $(a_1,a_2,\cdots,a_m)$ 和 $(b_1,b_2,\cdots,b_n)$ 为 M 的两个基底, 且

$$\begin{cases} b_i=\displaystyle\sum_{j=1}^m a_{ji}a_j,\\ i=1,2,\cdots,n.\end{cases}$$

上式可以在形式上借助矩阵乘法的法则写成

$$(b_1, b_2, \cdots, b_n) = (a_1, a_2, \cdots, a_m)A,$$

其中, $A = (a_{ij}) \in R^{m\times n}$(以 b_i 在基底 $(a_1, a_2, \cdots, a_m)$ 下的坐标为第 i 列的矩阵, $i = 1, 2, \cdots, n$). 称 A 为由基底 $(a_1, a_2, \cdots, a_m)$ 到基底 $(b_1, b_2, \cdots, b_n)$ 的过渡矩阵.

定理 6.2.5　令 R 为一交换幺环, M 为一自由 R-模, $(a_1, a_2, \cdots, a_m)$ 和 $(b_1, b_2, \cdots, b_n)$ 为 M 的两个基底, 且

$$(b_1, b_2, \cdots, b_n) = (a_1, a_2, \cdots, a_m)A, \tag{6.1}$$

其中, $A \in R^{m\times n}$. 则

(1) A 为 R 上的一个可逆矩阵;

(2) $m = n$, 即交换幺环上的自由模的任意两个基底所含元素个数相同.

证明　(1) 由 $(a_1, a_2, \cdots, a_m)$ 和 $(b_1, b_2, \cdots, b_n)$ 为 M 的基底知, 存在唯一的 $B \in R^{n\times m}$, 使得

$$(a_1, a_2, \cdots, a_m) = (b_1, b_2, \cdots, b_n)B. \tag{6.2}$$

将式 (6.1) 代入式 (6.2) 得

$$(a_1, a_2, \cdots, a_m) = (a_1, a_2, \cdots, a_m)AB.$$

又 $(a_1, a_2, \cdots, a_m)$ 为一基底, 从而 $a_1, a_2, \cdots, a_m$ 线性无关. 因此 $AB = E_m$. 同理可得 $BA = E_n$. 于是, A 可逆.

(2) 由 (1) 和引理 6.2.1 立得. □

定义 6.2.7　令 R 为一交换幺环, M 为一自由 R-模. 称 M 的任一基底所含元素的个数为 M 的秩. 规定单独由一个零元素组成的自由模的秩为 0.

由于一切秩为 n 的自由模都与 R^n 同构, 因此我们有如下推论.

推论 6.2.2　令 R 为一交换幺环, M 与 N 为两个自由 R-模. 则 M 与 N 同构当且仅当它们的秩相同.

例 6.2.2　易知

$$(e_1 = (1,0,0), \quad e_2 = (0,1,0), \quad e_3 = (0,0,1))$$

为自由模 $\mathbb{Z}^3$ 的一个基底. 因此, $\mathbb{Z}^3$ 的秩为 3. 由例 6.2.1 知,

$$a_1 = (2,0,0), \quad a_2 = (0,3,0), \quad a_3 = (0,0,5)$$

为 $\mathbb{Z}^3$ 中含 3 个元素的线性无关的元素组, 但 (a_1, a_2, a_3) 不是 $\mathbb{Z}^3$ 的基底.

例 6.2.3　令 $R = \mathbb{Z}_6$. 则自由 R-模 R^2 的秩为 2, $(e_1 = (\overline{1}, \overline{0}), e_2 = (\overline{0}, \overline{1}))$ 为 R^2 的一个基底. 但 R^2 中任意非零元素并不都是线性无关的. 例如 $a = \overline{2}e_1 + \overline{3}e_2$ 是线性无关的, 而 $b = \overline{2}e_1 + \overline{2}e_2$ 是线性相关的.

例 6.2.4　自由 $\mathbb{Z}$-模 $\mathbb{Z}^2$ 的秩为 2, $(e_1 = (1,0), e_2 = (0,1))$ 为 $\mathbb{Z}^2$ 的一个基底. 令 $a = 2e_1$, $b = 3e_2$. 则 $N = \langle a, b\rangle$ 为 M 的一个真子模, 且 (a, b) 为 N 的一个基底. 因此, N 与 M 有相同的秩.

例 6.2.5 例 6.2.3 中, 由 b 生成的子模

$$N=\langle b\rangle=\{(\overline{0},\overline{0}),(\overline{2},\overline{2}),(\overline{4},\overline{4})\}.$$

则 N 没有基底. 因此不是自由模. 这说明自由模的子模不一定是自由模.

以上各例说明, 环上的自由模与域上的线性空间有很大的不同.

定义 6.2.8 令 R 为一交换幺环, M 和 N 为两个自由 R-模, $\varphi: M\longrightarrow N$ 为一模同态, $(a_1,a_2,\cdots,a_m)$ 和 $(b_1,b_2,\cdots,b_n)$ 分别为 M 和 N 的基底. 称满足下面形式的矩阵乘法等式

$$\varphi(a_1,a_2,\cdots,a_m)=(b_1,b_2,\cdots,b_n)A \tag{6.3}$$

中的 $A\in R^{n\times m}$ 为 φ 在基底对 $((a_i)_1^m,(b_j)_1^n)$ 下的表示矩阵.

可以看出, 给定一模同态 $\varphi: M\longrightarrow N$. 式 (6.3) 唯一地确定了一个矩阵 $A\in R^{n\times m}$. 若 $a\in M$ 和 $\varphi(a)\in N$ 依次在基底 $(a_1,a_2,\cdots,a_m)$ 和 $(b_1,b_2,\cdots,b_n)$ 下的坐标分别为 X, Y, 即

$$a=(a_1,a_2,\cdots,a_m)X,$$

$$\varphi(a)=(b_1,b_2,\cdots,b_n)Y,$$

则 $Y=AX$.

反之, 给定 $A\in R^{n\times m}$. 则

$$\begin{aligned}\varphi:\quad & M \longrightarrow N,\\ & a=(a_1,a_2,\cdots,a_m)X\longmapsto\varphi(a)=(b_1,b_2,\cdots,b_n)AX\end{aligned}$$

唯一地确定了一个模同态.

令 R 为一交换幺环, M 和 N 为两个自由 R-模, $\varphi: M\longrightarrow N$ 为一模同态, $(a_i)_1^m$, $(a_i')_1^m$ 为 M 的两个基底, $(b_j)_1^n$, $(b_j')_1^n$ 为 N 的两个基底, 且基底的过渡分别为

$$(a_1',a_2',\cdots,a_m')=(a_1,a_2,\cdots,a_m)P,$$

$$(b_1',b_2',\cdots,b_n')=(b_1,b_2,\cdots,b_n)Q,$$

其中 $P\in R^{m\times m}$, $Q\in R^{n\times n}$ 可逆. 若 φ 在基底对 $((a_i)_1^m,(b_j)_1^n)$ 和 $((a_i')_1^m,(b_j')_1^n)$ 下的表示矩阵分别为 A 和 B, 即

$$\varphi(a_1,a_2,\cdots,a_m)=(b_1,b_2,\cdots,b_n)A,$$

$$\varphi(a_1',a_2',\cdots,a_m')=(b_1',b_2',\cdots,b_n')B,$$

则容易验证 $B=Q^{-1}AP$.

最后, 我们将利用 Zorn 引理说明, 域 $\mathbb{F}$ 上线性空间 V (有限维或无限维) 作为一种特殊的模必存在基底. 为此, 先给出如下定义.

定义 6.2.9 令 V 为域 $\mathbb{F}$ 上一线性空间, A 为 V 的一个非空向量组. 称 A 为线性无关的, 如果 A 的任一非空有限子集都是线性无关的.

定义 6.2.10 令 V 为域 $\mathbb{F}$ 上一线性空间, M 为 V 的一个非空向量组. 称 M 连同其上的任一良序为 V 的一个基底, 如果

(1) M 线性无关;

(2) V 中任一元素都可由 M 的某一有限子集线性表出.

定理 6.2.6 域 $\mathbb{F}$ 上的线性空间 V 必存在基底.

证明 令 S 为 V 的全体线性无关向量组构成的集合. 则 S 按集合的包含关系成一偏序集. 记 $T=\{A_\alpha \mid \alpha\in I\}$ 为 S 的任一链, $A=\bigcup\limits_{\alpha\in I} A_\alpha$. 令

$$A_1=\{a_1,a_2,\cdots,a_m\}$$

为 A 的任一有限子集. 则关于任意 $a_i\in A_1$, 存在 $\alpha_i\in I$, 使得 $a_i\in A_{\alpha_i}$. 由 T 为一链知, 存在 $\alpha\in I$, 使得

$$A_{\alpha_i}\subseteq A_\alpha,\quad i=1,2,\cdots,m.$$

从而 $A_1\subseteq A_\alpha$, 因此 A_1 线性无关, 于是 A 线性无关. 从而 $A\in S$. 显然 A 为 T 的一个上界. 根据 Zorn 引理, S 中存在极大元 M. 则 M 连同其上任意良序即为 V 的一个基底. 事实上, 若存在 $b\in V$, 使得 b 不能由 M 中任意有限向量组线性表出, 则容易验证 $B=M\cup\{b\}$ 仍然线性无关, 从而 $B\in S$. 显然 $M\subseteq B$, 且 $M\neq B$, 这与 M 的极大性矛盾. □

6.2.2 自由 $\mathbb{Z}$-模

下面将关于自由 $\mathbb{Z}$-模作进一步的讨论. 我们知道 $\mathbb{Z}$-模等同于 Abel 群, 因此, 自由 $\mathbb{Z}$-模也称为自由 Abel 群. 首先, 我们给出整数环 $\mathbb{Z}$ 上的矩阵 (简称整数矩阵) 的一些基本概念和事实.

定义 6.2.11 称 $m\times n$ 整数矩阵的下述变换为整数矩阵的初等变换:

(1) -1 乘以矩阵的第 l 行 (列), $l=1,2,\cdots,m$ $(l=1,2,\cdots,n)$;

(2) 将矩阵的第 s 行 (列) 的 k 倍加到第 t 行 (列) 上, $k\in\mathbb{Z}$, $s,t=1,2,\cdots,m$ $(s,t=1,2,\cdots,n)$, $s\neq t$;

(3) 交换矩阵的第 s,t 行 (列), $s,t=1,2,\cdots,m$ $(s,t=1,2,\cdots,n)$.

定义 6.2.12 令 $A,B\in\mathbb{Z}^{m\times n}$. 称 A 与 B 等价, 如果 A 可经由有限次整数矩阵的初等变换得到 B.

将定义 6.2.11 中的三种初等变换分别施加到 n 阶单位矩阵 E_n 上, 得到相应的三种整数初等矩阵 (这里不再赘述), 并且仍有诸如"整数可逆矩阵是若干整数初等矩阵的乘积"和"用一整数初等矩阵左 (右) 乘一整数矩阵相当于关于该整数矩阵施行一次相应的初等行 (列) 变换"等基本事实.

定理 6.2.7 令 $A\in\mathbb{Z}^{m\times n}$. 则 A 等价于如下形式的整数矩阵

$$D_{m\times n}^{(r)}=\begin{pmatrix} D_r & O_{r\times(n-r)}\\ O_{(m-r)\times r} & O_{(m-r)\times(n-r)}\end{pmatrix},\tag{6.4}$$

其中

$$D_r = \begin{pmatrix} d_1 & & & \\ & d_2 & & \\ & & \ddots & \\ & & & d_r \end{pmatrix}$$

为一 r 阶对角阵, $r = r_A$, $d_i \in \mathbb{Z}^+$, $i = 1, 2, \cdots, r$, 且 $d_i \mid d_{i+1}$, $i = 1, 2, \cdots, r-1$.

证明 不妨假设 $A \neq O$. 只要能够证明 A 可经由有限次整数矩阵的初等变换得到

$$\begin{pmatrix} d_1 & O_{1\times(n-1)} \\ O_{(m-1)\times 1} & A_1 \end{pmatrix}, \tag{6.5}$$

其中, $d_1 \in \mathbb{Z}^+$, $A_1 \in \mathbb{Z}^{(m-1)\times(n-1)}$, 且 d_1 可以整除 A_1 中任意位置的元素, 那么关于 A_1 继续施行同样的操作, 最终即可得到所要的结论. 下面我们只是描述这种操作的方法步骤 (利用余数反复相除).

步骤 1: 交换行和列 (需要的话) 使得 $(1,1)$ 位置元素为绝对值最小的非零整数. 用 -1 乘以第 1 行 (需要的话), 使得 $a_{11} > 0$;

步骤 2: 将第 1 列其他位置元素 (除了 a_{11}) 变为 0.

若 $a_{i1} \neq 0$, $i > 1$, 则存在 $q, r \in \mathbb{Z}$, 使得

$$a_{i1} = a_{11}q + r, \quad 0 \leqslant r < a_{11}.$$

此时, 用第 1 行的 $-q$ 倍加到第 i 行, 即可将 $(i,1)$ 位置元素变为 r. 若 $r \neq 0$, 则重复步骤 1 的操作. 若 $r = 0$, 则 $(i,1)$ 位置元素变为 0.

重复有限次步骤 1 和步骤 2 的操作, 即可使得 $a_{i1} = 0$, $i > 1$. 类似地, 实施列变换可使得 $a_{1j} = 0$, $j > 1$. 即将 A 变成形如式 (6.5) 的矩阵;

步骤 3: 若 A_1 中存在某个位置的元素 b, 使得 b 不能被 a_{11} 整除, 则将 b 所在的列加到第 1 列. 然后重复步骤 1 和步骤 2 的操作, 使得第 1 行和第 1 列除了 $(1,1)$ 位置的元素之外的所有位置元素重新变为 0, 并且将 $(1,1)$ 位置的元素变成了一个更小的正整数.

重复有限次上述 3 个步骤的操作, 最终即可将 A 变为所要的形式. □

易知, 下面推论成立.

推论 6.2.3 令 M, N 为两个自由 Abel 群, $\varphi: M \longrightarrow N$ 为一模同态. 则存在 M 和 N 的基底 $(a_i)_1^m$ 和 $(b_j)_1^n$, 使得 φ 在基底对 $((a_i)_1^m, (b_j)_1^n)$ 下的表示矩阵为对角阵.

利用定理 6.2.7, 可以得到自由 Abel 群的一个重要性质. 首先, 有下面的引理.

引理 6.2.3 有限生成的 Abel 群的子群仍然是有限生成的.

证明 该引理的详细证明见文后参考文献中*A course in the theory of groups* (Robinson, 1982). □

定理 6.2.8 秩为 m 的自由 Abel 群的子群仍为自由 Abel 群, 且其秩小于等于 m.

证明 令 M 为一秩为 m 的自由 Abel 群, $(a_1, a_2, \cdots, a_m)$ 为 M 的一个基底, $N \leqslant M$. 根据引理 6.2.3, 存在 $b_1, b_2, \cdots, b_n \in M$, 使得

$$N = \langle b_1, b_2, \cdots, b_n \rangle.$$

由 $(a_1, a_2, \cdots, a_m)$ 为 M 的一个基底知, 存在 $A \in \mathbb{Z}^{m\times n}$, 使得

$$(b_1, b_2, \cdots, b_n) = (a_1, a_2, \cdots, a_m)A.$$

根据定理 6.2.7, 存在可逆矩阵 $P \in \mathbb{Z}^{m\times m}$ 和 $Q \in \mathbb{Z}^{n\times n}$, 使得

$$PAQ = D_{m\times n}^{(r)},$$

其中 $r = r_A$. 令

$$(a_1', a_2', \cdots, a_m') = (a_1, a_2, \cdots, a_m)P^{-1},$$

$$(b_1', b_2', \cdots, b_n') = (b_1, b_2, \cdots, b_n)Q.$$

则 $(a_1', a_2', \cdots, a_m')$ 为 M 的另一个基底, $(b_1', b_2', \cdots, b_n')$ 为 N 的另一个生成元组, 且

$$\begin{aligned}(b_1', b_2', \cdots, b_n') &= (b_1, b_2, \cdots, b_n)Q\\ &= (a_1, a_2, \cdots, a_m)AQ\\ &= (a_1', a_2', \cdots, a_m')PAQ\\ &= (a_1', a_2', \cdots, a_m')D_{m\times n}^{(r)}.\end{aligned}$$

从而

$$\begin{cases} b_1' = d_1 a_1', \\ \cdots\cdots \\ b_r' = d_r a_r', \\ b_{r+1}' = 0, \\ \cdots\cdots \\ b_n' = 0. \end{cases}$$

因此, $N = \langle b_1', b_2', \cdots, b_r' \rangle$. 显然 $(b_1', b_2', \cdots, b_r')$ 线性无关, 从而 $(b_1', b_2', \cdots, b_r')$ 为 N 的一个基底. 于是, N 为一自由 Abel 群, 且其秩为 r, 当然小于等于 m. □

定理 6.2.7 的另一个应用是: 求整系数线性方程组的全部整数解.

令 $A \in \mathbb{Z}^{m\times n}$, $B \in \mathbb{Z}^{m\times 1}$. 考察线性方程组

$$AX = B.$$

为了叙述方便, 记同态

$$\begin{aligned}\varphi:\quad \mathbb{Z}^n &\longrightarrow \mathbb{Z}^m,\\ X &\longmapsto AX\end{aligned}$$

为 φ_A, 其中, $X = (x_1, x_2, \cdots, x_n)^{\mathrm{T}} \in \mathbb{Z}^n$. 显然

$$\operatorname{Ker} \varphi_A = \{X \in \mathbb{Z}^n \,|\, AX = 0\},$$

$$\operatorname{Im}\varphi_A=\big\{B\in\mathbb{Z}^m\big|(\exists\ X\in\mathbb{Z}^n)\ AX=B\big\}.$$

与域上的线性方程组一样, 若 $AX=0$ 的全部整数解集合记为 S_0, 即

$$S_0=\big\{X\in\mathbb{Z}^n\big|AX=0\big\},$$

则 $AX=B$ 的全部整数解集合为

$$S=\big\{X+Y_0\in\mathbb{Z}^n\big|X\in S_0\big\},$$

其中, $Y_0\in\mathbb{Z}^n$ 为 $AX=B$ 的一个特解.

定理 6.2.9 令 $A\in\mathbb{Z}^{m\times n}$, $r_A=r$, 且 $PAQ=D^{(r)}_{m\times n}$, 其中 $P\in\mathbb{Z}^{m\times m}$, $Q\in\mathbb{Z}^{n\times n}$ 为可逆矩阵. 则

(1) $S_0'=\{Y=(0,\cdots,0,k_{r+1},\cdots,k_n)^{\mathrm{T}}\mid k_{r+1},\cdots,k_n\in\mathbb{Z}\}$ 为 $D^{(r)}_{m\times n}Y=0$ 的全部整数解集合;

(2) $S_0=\{X=QY\mid Y\in S_0'\}$ 为 $AX=0$ 的全部整数解集合;

(3) $(B_1,B_2,\cdots,B_r)$ 为 $\operatorname{Im}\varphi_{D^{(r)}_{m\times n}}$ 的一个基底, 其中 $B_i=d_i\varepsilon_i$, $i=1,2,\cdots,r$, $\varepsilon_1=(1,0,\cdots,0,\cdots,0)^{\mathrm{T}}$, $\varepsilon_2=(0,1,\cdots,0,\cdots,0)^{\mathrm{T}},\cdots,\varepsilon_r=(0,0,\cdots,1,\cdots,0)^{\mathrm{T}}\in\mathbb{Z}^m$;

(4) $(C_1,C_2,\cdots,C_r)$ 为 $\operatorname{Im}\varphi_A$ 的一个基底, 其中, $C_i=P^{-1}B_i$, $i=1,2,\cdots,r$.

证明 (1) 结论易得.

(2) 由

$$\begin{aligned}Y_0\text{ 为 }D^{(r)}_{m\times n}Y=0\text{ 的一个解}&\iff D^{(r)}_{m\times n}Y_0=0\\&\iff PAQY_0=0\\&\iff A(QY_0)=0\\&\iff QY_0\text{ 为 }AX=0\text{ 的一个解}\end{aligned}$$

知, $S_0=\{X=QY\mid Y\in S_0'\}$ 为 $AX=0$ 的全部整数解集合.

(3) 易知

$$\begin{aligned}\operatorname{Im}\varphi_{D^{(r)}_{m\times n}}&=\{D^{(r)}_{m\times n}X\mid X\in\mathbb{Z}^n\}\\&=\big\{(d_1x_1,d_2x_2,\cdots,d_rx_r,0,\cdots,0)^{\mathrm{T}}\big|x_i\in\mathbb{Z},i=1,2,\cdots,r\big\}\\&=\big\{x_1B_1+x_2B_2+\cdots+x_rB_r\big|x_i\in\mathbb{Z},i=1,2,\cdots,r\big\}\\&=\langle B_1,B_2,\cdots,B_r\rangle,\end{aligned}$$

其中

$$B_i=d_i\varepsilon_i,\quad i=1,2,\cdots,r,$$

$$\varepsilon_1=(1,0,\cdots,0,\cdots,0)^{\mathrm{T}},\ \varepsilon_2=(0,1,\cdots,0,\cdots,0)^{\mathrm{T}},\cdots,\varepsilon_r=(0,0,\cdots,1,\cdots,0)^{\mathrm{T}}\in\mathbb{Z}^m.$$

显然, $B_1,B_2,\cdots,B_r$ 线性无关. 因此, $(B_1,B_2,\cdots,B_r)$ 为 $\operatorname{Im}\varphi_{D^{(r)}_{m\times n}}$ 的一个基底.

(4) 由

$$\begin{aligned} B\in \operatorname{Im}\varphi_{D^{(r)}_{m\times n}} &\Longleftrightarrow (\exists\, Y_0\in\mathbb{Z}^n)\ D^{(r)}_{m\times n}Y_0=B\\ &\Longleftrightarrow (\exists\, Y_0\in\mathbb{Z}^n)\ PAQY_0=B\\ &\Longleftrightarrow (\exists\, X_0\in\mathbb{Z}^n)\ X_0=QY_0,\ AX_0=P^{-1}B\\ &\Longleftrightarrow P^{-1}B\in \operatorname{Im}\varphi_A \end{aligned}$$

知, $(C_1,C_2,\cdots,C_r)$ 为 $\operatorname{Im}\varphi_A$ 的一个基底, 其中, $C_i=P^{-1}B_i$, $i=1,2,\cdots,r$. □

例 6.2.6　令

$$A=\begin{pmatrix}2&7&3&1\\3&5&2&2\\9&4&1&7\end{pmatrix}\in\mathbb{Z}^{3\times4}.$$

则取可逆矩阵

$$P=\begin{pmatrix}-1&1&0\\3&-2&0\\3&-5&1\end{pmatrix},\quad Q=\begin{pmatrix}1&1&-4&-9\\0&0&0&1\\0&0&1&0\\0&-1&5&11\end{pmatrix},$$

即可使得

$$PAQ=\begin{pmatrix}1&0&0&0\\0&1&0&0\\0&0&0&0\end{pmatrix}=D^{(2)}_{3\times4}.$$

从而

(1) $S_0^{\mathrm{T}}=\{Y=(0,0,c,d)^{\mathrm{T}}\mid c,d\in\mathbb{Z}\}$ 为 $D^{(2)}_{3\times4}Y=0$ 的全部整数解集合;

(2) 由

$$X=QY=\begin{pmatrix}1&1&-4&-9\\0&0&0&1\\0&0&1&0\\0&-1&5&11\end{pmatrix}\begin{pmatrix}0\\0\\c\\d\end{pmatrix}=\begin{pmatrix}-4c-9d\\d\\c\\5c+11d\end{pmatrix}$$

知,

$$S_0=\{(-4c-9d,d,c,5c+11d)^{\mathrm{T}}\mid c,d\in\mathbb{Z}\}$$

为 $AX=0$ 的全部整数解集合. 显然, S_0 是秩为 2 的自由 Abel 群,

$$\left(\begin{pmatrix}-4\\0\\1\\5\end{pmatrix},\begin{pmatrix}-9\\1\\0\\11\end{pmatrix}\right)$$

为其一个基底;

(3) $\operatorname{Im}\varphi_{D^{(2)}_{3\times4}}=\langle\varepsilon_1,\varepsilon_2\rangle$, 其中 $\varepsilon_1=(1,0,0)^{\mathrm{T}}$, $\varepsilon_2=(0,1,0)^{\mathrm{T}}$;

(4) 由

$$P^{-1}=\begin{pmatrix}2&1&0\\3&1&0\\9&2&1\end{pmatrix}$$

知,

$$C_1=P^{-1}\varepsilon_1=\begin{pmatrix}2\\3\\9\end{pmatrix},\quad C_2=P^{-1}\varepsilon_2=\begin{pmatrix}1\\1\\2\end{pmatrix}.$$

因此, $\operatorname{Im}\varphi_A=\langle C_1,C_2\rangle$.

注 6.2.5 请读者考虑如何寻找 P 和 Q.

*6.3 模的直和分解

6.3.1 模的 (内) 直和与外直和

令 M 为一 R-模,

$$\mathcal{S}(M)\overset{\mathrm{d}}{=}\{N\mid N\leqslant M\}.$$

交与和是 $\mathcal{S}(M)$ 上的两种二元运算, 这两种运算都是交换的, 也都是结合的. 因此, 它们分别诱导出 $\mathcal{S}(M)$ 上的唯一的一个 s 元运算, 即, s 个子模的交与 s 个子模的和. 形式地说, 我们有如下定义.

定义 6.3.1 令 M 为一 R-模, $M_1,M_2,\cdots,M_s\leqslant M$, $s\geqslant 2$. 称元素集

$$\bigcap_{i=1}^{s}M_i=M_1\cap M_2\cap\cdots\cap M_s$$

为 $M_1,M_2,\cdots,M_s$ 的交. 称元素集

$$\sum_{i=1}^{s}M_i=M_1+M_2+\cdots+M_s$$

为 $M_1,M_2,\cdots,M_s$ 的和.

定义 6.3.2 令 M 为一 R-模, $M_1,M_2,\cdots,M_s\leqslant M$, $s\geqslant 2$, 且 $M=M_1+M_2+\cdots+M_s$. 若 M 中每个元素 a 表为 $M_1,M_2,\cdots,M_s$ 中元素和的方法唯一, 即

$$a=a_1+a_2+\cdots+a_s=b_1+b_2+\cdots+b_s,$$
$$a_i,b_i\in M_i,\quad i=1,2,\cdots,s$$

蕴涵 $a_i=b_i$, $i=1,2,\cdots,s$, 则称 M 为 $M_1,M_2,\cdots,M_s$ 的直和或内直和, 记为

$$M=M_1\oplus M_2\oplus\cdots\oplus M_s=\oplus_{i=1}^{s}M_i.$$

关于高等代数教材中线性空间的子空间作成直和的几个等价条件, 模也有相应的事实.

定理 6.3.1 令 M 为一 R-模, $M_1, M_2, \cdots, M_s \leqslant M$, $s \geqslant 2$, 且 $M = M_1 + M_2 + \cdots + M_s$. 则以下几条等价:

(1) $M = M_1 \oplus M_2 \oplus \cdots \oplus M_s$;

(2) 存在 $a \in M$, a 表为 $M_1, \cdots, M_s$ 中元素和的方法唯一;

(3) 0 表为 $M_1, \cdots, M_s$ 中元素和的方法唯一;

(4) 关于任意 $i \in \{1, \cdots, s\}$,

$$M_i \cap \sum_{j \neq i} M_j = \{0\};$$

(5) 关于任意 $i \in \{2, \cdots, s\}$,

$$M_i \cap \sum_{j=1}^{i-1} M_j = \{0\}.$$

定义 6.3.3 令 $N_1, N_2, \cdots, N_s$ 为 R-模, $s \geqslant 2$, N 为集合 $N_1, N_2, \cdots, N_s$ 的 Descartes 积, 即

$$N = \{(a_1, a_2, \cdots, a_s) \mid a_i \in N_i, i = 1, 2, \cdots, s\}.$$

则 N 关于如下加法和数乘

$$(a_1, a_2, \cdots, a_s) + (b_1, b_2, \cdots, b_s) \equiv (a_1 + b_1, a_2 + b_2, \cdots, a_s + b_s),$$

$$r(a_1, a_2, \cdots, a_s) \equiv (ra_1, ra_2, \cdots, ra_s)$$

成 R-模. 称 N 为 $N_1, N_2, \cdots, N_s$ 的外直和, 记为

$$N = N_1 \dotplus N_2 \dotplus \cdots \dotplus N_s = \dotplus_{i=1}^{s} N_i.$$

注 6.3.1 在定义 6.3.3 的情形下, 令

$$M_1 = \{(a_1, 0, \cdots, 0) \mid a_1 \in N_1\} \subseteq N,$$

$$\cdots\cdots$$

$$M_s = \{(0, \cdots, 0, a_s) \mid a_s \in N_s\} \subseteq N.$$

则显然 $M_1, \cdots, M_s$ 都是 N 的子模, 且

$$N = M_1 \oplus \cdots \oplus M_s \text{ (直和)},$$

又显然有自然模同构 $M_1 \cong N_1, \cdots, M_s \cong N_s$.

反之, 令 M 为一 R-模, $M_1, M_2, \cdots, M_s \leqslant M$, $s \geqslant 2$. 若 $M = \oplus_{i=1}^{s} M_i$, 则

$$M \cong \dotplus_{i=1}^{s} M_i.$$

因此外直和与内直和本质上为同一个概念.

例 6.3.1 自由模 R^n 实际是 n 个与模 $_RR$ 同构的 R-模的直和.

与直和概念相关的还有子模线性无关的概念.

定义 6.3.4 令 M 为一 R-模, $M_1, M_2, \cdots, M_s \leqslant M$, $s \geqslant 2$. 称子模 $M_1, M_2, \cdots, M_s$ 线性无关, 如果

$$M_i \cap \sum_{j\neq i} M_j = \{0\}, \quad i = 1, 2, \cdots, n.$$

定理 6.3.2 令 M 为一 R-模, $a_1, a_2, \cdots, a_s \in M$, $s \geqslant 2$. 若 $a_1, a_2, \cdots, a_s$ 线性无关, 则循环子模 $\langle a_1\rangle, \langle a_2\rangle, \cdots, \langle a_s\rangle$ 线性无关.

证明 关于任意 $i \in \{1, 2, \cdots, s\}$ 和任意 $a \in \langle a_i\rangle \cap \sum\limits_{j\neq i}\langle a_j\rangle$,

$$r_ia_i = a = r_1a_1 + \cdots + r_{i-1}a_{i-1} + r_{i+1}a_{i+1} + \cdots + r_sa_s,$$

其中 $r_i \in R$, $i = 1, 2, \cdots, s$. 从而

$$r_1a_1 + \cdots + r_{i-1}a_{i-1} + r_{i+1}a_{i+1} + \cdots + r_sa_s - r_ia_i = 0.$$

由 $a_1, a_2, \cdots, a_s$ 线性无关知, $r_1 = r_2 = \cdots = r_s = 0$. 因此 $a = 0$, 即 $\langle a_i\rangle \cap \sum\limits_{j\neq i}\langle a_j\rangle = \{0\}$. 于是, 循环子模 $\langle a_1\rangle, \langle a_2\rangle, \cdots, \langle a_s\rangle$ 线性无关. □

注意到, 定理 6.3.2 的逆命题不成立. 例如, 如下例题.

例 6.3.2 显然 $\mathbb{Z}_6$ 为一 $\mathbb{Z}$-模. 易知

$$\langle\overline{2}\rangle \cap \langle\overline{3}\rangle = \{\overline{0}\},$$

即 $\langle\overline{2}\rangle$ 与 $\langle\overline{3}\rangle$ 线性无关. 而由 $3\cdot\overline{2} + 2\cdot\overline{3} = \overline{0}$ 知, $\overline{2}$, $\overline{3}$ 线性相关.

线性空间作为一种特殊的模, 有下面的事实.

定理 6.3.3 令 V 为域 $\mathbb{F}$ 上一线性空间, $\alpha_1, \alpha_2, \cdots, \alpha_s \in V\backslash\{\theta\}$, $s \geqslant 2$. 则 $\alpha_1, \alpha_2, \cdots, \alpha_s$ 线性无关当且仅当子空间 $\langle\alpha_1\rangle, \langle\alpha_2\rangle, \cdots, \langle\alpha_s\rangle$ 线性无关.

证明 根据定理 6.3.2, 只需证明充分性. 令

$$k_1\alpha_1 + k_2\alpha_2 + \cdots + k_s\alpha_s = \theta,$$

其中 $k_i \in \mathbb{F}$, $i = 1, 2, \cdots, s$. 若 $k_1, k_2, \cdots, k_s$ 不全为零, 不妨假设 $k_1 \neq 0$, 则由 $\alpha_1 \neq \theta$ 知, $k_1\alpha_1 \neq \theta$, 且

$$k_1\alpha_1 = -(k_2\alpha_2 + \cdots + k_s\alpha_s) \in \langle\alpha_1\rangle \cap \sum_{j\neq 1}\langle\alpha_j\rangle.$$

从而 $\langle\alpha_1\rangle \cap \sum\limits_{j\neq 1}\langle\alpha_j\rangle \neq \{\theta\}$, 一个矛盾. 因此, $k_1 = k_2 = \cdots = k_s = 0$, 于是 $\alpha_1, \alpha_2, \cdots, \alpha_s$ 线性无关. □

6.3.2 模涉及模同态的一类直和分解

定理 6.3.4 令 M, N 为两个 R-模, $\varphi: M \longrightarrow N$ 和 $\psi: N \longrightarrow M$ 为两个模同态, 且关于任意 $b \in N$, $\varphi\psi(b) = b$. 则

$$M = \mathrm{Ker}\,\varphi \oplus \mathrm{Im}\,\psi.$$

证明　令 $a \in \operatorname{Ker}\varphi \cap \operatorname{Im}\psi$. 则 $\varphi(a)=0$, 且存在 $b \in N$, 使得 $a=\psi(b)$. 从而

$$0=\varphi(a)=\varphi[\psi(b)]=\varphi\psi(b)=b.$$

因此 $a=\psi(b)=\psi(0)=0$, 即

$$\operatorname{Ker}\varphi \cap \operatorname{Im}\psi=\{0\}.$$

从而 $\operatorname{Ker}\varphi+\operatorname{Im}\psi=\operatorname{Ker}\varphi \oplus \operatorname{Im}\psi$. 令 $c \in M$. 则 $\varphi(c) \in N$, 且

$$c=c-\psi(\varphi(c))+\psi(\varphi(c)).$$

由

$$\varphi[c-\psi(\varphi(c))]=\varphi(c)-\varphi[\psi(\varphi(c))]=\varphi(c)-(\varphi\psi)(\varphi(c))=\varphi(c)-\varphi(c)=0$$

知, $c-\psi(\varphi(c)) \in \operatorname{Ker}\varphi$. 显然 $\psi(\varphi(c)) \in \operatorname{Im}\psi$, 从而 $c \in \operatorname{Ker}\varphi \oplus \operatorname{Im}\psi$. 因此 $M \subseteq \operatorname{Ker}\varphi \oplus \operatorname{Im}\psi$. 又另一边的包含关系是显然的, 于是

$$M=\operatorname{Ker}\varphi \oplus \operatorname{Im}\psi.$$ □

定义 6.3.5　令 M 为一 R-模, $M_1 \leqslant M$, $\varphi \in \operatorname{End}_R(M)$. 称 M_1 为 M 的关于 φ 的不变子模, 或 φ-子模, 如果 $\varphi M_1 \subseteq M_1$, 其中, φM_1 表示 M_1 在 φ 下的像, 即

$$\varphi M_1=\{\varphi(a) \mid a \in M_1\}.$$

显然, 零子模 $\{0\}$ 和模 M 关于 M 上任何模自同态都是不变的.

与线性空间的不变子空间类似, 我们有以下事实.

定理 6.3.5　令 M 为一 R-模, $\varphi \in \operatorname{End}_R(M)$. 则

(1) $\operatorname{Ker}\varphi$ 和 $\operatorname{Im}\varphi$ 都是 φ-子模;

(2) 若 $\psi \in \operatorname{End}_R(M)$, 且 $\varphi\psi=\psi\varphi$, 则 $\operatorname{Ker}\psi$, $\operatorname{Im}\psi$ 都是 φ-子模.

定理 6.3.6　令 M 为一 R-模, $\varphi \in \operatorname{End}_R(M)$. 则

(1) $\varphi^2=\varphi$ (即 φ 为一幂等自同态) 当且仅当

$$\operatorname{Ker}\varphi=\{a-\varphi(a) \mid a \in M\},$$

也当且仅当

$$\operatorname{Im}\varphi=\{a \in M \mid \varphi(a)=a\};$$

(2) 若 $\varphi^2=\varphi$, 则

$$M=\operatorname{Ker}\varphi \oplus \operatorname{Im}\varphi;$$

(3) 若 $\varphi^2=\varphi$, $\psi \in \operatorname{End}_R(M)$, 则 $\varphi\psi=\psi\varphi$ 当且仅当 $\operatorname{Ker}\varphi, \operatorname{Im}\varphi$ 都是 ψ- 子模.

证明　(1) 先证 $\varphi^2=\varphi$ 当且仅当 $\operatorname{Ker}\varphi=\{a-\varphi(a) \mid a \in M\}$.

充分性. 令 $\operatorname{Ker}\varphi=\{a-\varphi(a) \mid a \in M\}$. 则关于任意 $a \in M$,

$$0=\varphi(a-\varphi(a))=\varphi(a)-\varphi^2(a),$$

从而 $\varphi(a)=\varphi^2(a)$. 因此, $\varphi^2=\varphi$.

必要性. 令 $\varphi^2=\varphi$. 则关于任意 $b\in\operatorname{Ker}\varphi$, $\varphi(b)=0$. 从而

$$b=b-0=b-\varphi(b)\in\{a-\varphi(a)\mid a\in M\},$$

即 $\operatorname{Ker}\varphi\subseteq\{a-\varphi(a)\mid a\in M\}$. 又关于任意 $a\in M$,

$$\varphi(a-\varphi(a))=\varphi(a)-\varphi^2(a)=\varphi(a)-\varphi(a)=0,$$

从而 $a-\varphi(a)\in\operatorname{Ker}\varphi$, 即 $\operatorname{Ker}\varphi\supseteq\{a-\varphi(a)\mid a\in M\}$. 因此

$$\operatorname{Ker}\varphi=\{a-\varphi(a)\mid a\in M\}.$$

再证 $\varphi^2=\varphi$ 当且仅当 $\operatorname{Im}\varphi=\{a\in M\mid\varphi(a)=a\}$.

充分性. 令 $\operatorname{Im}\varphi=\{a\in M\mid\varphi(a)=a\}$. 则关于任意 $a\in M$, $\varphi(a)\in\operatorname{Im}\varphi$, 从而

$$\varphi^2(a)=\varphi[\varphi(a)]=\varphi(a).$$

因此 $\varphi^2=\varphi$.

必要性. 令 $\varphi^2=\varphi$. 则关于任意 $b\in\operatorname{Im}\varphi$, 存在 $c\in M$, 使得 $b=\varphi(c)$. 从而

$$\varphi(b)=\varphi[\varphi(c)]=\varphi^2(c)=\varphi(c)=b.$$

因此 $b\in\{a\in M\mid\varphi(a)=a\}$, 即

$$\operatorname{Im}\varphi\subseteq\{a\in M\mid\varphi(a)=a\}.$$

反过来的包含是显然的. 于是,

$$\operatorname{Im}\varphi=\{a\in M\mid\varphi(a)=a\}.$$

(2) 令 $\varphi^2=\varphi$. 则关于任意 $a\in\operatorname{Ker}\varphi\cap\operatorname{Im}\varphi$, 由 (1) 知,

$$a=\varphi(a)=0.$$

从而

$$\operatorname{Ker}\varphi\cap\operatorname{Im}\varphi=\{0\},$$

因此 $\operatorname{Ker}\varphi+\operatorname{Im}\varphi=\operatorname{Ker}\varphi\oplus\operatorname{Im}\varphi$. 令 $b\in M$. 则

$$b=b-\varphi(b)+\varphi(b).$$

由 (1) 知, $b-\varphi(b)\in\operatorname{Ker}\varphi$, 显然 $\varphi(b)\in\operatorname{Im}\varphi$, 从而 $b\in\operatorname{Ker}\varphi\oplus\operatorname{Im}\varphi$. 因此 $M\subseteq\operatorname{Ker}\varphi\oplus\operatorname{Im}\varphi$. 又另一边的包含关系是显然的, 于是

$$M=\operatorname{Ker}\varphi\oplus\operatorname{Im}\varphi.$$

(3) 根据定理 6.3.5, 仅需证明充分性.

令 $\varphi^2=\varphi$. 则关于任意 $a\in M$, 由 (2) 知,

$$a=a_1+a_2,\quad a_1\in \mathrm{Ker}\,\varphi,\quad a_2\in \mathrm{Im}\,\varphi.$$

从而 $\varphi(a_1)=0$, 且由 (1) 知, $\varphi(a_2)=a_2$. 又 $\mathrm{Ker}\,\varphi$, $\mathrm{Im}\,\varphi$ 都是 ψ-子模, 因此 $\psi(a_1)\in \mathrm{Ker}\,\varphi$, $\psi(a_2)\in \mathrm{Im}\,\varphi$, 即 $\varphi[\psi(a_1)]=0$, $\varphi[\psi(a_2)]=\psi(a_2)$. 从而

$$\varphi\psi(a)=\varphi\psi(a_1+a_2)=\varphi[\psi(a_1)]+\varphi[\psi(a_2)]=\varphi[\psi(a_2)]=\psi(a_2),$$
$$\psi\varphi(a)=\psi\varphi(a_1+a_2)=\psi[\varphi(a_1)]+\psi[\varphi(a_2)]=\psi[\varphi(a_2)]=\psi(a_2).$$

于是, $\varphi\psi=\psi\varphi$. □

注 6.3.2 (1) 关于定理 6.3.6 中的 (2) 的逆命题如何? 即, 若 $M=\mathrm{Ker}\,\varphi\oplus \mathrm{Im}\,\varphi$, 是否必有 $\varphi^2=\varphi$?

(2) 关于定理 6.3.6 中的 (3), 条件 $\varphi^2=\varphi$ 能否去掉?

*6.4 回访模 (线性空间) 的概念 —— 模 (线性空间) 公理间的独立性

关于定义 6.1.1, 我们先作以下说明.

注 6.4.1 定义 6.1.1 中的公理 $(\mathrm{iii})_l$ 和 $(\mathrm{iv})_l$ 还可陈述为:

$(\mathrm{iii})_l'$ $(\exists\, 0\in M)$ $(\forall\, a\in M)$ $(\exists\, a'\in M)$ $a'+a=0$;

$(\mathrm{iv})_l'$ $0+a\equiv a$.

下面将讨论这八条公理间的独立性. 事实上, 这八条公理不是相互独立的.

定理 6.4.1 关于任意 R-模 M 的八条公理中, 第一条公理是后七条公理的推论; 另外七条公理则不然 (一般地, 后七条的任一条都不是其余七条的推论).

证明 (1) 关于公理 (i).

关于任意 $a,b\in M$, 有

$$\begin{aligned}(1+1)\cdot(a+b)&=(1+1)\cdot a+(1+1)\cdot b\\&=(1\cdot a+1\cdot a)+(1\cdot b+1\cdot b)\\&=(a+a)+(b+b)\\&=a+[a+(b+b)]\\&=a+[(a+b)+b]\\&=a+(a+b)+b.\end{aligned}$$

另一方面,

$$\begin{aligned}(1+1)\cdot(a+b)&=1\cdot(a+b)+1\cdot(a+b)\\&=(a+b)+(a+b)\\&=a+[b+(a+b)]\\&=a+[(b+a)+b]\\&=a+(b+a)+b.\end{aligned}$$

从而

$$a+(a+b)+b=a+(b+a)+b. \tag{6.6}$$

由 (ii), $(\text{iii})_l$ 和 $(\text{iv})_l$ 知, M 关于加法成群. 因此, M 为一双消半群. 于是, 由式 (6.6) 知,

$$a+b=b+a.$$

即, 第一条公理是后七条公理的推论.

(2) 关于公理 (ii).

令 $M=\{0,a,b\}$, $R=\mathbb{F}$, 其中 $\mathbb{F}$ 为一域. 给出 M 上的加法表如表 6.1 所示, 且定义 R 在 $(M,+)$ 上的环作用为

$$r\cdot c\equiv c.$$

表 6.1

$+$	0	a	b
0	0	a	b
a	a	a	0
b	b	0	b

可以验证在 M 中, 零元为 0 , 且有

$$(a+a)+b=0\neq a=a+(a+b),$$

即, 公理 (ii) 在 M 中不成立, 但容易验证其余七条公理在 M 中均成立. 从而, (ii) 的独立性得证.

(3) 关于公理 $(\text{iii})_l$.

$\{(\text{i}),(\text{ii}),(\text{iii})_l,(\text{iv})_l,(\text{v})\text{–}(\text{viii})\}$ 中 $(\text{iii})_l$ 的独立性, 指的是 $\{(\text{i}),(\text{ii}),(\text{iii})_l',(\text{iv})_l',(\text{v})\text{–}(\text{viii})\}$ 中 $(\text{iv})_l'$ 的独立性.

令 $M=\{0,a,b\}$, $R=\mathbb{F}$, 其中 $\mathbb{F}$ 为一域. 给出 M 上的加法表如表 6.2 所示, 且定义 R 在 $(M,+)$ 上的环作用为

$$r\cdot c\equiv c.$$

表 6.2

$+$	0	a	b
0	0	0	0
a	0	a	a
b	0	a	b

可以验证, M 中的元素 0 满足

$$(\forall\, c \in M)\ (\exists\, c' \in M)\ c' + c = 0.$$

即, 公理 $(\text{iii})_l'$ 在 M 中成立. 但

$$0 + a = 0 \neq a,$$

即, 公理 $(\text{iv})_l'$ 在 M 中不成立, 又容易验证其余六条公理在 M 中均成立. 从而, $(\text{iv})_l'$ 的独立性即 $(\text{iii})_l$ 的独立性得证.

(4) 关于公理 $(\text{iv})_l$.

令 $M = \{0, a\}$, $R = \mathbb{F}$, 其中 $\mathbb{F}$ 为一域. 给出 M 上的加法表如表 6.3 所示, 且定义 R 在 $(M, +)$ 上的环作用为

$$r \cdot c \equiv c.$$

表 6.3

$+$	0	a
0	0	a
a	a	a

可以验证, 公理 $(\text{iv})_l$ 在 M 中不成立. 事实上, a 没有满足 $(\text{iv})_l$ 的 a'. 但容易验证其余七条公理在 M 中均成立. 从而, $(\text{iv})_l$ 的独立性得证.

(5) 关于公理 (v).

令 $M = \{(a, b) \mid a, b \in \mathbb{C}\}$. 定义 M 上的加法如下

$$(a, b) + (c, d) \equiv (a + c, b + d),$$

且定义 R 在 $(M, +)$ 上的环作用为

$$k \cdot (a, b) \equiv \begin{cases} (ka, kb), & a = 0 \text{ 或 } b = 0, \\ (\overline{k}a, \overline{k}b), & ab \neq 0, \end{cases}$$

其中, $\overline{k}$ 是 k 的共轭复数.

由

$$i \cdot [(1, 0) + (0, 1)] = i \cdot (1, 1) = (-i, -i),$$

$$i \cdot (1, 0) + i \cdot (0, 1) = (i, 0) + (0, i) = (i, i)$$

知, 公理 (v) 在 M 中不成立. 但容易验证其余七条公理在 M 中均成立. 从而, (v) 的独立性得证.

(6) 关于公理 (vi).

令 $M = \{0, a\}$, $R = \mathbb{F}$, 其中 $\mathbb{F}$ 为一域. 给出 M 上的加法表如表 6.4 所示, 且定义 R 在 $(M, +)$ 上的环作用为

$$r \cdot c \equiv c.$$

表 6.4

+	0	a
0	0	a
a	a	0

由

$$(1+1)\cdot a = a \neq 0 = a + a = 1\cdot a + 1\cdot a$$

知, 公理 (vi) 在 M 中不成立. 但容易验证其余七条公理在 M 中均成立. 从而, (vi) 的独立性得证.

(7) 关于公理 (vii).

令 $\mathbb{F}$ 为一数域, $M=(\mathbb{F},+)$, $R=\mathbb{Q}(\sqrt{2})=\{a+\sqrt{2}b \mid a,b\in\mathbb{Q}\}$. M 上的加法为数的通常加法, 定义 R 在 $(M,+)$ 上的环作用为

$$(a+b\sqrt{2})\cdot c \equiv (a+b)\, c,$$

其中恒等式右边表示数的通常乘法.

由

$$(\sqrt{2}\cdot\sqrt{2})\cdot 1 = 2\cdot 1 = 2,$$
$$\sqrt{2}\cdot(\sqrt{2}\cdot 1) = \sqrt{2}\cdot 1 = 1$$

知, 公理 (vii) 在 M 中不成立. 但容易验证其余七条公理在 M 中均成立. 从而, (vii) 的独立性得证.

(8) 关于公理 (viii).

(a) 令 $\mathbb{F}$ 为一数域, $M=\{(a,b)\mid a,b\in\mathbb{F}\}$. 定义 M 上的加法为

$$(a,b)+(c,d)\equiv(a+c,b+d),$$

且定义 $\mathbb{F}$ 在 $(M,+)$ 上的环作用为

$$k\cdot(a,b)\equiv(ka,0).$$

由

$$1\cdot(0,1)=(0,0)\neq(0,1)$$

知, 公理 (viii) 在 M 中不成立. 但容易验证其余七条公理在 M 中均成立. 从而, (viii) 的独立性得证.

(b) 令 $(M;+,\cdot_{\mathbb{F}})$ 为域 $\mathbb{F}$ 上一线性空间, 其中 $|M|\geqslant 2$. 现构作一模结构 $(M;+,\triangle_{\mathbb{F}})$ 为

$$k\triangle a\equiv 0.$$

显然此数学结构满足 (i)–(vii), 但不满足 (viii). 从而, (viii) 的独立性得证. □

注 6.4.2 上面给出的某一公理关于其余七条公理的独立性的例子都涉及了模的基础环 R 的选取. 特别地, 关于公理 (v), 若选取另外的基础环, 则它有可能成为其余七条公理的推论.

定理 6.4.2 若 $R=\mathbb{Q}$ 为有理数域, 则公理 (v) 为其余七条公理的推论.

证明 (1) 先证: 当 k 为正整数时, 公理 (v) 为其余七条公理的推论.

当 $k=1$ 时, 由公理 (viii) 知,

$$1\cdot(a+b)=a+b=1\cdot a+1\cdot b.$$

假设 $k-1\geqslant 1$ 时, 结论成立, 即其余七条公理可以推出

$$(k-1)\cdot(a+b)=(k-1)\cdot a+(k-1)\cdot b.$$

从而

$$\begin{aligned}
k\cdot(a+b) &= [(k-1)+1]\cdot(a+b)\\
&\xlongequal{\text{(vi)}}(k-1)\cdot(a+b)+1\cdot(a+b)\\
&\xlongequal{\text{假设}}[(k-1)\cdot a+(k-1)\cdot b]+(1\cdot a+1\cdot b)\\
&\xlongequal{\text{(i),(ii)}}[(k-1)\cdot a+1\cdot a]+[(k-1)\cdot b+1\cdot b]\\
&\xlongequal{\text{(vi)}}[(k-1)+1]\cdot a+[(k-1)+1]\cdot b\\
&= k\cdot a+k\cdot b.
\end{aligned}$$

(2) 再证: 当 k 为负整数时, 公理 (v) 为其余七条公理的推论.

令 $k=-m$, m 为一正整数. 则

$$\begin{aligned}
k\cdot(a+b) &= (-m)\cdot(a+b)=[(-1)\times m]\cdot(a+b)\\
&\xlongequal{\text{(vii)}}(-1)\cdot[m\cdot(a+b)]\\
&\xlongequal{\text{(1)}}(-1)\cdot(m\cdot a+m\cdot b)\\
&= -(m\cdot a+m\cdot b)\\
&\xlongequal{\text{负元性质}}-(m\cdot b)+[-(m\cdot a)]\\
&= (-1)\cdot(m\cdot b)+(-1)\cdot(m\cdot a)\\
&\xlongequal{\text{(vii)}}(-m)\cdot b+(-m)\cdot a\\
&\xlongequal{\text{(i)}}(-m)\cdot a+(-m)\cdot b\\
&= k\cdot a+k\cdot b.
\end{aligned}$$

(3) 又证: 当 $k=\dfrac{1}{m}$, m 为正整数时, 公理 (v) 为其余七条公理的推论.

由

$$\begin{aligned}
m\cdot\left(\frac{1}{m}\cdot a+\frac{1}{m}\cdot b\right) &\xlongequal{\text{(1)}} m\cdot\left(\frac{1}{m}\cdot a\right)+m\cdot\left(\frac{1}{m}\cdot b\right)\\
&\xlongequal{\text{(vii)}}1\cdot a+1\cdot b\\
&\xlongequal{\text{(viii)}}a+b,
\end{aligned}$$

在上式两端同乘以 $\frac{1}{m}$, 得

$$\begin{aligned}\frac{1}{m}\cdot(a+b) &= \frac{1}{m}\cdot\left[m\cdot\left(\frac{1}{m}\cdot a+\frac{1}{m}\cdot b\right)\right]\\ &\xlongequal{\text{(vii)}} 1\cdot\left(\frac{1}{m}\cdot a+\frac{1}{m}\cdot b\right)\\ &\xlongequal{\text{(viii)}} \frac{1}{m}\cdot a+\frac{1}{m}\cdot b.\end{aligned}$$

(4) 最后证明: 当 $k=\frac{n}{m}$, m 为正整数, n 为整数时, 公理 (v) 为其余七条公理的推论. 由 $0a\equiv 0$, 不妨令 $n\neq 0$.

$$\begin{aligned}k\cdot(a+b)=\frac{n}{m}\cdot(a+b) &\xlongequal{\text{(vii)}} \frac{1}{m}\cdot[n\cdot(a+b)]\\ &\xlongequal{(1),(2)} \frac{1}{m}\cdot(n\cdot a+n\cdot b)\\ &\xlongequal{(3)} \frac{1}{m}\cdot(n\cdot a)+\frac{1}{m}\cdot(n\cdot b)\\ &\xlongequal{\text{(vii)}} \frac{n}{m}\cdot a+\frac{n}{m}\cdot b=k\cdot a+k\cdot b.\end{aligned}$$

综上, 当 $R=\mathbb{Q}$ 为有理数域时, 公理 (v) 为其余七条公理的推论. 定理得证. □

定理 6.4.1 和定理 6.4.2 说明公理 (v) 的独立性与基础环 R 的选取有关. 有理数域上公理 (v) 不独立. 我们知道, 有理数域只有平凡自同构, 而定理 6.4.1 恰利用复数域的非平凡自同构 $k\longmapsto\overline{k}$ 证明了公理 (v) 的独立性, 其中 $\overline{k}$ 为 k 的共轭复数. 实际上, 陈重穆关于公理 (v) 的独立性提出过这样一个猜想.

注 6.4.3 陈重穆猜想: 令 $\mathbb{F}$ 为一数域. 则公理 (v) 独立于另外七条公理当且仅当 $\mathbb{F}$ 有非平凡自同构.

陈重穆猜想的充分性是容易证明的. 事实上, 可仿照复数域上的方法构造例子如下.

令 $k\longmapsto\overline{k}$ 是数域 $\mathbb{F}$ 上的一个非平凡自同构, $M=\{(a,b)\mid a,b\in\mathbb{F}\}$. 定义 M 上的加法为

$$(a,b)+(c,d)\equiv(a+c,b+d),$$

且定义 $\mathbb{F}$ 在 $(M,+)$ 上的环作用为

$$k\cdot(a,b)\equiv\begin{cases}(ka,kb), & a=0 \text{ 或 } b=0,\\ (\overline{k}a,\overline{k}b), & ab\neq 0.\end{cases}$$

由于 $k\longmapsto\overline{k}$ 是数域 $\mathbb{F}$ 的非平凡自同构, 存在 $j\in\mathbb{F}$, 使得 $j\neq\overline{j}$. 从而, 由

$$\begin{aligned}&j\cdot[(1,0)+(0,1)]=j\cdot(1,1)=(\overline{j},\overline{j}),\\ &j\cdot(1,0)+j\cdot(0,1)=(j,0)+(0,j)=(j,j)\end{aligned}$$

知, 公理 (v) 在 M 中不成立. 但容易验证其余七条公理在 M 中均成立. 因此, (v) 的独立性得证.

在上述猜想中, 条件的必要性尚未得到解决.

注 6.4.4 请读者考虑除去不独立的公理 (i) 和已说明的公理 (v), 其余各公理是否存在与公理 (v) 类似的和模的基础环选取相关的独立性.

习 题 6

下面各题中, 如无特别说明, 总假设 R 为一幺环.

1. 令 M 为一非零有限 Abel 群. 试问, 它是否构成一 $\mathbb{Q}$-模? 为什么?

2. 令 S, R 为两个交换幺环, 其幺元分别为 1, $1'$, $\varphi: S \longrightarrow R$ 为一环同态, 且 $\varphi(1) = 1'$, M 为一 R-模. 证明: M 关于自身的加法和如下定义的数乘运算构成 S-模

$$sx \equiv \varphi(s)x.$$

3. 令 M 为一 R-模, I 为 M 的零化子, 即

$$I = \{r \in R \mid (\forall\, x \in M)\ rx = 0\}.$$

证明: (1) $I \trianglelefteq R$; (2) M 关于自身的加法和如下定义的数乘运算构成 R/I-模

$$(r + I)x \equiv rx.$$

4. 令 R 为一交换幺环, M 为一 R-模, $r \in R$. 证明:

$$rM = \{ra \mid a \in M\} \leqslant M, \quad M(r) = \{a \in M \mid ra = 0\} \leqslant M.$$

5. 令 $a, b \in \mathbb{Z}$, $(a, b) = 1$, $n = ab$, $\mathbb{Z}_n$ 为一 $\mathbb{Z}$-模. 证明: $a\mathbb{Z}_n = \mathbb{Z}_n(b)$.

6. 令 V 为数域 $\mathbb{F}$ 上一线性空间, $\mathcal{A} \in \mathcal{L}(V)$. 定义映射

$$\begin{aligned} \varphi:\quad & \mathbb{F}[x] \times V \longrightarrow V, \\ & (f(x), \alpha) \longmapsto f(\mathcal{A})(\alpha), \end{aligned}$$

则 V 为一 $\mathbb{F}[x]$ 模. 证明: $\mathrm{End}_{\mathbb{F}[x]}V = \{\mathcal{B} \in \mathcal{L}(V) \mid \mathcal{AB} = \mathcal{BA}\}$.

7. 试确定模 ${}_RR$ 的所有模自同态.

8. 称非零 R-模 M 为一单模, 如果 M 只有 $\{0\}$ 和 M 两个平凡子模. 证明:

(1) M 是单的当且仅当 $M \neq \{0\}$, 并且关于任意 $0 \neq x \in M$, M 是 x 生成的循环模;

(2) 任意单 R-模 M 必同构于 R-模 ${}_RR/I$, 其中 I 为环 R 的极大理想;

(3) (Schur 引理) 令 M 和 N 为两个单 R-模, $\varphi: M \longrightarrow N$ 为一模同态. 则 φ 为零同态或同构.

9. 令 R 为一交换幺环, M 为一秩为 n 的自由 R-模,

$$(a_1, a_2, \cdots, a_n)$$

和

$$(b_1, b_2, \cdots, b_n)$$

为 M 的两个基底, 且有基底的过渡

$$(b_1, b_2, \cdots, b_n) = (a_1, a_2, \cdots, a_n)P,$$

其中 $P \in R^{n\times n}$ 为一可逆矩阵. 证明: 若 $\varphi \in \mathrm{End}_R(M)$ 在基底 $(a_1, a_2, \cdots, a_n)$ 下的矩阵为 A, 则 φ 在基底 $(b_1, b_2, \cdots, b_n)$ 下的矩阵为 $P^{-1}AP$.

10. 找出自由模 $\mathbb{Z}^4$ 的由 $a_1=(3,3,-1,1)$, $a_2=(1,2,0,3)$, $a_3=(-1,1,1,5)$ 生成的子模的一个基底.

11. 举例说明, 有限生成的 R-模作为交换环不一定是有限生成的.

12. 令 R 为一交换幺环. 证明: 若任意自由 R-模的任意子模都是自由模, 则 R 为一主理想整环.

13. 令 V 为域 $\mathbb{F}$ 上一 n 维线性空间, W 为 V 的 m 维子空间. 证明: 商空间 V/W 的维数是 $n-m$. 举例说明这一结论不能推广到自由模上.

14. 证明: 若任意有限生成的 R-模都是自由模, 则 R 为一域.

15. 利用整数矩阵的初等变换将下列矩阵变为对角阵.

$$\begin{pmatrix} 3 & 1 \\ -1 & 2 \end{pmatrix},\ \begin{pmatrix} 4 & 7 & 2 \\ 2 & 4 & 6 \end{pmatrix},\ \begin{pmatrix} 3 & 1 & -4 \\ 2 & -3 & 1 \\ -4 & 6 & -2 \end{pmatrix}.$$

16. 令

$$A=\begin{pmatrix} 4 & 7 & 2 \\ 2 & 4 & 6 \end{pmatrix}.$$

求出齐次线性方程组 $AX=0$ 的全部整数解, 并求出使得 $AX=B$ 有整数解的全部 $B\in\mathbb{Z}^2$.

17. 求出下列整系数齐次线性方程组的全部整数解.

$$\begin{cases} 123x_1-8x_2+165x_3+258x_4=0, \\ -27x_1+3x_2-49x_3-74x_4=0. \end{cases}$$

18. 求出下列整系数齐次线性方程组的全部整数解作成的 $\mathbb{Z}$-模的一个基底.

$$\begin{cases} x+2y+3z=0, \\ x+4y+9z=0. \end{cases}$$

19. 令 M 为一 R-模, $M_1,M_2,\cdots,M_r\leqslant M$. 证明: 若

(1) $M=M_1+M_2+\cdots+M_r$;

(2) $(M_1+M_2+\cdots+M_i)\cap M_{i+1}=\{0\}, i=1,2,\cdots,r-1$.

则 $M=M_1\oplus M_2\oplus\cdots\oplus M_r$.

20. 令 M 为一 R-模, $M_1,M_2\leqslant M$. 证明: 若 $M=M_1\oplus M_2$, 则

$$M_1\cong M/M_2,\quad M_2\cong M/M_1.$$

21. 令 $\mathbb{Z}$ 为整数环, $M=\langle 2,x\rangle\trianglelefteq\mathbb{Z}[x]$. 证明: M 不是循环 $\mathbb{Z}[x]$-模的直和.

22. 令 M 为一 R-模. 称 M 为一不可分解模, 如果 M 不是两个非零子模的直和; 否则称为可分解模.

(1) 令 $n=p^e$, p 为一素数, $e\in\mathbb{Z}^+$. 证明: $\mathbb{Z}$-模 $\mathbb{Z}_n$ 为一不可分解模;

(2) 试问 $\mathbb{Z}$ 作为 $\mathbb{Z}$-模是否可分解?

23. 令 R-模 M 有直和分解 $M=\oplus_{i=1}^n M_i$, $N_i\leqslant M_i$, $i=1,2,\cdots,n$, $N=\sum\limits_{i=1}^n N_i$. 证明:

(1) $N=\oplus_{i=1}^n N_i$;

(2) $M/N\cong\oplus_{i=1}^n M_i/N_i$.

24. 令 M 为一 R-模, $\varphi\in\mathrm{End}_R(M)$. 证明: 若 $M=\mathrm{Im}\,\varphi\oplus\mathrm{Ker}\,\varphi$, 则 $\mathrm{Im}\,\varphi=\mathrm{Im}\,\varphi^2$.

参考文献

郭聿琦, 岑嘉评, 王正攀, 2014. 高等代数教程. 北京: 科学出版社.

郭聿琦, 王正攀, 刘国新, 2011. 谈谈“高观点下的初等数学”—— 以基础代数学为例. 大学数学, 27 (1): 4-7.

李慧陵, 周胜林, 刘伟俊, 2014. 抽象代数简明教程. 北京: 清华大学出版社.

刘绍学, 1999. 近世代数基础. 北京: 高等教育出版社.

孟道骥, 等, 2010. 抽象代数 I—— 代数学基础. 北京: 科学出版社.

聂灵沼, 丁石孙, 2000. 代数学引论. 2 版. 北京: 高等教育出版社.

滕常春, 陈秀梅, 2010. 纯不可分扩张的几个等价条件和一个反例. 潍坊学院学报, 10 (6): 75-76.

王凯宁, 1980. 关于线性空间的定义. 数学通报, 11: 20-21.

谢邦杰, 1978. 抽象代数学. 北京: 人民教育出版社.

徐明曜, 2012. 有限群导引 (上册). 北京: 科学出版社.

许绍楠, 1962. 准群. 数学进展, 02: 176-181.

杨子胥, 2011. 近世代数. 3 版. 北京: 高等教育出版社.

袁振邦, 1982. 关于向量空间的定义. 西南师范学院学报, 3: 37-42.

张禾瑞, 1978. 近世代数基础. 北京: 高等教育出版社.

张勤海, 2004. 抽象代数. 北京: 科学出版社.

赵春来, 徐明曜, 2008. 抽象代数 I. 北京: 北京大学出版社.

朱一心, 等, 2004. 线性空间公理化定义研究及反例. 首都师范大学学报 (自然科学版), 25 (3): 1-9.

Artin E, 1958. 伽罗瓦理论. 李英, 译. 上海: 上海科技出版社.

Artin M, 2014. 代数. 北京: 机械工业出版社.

Gruenberg K W, Weir A J, 1977. Linear geometry. New York: Springer-Verlag.

Howie J M, 1995. Fundamentals of semigroup theory. New York: Oxford University Press.

Hungerford T W, 1980. 代数学. 冯克勤, 译. 长沙: 湖南教育出版社.

Jacobson N, 1985. Basic algebra I, II. New York: W. H. freeman and Company.

Motzkin, 1949. The Euclidean algorithm. Bull. Amer. Math. Soc., 55: 1142-1146.

Robinson D J S, 1982. A course in the theory of groups. New York: Spring-Verlag.

Serge L, 1990. Undergraduate algebra. New York: Springer-Verlag.

van der Waerden B L, 1963. 代数学 (I). 丁石孙, 曾肯成, 郝鈵新, 译. 北京: 科学出版社.

van der Waerden B L, 1976. 代数学 (II). 曹锡华, 曾肯成, 郝鈵新, 译. 北京: 科学出版社.

索　引*

* 本索引中“∼”代指主索引词.

科学出版社“十三五”普通高等教育本科规划教材

大学本科数学类专业基础课程系列丛书

抽象代数基础

(下 册)

——域扩张与 Galois 理论导引

郭聿琦　高　兴　冯爱芳　编著

科 学 出 版 社

北　京

内 容 简 介

本教材分上、下两册，上册由前六章构成，依次为集合论的基本概念、抽象代数的基本概念、Green 关系与正则半群、群(特别地，有限群)、环与理想，模与线性空间；下册由后两章构成，依次为域与域的扩张，Galois 理论导引．本书为下册．本教材的内容涵盖数学类专业本科生（特别地，各类数学人才班）的两门代数课程，上册的前五章或前六章（特别是未加*的部分）可用作数学类各专业必修基础课程抽象代数的教材或参考资料；下册的后两章可用于后续选修课程域论与 Galois 理论的教材或参考资料．

本书可供高等院校数学类各专业师生以及有关数学工作者使用．

图书在版编目(CIP)数据

抽象代数基础：全 2 册/郭聿琦等编著．—北京：科学出版社，2019.3
(大学本科数学类专业基础课程系列丛书)
科学出版社“十三五”普通高等教育本科规划教材
ISBN 978-7-03-060752-2

Ⅰ. ①抽…　Ⅱ. ①郭…　Ⅲ. ①抽象代数-高等学校-教材　Ⅳ. ①O153

中国版本图书馆 CIP 数据核字(2019) 第 043100 号

责任编辑：胡海霞／责任校对：杨聪敏
责任印制：赵　博／封面设计：迷底书装

科 学 出 版 社 出版
北京东黄城根北街 16 号
邮政编码：100717
http://www.sciencep.com
固安县铭成印刷有限公司印刷
科学出版社发行　各地新华书店经销
*
2019 年 3 月第　一　版　开本：787 × 1092　1/16
2025 年 1 月第七次印刷　印张：17 3/4
字数：346 000

定价：59.00 元(全 2 册)
(如有印装质量问题，我社负责调换)

前　言

“抽象代数”(也称为“近世代数”) 是数学类专业本科生的必修基础课程之一, 通常, 相对于所谓“老三高”(“高等代数”、“数学分析”和“解析几何”), 它与“实变函数”和“微分几何”也合称为“新三高”.

本教材涵盖两门课程的内容, 上册 (特别是未加 $*$ 的章节) 构成本科必修基础课程“抽象代数”(72 学时) 的基本内容; 下册构成后续选修课程“域论与 Galois 理论”(54 学时) 的基本内容.

鉴于数学的高度抽象性和严格逻辑性在“抽象代数”课程上体现得尤为明显, 这门课程的教与学, 需要学生具有一定的数学能力 (这种能力只能通过若干大学数学课程的学习, 在知识的积累过程中形成). 因此, 这门课程置于本科生入学后一年半左右开设较为合适, 尽管原则上它可以开设得更早.

本教材有以下五个处理特色.

(1) 在第 2 章 (抽象代数的基本概念) 里, 关于抽象概念的引进, 我们除了考虑到学生经过前一年半的知识积累过程中已形成的数学能力之外, 也在遵循由已知到未知 (当然还有, 由具体到抽象, 由特殊到一般等) 的认知规律, 还充分使用着学生在这一知识积累过程中获得的若干新的已知. 具体地说, 关于抽象概念的引进, 我们是对“高等代数”内容的“温故知新”入手的, 即在“高等代数”中, 将要介绍的所有抽象代数系统的有关概念 (包括其上的同态、同余和各类子系统, 以及某系统到另一系统 (集合) 上的作用等) 的特殊情形都已出现过.

(2) 我们的这一教材的“教材处理”, 还秉承着“与时俱进”, 即“现代化”, 或曰“更新”的原则, 这一“更新”中也包括某些适当的、必要的和可能的“增新”. 除了术语和符号的与现代数学文献接轨的使用, 本教材还有如下“增新”.

在第 2 章之后的关于各类代数系统的分章讨论中, 相对于国内外本科“抽象代数”的现状, 我们增加了一个新的内容, 即“Green 关系与正则半群”(第 3 章), 用于讨论半群代数理论的某些基本概念, 某些研究课题, 以及某些典型的研究方法. 这一“增新”的理由有二:

其一, “半群代数理论”形成为代数学的一个独立的分支学科已达半个多世纪之久. 从 Green 关系出发形成的半群研究上的 Green 方法, 以及半群作为一类典型的泛代数的同余理论, 使得半群与群的关系很像环与域的关系, 半群理论与群论已经无交了. “半群代数理论”在面向理论计算机科学、信息科学和财经金融领域的“抽象代数”教材里占有很大的篇幅; 但在数学类专业的“抽象代数”教材里, 却始终未见实质性的涉及.

其二, 半群的基本概念和基本方法的介绍, 也有助于在其他各章对群、环等 (它们是最经典的代数系统) 概念的内涵和外延进行较深入的挖掘和把握, 从而让学生认识到对概念、事实 (它们是概念的内涵) 和方法 (它们提供揭示概念内涵和外延的有效步骤) 的较深入的挖掘和把握并非易事, 而且学会这种挖掘和把握, 是健全创新性思维的重要途径.

(3) 整部书稿, 从理论开发路线的设置、概念的整合、事实的陈述到证明的方法和案例的构造, 都实现了诸多更新. 这里既有我们收集到的, 也有我们自己的学术性教学研究成果.

(4) 关于各种类型的代数系统的讨论, 都通过围绕基本概念, 选择适当课题, 使用行之有效的方法, 开发出一小套理论, 以便让学生体会到理论建立的过程, 也体会到方法的重要性.

(5) 鉴于该教材中, 仅其上册供必修课“抽象代数”课程使用, 我们在其若干部位, 也都设置了许多小的具体问题, 尽管依靠概念就可以读懂它们, 但只有懂得某一套理论才能去解决某个问题, 从而让学生体会到抽象和严格的理论的必要和威力.

“教材撰著”和“课堂讲授”的基本问题都是“教材处理”, 这应该是共识了. 但是, “教材处理”应遵循的原则和具体的处理实践, 就仁者见仁, 智者见智了. 读者从教材中, 可见我们的观点和实践之一斑. 除却前面提到的, 我们还认为, 教材的语言固然严禁艰涩, 也切忌所谓“通俗易懂, 便于自学”(这不利于学生学会读“书”). 欢迎批评指正.

使用本教材的两点说明:

(1) 未加星号章节的内容, 原则上不依赖于加星号章节的任何内容.

(2) 4.1 节的三个定理的证明用到了未加星号的 3.1 节和未加星号的 3.2 节的前半节; 但是, 我们也在作为附录的 4.4 节中, 给出了这三个定理的不依赖于整个第 3 章的初等证明.

感谢“教育部基础学科拔尖学生培养试验计划”的研究课题“拔尖学生知识积累过程中的能力培养”(编号: 20180706) 基金的资助.

该教材的撰著得到兰州大学教务处、兰州大学萃英学院 (国家“基础学科拔尖学生培养试验计划”的兰州大学执行单位) 和兰州大学数学与统计学院的大力支持, 特别地, 得到了教务处“兰州大学教材建设基金”的资助和萃英学院“出版基金”的资助, 我们在此表示由衷的感谢.

本书是“大学本科数学类专业基础课程系列丛书”中的一本, 在这套丛书中, 我们承担撰写的涵盖四门代数学课程内容的三部教材 (另两部此前已出版) 的责任编辑都是科学出版社的胡海霞编辑, 我们在此也对她认真负责的辛勤工作表示衷心的感谢.

中国科学院李宝研究员、西安建筑科技大学任学明教授、西北大学赵宪钟教授、曲阜师范大学郑恒武教授和西南大学王正攀教授阅读了本教材第五稿的全部或部分章节, 提出了若干中肯的修改建议; 博士生刘祖华、冷静、刘海艳、梁星亮、冯辛阳也承担了某些课程的助教工作和部分书稿的打印, 硕士生皇甫振国、高梦、童俊、王楠和徐子棋也各参加了一届抽象代数或域论与 Galois 理论课程的助教工作, 他们关于本书的前几稿的修订做了不少具体工作. 在此也一并向他们表达我们诚挚的感谢.

郭聿琦

(兰州大学, 西南大学)

2018 年 9 月

目 录

第 7 章　域与域的扩张

7.1　基 本 概 念

7.1.1　域及其特征, 素域

从已知的某些概念和事实的回顾开始.

定义 7.1.1　域是满足下面两个性质的环 $\mathbb{F} \stackrel{\mathrm{d}}{=} (\mathbb{F}; +, \cdot)$:

(1) $|\mathbb{F}| \geqslant 2$;

(2) $(\mathbb{F} \setminus \{0\}, \cdot)$ 为一 Abel 群.

注 7.1.1　(1) 令 $\mathbb{F}$ 为一域, $a, b \in \mathbb{F}$. 则 $a+b=c$ 时, 称 c 为 a 与 b 的和; $a-b \stackrel{\mathrm{d}}{=} a+(-b)=c$ 时, 称 c 为 a 与 b 的差; $a \cdot b = c$ 时, 称 c 为 a 与 b 的积; $b \neq 0$, $a/b \stackrel{\mathrm{d}}{=} a \cdot b^{-1} = c$ 时, 称 c 为 a 与 b 的商.

(2) 在域的定义中的条件 (2) 下, (1) 中的 $|\mathbb{F}| \geqslant 2$ 等价于 $\mathbb{F}$ 为一幺环.

(3) 关于域, 除了读者熟悉的数域, 我们在上册第 5 章 (环与理想) 里已经看到, 从某些类型的环可以构造出某些类型的域, 诸如, ① 令 R 为一交换的幺环 (特别地, 整环), $I \trianglelefteq R$. 则 R/I 为一域当且仅当 I 为 R 的一个极大理想; 而且由 R 构造出的这样的域一定存在. ② 令 R 为一交换的无零因子环 (特别地, 整环). 则类似于由整数环构造出有理数域, 可由 R 构造出一个域 $\mathbb{F}$, 使得 $R \leqslant \mathbb{F}$, 且

$$\mathbb{F} = \{ab^{-1} | a, b \in R, b \neq 0\}.$$

$\mathbb{F}$ 显然是包含 R 的最小的域, 称其为 $\mathbb{F}$ 的分式域.

(4) 令 $\mathbb{F}$ 为一域, $f(x) \in \mathbb{F}[x]$, $\partial(f(x)) = n \in \mathbb{Z}^+$. 则 $f(x)$ 在 $\mathbb{F}$ 中至多有 n 个根 (重数计算在内). 下面我们会看到, 关于 $f(x)$, 存在一个域 $\mathbb{G}_{f(x)}$, 使得 $\mathbb{F} \leqslant \mathbb{G}_{f(x)}$, 且 $f(x)$ 在 $\mathbb{G}_{f(x)}$ 中恰有 n(次数) 个根.

定义 7.1.2　令 $\mathbb{F} \stackrel{\mathrm{d}}{=} (\mathbb{F}; +, \cdot)$ 为一域. 则 $\mathbb{F} \setminus \{0\}$ 中元在 $(\mathbb{F}, +)$ 中有相同的阶; 当此阶有限时, 必为素数, 记其为 p, 称域的特征为 p; 否则, 称域的特征为零.

例 7.1.1　数域和其上多项式环的分式域的特征皆为零; 关于素数 p, $\mathbb{F}_{p^k}, \mathbb{F}_{p^k}(x)$, 特别地, $\mathbb{F}_p\ (\cong \mathbb{Z}/\langle p \rangle), \mathbb{F}_p(x)$ 都是特征为 p 的域 (详见 7.5 节).

推论 7.1.1　令 $\mathbb{F} \stackrel{\mathrm{d}}{=} (\mathbb{F}; +, \cdot)$ 为一特征为 p 的域, $k \in \mathbb{Z}^+$. 则在 $\mathbb{F}$ 中, 有

$$(a+b)^{p^k} \equiv a^{p^k} + b^{p^k} \quad (\text{因此}, (a-b)^{p^k} \equiv a^{p^k} - b^{p^k}).$$

这等价于 $(a+b)^p \equiv a^p + b^p$ (因此, $(a-b)^p \equiv a^p - b^p$). 事实上, p 为素数时, $p | \mathrm{C}_p^i$, $i = 1, 2, \cdots, p-1$.

定义 7.1.3　令 $\mathbb{F}$ 为一域. 称 $\mathbb{F}$ 为一素域, 如果 $\mathbb{F}$ 没有真子域.

例 7.1.2　有理数域 $\mathbb{Q}$ 和关于素数 p 的剩余类环 $\mathbb{Z}/\langle p \rangle$ 都是素域.

定理 7.1.1 任意域 $\mathbb{F}$ 都含且只含一个素域; $\mathrm{char}(\mathbb{F})=0$ 时, $\mathbb{F}$ 的素域同构于 $\mathbb{Q}$, $\mathrm{char}(\mathbb{F})=p$ 时, $\mathbb{F}$ 的素域同构于 $\mathbb{Z}/\langle p\rangle$; 两个域的特征相同当且仅当它们的素域是同构的.

证明 令

$$\{\mathbb{F}_i|\mathbb{F}_i\leqslant\mathbb{F},\ i\in I\}$$

为 $\mathbb{F}$ 的子域的全体构成的集合. 则

$$\mathbb{P}=\bigcap_{i\in I}\mathbb{F}_i$$

非空, 且为 $\mathbb{F}$ 的一个子域, 显然 $\mathbb{P}$ 为一素域, 其唯一性是显然的.

定理中的第三个结论显然是第二个结论的推论, 因此, 只需证明第二个结论.

作整数环 $\mathbb{Z}$ 到 $\mathbb{F}$ 的映射

$$\begin{aligned}\varphi:\mathbb{Z}&\longrightarrow\mathbb{F},\\ m&\longmapsto me,\end{aligned}$$

其中, e 为 $\mathbb{F}$ 的幺元. 关于任意 $m,n\in\mathbb{Z}$,

$$\varphi(m+n)=(m+n)e=me+ne=\varphi(m)+\varphi(n),$$

$$\varphi(mn)=(mn)e=mene=\varphi(m)\varphi(n),$$

因此, φ 为一同态映射.

若 $\mathrm{char}(\mathbb{F})=0$, 则 $\mathrm{Ker}\ \varphi=\{0\}$. 记

$$R_e\overset{\mathrm{d}}{=}\mathrm{Im}\ \varphi=\{me|m\in\mathbb{Z}\}.$$

由同态基本定理, $R_e\cong\mathbb{Z}$, R_e 为一整环. 又, 同构的整环有同构的分式域, 从而

$$\mathbb{F}_e\cong\mathbb{Q},$$

其中,

$$\mathbb{F}_e=\{me/ne|m,n\in\mathbb{Z},n\neq 0\}$$

为 R_e 的分式域. 显然, $\mathbb{F}_e\leqslant\mathbb{F}$, 且 $\mathbb{F}$ 的任一子域都包含 $\mathbb{F}_e$. 于是, $\mathbb{F}_e$ 为 $\mathbb{F}$ 的同构于 $\mathbb{Q}$ 的素域.

若 $\mathrm{char}(\mathbb{F})=p$, 则 $\mathrm{Ker}\ \varphi=\langle p\rangle$. 记

$$\mathbb{R}_e\overset{\mathrm{d}}{=}\mathrm{Im}\ \varphi=\{e,2e,\cdots,(p-1)e,0\}\subseteq\mathbb{F}.$$

由同态基本定理, $\mathbb{R}_e\cong\mathbb{Z}/\langle p\rangle$, 后者显然为一 (素) 域, 于是, $\mathbb{R}_e$ 为 $\mathbb{F}$ 的同构于 $\mathbb{Z}/\langle p\rangle$ 的素域. □

推论 7.1.2 素域的自同构只有一个, 即恒等自同构.

7.1.2 域的扩张 (域) 及其分类

定义 7.1.4 令 $\mathbb{F}, \mathbb{K}$ 为两个域. 称 $\mathbb{K}$ 为 $\mathbb{F}$ 的一个扩张 (域), 如果 $\mathbb{F} \leqslant \mathbb{K}$ ($\mathbb{F}$ 为 $\mathbb{K}$ 的子域). 此时, 也称 $\mathbb{F}$ 为其扩域 $\mathbb{K}$ 的基域.

域的扩张的第一种分类——代数扩张和超越扩张

定义 7.1.5 令 $\mathbb{K}$ 为 $\mathbb{F}$ 的一个扩域. 称 $\mathbb{K}$ 为 $\mathbb{F}$ 的代数扩域, 如果 $\mathbb{K}$ 的每一个元素都是 $\mathbb{F}$ 上的代数元 (见定义 5.4.2), 即

$$(\forall\, a \in \mathbb{K})\ (\exists\ f(x) \in \mathbb{F}[x] \setminus \mathbb{F})\ f(a) = 0.$$

否则, 即至少有一非代数元 (非代数元称为超越元) 时, 称 $\mathbb{K}$ 为 $\mathbb{F}$ 的超越扩域. 又, 当 $\mathbb{K} \setminus \mathbb{F}$ 的元素都是 $\mathbb{F}$ 上的超越元时, 称 $\mathbb{K}$ 为 $\mathbb{F}$ 的纯超越扩域.

例 7.1.3 (1) $\mathbb{C}$ 为 $\mathbb{R}$ 的代数扩域;

(2) $\mathcal{A}_{\mathbb{Q}} = \{\alpha \in \mathbb{C} \mid \alpha$ 为 $\mathbb{Q}$ 上的代数元$\}$ 为 $\mathbb{Q}$ 的代数扩域 (详见 7.3 节);

(3) $\mathbb{F}_{p^k}$ 为 $\mathbb{F}_p\ (\cong \mathbb{Z}/\langle p\rangle)$ 的代数扩域 (详见 7.5 节);

(4) $\bigcup_{i=1}^{\infty} \mathbb{F}_{p^{k_i}}$ 为 $\mathbb{F}_p$ 的代数扩域, 其中, $i<j$ 时, $k_i | k_j$ (详见 7.5 节).

例 7.1.4 (1) $\mathbb{R}$ 为 $\mathbb{Q}$ 的一般超越扩域;

(2) $\mathbb{C}$ 为 $\mathbb{Q}$ 的一般超越扩域;

(3) $\mathbb{F}(x)$ 为 $\mathbb{F}$ 的纯超越扩域, 其中, $\mathbb{F}(x)$ 为 $\mathbb{F}[x]$ 的分式域 (详见 7.3 节);

(4) $\mathbb{C}$ 为 $\mathcal{A}_{\mathbb{Q}}$ 的纯超越扩域 (详见 7.3 节).

域的扩张的第二种分类——有限次扩张和无限次扩张

定义 7.1.6 令 $\mathbb{K}$ 为 $\mathbb{F}$ 的一个扩域. 则当视 $\mathbb{K}$ 为 $\mathbb{F}$ 上的线性空间 (将 $\mathbb{K}$ 的域加法作为加法, 域乘法作为 $\mathbb{F}$-乘所构成的那一线性空间) 时, 称 $\mathbb{F}$-线性空间 $\mathbb{K}$ 的维数为 $\mathbb{K}$ 在 $\mathbb{F}$ 上的扩张次数, 记为 $\partial(\mathbb{K}, \mathbb{F})$. 于是, $\mathbb{K}$ 作为 $\mathbb{F}$ 的扩域, 又可分为有限次和无限次两类.

例 7.1.5 (1) $\mathbb{C}$ 为 $\mathbb{R}$ 的有限 2 次扩域;

(2) $\mathbb{F}_{p^k}$ 为 $\mathbb{F}_p\ (\cong \mathbb{Z}/\langle p\rangle)$ 的有限 k 次扩域 (详见 7.5 节);

(3) $\mathcal{A}_{\mathbb{Q}}$ 为 $\mathbb{Q}$ 的无限次扩域 (详见 7.3 节);

(4) $\bigcup_{i=1}^{\infty} \mathbb{F}_{p^{k_i}}$ 为 $\mathbb{F}_p$ 的无限次扩域, 其中, $i<j$ 时, $k_i | k_j$ (详见 7.5 节);

(5) 超越扩域都是无限次的.

推论 7.1.3 由例 7.1.5 的 (5) 知, 有限次域扩张都是代数的.

鉴于推论 7.1.3, 上面关于域的扩张的第二种分类只对于代数扩张是有意义的. 于是, 关于代数扩张, 我们有

代数扩张的一种分类——有限次 (代数) 扩张和无限次代数扩张

例子见例 7.1.5.

我们还有

代数扩张的另一种分类——正规扩张和非正规扩张

定义 7.1.7 令 $\mathbb{K}$ 为域 $\mathbb{F}$ 的一个代数扩域. 关于任意 $f(x) \in \mathbb{F}[x] \setminus \mathbb{F}$, $\partial(f(x)) = n$, 记

$$S_{f(x)} = \{f(x) \text{ 的 } n \text{ 个根}\} \quad (\text{详见 7.4 节}).$$

称 $\mathbb{K}$ 为 $\mathbb{F}$ 的一个正规扩域, 如果关于任意不可约多项式 $p(x)\in\mathbb{F}[x]$,

$$S_{p(x)}\subseteq\mathbb{K},$$

或

$$S_{p(x)}\cap\mathbb{K}=\varnothing.$$

否则, 称 $\mathbb{K}$ 为 $\mathbb{F}$ 的一个非正规扩域.

例 7.1.6 (1) $\mathbb{C}$ 为 $\mathbb{R}$ 的 (二次) 正规扩域.

(2) $\mathcal{A}_{\mathbb{Q}}$ 为 $\mathbb{Q}$ 的 (无限次) 正规扩域.

(3) $\mathbb{R}\cap\mathcal{A}_{\mathbb{Q}}$ 为 $\mathbb{Q}$ 的 (无限次, 为什么?) 非正规扩域. 事实上, 显然, $\mathbb{R}\cap\mathcal{A}_{\mathbb{Q}}$ 为 $\mathbb{Q}$ 的代数扩域. 令

$$p(x)=x^4-p\in\mathbb{Q}[x],$$

其中, p 为一正素数. 则由 Eisenstein 判别法知, $p(x)$ 在 $\mathbb{Q}$ 上不可约. 在 $\mathbb{C}$ 上,

$$\begin{aligned}p(x)=x^4-p&=(x^2-\sqrt{p})(x^2+\sqrt{p})\\&=(x-\sqrt[4]{p})(x+\sqrt[4]{p})(x^2+\sqrt{p})\\&=(x-\sqrt[4]{p})(x+\sqrt[4]{p})(x-\mathrm{i}\sqrt[4]{p})(x+\mathrm{i}\sqrt[4]{p}).\end{aligned}$$

从而 $p(x)$ 在 $\mathbb{C}$ 中的四个根分别为 $\sqrt[4]{p}$, $-\sqrt[4]{p}$, $\mathrm{i}\sqrt[4]{p}$, $-\mathrm{i}\sqrt[4]{p}$. 显然, $\sqrt[4]{p}, -\sqrt[4]{p}\in\mathbb{R}\cap\mathcal{A}_{\mathbb{Q}}$, 而 $\mathrm{i}\sqrt[4]{p}$, $-\mathrm{i}\sqrt[4]{p}\notin\mathbb{R}\cap\mathcal{A}_{\mathbb{Q}}$. 因此, $\mathbb{R}\cap\mathcal{A}_{\mathbb{Q}}$ 为 $\mathbb{Q}$ 的一个非正规扩域.

(4) $\mathbb{Q}(\sqrt[4]{p})$ 为 $\mathbb{Q}$ 的 (四次) 非正规 (单) 扩域 (单扩域的概念见下段)(因此, 有限次扩域未必是正规扩域, 正如上面的例子指出的, 正规扩域未必是有限次的).

7.1.3 域的扩张到域的单扩张的归结

定义 7.1.8 令 $\mathbb{K}$ 为 $\mathbb{F}$ 的一个扩域, $S\subseteq\mathbb{K}$. 则

$$\mathbb{L}\overset{\mathrm{d}}{=}\langle\mathbb{F}\cup S\rangle\overset{\mathrm{d}}{=}\mathbb{K}\text{ 的既含 }\mathbb{F}\text{ 又含 }S\text{ 的子域的交}$$

显然是 $\mathbb{K}$ 的包含 $\mathbb{F}$ 和 S 的最小域. 称其为添加子集 S 到基域 $\mathbb{F}$ 上所得到的 $\mathbb{K}$ 与 $\mathbb{F}$ 之间的中间域, 记为 $\mathbb{F}(S)$. 适当地选择 S (例如, 取 $S=\mathbb{K}\setminus\mathbb{F}$) 可使得 $\mathbb{F}(S)=\mathbb{K}$. 当 $S=\{a\}$ (即, S 为一单元集) 时, 称 $\mathbb{F}(a)$ 为 $\mathbb{F}$ 的一个单扩域.

定理 7.1.2 令 $\mathbb{K}$ 为 $\mathbb{F}$ 的一个扩域, $S_1, S_2\subseteq\mathbb{K}$. 则

$$\mathbb{F}(S_1\cup S_2)=[\mathbb{F}(S_1)](S_2)=[\mathbb{F}(S_2)](S_1).$$

证明 只需证明 $\mathbb{F}(S_1\cup S_2)=[\mathbb{F}(S_1)](S_2)$.

显然, $[\mathbb{F}(S_1)](S_2)$ 是 $\mathbb{K}$ 的一个包含 $\mathbb{F}, S_1$ 和 S_2, 因而包含 $\mathbb{F}$ 和 $S_1\cup S_2$ 的子域, 而 $\mathbb{F}(S_1\cup S_2)$ 是 $\mathbb{K}$ 的一个包含 $\mathbb{F}$ 和 $S_1\cup S_2$ 的最小子域. 因此

$$\mathbb{F}(S_1\cup S_2)\subseteq[\mathbb{F}(S_1)](S_2).$$

另一方面, $\mathbb{F}(S_1\cup S_2)$ 是 $\mathbb{K}$ 的一个包含 $\mathbb{F}, S_1$ 和 S_2, 因而包含 $\mathbb{F}(S_1)$ 和 S_2 的子域, 而 $[\mathbb{F}(S_1)](S_2)$ 是 $\mathbb{K}$ 的一个包含 $\mathbb{F}(S_1)$ 和 S_2 的最小子域, 因此

$$\mathbb{F}(S_1 \cup S_2) \supseteq [\mathbb{F}(S_1)](S_2).$$

于是

$$\mathbb{F}(S_1 \cup S_2) = [\mathbb{F}(S_1)](S_2). \qquad \square$$

令 $\mathbb{K}$ 为 $\mathbb{F}$ 的一个扩域, $S \subseteq \mathbb{K}, \mathbb{K} = \mathbb{F}(S)$. 根据良序公理, 可令 $S \stackrel{\mathrm{d}}{=} (S, \leqslant)$ 为一良序集, a_0 为 S 的最小元. 又根据定理 7.1.2,

$$\mathbb{F}(S) = [\mathbb{F}(a_0)](S \setminus \{a_0\}).$$

关于任意 $a \in S, a > a_0$, 假设 a 的前段

$$T_a = \{x \in S | x < a\}$$

的元素都可以逐次作单扩域先添加进来, 即

$$\mathbb{F}(S) = \{\{\{\{[\mathbb{F}(a_0)] \cdots\}(a_i)\}(a_j)\} \cdots\}(S \setminus T_a).$$

那么, 由

$$S \setminus T_a = \{a\} \cup [S \setminus (T_a \cup \{a\})],$$

根据定理 7.1.2, 有

$$\begin{aligned}\mathbb{F}(S) &= \{\{\{\{[\mathbb{F}(a_0)] \cdots\}(a_i)\}(a_j)\} \cdots\}(S \setminus T_a)\\ &= \{\{\{\{\{[\mathbb{F}(a_0)] \cdots\}(a_i)\}(a_j)\} \cdots\}(a)\}(S \setminus (T_a \cup \{a\})).\end{aligned}$$

即 $T_a \cup \{a\}$ 的元素也可以逐次作单扩域先添加进来. 于是, 根据超限归纳法, S 的元素都可以逐次作单扩域添加进来.

因此, 我们有下面的推论.

推论 7.1.4 域 $\mathbb{F}$ 上的任一扩域都可以通过 $\mathbb{F}$ 上的一系列单扩张获得.

7.2 域的单扩张 (域)

定义 7.2.1 令 $\mathbb{K}$ 为 $\mathbb{F}$ 的一个扩域, $\alpha \in \mathbb{K}$. 若 α 为 $\mathbb{F}$ 上的代数元 (超越元), 则称 $\mathbb{F}(\alpha)$ 为 $\mathbb{F}$ 的添加代数元 (超越元) α 的单扩域. 添加一超越元的单扩域称为单超越扩域 (实为一纯超越扩域 (详见推论 7.3.7)). 添加一代数元的单扩域称为单代数扩域 (理由详见定理 7.2.2).

定理 7.2.1 令 $\mathbb{K}$ 为 $\mathbb{F}$ 的一个扩域, $\alpha \in \mathbb{K}$ 为 $\mathbb{F}$ 上的超越元. 则添加超越元 α 的单超越扩域 $\mathbb{F}(\alpha)$ 同构于 $\mathbb{F}[x]$ 的分式域 $\mathbb{F}(x)$.

证明 因为 α 为 $\mathbb{F}$ 上的超越元, 所以

$$\mathbb{F}[x] \cong \mathbb{F}[\alpha].$$

又, 同构的整环有同构的分式域, 从而, 关于单超越扩域 $\mathbb{F}(\alpha)$, 有

$$\mathbb{F}(x) \cong \mathbb{F}(\alpha). \qquad \square$$

定义 7.2.2　令 $\mathbb{K}$ 为 $\mathbb{F}$ 的一个扩域, $\alpha \in \mathbb{K}$ 为 $\mathbb{F}$ 上的代数元. 称 α 的首 1 的次数最低的 $\mathbb{F}$ 上的零化多项式为 α 在 $\mathbb{F}$ 上的最小多项式. 它显然是存在且唯一的. 称 α 在 $\mathbb{F}$ 上的最小多项式的次数为 α 在 $\mathbb{F}$ 上的次数, 记为 $\partial(\alpha, \mathbb{F})$.

定理 7.2.2　令 $\mathbb{K}$ 为 $\mathbb{F}$ 的一个扩域, $\alpha \in \mathbb{K}$ 为 $\mathbb{F}$ 上的代数元, 且 $p(x)$ 为 α 在 $\mathbb{F}$ 上的最小多项式. 则 $p(x)$ 在 $\mathbb{F}$ 上不可约, 而且单代数扩域

$$\mathbb{F}(\alpha) \cong \mathbb{F}[x]/\langle p(x)\rangle,$$

又, $\mathbb{F}(\alpha)$ 为 $\mathbb{F}$ 上的 $n \overset{\mathrm{d}}{=} \partial(\alpha, \mathbb{F}) \overset{\mathrm{d}}{=} \partial(p(x))$ 次有限扩张. 因此, $\mathbb{F}(\alpha)$ 为 $\mathbb{F}$ 上的代数扩张 (这是称添加一代数元的单扩域为单代数扩域的缘由).

证明　若 $p(x)$ 在 $\mathbb{F}$ 上可约, 则

$$(\exists\ f(x), g(x) \in \mathbb{F}[x])\ p(x) = f(x)g(x), \quad 0 < \partial(f(x)), \quad \partial(g(x)) < \partial(p(x)).$$

由 $f(\alpha)g(\alpha) = p(\alpha) = 0$ 和 $\mathbb{F}(\alpha)$ 无零因子知, $f(\alpha) = 0$, 或 $g(\alpha) = 0$, 这与 $p(x)$ 为 α 在 $\mathbb{F}$ 上的最小多项式矛盾. 因此, $p(x)$ 在 $\mathbb{F}$ 上不可约.

作映射

$$\begin{aligned} \varphi:\quad \mathbb{F}[x] &\longrightarrow \mathbb{F}[\alpha], \\ f(x) &\longmapsto f(\alpha). \end{aligned}$$

则容易验证 φ 为一满射, 且保持运算, 从而 φ 为一满同态映射. 显然, $\operatorname{Ker} \varphi = \langle p(x)\rangle$, 因此, 根据同态基本定理

$$\mathbb{F}[x]/\langle p(x)\rangle \cong \mathbb{F}[\alpha].$$

又, $\mathbb{F}[x]$ 为一主理想整环, $p(x)$ 在 $\mathbb{F}$ 上不可约, 从而, 根据定理 5.5.5, $\langle p(x)\rangle$ 为 $\mathbb{F}[x]$ 的一个极大理想, 因此, $\mathbb{F}(x)/\langle p(x)\rangle$ 为一域. 于是, $\mathbb{F}[\alpha]$ 已经为一域了, 即 $\mathbb{F}[\alpha] = \mathbb{F}(\alpha)$.

令

$$p(x) = x^n + a_{n-1}x^{n-1} + \cdots + a_1 x + a_0.$$

关于任意 $f(x) \in \mathbb{F}[x]$,

$$(\exists\ q(x), r(x) \in \mathbb{F}[x])\ f(x) = q(x)p(x) + r(x),$$

其中, $r(x) = 0$, 或 $\partial(r(x)) < n$. 从而, 关于任意 $f(\alpha) \in \mathbb{F}(\alpha) = \mathbb{F}[\alpha]$,

$$f(\alpha) = q(\alpha)p(\alpha) + r(\alpha) = r(\alpha).$$

因此

$$\mathbb{F}(\alpha) = G_{\mathbb{F}}[1, \alpha, \alpha^2, \cdots, \alpha^{n-1}],$$

这里, 等式右边表示 $\mathbb{K}$ 的由 $1, \alpha, \alpha^2, \cdots, \alpha^{n-1}$ 生成的 ($\mathbb{F}$ 上的) 子线性空间. 又, 显然 $1, \alpha, \alpha^2, \cdots, \alpha^{n-1}$ 线性无关, 因此, $(1, \alpha, \alpha^2, \cdots, \alpha^{n-1})$ 为 $\mathbb{F}$ 上线性空间 $\mathbb{F}(\alpha)$ 的一个基底. 从而, $\mathbb{F}(\alpha)$ 为 $\mathbb{F}$ 上的 n 次有限扩张. 于是, 根据推论 7.1.3, $\mathbb{F}(\alpha)$ 为 $\mathbb{F}$ 上的代数扩张. □

注 7.2.1 定理 7.2.2 的证明指出, $\partial(\alpha,\mathbb{F})$ 恰为使得 $1,\alpha,\alpha^2,\cdots,\alpha^n$ 在含 α 的 $\mathbb{F}$ 的代数扩域中线性相关的最小正整数 n.

根据定理 7.2.2, 易知下面的推论成立. 罗列如下, 以备后用.

推论 7.2.1 令 $\mathbb{K}$ 为 $\mathbb{F}$ 的一个扩域, $\alpha\in\mathbb{K}$. 则下列三条等价:

(1) α 为 $\mathbb{F}$ 上的代数元;

(2) $\mathbb{F}(\alpha)$ 为 $\mathbb{F}$ 上的有限次扩域;

(3) $\mathbb{F}(\alpha)$ 为 $\mathbb{F}$ 上的代数扩域.

上面讨论了两种单扩域的结构. 下面将讨论关于任意给定的域 $\mathbb{F}$, $\mathbb{F}$ 的单超越扩域和单代数扩域的存在性和唯一性.

定义 7.2.3 令 $\mathbb{K}$, $\mathbb{K}'$ 为 $\mathbb{F}$ 的两个扩域. 称同构 $\eta:\mathbb{K}\longrightarrow\mathbb{K}'$ 为一 $\mathbb{F}$-同构, 如果

$$(\forall\, a\in\mathbb{F})\ \eta(a)=a.$$

例 7.2.1 定理 7.2.1 和定理 7.2.2 证明中的同构都是使得 $x\mapsto\alpha$ 的 $\mathbb{F}$-同构.

定理 7.2.3 令 $\mathbb{F}$ 为一域. 则 $\mathbb{F}$ 的单超越扩域和单代数扩域都是存在的, 且在 $\mathbb{F}$-同构下是唯一的 (关于单代数扩张的唯一性, 指的是关于 $\mathbb{F}$ 上的同一个不可约多项式的任两个根 α 和 β, $\mathbb{F}(\alpha)$ 与 $\mathbb{F}(\beta)$ 是 $\mathbb{F}$-同构的).

证明 (1) 域 $\mathbb{F}$ 上一元多项式环 $\mathbb{F}[x]$ 的分式域 $\mathbb{F}(x)$ 就是 $\mathbb{F}$ 上添加超越元 x 的单超越扩域. 若 $\mathbb{F}(y)$ 也是 $\mathbb{F}$ 上的一个单超越扩域, 则 $\mathbb{F}(y)$ 也是 $\mathbb{F}[y]$ 的分式域. 作映射

$$\begin{aligned}\varphi:\ \ &\mathbb{F}(x)\longrightarrow\mathbb{F}(y),\\ &\frac{f(x)}{g(x)}\longmapsto\frac{f(y)}{g(y)}.\end{aligned}$$

则容易验证 φ 为一 $\mathbb{F}$-同构. 因此, $\mathbb{F}(x)$ 和 $\mathbb{F}(y)$ 是 $\mathbb{F}$-同构的, 即 $\mathbb{F}$ 上的单超越扩域在 $\mathbb{F}$-同构意义上是唯一的.

(2) 关于单代数扩域的情形, 鉴于定理 7.2.2, 我们只需作下面的讨论. 令 $p(x)$ 为 $\mathbb{F}$ 上一首 1 的 n 次不可约多项式. 则

$$\mathbb{F}[x]/\langle p(x)\rangle=\{f(x)+\langle p(x)\rangle|f(x)\in\mathbb{F}_n[x]\}$$

为一域, 其中, $\mathbb{F}_n[x]$ 为 $\mathbb{F}$ 上全体次数小于 n 的多项式连同零多项式构成的集合. 显然

$$\mathbb{F}'=\{a+\langle p(x)\rangle|a\in\mathbb{F}\}$$

为 $\mathbb{F}[x]/\langle p(x)\rangle$ 的一个子域. 作映射

$$\begin{aligned}\varphi:\ \ &\mathbb{F}\longrightarrow\mathbb{F}',\\ &a\longmapsto a+\langle p(x)\rangle.\end{aligned}$$

容易验证, φ 为一同构映射, 从而 $\mathbb{F}\cong\mathbb{F}'$. 因此, 可以将 $\mathbb{F}$ 和 $\mathbb{F}'$ 等同, 即可视 $\mathbb{F}[x]/\langle p(x)\rangle$ 为 $\mathbb{F}$ 的一个扩域.

记 $\overline{f(x)} = f(x) + \langle p(x) \rangle$. 则 $\overline{x} = x + \langle p(x) \rangle$ 为 $\mathbb{F}$ 上的代数元, 且 $p(x)$ 为 $\overline{x}$ 在 $\mathbb{F}$ 上的最小多项式. 事实上, 令

$$p(x) = x^n + a_{n-1}x^{n-1} + \cdots + a_1 x + a_0.$$

则

$$\begin{aligned}
p(\overline{x}) &= \overline{x}^n + a_{n-1}\overline{x}^{n-1} + \cdots + a_1\overline{x} + a_0 \\
&= (x + \langle p(x) \rangle)^n + a_{n-1}(x + \langle p(x) \rangle)^{n-1} + \cdots + a_1(x + \langle p(x) \rangle) + a_0 \\
&= (x^n + \langle p(x) \rangle) + a_{n-1}(x^{n-1} + \langle p(x) \rangle) + \cdots + a_1(x + \langle p(x) \rangle) + a_0 \\
&= (x^n + a_{n-1}x^{n-1} + \cdots + a_1 x + a_0) + \langle p(x) \rangle \\
&= p(x) + \langle p(x) \rangle \\
&= 0 + \langle p(x) \rangle \\
&= \overline{0}.
\end{aligned}$$

从而, $p(x)$ 为 $\overline{x}$ 在 $\mathbb{F}$ 上的一个零化多项式, 因此, $\overline{x}$ 为 $\mathbb{F}$ 上的代数元. 又 $p(x)$ 为 $\mathbb{F}$ 上零化 $\overline{x}$ 的次数最低的多项式 (请读者思考为什么?), 从而 $p(x)$ 为 $\overline{x}$ 在 $\mathbb{F}$ 上的最小多项式. 记 $\alpha = \overline{x}$, 基于 $\mathbb{F}$ 与 $\mathbb{F}'$ 等同, 我们有

$$\mathbb{F}(\alpha) \cong \mathbb{F}[x]/\langle p(x) \rangle,$$

这就是 $\mathbb{F}$ 上添加代数元 α 的单代数扩域.

令 $\mathbb{F}(\beta)$ 也是 $\mathbb{F}$ 上的一个单代数扩域, 且 β 和 α 有相同的最小多项式 $p(x)$. 由定理 7.2.2 的证明过程, 容易验证

$$\mathbb{F}(\alpha) = G_{\mathbb{F}}[1, \alpha, \alpha^2, \cdots, \alpha^{n-1}]$$

与

$$\mathbb{F}(\beta) = G_{\mathbb{F}}[1, \beta, \beta^2, \cdots, \beta^{n-1}]$$

间的映射

$$\begin{aligned}
\varphi : \mathbb{F}(\alpha) &\longrightarrow \mathbb{F}(\beta), \\
\sum_{i=0}^{n-1} a_i\alpha^i &\longmapsto \sum_{i=0}^{n-1} a_i\beta^i
\end{aligned}$$

为一 $\mathbb{F}$-同构 (请读者思考为什么?). 因此, 关于 $\mathbb{F}$ 上任一不可约多项式 $p(x)$, 添加 $p(x)$ 的任意两个根所得到的 $\mathbb{F}$ 的两个单代数扩域都是 $\mathbb{F}$-同构的. 这就是单代数扩域的一种唯一性. □

定义 7.2.4 令 $\mathbb{F}$ 为一域. 称 $\mathbb{F}$ 为一代数闭域, 如果 $\mathbb{F}$ 没有真代数扩域.

注 7.2.2 定理 7.2.3 中域 $\mathbb{F}$ 上单代数扩域的存在性的事实, 还构成代数闭域 (诸如, 复数域 $\mathbb{C}$、"代数数" 域 $\mathcal{A}_{\mathbb{Q}}$) 上任意次数大于等于 1 的多项式在其内至少有一个根的代数学基本定理的一个替代定理 (任意域 $\mathbb{F}$ 上的任意不可约多项式总在 $\mathbb{F}$ 的某个扩域里有根).

7.3 域的有限次扩张

7.3.1 有限次扩张和单代数扩张

定理 7.3.1 (次数公式) 令 $\mathbb{F} \leqslant \mathbb{L} \leqslant \mathbb{K}$, 它给出了三个域扩张, 即 $\mathbb{F}$ 的两个域扩张 $\mathbb{L}$ 和 $\mathbb{K}$, $\mathbb{L}$ 的一个域扩张 $\mathbb{K}$. 则

$$\partial(\mathbb{K},\mathbb{F}) < \infty \Longleftrightarrow \partial(\mathbb{K},\mathbb{L}) < \infty, \quad 且 \quad \partial(\mathbb{L},\mathbb{F}) < \infty.$$

此时, 有

$$\partial(\mathbb{K},\mathbb{F}) = \partial(\mathbb{K},\mathbb{L}) \cdot \partial(\mathbb{L},\mathbb{F}).$$

证明 (1) $\partial(\mathbb{K},\mathbb{F}) < \infty \Longrightarrow \partial(\mathbb{K},\mathbb{L}) < \infty$, 且 $\partial(\mathbb{L},\mathbb{F}) < \infty$.

令 $\partial(\mathbb{K},\mathbb{F}) = n < \infty$. 则 $\mathbb{K}$ 为 $\mathbb{F}$ 上的有限维线性空间. 因此, $\mathbb{L}$ 作为 $\mathbb{K}$ 的子空间, 当然也是 $\mathbb{F}$ 上的有限维线性空间, 即 $\partial(\mathbb{L},\mathbb{F}) < \infty$. 令 $(\alpha_1, \alpha_2, \cdots, \alpha_n)$ 为 $\mathbb{K}$ 作为 $\mathbb{F}$ 上线性空间的一个基底. 则关于任意 $\alpha \in \mathbb{K}$,

$$\alpha = f_1\alpha_1 + f_2\alpha_2 + \cdots + f_n\alpha_n,$$

其中, $f_i \in \mathbb{F} \leqslant \mathbb{L}$, $i = 1, 2, \cdots, n$. 从而,

$$\mathbb{K} = G_{\mathbb{L}}[\alpha_1, \alpha_2, \cdots, \alpha_n].$$

令 $\alpha_{i_1}, \alpha_{i_2}, \cdots, \alpha_{i_r}$ 为 $\alpha_1, \alpha_2, \cdots, \alpha_n$ 在 $\mathbb{L}$ 上的一个极大线性无关组. 则 $(\alpha_{i_1}, \alpha_{i_2}, \cdots, \alpha_{i_r})$ 为 $\mathbb{K}$ 作为 $\mathbb{L}$ 上线性空间的一个基底. 因此, $\partial(\mathbb{K},\mathbb{L}) = r < \infty$.

(2) $\partial(\mathbb{K},\mathbb{L}) < \infty$, 且 $\partial(\mathbb{L},\mathbb{F}) < \infty \Longrightarrow \partial(\mathbb{K},\mathbb{F}) < \infty$.

令 $(\alpha_1, \alpha_2, \cdots, \alpha_n)$ 为 $\mathbb{K}$ 作为 $\mathbb{L}$ 上线性空间的一个基底, $(\beta_1, \beta_2, \cdots, \beta_m)$ 为 $\mathbb{L}$ 作为 $\mathbb{F}$ 上线性空间的一个基底. 则关于任意 $\alpha \in \mathbb{K}$,

$$\alpha = \sum_{i=1}^{n} l_i\alpha_i = \sum_{i=1}^{n}\left(\sum_{j=1}^{m} f_{ij}\beta_j\right)\alpha_i = \sum_{i=1}^{n}\sum_{j=1}^{m} f_{ij}(\alpha_i\beta_j),$$

其中, $l_i \in \mathbb{L}$, $f_{ij} \in \mathbb{F}$, $i = 1, 2, \cdots, n$, $j = 1, 2, \cdots, m$. 从而,

$$\mathbb{K} = G_{\mathbb{F}}\big[\{\alpha_i\beta_j | i = 1, 2, \cdots, n,\ j = 1, 2, \cdots, m\}\big].$$

因此, $\partial(\mathbb{K},\mathbb{F}) \leqslant nm < \infty$.

(3) 当 $\partial(\mathbb{K},\mathbb{F}) < \infty$, 即 $\partial(\mathbb{K},\mathbb{L}) < \infty$ 且 $\partial(\mathbb{L},\mathbb{F}) < \infty$ 时,

$$\partial(\mathbb{K},\mathbb{F}) = \partial(\mathbb{K},\mathbb{L}) \cdot \partial(\mathbb{L},\mathbb{F}).$$

由 (2) 的证明过程知, 只需证明 $\{\alpha_i\beta_j \mid i = 1, 2, \cdots, n,\ j = 1, 2, \cdots, m\}$ 线性无关. 若

$$\sum_{i=1}^{n}\left(\sum_{j=1}^{m} f_{ij}\beta_j\right)\alpha_i = \sum_{i=1}^{n}\sum_{j=1}^{m} f_{ij}(\alpha_i\beta_j) = 0,$$

则由 $(\alpha_1, \alpha_2, \cdots, \alpha_n)$ 为 $\mathbb{K}$ 关于 $\mathbb{L}$ 的一个基底知,

$$\sum_{j=1}^{m} f_{ij}\beta_j = 0, \quad i = 1, 2, \cdots, n.$$

又, $(\beta_1, \beta_2, \cdots, \beta_n)$ 为 $\mathbb{L}$ 关于 $\mathbb{F}$ 的一个基底,

$$f_{ij} = 0, \quad i = 1, 2, \cdots, n, \quad j = 1, 2, \cdots, m.$$

因此, $\{\alpha_i\beta_j \mid i = 1, 2, \cdots, n,\ j = 1, 2, \cdots, m\}$ 线性无关. 于是,

$$\partial(\mathbb{K}, \mathbb{F}) = nm = \partial(\mathbb{K}, \mathbb{L}) \cdot \partial(\mathbb{L}, \mathbb{F}). \qquad \square$$

推论 7.3.1 令 $\mathbb{F} = \mathbb{F}_0 \leqslant \mathbb{F}_1 \leqslant \mathbb{F}_2 \leqslant \cdots \leqslant \mathbb{F}_l = \mathbb{K}$. 则

$$\partial(\mathbb{K}, \mathbb{F}) < \infty \Longleftrightarrow \partial(\mathbb{F}_i, \mathbb{F}_{i-1}) < \infty, \quad i = 1, 2, \cdots, l.$$

此时, 有

$$\partial(\mathbb{K}, \mathbb{F}) = \partial(\mathbb{F}_l, \mathbb{F}_{l-1}) \cdot \partial(\mathbb{F}_{l-1}, \mathbb{F}_{l-2}) \cdot \cdots \cdot \partial(\mathbb{F}_2, \mathbb{F}_1) \cdot \partial(\mathbb{F}_1, \mathbb{F}_0).$$

推论 7.3.2 关于任意域 $\mathbb{F}$, $\mathbb{F}$ 的有限次扩张具有传递性, 即, $\mathbb{F}$ 的有限次扩张的有限次扩张还是有限次扩张.

推论 7.3.3 令 $\mathbb{L}$ 为域 $\mathbb{F}$ 与 $\mathbb{K}$ 之间的一个中间域, 即 $\mathbb{F} \leqslant \mathbb{L} \leqslant \mathbb{K}$. 则当 $\partial(\mathbb{K}, \mathbb{F}) < \infty$ 时, $\partial(\mathbb{L}, \mathbb{F}) | \partial(\mathbb{K}, \mathbb{F})$. 因此, $\partial(\mathbb{K}, \mathbb{F})$ 为素数时, $\mathbb{F}$ 与 $\mathbb{K}$ 之间无真中间域 (上两个命题的逆命题是否成立? 读者可以去做一些探索).

注 7.3.1 $\partial(\mathbb{K}, \mathbb{F}) = \infty$ 当且仅当 $\partial(\mathbb{K}, \mathbb{L})$ 和 $\partial(\mathbb{L}, \mathbb{F})$ 至少有一个无限. 因此, 次数公式在 $\partial(\mathbb{K}, \mathbb{F}) = \infty$ 时也成立.

定理 7.3.2 令 $\mathbb{K}$ 为 $\mathbb{F}$ 的一个扩域. 则 $\partial(\mathbb{K}, \mathbb{F}) < \infty$ 当且仅当从 $\mathbb{F}$ 到 $\mathbb{K}$ 有一个单代数扩张的有限升链, 即有

$$\mathbb{F} = \mathbb{F}_0 \leqslant \mathbb{F}_1 \leqslant \mathbb{F}_2 \leqslant \cdots \leqslant \mathbb{F}_l = \mathbb{K},$$

其中, $\mathbb{F}_{i+1}$ 为 $\mathbb{F}_i$ 的单代数扩域, $i = 0, 1, 2, \cdots, l-1$.

证明 充分性. 根据推论 7.3.1,

$$\partial(\mathbb{K}, \mathbb{F}) = \partial(\mathbb{F}_l, \mathbb{F}_{l-1})\partial(\mathbb{F}_{l-1}, \mathbb{F}_{l-2}) \cdots \partial(\mathbb{F}_2, \mathbb{F}_1)\partial(\mathbb{F}_1, \mathbb{F}_0).$$

又, 根据定理 7.2.2, $\partial(\mathbb{F}_{i+1}, \mathbb{F}_i) < \infty$, $i = 0, 1, 2, \cdots, l-1$. 因此, $\partial(\mathbb{K}, \mathbb{F}) < \infty$.

必要性. 证法一: 令 $\partial(\mathbb{K}, \mathbb{F}) = n < \infty$, $(\alpha_1, \alpha_2, \cdots, \alpha_n)$ 为 $\mathbb{K}$ 作为 $\mathbb{F}$ 上线性空间的一个基底. 则

$$\mathbb{K} = \mathbb{F}(\alpha_1, \alpha_2, \cdots, \alpha_n) = \{\{[\mathbb{F}(\alpha_1)](\alpha_2)\}(\alpha_3) \cdots\}(\alpha_n).$$

因此,

$$\mathbb{F} = \mathbb{F}_0 \leqslant \mathbb{F}_1 \leqslant \mathbb{F}_2 \leqslant \cdots \leqslant \mathbb{F}_n = \mathbb{K}$$

为一单代数扩张的有限升链, 其中, $\mathbb{F}_{i+1}=\mathbb{F}_i(\alpha_{i+1}),\ i=0,1,2,\cdots,n-1$.

证法二: 令 $\partial(\mathbb{K},\mathbb{F})=n<\infty$. 关于 $\partial(\mathbb{K},\mathbb{F})$ 在自然数集 $\mathbb{Z}^+$ 上作第二数学归纳法证明. 当 $\partial(\mathbb{K},\mathbb{F})=1$ 时, $\mathbb{K}=\mathbb{F}$, 结论显然成立.

假设 $\partial(\mathbb{K},\mathbb{F})<n$ 时, 结论都成立. 今考察 $\partial(\mathbb{K},\mathbb{F})=n$ 的情形. 令 $\alpha\in\mathbb{K}\setminus\mathbb{F}$, $\mathbb{F}_1=\mathbb{F}(\alpha)$. 则 $\mathbb{F}_1$ 为 $\mathbb{F}$ 的一个单代数扩张, 且 $\partial(\mathbb{F}_1,\mathbb{F})>1$. 从而由次数公式知, $\partial(\mathbb{K},\mathbb{F}_1)<n$. 由归纳假设, 存在 $\mathbb{F}_1$ 到 $\mathbb{K}$ 的一个单代数扩张升链

$$\mathbb{F}_1\leqslant\mathbb{F}_2\leqslant\cdots\leqslant\mathbb{F}_l=\mathbb{K}.$$

于是,

$$\mathbb{F}\leqslant\mathbb{F}_1\leqslant\mathbb{F}_2\leqslant\cdots\leqslant\mathbb{F}_l=\mathbb{K}$$

就是 $\mathbb{F}$ 到 $\mathbb{K}$ 的一个单代数扩张升链. □

推论 7.3.4 令 $\mathbb{F}$ 为一域. 则 $\mathbb{F}$ 有不是 $\mathbb{F}$ 的单代数扩张的有限次扩张当且仅当在 $\mathbb{F}$ 上单代数扩张不具传递性.

注 7.3.2 (1) 定理 7.3.2 证明中的必要性的证法一基于如下的一个易知的事实: 若 $\mathbb{K}$ 为基域 $\mathbb{F}$ 的一个有限 n 次扩域, 即存在 $\mathbb{K}$ 的在 $\mathbb{F}$ 上线性无关的 n 个元素 $\alpha_1,\alpha_2,\cdots,\alpha_n\in\mathbb{K}$, 使得

$$\mathbb{K}=G_{\mathbb{F}}[\alpha_1,\alpha_2,\cdots,\alpha_n],$$

则

$$\mathbb{K}=\mathbb{F}(\alpha_1,\alpha_2,\cdots,\alpha_n).$$

当然, 反之未必, 单代数扩张就是一例.

(2) 有限次 (代数) 扩张是且仅是添加扩域里的有限个元素到基域所得到的扩张.

(3) 域 $\mathbb{F}$ 添加 $\alpha_1,\alpha_2,\cdots,\alpha_n$ 所得到的有限次扩域

$$\mathbb{F}(\alpha_1,\alpha_2,\cdots,\alpha_n)\subseteq\mathbb{F}[\alpha_1,\alpha_2,\cdots,\alpha_n].$$

下面给出利用中间域刻画有限次扩张是单代数扩张的一个定理.

定理 7.3.3 (Artin 本原元定理) 令 $\mathbb{K}$ 为无限域 $\mathbb{F}$ 的一个有限次 (代数) 扩张. 则 $\mathbb{K}$ 为 $\mathbb{F}$ 的一个单代数扩张当且仅当 $\mathbb{F}$ 与 $\mathbb{K}$ 之间只有有限多个不同的中间域.

证明 充分性. 关于任意 $w\in\mathbb{K}$, $\mathbb{F}(w)$ 为 $\mathbb{F}$ 与 $\mathbb{K}$ 的中间域. 由于 $\mathbb{F}$ 与 $\mathbb{K}$ 之间只有有限多个不同的中间域, 又 $\mathbb{K}$ 为 $\mathbb{F}$ 的一个有限次扩张, 从而可选取适当的 $u\in\mathbb{K}$, 使得 $\partial(\mathbb{F}(u),\mathbb{F})$ 最大. 若 $\mathbb{F}(u)\neq\mathbb{K}$, 即 $\mathbb{F}(u)$ 为 $\mathbb{K}$ 的一个真子域, 则存在 $v\in\mathbb{K}\setminus\mathbb{F}(u)$. 显然, 有且仅有有限多个形如

$$\mathbb{F}(u+av)$$

的中间域, 其中 $a\in\mathbb{F}$. 又 $\mathbb{F}$ 为一无限域, 从而

$$(\exists\ a_1,a_2\in\mathbb{F},\ a_1\neq a_2)\ \mathbb{F}(u+a_1v)=\mathbb{F}(u+a_2v).$$

因此

$$v=\frac{1}{a_1-a_2}[(u+a_1v)-(u+a_2v)]\in\mathbb{F}(u+a_1v),$$

进而, $u=(u+a_1v)-(a_1v)\in\mathbb{F}(u+a_1v)$, 由 $v\notin\mathbb{F}(u)$ 知, $\mathbb{F}(u)\subsetneqq\mathbb{F}(u+a_1v)$. 从而 $\partial(\mathbb{F}(u+a_1v),\mathbb{F})>\partial(\mathbb{F}(u),\mathbb{F})$, 这与 u 的选取矛盾. 于是, $\mathbb{K}=\mathbb{F}(u)$, 即 $\mathbb{K}$ 为 $\mathbb{F}$ 的单代数扩张.

必要性. 令 $\mathbb{K}=\mathbb{F}(u)$ 为 $\mathbb{F}$ 的单代数扩张, $p(x)$ 为 u 在 $\mathbb{F}$ 上的最小多项式. 若 $\mathbb{E}$ 为 $\mathbb{F}$ 与 $\mathbb{K}$ 之间的一个中间域,

$$q(x)=x^n+a_{n-1}x^{n-1}+\cdots+a_0$$

为 u 在 $\mathbb{E}$ 上的最小多项式, 则 $q(x)|p(x)$. 记 $\mathbb{F}(a_{n-1},a_{n-2},\cdots,a_0)=\mathbb{E}'$. 则 $\mathbb{E}'\leqslant\mathbb{E}$, 且 u 在 $\mathbb{E}'$ 上的最小多项式仍为 $q(x)$. 从而 $\partial(\mathbb{K},\mathbb{E}')=\partial(q(x))=\partial(\mathbb{K},\mathbb{E})$, 因此 $\mathbb{E}'=\mathbb{E}$. 由于 $p(x)$ 只有有限个不同的首 1 因式 $q_1(x),q_2(x),\cdots,q_k(x)$, 其中, $k\in\mathbb{Z}^+$, $q_i(x)$ 对应固定的系数, $i=1,2,\cdots,k$, 从而 $\mathbb{E}'$ 的取法也只有有限多种. 于是, 不同的 $\mathbb{E}$ 也只有有限多个, 即 $\mathbb{F}$ 与 $\mathbb{K}$ 之间只有有限多个不同的中间域. □

推论 7.3.5 一般地, 有限次扩张未必是单代数扩张; 根据推论 7.3.4, 一般地, 单代数扩张不具传递性. 这由例 7.3.1 可知.

例 7.3.1 令 x,y 为 $\mathbb{Z}_2(=\mathbb{Z}/\langle 2\rangle)$ 上的超越元, $\mathbb{K}=\mathbb{Z}_2(x,y)$, $\mathbb{L}=\mathbb{Z}_2(x,y^2)$, $\mathbb{F}=\mathbb{Z}_2(x^2,y^2)$. 则 $\mathbb{K}=\mathbb{L}(y)$ 是 $\mathbb{L}$ 的单代数扩张, $\mathbb{L}=\mathbb{F}(x)$ 是 $\mathbb{F}$ 的单代数扩张. 但 $\mathbb{F}(x+y),\mathbb{F}(x^3+y^3),\mathbb{F}(x^5+y^5),\cdots,\mathbb{F}(x^{2k+1}+y^{2k+1}),\cdots$ 是 $\mathbb{K}$ 与 $\mathbb{F}$ 之间的无限个互不相同的中间域 (具体证明见参考文献中滕常春、陈秀梅 (2010) 的文章), 根据定理 7.3.3, $\mathbb{K}$ 是 $\mathbb{F}$ 的不是单代数扩张的有限次扩张.

7.3.2 代数扩张的传递性

定理 7.3.4 若 $\mathbb{L}$ 为域 $\mathbb{F}$ 的代数扩张, $\mathbb{K}$ 为域 $\mathbb{L}$ 的代数扩张, 则 $\mathbb{K}$ 为域 $\mathbb{F}$ 的代数扩张.

证明 只需证明关于任意 $\alpha\in\mathbb{K}\setminus\mathbb{L}$, α 为 $\mathbb{F}$ 上的代数元即可. 显然, α 为 $\mathbb{L}$ 上的代数元, 从而

$$\left(\exists\, f(x)=\sum_{i=0}^{n}l_ix^i\in\mathbb{L}[x]\backslash\{0\}\right)\ f(\alpha)=0.$$

令 $\mathbb{E}=\mathbb{F}(l_0,l_1,l_2,\cdots,l_n)$. 则显然, $\mathbb{F}\leqslant\mathbb{E}\leqslant\mathbb{L}$, 且 α 为 $\mathbb{E}$ 上的代数元. 又,

$$\begin{aligned}\mathbb{E}(\alpha)&=[\mathbb{F}(l_0,l_1,l_2,\cdots,l_n)](\alpha)\\&=\{\{\{[\mathbb{F}(l_0)](l_1)\}(l_2)\cdots\}(l_n)\}(\alpha).\end{aligned}$$

因此,

$$\mathbb{F}\leqslant\mathbb{F}_0\leqslant\mathbb{F}_1\leqslant\mathbb{F}_2\leqslant\cdots\leqslant\mathbb{F}_n\leqslant\mathbb{E}(\alpha)$$

为一单代数扩张的有限升链, 其中, $\mathbb{F}_0=\mathbb{F}(l_0)$, $\mathbb{F}_{i+1}=\mathbb{F}_i(l_{i+1})$, $i=0,1,2,\cdots,n-1$. 根据定理 7.3.2, $\mathbb{E}(\alpha)$ 为 $\mathbb{F}$ 上的有限扩张, 从而为 $\mathbb{F}$ 上的代数扩张. 于是, α 为 $\mathbb{F}$ 上的代数元. □

推论 7.3.6 令 $\mathbb{K}$ 为 $\mathbb{F}$ 的一个扩张. 则 $\mathbb{K}$ 中 $\mathbb{F}$ 上的代数元的和、差、积、商 (除数不为 0) 仍为 $\mathbb{F}$ 上的代数元.

证明 令 α,β 为 $\mathbb{F}$ 上的代数元. 则 $\mathbb{F}(\alpha)$ 为 $\mathbb{F}$ 的代数扩张, $\mathbb{F}(\alpha,\beta)=[\mathbb{F}(\alpha)](\beta)$ 为 $\mathbb{F}(\alpha)$ 的代数扩张. 因此, $\mathbb{F}(\alpha,\beta)$ 为 $\mathbb{F}$ 的代数扩张. 而 $\alpha\pm\beta$, $\alpha\beta$, $\alpha/\beta(\beta\neq 0)$ 皆属于 $\mathbb{F}(\alpha,\beta)$. 于是, 它们都是 $\mathbb{F}$ 上的代数元. □

推论 7.3.7 令 $\mathbb{F}$ 为一域, x 为一未定元. 则 $\mathbb{F}(x)$ 为 $\mathbb{F}$ 的一个纯超越扩域.

证明 假设

$$u \stackrel{\mathrm{d}}{=} \frac{f(x)}{g(x)} \in \mathbb{F}(x) \setminus \mathbb{F}$$

为 $\mathbb{F}$ 上的代数元, 又不妨令

$$f(x) = \sum_{i=0}^{n} a_i x^i (\neq 0), \quad g(x) = \sum_{j=0}^{m} b_j x^j (\neq 0),$$

其中, $a_i, b_j \in \mathbb{F}$, $i = 0, 1, 2, \cdots, n$, $j = 0, 1, 2, \cdots, m$. 则 $g(x)u + (-f(x)) = 0$, 即

$$\sum_{j=0}^{m} (b_j u) x^j + \sum_{i=0}^{n} (-a_i) x^i = 0.$$

若 $m = n$, 则上式即为

$$\sum_{i=0}^{n} (b_i u - a_i) x^i = 0,$$

从而 x 为 $\mathbb{F}(u)$ 上的代数元. 因此,

$$\mathbb{F} \leqslant \mathbb{F}(u) \leqslant [\mathbb{F}(u)](x)$$

为一单代数扩张的有限升链, 从而, 根据定理 7.3.2, $[\mathbb{F}(u)](x)$ 为 $\mathbb{F}$ 上的有限扩张, 当然为 $\mathbb{F}$ 上的代数扩张. 于是, x 为 $\mathbb{F}$ 上的代数元, 矛盾.

当 $m > n$ $(m < n)$ 时, 同理可得矛盾.

于是, 关于任意 $\dfrac{f(x)}{g(x)} \in \mathbb{F}(x) \setminus \mathbb{F}$, $\dfrac{f(x)}{g(x)}$ 都是 $\mathbb{F}$ 上的超越元, 即 $\mathbb{F}(x)$ 为 $\mathbb{F}$ 的一个纯超越扩域. □

推论 7.3.8 令 $\mathbb{K}$ 为域 $\mathbb{F}$ 的一个扩张. 则

$$\mathbb{L} \stackrel{\mathrm{d}}{=} \{\alpha \in \mathbb{K} | \alpha \text{ 为 } \mathbb{F} \text{ 上的代数元}\}$$

为 $\mathbb{F}$ 的一个代数扩张, $\mathbb{K}$ 为 $\mathbb{L}$ 的一个纯超越扩张. 称 $\mathbb{L}$ 为 $\mathbb{F}$ 在 $\mathbb{K}$ 中的代数闭包.

证明 根据推论 7.3.6, $\mathbb{L}$ 为一域, 且显然为 $\mathbb{F}$ 的一个代数扩张. 令 $\alpha \in \mathbb{K} \setminus \mathbb{L}$ 为 $\mathbb{L}$ 上的一个代数元. 则 $\mathbb{L}(\alpha)$ 为 $\mathbb{L}$ 的一个代数扩张. 又, $\mathbb{L}$ 为 $\mathbb{F}$ 的一个代数扩张, 根据定理 7.3.4, $\mathbb{L}(\alpha)$ 为 $\mathbb{F}$ 的一个代数扩张, 因此, α 为 $\mathbb{F}$ 上的一个代数元, 矛盾. 于是, $\mathbb{K}$ 为 $\mathbb{L}$ 的一个纯超越扩张. □

例 7.3.2 (1) $\mathcal{A}_{\mathbb{Q}}$ 为 $\mathbb{Q}$ 的无限次代数扩域;

(2) $\mathbb{C}$ 为 $\mathcal{A}_{\mathbb{Q}}$ 的纯超越扩域.

7.4 域关于其上多项式的分裂域 (即, 有限次正规扩域)

给定一个域 $\mathbb{F}$ 和 $\mathbb{F}$ 上的一个 n 次多项式 $f(x)$, $n \in \mathbb{Z}^+$, 我们研究 $f(x)$ 的根并不仅仅是孤立地研究 $f(x)$ 的单个根, 而是还要研究 $f(x)$ 的所有根在 $\mathbb{F}$ 上的代数关系. 这就需要将

$f(x)$ 的全部根放在 $\mathbb{F}$ 的同一个扩域 $\mathbb{K}$ 里面来考察. 当 $\mathbb{F}$ 为数域时, 代数学基本定理告诉我们, 复数域可以充当这样的扩域. 关于一般域 $\mathbb{F}$, 也有类似于复数域相对于实数域的这样一个域扩张存在, 事实上, 应用 Zorn 引理, $\mathcal{A}=\{\mathbb{F}$ 的代数扩张$\}$ 关于集合的包含关系所形成的偏序集 $(\mathcal{A},\leqslant)$ 有极大元, 这就是添加 $\mathbb{F}$ 上所有多项式的根到 $\mathbb{F}$ 上所得到的这样一个域. 其实, 关于任意域 $\mathbb{F}$, 就 $\mathbb{F}$ 上的单独一个 n 次多项式 $f(x)$ 而言, $n\in\mathbb{Z}^+$, 这种扩域 $\mathbb{K}$ 可以不必取得这么大, 在极小的意义上这样的扩域是存在且唯一的 (同构意义下).

7.4.1 分裂域的定义、例子和存在性

定义 7.4.1 令 $\mathbb{F}$ 为一域, $f(x)\in\mathbb{F}[x]$, $\partial(f(x))=n\geqslant 1$. 称 $\mathbb{F}$ 的一个扩域 $\mathbb{K}$ 为 $\mathbb{F}$ 关于 $f(x)$ 的分裂域 (根域), 如果

(1) 在 $\mathbb{K}$ 上 (即在 $\mathbb{K}[x]$ 中),

$$f(x)=c(x-\alpha_1)(x-\alpha_2)\cdots(x-\alpha_n),\quad c\in\mathbb{F},\quad \alpha_i\in\mathbb{K},\quad i=1,2,\cdots,n;$$

(2) $\mathbb{K}=\mathbb{F}(\alpha_1,\alpha_2,\cdots,\alpha_n)$.

例 7.4.1 (1) $\mathbb{Q}$ 关于 x^3-1 的分裂域为

$$\begin{aligned}\mathbb{Q}\left(1,\frac{-1+\mathrm{i}\sqrt{3}}{2},\frac{-1-\mathrm{i}\sqrt{3}}{2}\right)&=\mathbb{Q}\left(\frac{-1+\mathrm{i}\sqrt{3}}{2},\frac{-1-\mathrm{i}\sqrt{3}}{2}\right)\\&=\mathbb{Q}(\mathrm{i}\sqrt{3});\end{aligned}$$

(2) $\mathbb{R}$ 关于 x^3-1 的分裂域为

$$\begin{aligned}\mathbb{R}\left(1,\frac{-1+\mathrm{i}\sqrt{3}}{2},\frac{-1-\mathrm{i}\sqrt{3}}{2}\right)&=\mathbb{R}\left(\frac{-1+\mathrm{i}\sqrt{3}}{2},\frac{-1-\mathrm{i}\sqrt{3}}{2}\right)\\&=\mathbb{R}(\mathrm{i})=\mathbb{C};\end{aligned}$$

(3) 令 p 为一素数. $\mathbb{Q}$ 关于 x^4-p 的分裂域为

$$\mathbb{Q}(\sqrt[4]{p},\ -\sqrt[4]{p},\ \mathrm{i}\sqrt[4]{p},\ -\mathrm{i}\sqrt[4]{p})=\mathbb{Q}(\sqrt[4]{p},\mathrm{i});$$

(4) $\mathbb{R}$ 关于 x^2+1 的分裂域为

$$\mathbb{R}(\mathrm{i},-\mathrm{i})=\mathbb{R}(\mathrm{i})=\mathbb{C}.$$

又

$$\overline{\mathbb{C}}=\{(a,b)|a,b\in\mathbb{R}\}$$

也是 $\mathbb{R}$ 关于 x^2+1 的分裂域, 其中

$$(a,b)+(c,d)\equiv(a+c,b+d),$$

$$(a,b)(c,d)\equiv(ac-bd,ad+bc).$$

这是由构造分裂域的方法不同导致的. 但它们是 $\mathbb{R}$- 同构的 (见下面分裂域的唯一性定理).

定理 7.4.1 *令 $\mathbb{F}$ 为一域, $f(x) \in \mathbb{F}[x]$, $\partial(f(x)) = n \geqslant 1$, $\mathbb{K}$ 为 $\mathbb{F}$ 关于 $f(x)$ 的分裂域. 则 $\partial(\mathbb{K},\mathbb{F}) \leqslant n!$ (严格小于和等于成立的例子读者可以在书中找到. 特别地, 定理 8.3.2 的证明里给出了一个等号成立的例子).*

证明 关于 $\partial(f(x)) = n$ 在自然数集 $\mathbb{Z}^+$ 上作第一数学归纳法证明.

$\partial(f(x)) = 1$ 时, $\mathbb{K} = \mathbb{F}$, $\partial(\mathbb{K},\mathbb{F}) = 1 \leqslant 1!$.

假设 $\partial(f(x)) = n-1 \geqslant 1$ 时, 结论成立, 今考察 $\partial(f(x)) = n$ 时的情形. 令 $p(x)$ 为 $\mathbb{F}$ 上 $f(x)$ 的一个首 1 不可约因式. 根据定理 7.2.3, 存在单代数扩域 $\mathbb{F}(\alpha_1)$, 其中, $p(x)$ 为 α_1 在 $\mathbb{F}$ 上的最小多项式. 则

$$\partial(\mathbb{F}(\alpha_1),\mathbb{F}) = \partial(p(x)) \leqslant \partial(f(x)) = n.$$

此时, 在 $\mathbb{F}(\alpha_1)$ 上, $f(x)$ 有分解

$$f(x) = (x-\alpha_1)f_1(x),$$

其中, $f_1(x)$ 为 $\mathbb{F}(\alpha_1)$ 上的一个 $n-1$ 次多项式. 又

$$\mathbb{K} = \mathbb{F}(\alpha_1,\alpha_2,\cdots,\alpha_n) = \mathbb{F}(\alpha_1)(\alpha_2,\cdots,\alpha_n),$$

其中, $\alpha_2,\cdots,\alpha_n$ 为 $f_1(x)$ 的根. 从而 $\mathbb{K}$ 为 $\mathbb{F}(\alpha_1)$ 关于 $f_1(x)$ 的分裂域. 由归纳假设, $\partial(\mathbb{K}, \mathbb{F}(\alpha_1)) \leqslant (n-1)!$. 因此

$$\partial(\mathbb{K},\mathbb{F}) = \partial(\mathbb{K},\mathbb{F}(\alpha_1))\partial(\mathbb{F}(\alpha_1),\mathbb{F}) \leqslant (n-1)!n = n!. \qquad \square$$

定理 7.4.2 (分裂域的存在性) *令 $\mathbb{F}$ 为一域, $f(x) \in \mathbb{F}[x]$, $\partial(f(x)) = n \geqslant 1$. 则 $\mathbb{F}$ 关于 $f(x)$ 的分裂域存在.*

证明 关于 $\partial(f(x)) = n$ 在自然数集 $\mathbb{Z}^+$ 上作第一数学归纳法证明.

$\partial(f(x)) = 1$ 时, 显然, $\mathbb{F}$ 本身就是 $\mathbb{F}$ 关于 $f(x)$ 的分裂域.

假设 $\partial(f(x)) = n-1 \geqslant 1$ 时, 结论成立, 今考察 $\partial(f(x)) = n$ 时的情形. 令 $p(x)$ 为 $\mathbb{F}$ 上 $f(x)$ 的一个首 1 不可约因式. 根据定理 7.2.3, 存在单代数扩域 $\mathbb{F}(\alpha_1)$, 其中, $p(x)$ 为 α_1 在 $\mathbb{F}$ 上的最小多项式. 从而, 在 $\mathbb{F}(\alpha_1)$ 上, $f(x)$ 有分解

$$f(x) = (x-\alpha_1)f_1(x),$$

其中, $f_1(x)$ 为 $\mathbb{F}(\alpha_1)$ 上的一个 $n-1$ 次多项式. 因此由归纳假设, 有 $\mathbb{F}(\alpha_1)$ 关于 $f_1(x)$ 的分裂域

$$\mathbb{K} = \mathbb{F}(\alpha_1)(\alpha_2,\alpha_3,\cdots,\alpha_n),$$

其中, $\alpha_2,\alpha_3,\cdots,\alpha_n$ 为 $f_1(x)$ 的根. 从而 $\alpha_1,\alpha_2,\cdots,\alpha_n$ 即为 $f(x)$ 的全部根. 于是

$$\mathbb{K} = \mathbb{F}(\alpha_1)(\alpha_2,\alpha_3,\cdots,\alpha_n) = \mathbb{F}(\alpha_1,\alpha_2,\cdots,\alpha_n)$$

即为 $\mathbb{F}$ 关于 $f(x)$ 的分裂域. $\square$

例 7.4.2 令 $\mathbb{F}$ 为一域, $f(x)=x^2+ax+b\in\mathbb{F}[x]$. 求 $\mathbb{F}$ 关于 $f(x)$ 的分裂域 $\mathbb{K}$ 和 $\partial(\mathbb{K},\mathbb{F})$.

若 $f(x)$ 在 $\mathbb{F}$ 上可约, 则 $\mathbb{K}=\mathbb{F}$. 若 $f(x)$ 在 $\mathbb{F}$ 上不可约, 则令

$$f(x)=x^2+ax+b=(x-\alpha)(x-\beta),\ \alpha,\ \beta\in\mathbb{K}\setminus\mathbb{F}$$

时, 有 $\alpha+\beta=-a$, 因此 $\beta=-\alpha-a$. 于是

$$\mathbb{K}=\mathbb{F}(\alpha,\beta)=\mathbb{F}(\alpha),$$

此时, $\partial(\mathbb{K},\mathbb{F})=2$.

例 7.4.3 求 $\mathbb{Q}$ 关于 $f(x)=(x^2-2)(x^2-3)\in\mathbb{Q}[x]$ 的分裂域 $\mathbb{K}$ 和 $\partial(\mathbb{K},\mathbb{Q})$.

显然, $f(x)$ 在 $\mathbb{K}$ 中的四个根为 $\sqrt{2},-\sqrt{2},\sqrt{3},-\sqrt{3}$, 从而

$$\mathbb{K}=\mathbb{Q}(\sqrt{2},-\sqrt{2},\sqrt{3},-\sqrt{3})=\mathbb{Q}(\sqrt{2},\sqrt{3}).$$

易知, x^2-2 在 $\mathbb{Q}$ 上不可约, 由例 7.4.2 知, $\mathbb{Q}(\sqrt{2})$ 为 $\mathbb{Q}$ 关于 x^2-2 的分裂域, 且 $\partial(\mathbb{Q}(\sqrt{2}),\mathbb{Q})=2$. 我们指出 x^2-3 在 $\mathbb{Q}(\sqrt{2})$ 上不可约. 否则必有 $\sqrt{3}\in\mathbb{Q}(\sqrt{2})$, 从而存在 $a,b\in\mathbb{Q}$, 使得

$$(a+\sqrt{2}b)^2=3,$$

即

$$a^2+2b^2-3+2ab\sqrt{2}=0.$$

因此, $a^2+2b^2-3=0=2ab$. 若 $a=0$, 则 $2b^2-3=0$, 从而 $b=\pm\sqrt{\dfrac{3}{2}}$, 这与 $b\in\mathbb{Q}$ 矛盾. 若 $b=0$, 则 $a^2-3=0$, 从而 $a=\pm\sqrt{3}$, 这与 $a\in\mathbb{Q}$ 矛盾. 因此, 由例 7.4.2 知, $(\mathbb{Q}(\sqrt{2}))(\sqrt{3})$ 为 $\mathbb{Q}(\sqrt{2})$ 关于 x^2-3 的分裂域, 且 $\partial((\mathbb{Q}(\sqrt{2}))(\sqrt{3}),\mathbb{Q}(\sqrt{2}))=2$. 又

$$\mathbb{K}=\mathbb{Q}(\sqrt{2},\sqrt{3})=(\mathbb{Q}(\sqrt{2}))(\sqrt{3}),$$

于是

$$\partial(\mathbb{K},\mathbb{Q})=\partial((\mathbb{Q}(\sqrt{2}))(\sqrt{3}),\mathbb{Q}(\sqrt{2}))\cdot\partial(\mathbb{Q}(\sqrt{2}),\mathbb{Q})=2\cdot 2=4.$$

例 7.4.4 求 $\mathbb{Q}$ 关于 $f(x)=x^p-1\in\mathbb{Q}[x]$ 的分裂域 $\mathbb{K}$, 其中 p 为一奇素数.

显然 $f(x)$ 在 $\mathbb{K}$ 中的 p 个根为 $1,\zeta,\zeta^2,\cdots,\zeta^{p-1}$, 其中 ζ 为一 p 次本原单位根. 从而

$$\mathbb{K}=\mathbb{Q}(1,\zeta,\zeta^2,\cdots,\zeta^{p-1})=\mathbb{Q}(\zeta).$$

易知

$$f(x)=(x-1)(x^{p-1}+x^{p-2}+\cdots+x+1).$$

令 $p(x)=x^{p-1}+x^{p-2}+\cdots+x+1$. 对 $p(x)$ 作可逆变数替换 $x=y+1$, 得到 $q(y)=p(y+1)$. 由 Eisenstein 判别法可知, $q(y)$ 在 $\mathbb{Q}$ 上不可约, 鉴于变数替换的可逆性, $p(x)$ 在 $\mathbb{Q}$ 上也不可约. 又显然 ζ 为 $p(x)$ 的一个根, 从而 $p(x)$ 为 ζ 在 $\mathbb{Q}$ 上的最小多项式. 因此

$$\partial(\mathbb{K},\mathbb{Q})=p-1,$$

且 $(1,\zeta,\zeta^2,\cdots,\zeta^{p-2})$ 为 $\mathbb{K}$ 作为 $\mathbb{Q}$ 上线性空间的一个基底.

7.4.2 分裂域的唯一性

定义 7.4.2 令 $\mathbb{F},\mathbb{F}'$ 为两个域, $\mathbb{K}\ (R)$ 为 $\mathbb{F}$ 的一个扩域 (扩环), $\mathbb{K}'\ (R')$ 为 $\mathbb{F}'$ 的一个扩域 (扩环), $\sigma:\mathbb{F}\longrightarrow\mathbb{F}'$ 为一域同构. 称域 (环) 同构

$$\eta:\mathbb{K}\ (R)\longrightarrow\mathbb{K}'\ (R')$$

为 σ 的一个扩张, 如果

$$\eta|_{\mathbb{F}}=\sigma.$$

引理 7.4.1 令 $\mathbb{F},\mathbb{F}'$ 为两个域, $\sigma:\mathbb{F}\longrightarrow\mathbb{F}'$ 为一域同构. 则

$$\begin{aligned}\eta:\ &\mathbb{F}[x]\longrightarrow\mathbb{F}'[x],\\ &f(x)=\sum_{i=0}^{n}a_ix^i\longmapsto f^{\sigma}(x)=\sum_{i=0}^{n}\sigma(a_i)x^i\end{aligned}$$

为一环同构, 且为 σ 的一个扩张.

证明 容易证明 η 既单又满, 且保持加法和乘法运算 (请读者自行验证). 因此, η 为一同构映射. 显然, $\eta|_{\mathbb{F}}=\sigma$, 于是, η 为 σ 的一个扩张. □

注 7.4.1 $\mathbb{F}[x]$ ($\mathbb{F}'[x]$) 改为 $\mathbb{F}$ ($\mathbb{F}'$) 的单超越扩域 $\mathbb{F}(x)$ ($\mathbb{F}'(x)$), 如何?

推论 7.4.1 (1) $g(x)|f(x)$ 当且仅当 $g^{\sigma}(x)|f^{\sigma}(x)$;

(2) $f(x)$ 在 $\mathbb{F}$ 上不可约当且仅当 $f^{\sigma}(x)$ 在 $\mathbb{F}'$ 上不可约;

(3) $\partial(f(x))=\partial(f^{\sigma}(x))$, $f(x)$ 首 1 当且仅当 $f^{\sigma}(x)$ 首 1.

引理 7.4.2 令 $\mathbb{F},\mathbb{F}'$ 为两个域, $\sigma:\mathbb{F}\longrightarrow\mathbb{F}'$ 为一域同构, $p(x)$ 为 $\mathbb{F}$ 上一 n 次首 1 不可约多项式, 当然 $p^{\sigma}(x)$ ($p^{\sigma}(x)$ 的意义同引理 7.4.1) 为 $\mathbb{F}'$ 上一 n 次首 1 不可约多项式, α 和 α' 分别为 $p(x)$ 和 $p^{\sigma}(x)$ 的根. 则存在作为 σ 的一个扩张的域同构

$$\overline{\sigma}:\mathbb{F}(\alpha)\longrightarrow\mathbb{F}'(\alpha'),$$

使得 $\overline{\sigma}(\alpha)=\alpha'$.

证明 作

$$\begin{aligned}\overline{\eta}:\ &\mathbb{F}[x]/\langle p(x)\rangle\longrightarrow\mathbb{F}'[x]/\langle p^{\sigma}(x)\rangle,\\ &f(x)+\langle p(x)\rangle\longmapsto f^{\sigma}(x)+\langle p^{\sigma}(x)\rangle.\end{aligned}$$

由

$$\begin{aligned}f(x)+\langle p(x)\rangle=g(x)+\langle p(x)\rangle&\Longleftrightarrow p(x)|(f(x)-g(x))\\ &\Longleftrightarrow p^{\sigma}(x)|(f^{\sigma}(x)-g^{\sigma}(x))\\ &\Longleftrightarrow f^{\sigma}(x)+\langle p^{\sigma}(x)\rangle=g^{\sigma}(x)+\langle p^{\sigma}(x)\rangle\end{aligned}$$

知, $\overline{\eta}$ 为一映射, 且为一单射. 显然, $\overline{\eta}$ 还为一满射, 从而 $\overline{\eta}$ 为一双射. 又, 容易验证 $\overline{\eta}$ 保持运算, 于是, $\overline{\eta}$ 为一同构映射.

令定理 7.2.2 中的域同构

$$\mathbb{F}(\alpha)(=\mathbb{F}_n[\alpha]) \cong \mathbb{F}[x]/\langle p(x)\rangle$$

是由

$$\begin{aligned}\sigma_1^{-1}:\quad &\mathbb{F}(\alpha) \longrightarrow \mathbb{F}[x]/\langle p(x)\rangle,\\ &\sum_{i=0}^{n-1} a_i\alpha^i \longmapsto \sum_{i=0}^{n-1} a_i x^i + \langle p(x)\rangle\end{aligned}$$

提供的. 又, 同构

$$\mathbb{F}'[x]/\langle p^{\sigma}(x)\rangle \cong \mathbb{F}'(\alpha')(=\mathbb{F}'_n[\alpha'])$$

是由

$$\begin{aligned}\sigma_2:\quad &\mathbb{F}'[x]/\langle p^{\sigma}(x)\rangle \longrightarrow \mathbb{F}'(\alpha'),\\ &\sum_{i=0}^{n-1} a'_i x^i + \langle p^{\sigma}(x)\rangle \longmapsto \sum_{i=0}^{n-1} a'_i \alpha'^i\end{aligned}$$

提供的.

再令 $\overline{\sigma}=\sigma_2\overline{\eta}\sigma_1^{-1}$. 则 $\overline{\sigma}$ 为 $\mathbb{F}(\alpha)=\mathbb{F}[\alpha]$ 到 $\mathbb{F}'(\alpha')=\mathbb{F}'[\alpha']$ 的一个域同构. 关于任意 $a\in\mathbb{F}$,

$$\begin{aligned}\overline{\sigma}(a) &= \sigma_2\overline{\eta}\sigma_1^{-1}(a)\\ &= \sigma_2\overline{\eta}(a+\langle p(x)\rangle)\\ &= \sigma_2(\sigma(a)+\langle p^{\sigma}(x)\rangle)\\ &= \sigma(a).\end{aligned}$$

从而, $\overline{\sigma}|_{\mathbb{F}}=\sigma$, 因此, $\overline{\sigma}$ 为 σ 的一个扩张, 且

$$\begin{aligned}\overline{\sigma}(\alpha) &= \sigma_2\overline{\eta}\sigma_1^{-1}(\alpha)\\ &= \sigma_2\overline{\eta}(x+\langle p(x)\rangle)\\ &= \sigma_2(x^{\sigma}+\langle p^{\sigma}(x)\rangle)\\ &= \sigma_2(x+\langle p^{\sigma}(x)\rangle)\\ &= \alpha'.\end{aligned}$$

□

定理 7.4.3　*令 $\mathbb{F},\mathbb{F}'$ 为两个域, $\sigma:\mathbb{F}\longrightarrow\mathbb{F}'$ 为一域同构, $f(x)\in\mathbb{F}[x]$, $\partial(f(x))=n\geqslant 1$, $\mathbb{K}$ 和 $\mathbb{K}'$ 分别为 $\mathbb{F}$ 关于 $f(x)$ 的分裂域和 $\mathbb{F}'$ 关于 $f^{\sigma}(x)$ 的分裂域. 则*

(1) 存在作为 σ 的一个扩张的域同构

$$\xi:\mathbb{K}\longrightarrow\mathbb{K}',$$

使得, 按照"α 为 $f(x)$ 的不可约因式 $p(x)$ 的根当且仅当 α' 为 $f^{\sigma}(x)$ 的不可约因式 $p^{\sigma}(x)$ 的根"的原则适当排列根的顺序时, 有

$$\xi(\alpha_i)=\alpha'_i,\quad i=1,2,\cdots,n.$$

事实上, 关于 $\mathbb{K}$ 到 $\mathbb{K}'$ 的每一 σ 的扩张 ξ, 总有适当排列 $\alpha_1', \alpha_2', \cdots, \alpha_n'$ 的顺序, 使得 $\xi(\alpha_i) = \alpha_i', i = 1, 2, \cdots, n$.

(2) σ 的不同扩张的个数

$$n_\sigma \leqslant \partial(\mathbb{K}, \mathbb{F}),$$

且等号成立当且仅当 $f(x)$ 中任意不可约因式在 $\mathbb{K}$ 中无重根.

证明 (1) 关于 $\partial(f(x))$ 在自然数集 $\mathbb{Z}^+$ 上作第一数学归纳法证明.

$\partial(f(x)) = 1$ 时, $\partial(f^\sigma(x)) = 1$, 此时, $\mathbb{K} = \mathbb{F}$, $\mathbb{K}' = \mathbb{F}'$, 结论成立.

假设 $\partial(f(x)) = n - 1 \geqslant 1$ 时, 结论成立, 今考察 $\partial(f(x)) = n$ 时的情形. 令 $p(x)$ 为 $\mathbb{F}$ 上 $f(x)$ 的一个首 1 不可约因式. 则 $p^\sigma(x)$ 为 $\mathbb{F}'$ 上 $f^\sigma(x)$ 的一个首 1 不可约因式. 由 $\mathbb{K}$ 和 $\mathbb{K}'$ 分别为 $\mathbb{F}$ 关于 $f(x)$ 的分裂域和 $\mathbb{F}'$ 关于 $f^\sigma(x)$ 的分裂域知,

$$(\exists\ \alpha_1 \in \mathbb{K},\ \alpha_1' \in \mathbb{K}')\ p(\alpha_1) = 0, \quad p^\sigma(\alpha_1') = 0.$$

根据引理 7.4.2, 存在 σ 的一个扩张

$$\overline{\sigma} : \mathbb{F}(\alpha_1) \longrightarrow \mathbb{F}'(\alpha_1'),$$

使得 $\overline{\sigma}(\alpha_1) = \alpha_1'$. 将 $f(x)$ 和 $f^\sigma(x)$ 分别看作 $\mathbb{F}(\alpha_1)$ 和 $\mathbb{F}'(\alpha_1')$ 上的多项式, 此时有分解

$$f(x) = (x - \alpha_1) f_1(x),$$

$$f^\sigma(x) = (x - \alpha_1') f_1^\sigma(x),$$

其中, $f_1(x)$ 和 $f_1^\sigma(x)$ 分别为 $\mathbb{F}(\alpha_1)$ 和 $\mathbb{F}'(\alpha_1')$ 上的 $n-1$ 次多项式. 由归纳假设, 存在域同构

$$\xi : \mathbb{F}(\alpha_1)(\alpha_2, \cdots, \alpha_n) \longrightarrow \mathbb{F}'(\alpha_1')(\alpha_2', \cdots, \alpha_n')$$

为 $\overline{\sigma}$ 的一个扩张, 使得适当排列根的顺序, 有 $\xi(\alpha_i) = \alpha_i'$, 其中, α_i, $\alpha_i'(i = 2, 3, \cdots, n)$ 分别为 $f_1(x)$ 和 $f_1^\sigma(x)$ 的根. 显然

$$\mathbb{K} = \mathbb{F}(\alpha_1, \alpha_2, \cdots, \alpha_n) = \mathbb{F}(\alpha_1)(\alpha_2, \cdots, \alpha_n),$$

$$\mathbb{K}' = \mathbb{F}'(\alpha_1', \alpha_2', \cdots, \alpha_n') = \mathbb{F}'(\alpha_1')(\alpha_2', \cdots, \alpha_n'),$$

从而 ξ 为 $\mathbb{K}$ 到 $\mathbb{K}'$ 的域同构, 且

$$(\xi|_{\mathbb{F}(\alpha_1)})|_{\mathbb{F}} = \overline{\sigma}|_{\mathbb{F}} = \sigma,$$

因此, ξ 为 σ 的一个扩张. 显然

$$\xi(\alpha_i) = \alpha_i', \quad i = 1, 2, \cdots, n.$$

(2) 令 $\xi : \mathbb{K} \longrightarrow \mathbb{K}'$ 为 σ 的一个扩张. 则由 (1) 的证明过程可知, ξ 也是 $\overline{\sigma} : \mathbb{F}(\alpha_1) \longrightarrow \mathbb{F}'(\alpha_1')$ 的扩张. 因此, ξ 可以看作先将 σ 扩张为 $\mathbb{F}(\alpha_1)$ 到 $\mathbb{F}'(\alpha_1')$ 的同构 $\overline{\sigma}$, 然后再将 $\overline{\sigma}$ 扩张

为 $\mathbb{K}$ 到 $\mathbb{K}'$ 的同构得到的. 由于 $p^\sigma(x)$ 和 $p(x)$ 的根的个数是一样的, 从而, 将 σ 扩张为 $\bar{\sigma}$ 的不同的个数

$$n_1 \leqslant \partial(p^\sigma(x)) = \partial(p(x)) = \partial(\mathbb{F}(\alpha_1), \mathbb{F}),$$

且等号成立当且仅当 $p^\sigma(x)$ 在 $\mathbb{K}'$ 中无重根, 即当且仅当 $p(x)$ 在 $\mathbb{K}$ 中无重根. 关于 $\partial(\mathbb{K}, \mathbb{F})$ 利用第二数学归纳法可知, 将 $\bar{\sigma}$ 扩张为 ξ 的不同的个数

$$n_2 \leqslant \partial(\mathbb{K}, \mathbb{F}(\alpha_1)).$$

因此, σ 扩张为 ξ 的不同的个数

$$n_\sigma = n_2 n_1 \leqslant \partial(\mathbb{K}, \mathbb{F}(\alpha_1))\partial(\mathbb{F}(\alpha_1), \mathbb{F}) = \partial(\mathbb{K}, \mathbb{F}).$$

若 $f(x)$ 的某个不可约因式在 $\mathbb{K}$ 中有重根, 则取此因式为 $p(x)$ 时, $n_1 < \partial(\mathbb{F}(\alpha_1), \mathbb{F})$, 从而 $n_\sigma < \partial(\mathbb{K}, \mathbb{F})$. 若 $f(x)$ 的任意不可约因式在 $\mathbb{K}$ 中无重根, 则 $n_1 = \partial(\mathbb{F}(\alpha_1), \mathbb{F})$, 且 $f(x) \in \mathbb{F}(\alpha_1)[x]$ 的任意不可约因式在 $\mathbb{K}$ 中也无重根, 从而 $n_2 = \partial(\mathbb{K}, \mathbb{F}(\alpha_1))$, 因此 $n_\sigma = \partial(\mathbb{K}, \mathbb{F})$. 这就证明了等号成立当且仅当 $f(x)$ 中任意不可约因式在 $\mathbb{K}$ 中无重根. □

推论 7.4.2 令 $\mathbb{F}$ 为一域, $f(x) \in \mathbb{F}[x]$, $\partial(f(x)) \geqslant 1$. 则 $\mathbb{F}$ 关于 $f(x)$ 的分裂域在 $\mathbb{F}$-同构下是唯一的. 记为 $\mathbb{F}_{f(x)}$.

注 7.4.2 相对于定理 7.4.3 的数学归纳法证明, 下面的思路也许会让我们更容易理解这个定理.

域 $\mathbb{F}$ 关于其上的 n 次多项式 $f(x)$ 的分裂域 $\mathbb{K} = \mathbb{F}_{f(x)}$ 为 $\mathbb{F}$ 的一个有限次扩张, $n \in \mathbb{Z}^+$ (定理 7.4.1 给出了这一有限次扩张的次数的一个上界 $n!$). 令 $f(x)$ 在 $\mathbb{F}$ 上两两不同的不可约因式恰有 m 个, $p_1(x), p_2(x), \cdots, p_m(x)$. 显然, $p_i(x)$ 在 $\mathbb{K}$ 中的根数

$$n_0\ p_i(x) \leqslant \partial(p_i(x))(p_i(x) \text{ 可能有重根}), \quad i = 1, 2, \cdots, m.$$

与定理 7.3.2 相联系, 存在 $f(x)$ 的 $\sum\limits_{i=1}^{m} n_0\ p_i(x)$ 个元素构成的根集的一个子集

$$\{\alpha_1, \alpha_2, \cdots, \alpha_r\},$$

使得 $\mathbb{F}$ 到 $\mathbb{K}$ 有下面的一个单代数扩张的严格升链

$$\mathbb{F} = \mathbb{F}_0 < \mathbb{F}_1 < \cdots < \mathbb{F}_r = \mathbb{K},$$

其中, $\mathbb{F}_k = \mathbb{F}_{k-1}(\alpha_k)$, $\alpha_k \in \mathbb{F}_k \setminus \mathbb{F}_{k-1}$ (上面的升链是严格的), $k = 1, 2, \cdots, r$. 若 α_k 为某一 $p_i(x)$ 的根, 则 α_k 在 $\mathbb{F}_{k-1}$ 上的最小多项式 $h_k(x)$ 为 $p_i(x)$ 的因式, 因此,

$$n_0\ h_k(x) \leqslant \partial\ h_k(x), \quad k = 1, 2, \cdots, r.$$

于是, $\mathbb{K}$ 的 $\mathbb{F}$-自同构的个数等于

$$\prod_{k=1}^{r} n_0 h_k(x) \leqslant \prod_{k=1}^{r} \partial\ h_k(x) = \partial(\mathbb{K}, \mathbb{F}).$$

定理 7.4.3 的两个结论立得.

推论 7.4.3 令 $\mathbb{F}$ 为一域, $f(x) \in \mathbb{F}[x]$, $\mathbb{E} = \mathbb{F}_{f(x)}$. 则 $\mathbb{E}$ 的不同的 $\mathbb{F}$-自同构的个数不超过 $\partial(\mathbb{E}, \mathbb{F})$; 当且仅当 $f(x)$ 的任意不可约因式在 $\mathbb{E}$ 中无重根时, 此个数恰为 $\partial(\mathbb{E}, \mathbb{F})$.

推论 7.4.4 令 $\mathbb{K}$ 为域 $\mathbb{F}$ 的一个扩张, $f(x) \in \mathbb{F}[x]$, $\mathbb{E} = \mathbb{F}_{f(x)}$, 且 $\mathbb{E} \subseteq \mathbb{K}$. 则关于 $\mathbb{K}$ 的任意 $\mathbb{F}$-自同构 σ, $\sigma(\mathbb{E}) = \mathbb{E}$.

证明 根据引理 7.4.1,

$$\eta: \quad \mathbb{K}[x] \longrightarrow \mathbb{K}[x],$$
$$g(x) = \sum_{i=0}^{n} a_i x^i \longmapsto g^{\sigma}(x) = \sum_{i=0}^{n} \sigma(a_i) x^i$$

为 σ 的一个扩张. 令 $f(x)$ 在 $\mathbb{K}[x]$ 中有分解

$$f(x) = c(x - \alpha_1)(x - \alpha_2) \cdots (x - \alpha_n), \quad c \in \mathbb{F}, \quad \alpha_i \in \mathbb{E}, \quad i = 1, 2, \cdots, n.$$

则由 $f(x) \in \mathbb{F}[x]$ 和 $\sigma|_{\mathbb{F}} = 1_{\mathbb{F}}$ 知,

$$f(x) = \eta(f(x)) = f^{\sigma}(x) = c(x - \sigma(\alpha_1))(x - \sigma(\alpha_2)) \cdots (x - \sigma(\alpha_n)).$$

从而存在 $\tau \in S_n$, 使得 $\sigma(\alpha_i) = \alpha_{\tau(i)}$, $i = 1, 2, \cdots, n$. 因此

$$\sigma(\mathbb{E}) = \sigma(\mathbb{F}(\alpha_1, \alpha_2, \cdots, \alpha_n)) = \mathbb{F}(\sigma(\alpha_1), \sigma(\alpha_2), \cdots, \sigma(\alpha_n)) = \mathbb{E}.$$ □

7.4.3 域关于其上多项式的分裂域恰为有限次正规扩域

定理 7.4.4 令 $\mathbb{F}$ 为一域, $\mathbb{K}$ 为 $\mathbb{F}$ 的一个扩域. 则 $\mathbb{K}$ 为 $\mathbb{F}$ 关于 $\mathbb{F}$ 上某一正次数多项式的分裂域当且仅当 $\mathbb{K}$ 为 $\mathbb{F}$ 的有限次正规扩域.

证明 充分性. 令 $\mathbb{K}$ 为 $\mathbb{F}$ 的有限次正规扩域,

$$\mathbb{K} = G_{\mathbb{F}}[\alpha_1, \alpha_2, \cdots, \alpha_n],$$

其中, $(\alpha_1, \alpha_2, \cdots, \alpha_n)$ 为 $\mathbb{K}$ 作为 $\mathbb{F}$ 上线性空间的一个基底. 因此, 根据注 7.3.2, 有

$$\mathbb{K} = \mathbb{F}(\alpha_1, \alpha_2, \cdots, \alpha_n).$$

又令 $p_1(x), p_2(x), \cdots, p_n(x)$ 分别为 $\alpha_1, \alpha_2, \cdots, \alpha_n$ 在 $\mathbb{F}$ 上的最小多项式. 则 $\mathbb{K}$ 为 $\mathbb{F}$ 关于多项式

$$f(x) = p_1(x)p_2(x) \cdots p_n(x)$$

的分裂域. 事实上, 由 α_i 为 $p_i(x)$ 的根知, α_i 为 $f(x)$ 的根, $i = 1, 2, \cdots, n$. 从而 $\mathbb{K} \subseteq \mathbb{F}_{f(x)}$. 另一方面, 令 α 为 $f(x)$ 的任一根. 则 α 必为某一 $p_i(x)$ 的根, $i \in \{1, 2, \cdots, n\}$. 由

$$\alpha_i \in S_{p_i(x)} \cap \mathbb{K} \neq \varnothing, \quad i = 1, 2, \cdots, n$$

和 $\mathbb{K}$ 为 $\mathbb{F}$ 的正规扩域知,

$$S_{p_i(x)} \subseteq \mathbb{K}, \quad i = 1, 2, \cdots, n.$$

从而 $\alpha \in \mathbb{K}$. 因此 $\mathbb{F}_{f(x)} \subseteq \mathbb{K}$. 于是, $\mathbb{K} = \mathbb{F}_{f(x)}$.

必要性. 令 $f(x) \in \mathbb{F}[x]$, $\partial(f(x)) = n \geqslant 1$, $\mathbb{K} = \mathbb{F}_{f(x)}$. 根据定理 7.4.1, $\mathbb{K}$ 为 $\mathbb{F}$ 的有限次扩域. 下证 $\mathbb{K}$ 为 $\mathbb{F}$ 的正规扩域.

若 $\mathbb{K} = \mathbb{F}_{f(x)}$ 不是 $\mathbb{F}$ 的正规扩域, 则存在 $\mathbb{F}$ 上不可约多项式 $p(x)$, 使得 $\alpha, \alpha' \in S_{p(x)}$, 且 $\alpha \in \mathbb{K}$, $\alpha' \notin \mathbb{K}$. 根据定理 7.2.3, 存在 $\mathbb{F}$-同构

$$\eta : \mathbb{F}(\alpha) \longrightarrow \mathbb{F}(\alpha').$$

又, 根据定理 7.4.3, 存在作为 η 的一个扩张的域同构

$$\xi : \mathbb{F}(\alpha)_{f(x)} \longrightarrow \mathbb{F}(\alpha')_{f(x)}.$$

令 $\alpha_1, \alpha_2, \cdots, \alpha_n$ 为 $f(x)$ 在 $\mathbb{K}$ 中的 n 个根. 则

$$\begin{aligned}
\mathbb{K} &= \mathbb{K}(\alpha) \\
&= \mathbb{F}_{f(x)}(\alpha) \\
&= [\mathbb{F}(\alpha_1, \alpha_2, \cdots, \alpha_n)](\alpha) \\
&= \mathbb{F}(\alpha)_{f(x)}, \\
\mathbb{K} \subsetneqq \mathbb{K}(\alpha') &= \mathbb{F}_{f(x)}(\alpha') \\
&= [\mathbb{F}(\alpha_1, \alpha_2, \cdots, \alpha_n)](\alpha') \\
&= [\mathbb{F}(\alpha')](\alpha_1, \alpha_2, \cdots, \alpha_n) \\
&= \mathbb{F}(\alpha')_{f(x)}.
\end{aligned}$$

从而

$$\partial(\mathbb{K}(\alpha), \mathbb{K}) \cdot \partial(\mathbb{K}, \mathbb{F}) = \partial(\mathbb{K}(\alpha), \mathbb{F}) = \partial(\mathbb{F}(\alpha)_{f(x)}, \mathbb{F}),$$

$$\partial(\mathbb{K}(\alpha'), \mathbb{K}) \cdot \partial(\mathbb{K}, \mathbb{F}) = \partial(\mathbb{K}(\alpha'), \mathbb{F}) = \partial(\mathbb{F}(\alpha')_{f(x)}, \mathbb{F}),$$

因此, $\partial(\mathbb{K}(\alpha'), \mathbb{K}) = \partial(\mathbb{K}(\alpha), \mathbb{K}) = \partial(\mathbb{K}, \mathbb{K}) = 1$, 即 $\mathbb{K}(\alpha') = \mathbb{K}$, 从而 $\alpha' \in \mathbb{K}$, 一个矛盾. 于是, 关于 $\mathbb{F}$ 上任一不可约多项式 $p(x)$, 有

$$S_{p(x)} \cap \mathbb{K} = \varnothing \quad 或 \quad S_{p(x)} \subseteq \mathbb{K},$$

即 $\mathbb{K}$ 为 $\mathbb{F}$ 的正规扩域. □

注 7.4.3 联系到注 7.3.2 的 (3), 可以更好地理解定理 7.4.4.

定理 7.4.5 *域的正规扩张未必具有传递性, 即, 域的正规扩张的正规扩张未必是正规扩张.*

证明 仅就 $\partial(\mathbb{K}, \mathbb{E}) < \infty$ 和 $\partial(\mathbb{E}, \mathbb{F}) < \infty$ 的情形给出反例.

令

$$\mathbb{F} = \mathbb{Q}, \ \ \mathbb{E} = \mathbb{Q}(\sqrt{2}), \ \ \mathbb{K} = \mathbb{Q}(\sqrt[4]{2}).$$

易知, $\mathbb{Q}(\sqrt{2}) = \mathbb{Q}_{(x^2-2)}$, $\mathbb{Q}(\sqrt[4]{2}) = \mathbb{Q}(\sqrt{2})_{(x^2-\sqrt{2})}$. 根据定理 7.4.4, $\mathbb{Q}(\sqrt{2})$ 和 $\mathbb{Q}(\sqrt[4]{2})$ 分别为 $\mathbb{Q}$ 和 $\mathbb{Q}(\sqrt{2})$ 的正规扩域. 但 $\mathbb{Q}(\sqrt[4]{2})$ 不是 $\mathbb{Q}$ 的正规扩域. 事实上, 由 Eisenstein 判别法知, $p(x) = x^4 - 2$ 为 $\mathbb{Q}$ 上一不可约多项式. 易知, $p(x)$ 的四个根为

$$\sqrt[4]{2}, \quad -\sqrt[4]{2}, \quad \mathrm{i}\sqrt[4]{2}, \quad -\mathrm{i}\sqrt[4]{2}.$$

显然, $\pm\sqrt[4]{2} \in \mathbb{Q}(\sqrt[4]{2})$, 而 $\pm\mathrm{i}\sqrt[4]{2} \notin \mathbb{Q}(\sqrt[4]{2})$. 因此, $\mathbb{Q}(\sqrt[4]{2})$ 不是 $\mathbb{Q}$ 的正规扩域. □

例 7.4.5 令 $\mathbb{K} = \mathbb{Q}(\alpha)$ 为 $\mathbb{Q}$ 的一个单代数扩张, α 为 $f(x) = x^3 + x^2 - 2x - 1 (\in \mathbb{Q}[x])$ 的一个根. 则

(1) $\alpha^2 - 2$ 也为 $f(x)$ 的一个根;

(2) $\mathbb{K}$ 为 $\mathbb{Q}$ 的一个正规扩张.

事实上, (1) 由题设条件知, $\alpha^3 + \alpha^2 - 2\alpha - 1 = 0$, 即 $\alpha^3 = -\alpha^2 + 2\alpha + 1$. 从而

$$\begin{aligned}\alpha^4 &= \alpha(-\alpha^2 + 2\alpha + 1)\\ &= -\alpha^3 + 2\alpha^2 + \alpha\\ &= -(-\alpha^2 + 2\alpha + 1) + 2\alpha^2 + \alpha\\ &= 3\alpha^2 - \alpha - 1.\end{aligned}$$

因此,

$$\begin{aligned}f(\alpha^2 - 2) &= (\alpha^2 - 2)^3 + (\alpha^2 - 2)^2 - 2(\alpha^2 - 2) - 1\\ &= (\alpha^2 - 2)[(\alpha^2 - 2)^2 + (\alpha^2 - 2) - 2] - 1\\ &= (\alpha^2 - 2)(\alpha^4 - 3\alpha^2) - 1\\ &= -(\alpha^3 + \alpha^2 - 2\alpha - 1)\\ &= 0,\end{aligned}$$

即 $\alpha^2 - 2$ 为 $f(x)$ 的一个根, 其中, 倒数第二个等号成立是因为 $\alpha^4 = 3\alpha^2 - \alpha - 1$.

(2) 显然, $\alpha^2 - 2 \neq \alpha$. 否则, $\alpha = -1$, 或 2, 这与 α 为 $f(x)$ 的一个根矛盾. 因此, 由 (1) 可令 $f(x)$ 在其分裂域中的分解式为

$$f(x) = (x - \alpha)[x - (\alpha^2 - 2)](x - \beta).$$

则上式等号两边对应项系数相等, 特别地, x^2 项系数相等, 即

$$1 = -(\alpha^2 + \alpha - 2 + \beta),$$

从而 $\beta = -\alpha^2 - \alpha + 1$. 因此 α, $\alpha^2 - 2$, $-\alpha^2 - \alpha + 1$ 为 $f(x)$ 的全部根, 且显然都在 $\mathbb{K} = \mathbb{Q}(\alpha)$ 中. 于是 $\mathbb{K} = \mathbb{Q}_{f(x)}$. 根据定理 7.4.4, $\mathbb{K}$ 为 $\mathbb{Q}$ 的一个正规扩张.

7.5 有 限 域

有限域是一类重要的域, 它有很多很好的性质和重要的应用. 有限域 $\mathbb{E}$ 的特征显然只能为一素数 p. $\mathbb{E}$ 的素域记为 $\mathbb{F}_p$.

7.5.1　有限域的结构 (顺获任意可能阶有限域的某种唯一性)

定理 7.5.1　令 $\mathbb{E}$ 为一有限域. 若 $\mathrm{char}(\mathbb{E}) = p$, $\partial(\mathbb{E}, \mathbb{F}_p) = n \in \mathbb{Z}^+$, 其中, p 为一素数, $\mathbb{F}_p$ 为 $\mathbb{E}$ 的素域, 则 $|\mathbb{E}| = p^n$.

证明　令 $\alpha_1, \alpha_2, \cdots, \alpha_n$ 为 $\mathbb{E}$ 作为 $\mathbb{F}_p$ 上线性空间的一个基底. 则关于任意 $\alpha \in \mathbb{E}$,

$$\alpha = \sum_{i=1}^{n} k_i \alpha_i, \quad k_i \in \mathbb{F}_p, \quad i = 1, 2, \cdots, n. \tag{7.1}$$

由 $\mathbb{F}_p$ 为特征为 p 的素域知, $|\mathbb{F}_p| = p$. 从而式 (7.1) 中的每一 k_i 都有 p 种选择, $i = 1, 2, \cdots, p$. 因此, $|\mathbb{E}| = p^n$. □

定理 7.5.2　令 $\mathbb{E}$ 为一有限域, $|\mathbb{E}| = p^n$, 其中, p 为一素数, $n \in \mathbb{Z}^+$. 则 $\mathbb{E}$ 为它的素域 $\mathbb{F}_p$ 关于多项式

$$f(x) = x^{p^n} - x \in \mathbb{F}_p[x]$$

的分裂域 $(\mathbb{F}_p)_{f(x)}$.

证明　令

$$\mathbb{E} = \{\alpha_1, \alpha_2, \cdots, \alpha_{p^n}\}.$$

则 $(\mathbb{E}\backslash\{0\}, \cdot)$ 为一阶为 $p^n - 1$ 的有限群. 关于任意 $\alpha \in \mathbb{E}\backslash\{0\}$, 根据 Lagrange 定理, $|\alpha| \,|\, (p^n - 1)$, 从而 $\alpha^{p^n - 1} = 1$, 因此, $\alpha^{p^n} = \alpha$, 即, $\alpha^{p^n} - \alpha = 0$. 又, 显然 $0^{p^n} - 0 = 0$. 从而, $\alpha_1, \alpha_2, \cdots, \alpha_{p^n}$ 为 $f(x)$ 的全部根. 因此

$$\mathbb{E} \subseteq (\mathbb{F}_p)_{f(x)} = \mathbb{F}_p(\alpha_1, \alpha_2, \cdots, \alpha_{p^n}) \subseteq \mathbb{E}.$$

于是, $\mathbb{E} = (\mathbb{F}_p)_{f(x)}$. □

推论 7.5.1　阶为 p^n 的有限域在 $\mathbb{F}_p$-同构意义上是唯一的 (根据定理 7.4.3).

定理 7.5.3　令 $\mathbb{E}$ 为一有限域, $|\mathbb{E}| = p^n$, 其中, p 为一素数, $n \in \mathbb{Z}^+$. 则 $(\mathbb{E}\backslash\{0\}, \cdot)$ 为一循环群. 又, 令 $(\mathbb{E}\backslash\{0\}, \cdot) = \langle \alpha \rangle$ 时,

$$\mathbb{E} = \{0, 1, \alpha, \alpha^2, \cdots, \alpha^{p^n - 2}\}.$$

因此, $\mathbb{E} = \mathbb{F}_p(\alpha)$, 即有限域是它的素域的单代数扩张. 于是, 根据定理 7.5.1, α 为素域 $\mathbb{F}_p$ 上的一个 n 次代数元 ($\partial(\mathbb{F}_p(\alpha), \mathbb{F}_p)$ 恰为 α 的最小多项式的次数), α 称为有限域 $\mathbb{E}$ 的一个本原元 (或原根).

证明　$(\mathbb{E}\backslash\{0\}, \cdot)$ 为一阶为 $p^n - 1$ 的有限 Abel 群. 又令 α 为 $(\mathbb{E}\backslash\{0\}, \cdot)$ 中最大阶元, 且 $|\alpha| = m$. 则根据 Lagrange 定理, $m | (p^n - 1)$, 有 $m \leqslant (p^n - 1)$. 又根据定理 2.2.22, 关于任意 $\beta \in \mathbb{E}\backslash\{0\}$, $|\beta| \,|\, m$, 从而 $x^m = 1$ 在 $\mathbb{E}$ 上的解集即为 $\mathbb{E}\backslash\{0\}$. 即 $x^m = 1$ 在 $\mathbb{E}$ 上有 $p^n - 1$ 个解. 因此, $p^n - 1 \leqslant m$. 从而 $m = p^n - 1$. 于是, $(\mathbb{E}\backslash\{0\}, \cdot) = \langle \alpha \rangle$ 为一循环群, 且显然

$$\mathbb{E} = \{0, 1, \alpha, \alpha^2, \cdots, \alpha^{p^n - 2}\}, \quad \mathbb{E} = \mathbb{F}_p(\alpha).$$ □

定理 7.5.4　令 $\mathbb{E}$ 为一有限域, $|\mathbb{E}| = p^n$, 其中, p 为一素数, $n \in \mathbb{Z}^+$. 则 $\mathbb{E}$ 上的变换

$$f\colon\ \mathbb{E} \longrightarrow \mathbb{E},$$
$$\alpha \longmapsto \alpha^p$$

为 $\mathbb{E}$ 的一个 $\mathbb{F}_p$-自同构, 即, f 为 $\mathbb{E}$ 的一个自同构, 且

$$f|_{\mathbb{F}_p} = 1_{\mathbb{F}_p}.$$

称此 $\mathbb{F}_p$-自同构为 Frobenius 自同构.

证明 关于任意 $\alpha, \beta \in \mathbb{E}$,

$$f(\alpha+\beta) = (\alpha+\beta)^p = \alpha^p + \beta^p = f(\alpha) + f(\beta),$$

$$f(\alpha\beta) = (\alpha\beta)^p = \alpha^p\beta^p = f(\alpha)f(\beta),$$

因此, f 为一同态映射. 由 $\mathbb{F}_p$ 为一阶为 p 的素域知, $(\mathbb{F}_p\backslash\{0\}, \cdot)$ 为一阶为 $p-1$ 的 Abel 群. 从而, 关于任意 $\alpha \in \mathbb{F}_p\backslash\{0\}$, $\alpha^{p-1} = 1$, 因此 $\alpha^p = \alpha$. 又, 显然 $0^p = 0$. 这指出了, $f|_{\mathbb{F}_p} = 1_{\mathbb{F}_p}$. 由域只有平凡理想和 $\mathrm{Ker}\, f \trianglelefteq \mathbb{E}$ 知, $\mathrm{Ker}\, f = \{0\}$, 或 $\mathrm{Ker}\, f = \mathbb{E}$. 显然, 只能 $\mathrm{Ker}\, f = \{0\}$, 从而 f 为一单射. 又由 $\mathbb{E}$ 为一有限域知, f 为一满射. 因此, f 为一双射. 于是, f 为 $\mathbb{E}$ 的一个 $\mathbb{F}_p$-自同构. □

7.5.2 任意 p^n 阶有限域的存在性

定理 7.5.5 (任意 p^n 阶有限域的存在性) *关于任意素数 p 和任意正整数 n, 存在 p^n 阶有限域.*

证明 令 $\mathbb{F}_p$ 为一素域, $f(x) = x^{p^n} - x \in \mathbb{F}_p[x]$. 作 $\mathbb{F}_p$ 关于 $f(x)$ 的分裂域

$$\mathbb{E} = \mathbb{F}_p(\alpha_1, \alpha_2, \cdots, \alpha_{p^n}),$$

其中, $\alpha_1, \alpha_2, \cdots, \alpha_{p^n}$ 为 $f(x)$ 在 $\mathbb{E}$ 中的根. 由 $\mathbb{F}_p$ 的特征为 p 知,

$$f'(x) = p^n x^{p^n-1} - 1 = -1$$

(这是因为, 在 $\mathbb{E}$ 中, $p^n \cdot 1 = 0$, 其中, 1 为 $\mathbb{E}$ 的恒等元). 从而 $(f(x), f'(x)) = 1$, 根据下面的定理 7.6.2, $f(x)$ 无重根, 即 $\alpha_1, \alpha_2, \cdots, \alpha_{p^n}$ 两两不同. 令 $\mathbb{L} = \{\alpha_1, \alpha_2, \cdots, \alpha_{p^n}\}$. 则 $\mathbb{L}$ 为 $\mathbb{E}$ 的子域. 事实上, 关于任意 $\alpha_i, \alpha_j \in \mathbb{L}$,

$$(\alpha_i - \alpha_j)^{p^n} = \alpha_i^{p^n} - \alpha_j^{p^n} = \alpha_i - \alpha_j,$$

$$\left(\frac{\alpha_i}{\alpha_j}\right)^{p^n} = \frac{\alpha_i^{p^n}}{\alpha_j^{p^n}} = \frac{\alpha_i}{\alpha_j} \quad (\alpha_j \neq 0).$$

这说明 $\alpha_i - \alpha_j, \dfrac{\alpha_i}{\alpha_j}$ 是 $f(x)$ 的根, 从而 $\alpha_i - \alpha_j, \dfrac{\alpha_i}{\alpha_j} \in \mathbb{L}$. 因此, $\mathbb{L}$ 为 $\mathbb{E}$ 的一个子域. 又 $\mathbb{F}_p \leqslant \mathbb{L}$, $\alpha_i \in \mathbb{L}$, $i = 1, 2, \cdots, p^n$, 从而 $\mathbb{E} \leqslant \mathbb{L}$. 于是, $\mathbb{E} = \mathbb{L}$, $|\mathbb{E}| = |\mathbb{L}| = p^n$. □

联系定理 7.5.5, 定理 7.5.1 和定理 7.5.3, 我们有下面的推论.

推论 7.5.2 *关于任意素数 p, 素域 $\mathbb{F}_p$ 上存在任意正次数的不可约多项式 (素域 $\mathbb{Q}$ 也恰有此性质).*

定理 7.5.6 (有限域构作方法)　令 $\mathbb{F}_p$ 为一素域, $p(x)$ 为 $\mathbb{F}_p$ 上一 $n\ (\geqslant 1)$ 次首 1 不可约多项式. 则

$$\begin{aligned}\mathbb{F}_p[x]/\langle p(x)\rangle = \{a_0 + a_1x + \cdots + a_{n-1}x^{n-1} + \langle p(x)\rangle \\ |a_i \in \mathbb{F}_p,\ i = 0, 1, \cdots, n-1\}\end{aligned} \tag{7.2}$$

为一阶为 p^n 的有限域.

证明　由 $p(x)$ 为 $\mathbb{F}_p$ 上一不可约多项式, 根据定理 5.5.5, $\langle p(x)\rangle$ 为 $\mathbb{F}_p[x]$ 的极大理想, 从而 $\mathbb{F}_p[x]/\langle p(x)\rangle$ 为一域, 且易知

$$\begin{aligned}\mathbb{F}_p[x]/\langle p(x)\rangle = \{a_0 + a_1x + \cdots + a_{n-1}x^{n-1} + \langle p(x)\rangle |\ a_i \in \mathbb{F}_p, \\ i = 0, 1, \cdots, n-1\}.\end{aligned}$$

由 $\mathbb{F}_p$ 为阶为 p 的素域知, 式 (7.2) 中任意 a_i 都有 p 种选择, $i = 0, 1, \cdots, n-1$. 因此, $|\mathbb{F}_p[x]/\langle p(x)\rangle| = p^n$. □

例 7.5.1　关于素数 2 和素域 $\mathbb{F}_2$ 上二次不可约多项式 $x^2 + x + 1$

$$\begin{aligned}\mathbb{F}_2[x]/\langle x^2+x+1\rangle &= \{a_0 + a_1x + \langle x^2+x+1\rangle | a_0, a_1 \in \mathbb{F}_2\} \\ &= \{\langle x^2+x+1\rangle, 1+\langle x^2+x+1\rangle, x+\langle x^2+x+1\rangle, x+1+\langle x^2+x+1\rangle\}.\end{aligned}$$

7.5.3 有限域的子域

定理 7.5.7　令 $\mathbb{E}$ 为一有限域, $|\mathbb{E}| = p^n$, 其中, p 为一素数, $n \in \mathbb{Z}^+$. 若 $\mathbb{E}' \leqslant \mathbb{E}$, 则 $|\mathbb{E}'| = p^m$, $m \in \mathbb{Z}^+$, $m|n$; 反之, 关于任意 $m \in \mathbb{Z}^+$, $m|n$, $\mathbb{E}$ 中存在唯一的 p^m 阶子域.

证明　令 $\mathbb{F}_p$ 为 $\mathbb{E}$ 的素域. 则 $\partial(\mathbb{E}, \mathbb{F}_p) = n$. 若 $\mathbb{E}' \leqslant \mathbb{E}$, 则显然 $\mathbb{F}_p \leqslant \mathbb{E}'$. 根据定理 7.5.1, $|\mathbb{E}'| = p^m$, $\partial(\mathbb{E}', \mathbb{F}_p) = m$. 又由次数公式

$$n = \partial(\mathbb{E}, \mathbb{F}_p) = \partial(\mathbb{E}, \mathbb{E}')\partial(\mathbb{E}', \mathbb{F}_p) = m\partial(\mathbb{E}, \mathbb{E}'),$$

于是, $m|n$.

反之, 关于任意 $m \in \mathbb{Z}^+$, 若 $m|n$, 则 $(p^m-1)|(p^n-1)$, 从而 $(x^{(p^m-1)}-1)|(x^{(p^n-1)}-1)$, 进而 $(x^{p^m}-x)|(x^{p^n}-x)$. 根据定理 7.5.2, $\mathbb{E}$ 为 $\mathbb{F}_p$ 关于 $x^{p^n}-x$ 的分裂域. 令 $\mathbb{E}'$ 为 $\mathbb{F}_p$ 关于 $x^{p^m}-x$ 的分裂域. 则显然 $\mathbb{E}' \leqslant \mathbb{E}$, 且由定理 7.5.5 的证明过程知, $\mathbb{E}'$ 恰由 $x^{p^m}-x$ 的 p^m 个根作成, 因此, $|\mathbb{E}'| = p^m$. 又根据定理 7.5.2, $\mathbb{E}$ 中 p^m 阶子域为 $\mathbb{F}_p$ 关于 $x^{p^m}-x$ 的分裂域, 当然是唯一的. □

7.6 域的可分扩张——涉及域的代数扩张的又一种分类

7.6.1 域上的可分多项式

定义 7.6.1　令 $\mathbb{F}$ 为一域, $p(x)$ 为 $\mathbb{F}$ 上一不可约多项式. 则

(1) 称 $p(x)$ 为 $\mathbb{F}$ 上一可分不可约多项式, 如果 $p(x)$ 在 $\mathbb{F}_{p(x)}$ ($\mathbb{F}$ 关于 $p(x)$ 的分裂域) 中无重根;

(2) 称 $f(x) \in \mathbb{F}[x]$ 为 $\mathbb{F}$ 上一可分多项式, 如果 $f(x)$ 的每个不可约因式都是可分的. 又, 当可分多项式 $f(x)$ 的不可约因式都是单重 (即可分多项式 $f(x)$ 无重根) 时, 称 $f(x)$ 为一无重根的可分多项式.

注 7.6.1 令 $\mathbb{F}$ 为一域, $f(x) \in \mathbb{F}[x]$, $\partial(f(x)) > 0$, $\mathbb{K} = \mathbb{F}_{f(x)}$. 则 $f(x)$ 在 $\mathbb{K}[x]$ 中有分解

$$f(x) = a(x-\alpha_1)^{k_1}(x-\alpha_2)^{k_2}\cdots(x-\alpha_r)^{k_r},$$

其中, $r \in \mathbb{Z}^+$, $\alpha_i \neq \alpha_j$, $k_i \geqslant 1$, $i \neq j$, $i,j = 1,2,\cdots,r$. 又令

$$g(x) = a(x-\alpha_1)(x-\alpha_2)\cdots(x-\alpha_r).$$

则显然 $\mathbb{F}_{g(x)} = \mathbb{F}_{f(x)}$. 从而, 域 $\mathbb{F}$ 关于其上多项式 $f(x)$ 的分裂域只与 $f(x)$ 的根有关, 而与 $f(x)$ 的根的重数无关. 因此, $\mathbb{F}$ 关于其上可分多项式 $f(x)$ 的分裂域 $\mathbb{F}_{f(x)}$ 恰为 $\mathbb{F}_{g(x)}$, $g(x)$ 为一与 $f(x)$ 有完全一样的根的 $\mathbb{F}$ 上的一个无重根的可分多项式.

定理 7.6.1 令 $\mathbb{F}$ 为一域, $f(x) \in \mathbb{F}[x]$, $\mathbb{K} = \mathbb{F}_{f(x)}$, $\alpha\ (\in \mathbb{K})$ 为 $f(x)$ 的一个 k 重根, $k \geqslant 1$. 则

(1) 当 $\mathrm{char}(\mathbb{F}) \nmid k$ 时, α 为 $f'(x)$ 的 $k-1$ 重根;

(2) 当 $\mathrm{char}(\mathbb{F}) \mid k$ 时, α 至少为 $f'(x)$ 的 k 重根.

证明 由 $f(x)$ 在 $\mathbb{K}$ 上有分解

$$f(x) = (x-\alpha)^k g(x), \quad g(\alpha) \neq 0,$$

有

$$\begin{aligned} f'(x) &= k(x-\alpha)^{k-1}g(x) + (x-\alpha)^k g'(x) \\ &= (x-\alpha)^{k-1}[kg(x) + (x-\alpha)g'(x)]. \end{aligned}$$

当 $\mathrm{char}(\mathbb{F}) \nmid k$ 时, 上方括号内的多项式在 $x = \alpha$ 处不为零, 从而 α 为 $f'(x)$ 的 $k-1$ 重根.

当 $\mathrm{char}(\mathbb{F}) \mid k$ 时, $kg(x) = 0$, 因此,

$$f'(x) = (x-\alpha)^k g'(x),$$

从而 α 至少为 $f'(x)$ 的 k 重根. □

定理 7.6.2 令 $\mathbb{F}$ 为一域, $f(x) \in \mathbb{F}[x]$, $\mathbb{K} = \mathbb{F}_{f(x)}$. 则 $f(x)$ 在 $\mathbb{K}$ 中无重根当且仅当在 $\mathbb{F}$ 上

$$(f(x), f'(x)) = 1.$$

证明 若在 $\mathbb{F}$ 上

$$(f(x), f'(x)) = 1$$

时, $f(x)$ 有 k 重根 α, $k \geqslant 2$, 则根据定理 7.6.1, α 至少为 $f'(x)$ 的 $k-1$ 重根, 因此, 在 $\mathbb{K}$ 上, $(x-\alpha)^{k-1}$ 为 $f(x)$ 与 $f'(x)$ 的公因式, 从而, 在 $\mathbb{K}$ 上,

$$(f(x), f'(x)) \neq 1,$$

这与在 $\mathbb{F}$ 上

$$(f(x), f'(x)) = 1$$

矛盾 (根据定理 5.4.10).

反之, 若 $f(x)$ 在 $\mathbb{K}$ 中无重根, 即 $f(x)$ 的根都是一重的, 则, 由 $0 \nmid 1, p \nmid 1, p$ 为任一素数, 根据定理 7.6.1, $f(x)$ 与 $f'(x)$ 在 $\mathbb{K}$ 中无公共根, 因此, 在 $\mathbb{K}$ 上, 从而在 $\mathbb{F}$ 上 (根据定理 5.4.10),

$$(f(x), f'(x)) = 1. \qquad \square$$

推论 7.6.1 域 $\mathbb{F}$ 上不可约多项式 $p(x)$ 在 $\mathbb{F}$ 上不可分当且仅当 $p'(x) = 0$ (推论 7.6.3 中的 $x^p - t$ 是 $\mathbb{F}_p(t)$ 上一不可分不可约多项式).

证明 根据定理 7.6.2, $p(x)$ 在 $\mathbb{F}$ 上不可分 (即在 $\mathbb{K} = \mathbb{F}_{p(x)}$ 中有重根) 当且仅当在 $\mathbb{K}$ 上, 从而在 $\mathbb{F}$ 上 (根据定理 5.4.10),

$$(p(x), p'(x)) = d(x) \neq 1.$$

不失一般性, 可令 $p(x)$ 首 1. 因此, 这当且仅当

$$d(x) = p(x) \mid p'(x),$$

这又当且仅当 $p'(x) = 0$ (因为 $\partial(p'(x)) < \partial(p(x))$). $\square$

定理 7.6.3 令 $\mathbb{F}$ 为一域, $p(x)$ 为 $\mathbb{F}$ 上一不可约多项式.

(1) 若 $\mathrm{char}(\mathbb{F}) = 0$, 则 $p(x)$ 在 $\mathbb{F}$ 上可分;

(2) 若 $\mathrm{char}(\mathbb{F}) = p$, 则 $p(x)$ 在 $\mathbb{F}$ 上不可分当且仅当

$$(\exists\, g(x) \in \mathbb{F}[x] \setminus \mathbb{F})\ p(x) = g(x^p).$$

证明 令

$$p(x) = a_n x^n + a_{n-1}x^{n-1} + \cdots + a_1 x + a_0.$$

根据推论 7.6.1, $p(x)$ 不可分当且仅当

$$p'(x) = na_n x^{n-1} + (n-1)a_{n-1}x^{n-2} + \cdots + a_1 = 0,$$

当且仅当

$$na_n = (n-1)a_{n-1} = \cdots = a_1 = 0. \tag{7.3}$$

(1) $\mathrm{char}(\mathbb{F}) = 0$ 时, 由式 (7.3) 知, $a_n = a_{n-1} = \cdots = a_1 = 0$. 从而, $p(x) = a_0$, 这与 $p(x)$ 为不可约多项式矛盾. 因此, 在 $\mathrm{char}(\mathbb{F}) = 0$ 时, $p(x)$ 在 $\mathbb{F}_{p(x)}$ 中无重根, 即 $p(x)$ 在 $\mathbb{F}$ 上可分.

(2) $\mathrm{char}(\mathbb{F}) = p$ 时. 充分性. 令 $g(x)$ 在其分裂域内有分解式

$$g(x) = \prod_{i=1}^{m}(x - \alpha_i),\ m = \partial(g(x)).$$

则

$$p(x) = g(x^p) = \prod_{i=1}^{m}(x^p - \alpha_i).$$

又, 令 β 为 $p(x)$ 的一个根. 则

$$0=p(\beta)=g(\beta^p)=\prod_{i=1}^{m}(\beta^p-\alpha_i).$$

由 $\mathbb{F}$ 为一域知, 存在 i_0, $1\leqslant i_0\leqslant m$, 使得

$$\beta^p-\alpha_{i_0}=0,$$

即 $\alpha_{i_0}=\beta^p$. 从而

$$\begin{aligned}p(x)&=(x^p-\beta^p)\prod_{i_0\neq i=1}^{m}(x^p-\alpha_i)\\&=(x-\beta)^p\prod_{i_0\neq i=1}^{m}(x^p-\alpha_i)\end{aligned}$$

其中, 第二个等号由推论 7.1.1 可得. 因此, β 至少为 $p(x)$ 的一个 p 重根. 于是, $p(x)$ 在 $\mathbb{F}$ 上不可分.

必要性. 由 $\mathrm{char}(\mathbb{F})=p$ 和式 (7.3) 知, 在 $p\nmid i$ 时, 有 $a_i=0$, $i=1,2,\cdots,n$. 因此

$$\begin{aligned}p(x)&=a_{tp}x^{tp}+\cdots+a_{2p}x^{2p}+a_px^p+a_0\\&=a_{tp}(x^p)^t+\cdots+a_{2p}(x^p)^2+a_px^p+a_0\\&=g(x^p),\end{aligned}$$

其中, $g(x)=a_{tp}x^t+\cdots+a_{2p}x^2+a_px+a_0\in\mathbb{F}[x]$. □

定理 7.6.4 令 $\mathbb{F}$ 为一特征为 p 的域, $p(x)$ 为 $\mathbb{F}$ 上一首 1 不可约多项式. 则 $p(x)$ 在 $\mathbb{F}_{p(x)}$ 中任何根都有相同的重数, 且此重数为 p^s, p 为一正素数, $s\in\mathbb{Z}^+\cup\{0\}$.

证明 若 $p(x)$ 在 $\mathbb{F}_{p(x)}$ 中无重根, 则 $p(x)$ 的根都是 1 重的, 1 可以解释为 p^0. 若 $p(x)$ 在 $\mathbb{F}_{p(x)}$ 中有重根, 则根据定理 7.6.3, $\mathrm{char}(\mathbb{F})=p$, 且

$$(\exists\, g(x)\in\mathbb{F}[x])\ p(x)=g(x^p).$$

令 $\partial(p(x))=n$, $\partial(g(x))=m$. 则 $m<n$. 由 $p(x)$ 在 $\mathbb{F}$ 上不可约知, $g(x)$ 在 $\mathbb{F}$ 上不可约. 若 $g(x)$ 有重根, 则根据定理 7.6.3,

$$(\exists\, h(x)\in\mathbb{F}[x])\ g(x)=h(x^p),$$

且 $h(x)$ 为 $\mathbb{F}$ 上一次数小于 $g(x)$ 的次数的不可约多项式. 如果 $h(x)$ 依然有重根, 那么就这样讨论下去, 有限次后, 必然存在 $\mathbb{F}$ 上一不可约多项式 $q(x)$, 使得

$$p(x)=q(x^{p^s}),$$

且 $q(x)$ 无重根. 不妨令

$$q(x)=(x-\alpha_1)(x-\alpha_2)\cdots(x-\alpha_t),\ \alpha_i\neq\alpha_j,\ i,j=1,2,\cdots,t.$$

则

$$p(x) = q(x^{p^s}) = (x^{p^s} - \alpha_1)(x^{p^s} - \alpha_2)\cdots(x^{p^s} - \alpha_t).$$

令 β_i 为 $x^{p^s} - \alpha_i$ 在 $\mathbb{F}_{p(x)}$ 中的一个根, $i = 1, 2, \cdots, t$. 则由 $\mathrm{char}(\mathbb{F}) = p$ 知,

$$\begin{aligned} p(x) &= (x^{p^s} - \alpha_1)(x^{p^s} - \alpha_2)\cdots(x^{p^s} - \alpha_t) \\ &= (x^{p^s} - \beta_1^{p^s})(x^{p^s} - \beta_2^{p^s})\cdots(x^{p^s} - \beta_t^{p^s}) \\ &= (x - \beta_1)^{p^s}(x - \beta_2)^{p^s}\cdots(x - \beta_t)^{p^s}. \end{aligned}$$

因此, $p(x)$ 的根在 $\mathbb{F}_{p(x)}$ 中的重数都相同, 其重数为 p^s. □

7.6.2 域的可分扩张与完备域

定义 7.6.2 令 $\mathbb{F}$ 为一域, $\mathbb{E}$ 为 $\mathbb{F}$ 的一个代数扩域. 称 $\alpha \in \mathbb{E}$ 为 $\mathbb{F}$ 上的一个可分元, 如果 α 在 $\mathbb{F}$ 上的最小多项式 $p(x)$ 可分. 称 $\mathbb{E}$ 为 $\mathbb{F}$ 的一个可分扩张, 如果 $\mathbb{E}$ 的每一个元素在 $\mathbb{F}$ 上都可分.

注 7.6.2 可分扩张与不可分扩张构成了代数扩张的第三种分类. 请读者注意从第 7 章和第 8 章中获取涉及代数扩张的三种分类的差异的相关信息. 诸如, 例 7.1.6 的 (4), 定理 7.4.5, 定理 7.6.10, 推论 8.1.3, 例 8.1.3, $\cdots$.

定义 7.6.3 令 $\mathbb{F}$ 为一域. 称 $\mathbb{F}$ 为一完备域 (完全域), 如果 $\mathbb{F}$ 的任意代数扩域都是可分的. 即, $\mathbb{F}$ 上任一不可约多项式都是可分的.

下面是定理 7.6.3 的一个直接推论.

推论 7.6.2 特征为 0 的域都是完备域.

根据推论 7.6.2, 只需讨论特征为 p 的域的完备性.

引理 7.6.1 令 $\mathbb{F}$ 为一特征为 p 的域. 则 $\mathbb{F}$ 为一完备域当且仅当

$$(\forall\, \alpha \in \mathbb{F})\ (\exists\, \beta \in \mathbb{F})\ \alpha = \beta^p, \tag{7.4}$$

即 $\mathbb{F}^{(p)} = \mathbb{F}$, 其中, $\mathbb{F}^{(p)} = \{\beta^p \mid \beta \in \mathbb{F}\}$.

证明 充分性. 假设 $\mathbb{F}$ 不是完备域. 由

$\mathbb{F}$ 不是完备域 $\Longleftrightarrow$ 存在 $\mathbb{F}$ 的不可分代数扩域 $\mathbb{E}$

$\Longleftrightarrow (\exists\, \alpha \in \mathbb{E})\ \alpha$ 在 $\mathbb{F}$ 上不可分

$\Longleftrightarrow (\exists\, \alpha \in \mathbb{E})\ \alpha$ 在 $\mathbb{F}$ 上的最小多项式 $p(x)$ 不可分

$\Longleftrightarrow (\exists\, \alpha \in \mathbb{E})\ \alpha$ 在 $\mathbb{F}$ 上的最小多项式

$$p(x) = g(x^p) = a_t x^{tp} + \cdots + a_2 x^{2p} + a_1 x^p + a_0.$$

又由 $a_i = b_i^p$, $b_i \in \mathbb{F}$, $i = 0, 1, \cdots, t$, 有

$$\begin{aligned} p(x) &= a_t x^{tp} + \cdots + a_2 x^{2p} + a_1 x^p + a_0 \\ &= b_t^p x^{tp} + \cdots + b_2^p x^{2p} + b_1^p x^p + b_0^p \\ &= (b_t x^t + \cdots + b_2 x^2 + b_1 x + b_0)^p. \end{aligned}$$

再由 $p \geqslant 2$ 知, $p(x)$ 可约. 一个矛盾. 因此, $\mathbb{F}$ 为一完备域.

必要性. 假设 (7.4) 不成立, 即,

$$(\exists\ \alpha \in \mathbb{F})\ (\forall\ \beta \in \mathbb{F})\ \alpha \neq \beta^p.$$

考查 $\mathbb{F}$ 关于 $x^p - \alpha\ (\in \mathbb{F}[x])$ 的分裂域 $\mathbb{F}_{x^p-\alpha}$. 令 γ 为 $x^p - \alpha$ 在 $\mathbb{F}_{x^p-\alpha}$ 中的一个根. 则 $\gamma \notin \mathbb{F}$, 且

$$x^p - \alpha = x^p - \gamma^p = (x-\gamma)^p.$$

又令 $p(x)$ 为 γ 在 $\mathbb{F}$ 上的最小多项式. 则由 $x^p - \alpha$ 也为 γ 的零化多项式知, $p(x)|(x^p - \alpha)$, 即 $p(x)|(x-\gamma)^p$. 从而 $p(x) = (x-\gamma)^k$, $1 \leqslant k \leqslant p$. 显然, $k \neq 1$ (否则, $\gamma \in \mathbb{F}$), 因此, $k \geqslant 2$, $p(x)$ 有重根, 于是, γ 为 $\mathbb{F}$ 上的一个不可分元, $\mathbb{F}_{x^p-\alpha}$ 为 $\mathbb{F}$ 的一个不可分代数扩域, 这与 $\mathbb{F}$ 为一完备域矛盾. □

定理 7.6.5 令 $\mathbb{F}$ 为一特征为 p 的域.

(1) 若 $|\mathbb{F}| < \infty$, 则 $\mathbb{F}$ 为一完备域;

(2) 若 $|\mathbb{F}| \not< \infty$, 则 $\mathbb{F}$ 可能为一完备域, 也可能为一非完备域.

证明 (1) 由 $|\mathbb{F}| < \infty$, 根据定理 7.5.4,

$$f:\ \mathbb{F} \longrightarrow \mathbb{F},$$
$$\alpha \longmapsto \alpha^p$$

为 $\mathbb{F}$ 的一个 $\mathbb{F}_p$-自同构 (Frobenius 自同构). 从而

$$(\forall\ \alpha \in \mathbb{F})\ (\exists\ \beta \in \mathbb{F})\ \alpha = f(\beta) = \beta^p.$$

根据引理 7.6.1, $\mathbb{F}$ 为一完备域.

(2) 令

$$\mathbb{F} = \bigcup_{i=1}^{\infty} \mathbb{F}_{p^{n_i}}, \quad n_i | n_{i+1}, \quad i = 1, 2, \cdots.$$

则 $\mathbb{F}$ 为一特征为 p 的无限完备域 (请读者自行证明).

令 $\mathbb{F} = \mathbb{F}_p(t)$ 为 $\mathbb{F}_p$ 的一个单超越扩张. 则 $\mathbb{F}$ 是特征为 p 的一个无限非完备域. 事实上, 显然 $\mathbb{F}$ 无限, 且特征为 p. 假设 $\mathbb{F}$ 为一完备域. 根据引理 7.6.1,

$$t = \left(\frac{f(t)}{g(t)}\right)^p, \quad f(t), g(t) \in \mathbb{F}_p[t], \quad f(t)g(t) \neq 0.$$

令

$$f(t) = a_n t^n + \cdots + a_1 t + a_0,\ a_i \in \mathbb{F}_p, \quad i = 0, 1, \cdots, n,$$

$$g(t) = b_m t^m + \cdots + b_1 t + b_0,\ b_i \in \mathbb{F}_p, \quad i = 0, 1, \cdots, m.$$

则由 $\mathrm{char}(\mathbb{F}) = p$ 知,

$$b_m^p t^{pm+1} + \cdots + b_1^p t^{p+1} + b_0^p t = a_m^p t^{pn} + \cdots + a_1^p t^p + a_0^p.$$

又 t 为 $\mathbb{F}_p$ 上的未定元, 从而

$$a_n = \cdots = a_1 = a_0 = b_m = \cdots = b_1 = b_0 = 0.$$

一个矛盾. 因此, $\mathbb{F}$ 不是完备域. □

注 7.6.3　定理 7.6.5 说明, 有限域都是完备域. 根据引理 7.6.1, p^n 阶有限域 $\mathbb{F}$ 满足

$$\mathbb{F} = \{\alpha_1, \alpha_2, \cdots, \alpha_{p^n}\} = \mathbb{F}^{(p)} \overset{\mathrm{d}}{=} \{\alpha_1^p, \alpha_2^p, \cdots, \alpha_{p^n}^p\}.$$

特别地, 根据定理 7.5.4 和推论 7.1.2, 关于素域 $\mathbb{F}_p$, 有

$$(\forall\ \alpha \in \mathbb{F}_p)\ \alpha = \alpha^p.$$

应该注意的是, 关于一般的有限域, 虽然有 $\mathbb{F} = \mathbb{F}^{(p)}$, 但并不像素域那样都有

$$(\forall\ \alpha \in \mathbb{F})\ \alpha = \alpha^p.$$

例如, 易知, $\mathbb{F}_2 = \{0, 1\}$ 上 4 个方阵的集合

$$\mathbb{F} = \left\{ \begin{pmatrix} 0 & 0 \\ 0 & 0 \end{pmatrix}, \begin{pmatrix} 1 & 0 \\ 0 & 1 \end{pmatrix}, \begin{pmatrix} 1 & 1 \\ 1 & 0 \end{pmatrix}, \begin{pmatrix} 0 & 1 \\ 1 & 1 \end{pmatrix} \right\}$$

关于矩阵的通常加法和乘法作成一个特征为 2 的域. 若将这 4 个矩阵依次用 $0, 1, a, b$ 来表示, 则

$$0 = 0^2, \quad 1 = 1^2, \quad a = b^2, \quad b = a^2.$$

因此, $a \neq a^2$, $b \neq b^2$.

为给出一不可约不可分多项式, 我们先建立如下定理.

定理 7.6.6　令 $\mathbb{F}$ 为一特征为 p 的域, $a \in \mathbb{F}$. 则 $x^p - a$ 在 $\mathbb{F}$ 上可约当且仅当 a 在 $\mathbb{F}$ 中可开 p 次方, 即存在 $b \in \mathbb{F}$, 使得 $a = b^p$.

证明　若 $x^p - a$ 在 $\mathbb{F}$ 上可约, 则存在 $f(x), g(x) \in \mathbb{F}[x]$, 使得

$$x^p - a = f(x)g(x), \quad 1 \leqslant r = \partial(f(x)) \leqslant p - 1.$$

令 α 为 $x^p - a$ 在 $\mathbb{F}_{(x^p-a)}$ 中的一个根. 则

$$(x - \alpha)^p = x^p - \alpha^p = x^p - a = f(x)g(x),$$

因此,

$$f(x) = (x - \alpha)^r = x^r + \mathrm{C}_r^1(-\alpha)x^{r-1} + \cdots + \mathrm{C}_r^{r-1}(-\alpha)^{r-1}x + (-\alpha)^r\ (\in \mathbb{F}[x]),$$

从而, $\alpha^r \in \mathbb{F}$. 又, $\alpha^p = a$, $(r, p) = 1$, 取 $ur + vp = 1$ 时,

$$\alpha = \alpha^{ur+vp} = (\alpha^r)^u a^v \in \mathbb{F}.$$

于是, a 在 $\mathbb{F}$ 中可开 p 次方.

反之, 若 a 在 $\mathbb{F}$ 中可开 p 次方, 即

$$(\exists\, b\in\mathbb{F})\ a=b^p,$$

则

$$x^p-a=x^p-b^p=(x-b)^p,$$

于是, x^p-a 在 $\mathbb{F}$ 上可约. □

推论 7.6.3 $\mathbb{F}_p(t)$ 上多项式 x^p-t 在 $\mathbb{F}_p(t)$ 上是不可约不可分的.

证明 定理 7.6.5 中 (2) 的证明已指出 t 在 $\mathbb{F}_p(t)$ 中不能开 p 次方, 根据定理 7.6.6, x^p-t 在 $\mathbb{F}_p(t)$ 上不可约. 令 α 为 x^p-t 在其分裂域 $\mathbb{K}=[\mathbb{F}_p(t)]_{(x^p-t)}$ 中的一个根. 则 $t=\alpha^p$, 因此, 在 $\mathbb{K}$ 中,

$$x^p-t=x^p-\alpha^p=(x-\alpha)^p,$$

从而 x^p-t 在 $\mathbb{F}_p(t)$ 上不可分. □

定理 7.6.7 完备域的代数扩张依然是完备的.

证明 令 $\mathbb{F}$ 为一完备域, $\mathbb{K}$ 为 $\mathbb{F}$ 的一个代数扩域. $\mathrm{char}(\mathbb{F})=0$ 时, $\mathrm{char}(\mathbb{K})=0$, 根据推论 7.6.2, 结论显然成立. 今考查 $\mathrm{char}(\mathbb{F})=p$ 时的情形. 根据引理 7.6.1 ($\mathbb{F}^{(p)}=\mathbb{F}$) 和推论 7.1.1,

$$\begin{aligned}\sigma:\ \ &\mathbb{F}\longrightarrow\mathbb{F},\\ &\alpha\longmapsto\alpha^p\end{aligned}$$

为 $\mathbb{F}$ 的一个 $\mathbb{F}_p$-自同构 (σ 的单射性由 $\mathrm{Ker}\ \sigma=0$ 可知).

为证明 $\mathbb{K}$ 也为一完备域, 根据引理 7.6.1, 只需证明

$$(\forall\, \beta\in\mathbb{K}\setminus\mathbb{F})\ (\exists\, \gamma\in\mathbb{K}\setminus\mathbb{F})\ \beta=\gamma^p.$$

这又只需证明

$$(\forall\, \beta\in\mathbb{K}\setminus\mathbb{F})\ (\exists\, \gamma\in\mathbb{F}(\beta))\ \beta=\gamma^p.$$

为此, 首先证明, β 与 β^p 在 $\mathbb{F}$ 上的最小多项式有相同的次数. 令

$$p(x)=x^n+a_{n-1}x^{n-1}+\cdots+a_1x+a_0$$

和

$$q(x)=x^m+b_{m-1}x^{m-1}+\cdots+b_1x+b_0$$

为 β 与 β^p 在 $\mathbb{F}$ 上的最小多项式. 由

$$\begin{aligned}0=p^p(\beta)&=(\beta^n+a_{n-1}\beta^{n-1}+\cdots+a_1\beta+a_0)^p\\&=(\beta^p)^n+a_{n-1}^p(\beta^p)^{n-1}+\cdots+a_1^p\beta^p+a_0^p\end{aligned}$$

知,

$$p_1(x)=x^n+a_{n-1}^px^{n-1}+\cdots+a_1^px+a_0^p$$

零化 β^p. 因此, $q(x)|p_1(x)$, 从而 $m \leqslant n$. 又由

$$
\begin{aligned}
0 = q(\beta^p) &= (\beta^p)^m + b_{m-1}(\beta^p)^{m-1} + \cdots + b_1\beta^p + b_0 \\
&= (\beta^m + c_{m-1}\beta^{m-1} + \cdots + c_1\beta + c_0)^p,
\end{aligned}
$$

其中

$$
c_i \in \mathbb{F}, \quad c_i^p = b_i, \quad i = 0, 1, \cdots, m-1
$$

知,

$$
q_1(x) = x^m + c_{m-1}x^{m-1} + \cdots + c_1 x + c_0
$$

零化 β. 因此, $p(x)|q_1(x)$, 从而 $n \leqslant m$. 于是, $\partial(p(x)) = \partial(q(x)) = n$.

进而, 由次数公式知,

$$
\begin{aligned}
n &= \partial(\mathbb{F}(\beta), \mathbb{F}) \\
&= \partial(\mathbb{F}(\beta^p), \mathbb{F})\ \partial(\mathbb{F}(\beta), \mathbb{F}(\beta^p)) \\
&= n\partial(\mathbb{F}(\beta), \mathbb{F}(\beta^p)),
\end{aligned}
$$

有

$$
\partial(\mathbb{F}(\beta), \mathbb{F}(\beta^p)) = 1,
$$

从而,

$$
\mathbb{F}(\beta) = \mathbb{F}(\beta^p).
$$

最后, 扩张上述 $\mathbb{F}$ 的 $\mathbb{F}_p$-自同构 σ 到 $\mathbb{F}(\beta)$ 上的变换如下:

$$
\begin{aligned}
\sigma^*: \quad & \mathbb{F}(\beta) \longrightarrow \mathbb{F}(\beta^p) = \mathbb{F}(\beta), \\
& \alpha \overset{\mathrm{d}}{=} \sum_{i=0}^{n-1} a_i\beta^i \longmapsto \sum_{i=0}^{n-1} \sigma^*(a_i)(\beta^p)^i,
\end{aligned}
$$

其中,

$$
\sum_{i=0}^{n-1} \sigma^*(a_i)(\beta^p)^i = \sum_{i=0}^{n-1} \sigma(a_i)(\beta^p)^i = \sum_{i=0}^{n-1} a_i^p(\beta^i)^p = \left(\sum_{i=0}^{n-1} a_i\beta^i\right)^p = \alpha^p.
$$

σ^* 显然为 $\mathbb{F}(\beta)$ 的一个单射 $\mathbb{F}_p$-自同态. σ^* 也是一个满射, 这是因为, 由 $\partial(q(x)) = n$ 知,

$$
\mathbb{F}(\beta) = \mathbb{F}(\beta^p) = \left\{ \sum_{i=0}^{n-1} b_i(\beta^p)^i \ \middle|\ b_i \in \mathbb{F},\ i = 0, 1, \cdots, n-1 \right\},
$$

而在 $\mathbb{F}$ 上,

$$
b_i = c_i^p, \quad i = 0, 1, \cdots, n-1,
$$

从而,

$$
\sum_{i=0}^{n-1} b_i(\beta^p)^i = \left(\sum_{i=0}^{n-1} c_i\beta^i\right)^p.
$$

因此, σ^* 为 $\mathbb{F}(\beta)$ 的一个 $\mathbb{F}_p$-自同构. 于是,

$$\mathbb{F}(\beta) = \mathrm{Im}\sigma^* = \sigma^*(\mathbb{F}(\beta)) = \mathbb{F}(\beta)^{(p)},$$

即 $\mathbb{F}(\beta)$ 为一完备域, 从而

$$(\exists\, \gamma \in \mathbb{F}(\beta))\ \beta = \gamma^p.$$

□

注 7.6.4　定理 7.6.7 的证明中的 $p(x)$ 和 $q(x)$ 相等吗? 可联系注意 7.6.3 给出一个回答.

7.6.3　域的有限次可分扩张都是单代数扩张

引理 7.6.2　令 $\mathbb{F}$ 为一特征为 p 的域, $\mathbb{K}$ 为 $\mathbb{F}$ 的一个代数扩张. 则 $\alpha \in \mathbb{K}$ 为 $\mathbb{F}$ 上一可分元当且仅当 $\mathbb{F}(\alpha) = \mathbb{F}(\alpha^p)$.

证明　必要性. 显然 $\mathbb{F}(\alpha) \supseteq \mathbb{F}(\alpha^p)$. 因此, 只需证明 $\mathbb{F}(\alpha) \subseteq \mathbb{F}(\alpha^p)$. 这又只需证明 α 在 $\mathbb{F}(\alpha^p)$ 上的最小多项式是一次的.

由 α 为 $\mathbb{F}$ 上的可分元知, α 也为 $\mathbb{F}(\alpha^p)$ 上的一个可分元. 从而 α 在 $\mathbb{F}(\alpha^p)$ 上最小多项式 $p(x)$ 无重根. 令

$$f(x) = x^p - \alpha^p \in \mathbb{F}(\alpha^p)[x].$$

则由 $f(\alpha) = 0$ 知, $p(x)|f(x)$. 又由 $\mathrm{char}(\mathbb{F}) = p$ 知, $f(x) = x^p - \alpha^p = (x-\alpha)^p$, 因此 $p(x) = (x-\alpha)^k$, $1 \leqslant k \leqslant p$. 又 $p(x)$ 无重根, 于是, $p(x) = x - \alpha$.

充分性. 假设 α 为 $\mathbb{F}$ 上一不可分元. 则 α 为 $\mathbb{F}$ 上的最小多项式 $p(x)$ 不可分. 根据定理 7.6.3,

$$(\exists\, g(x) \in \mathbb{F}[x])\ p(x) = g(x^p),$$

且 $g(x)$ 为 $\mathbb{F}$ 上一不可约多项式. 又 $g(\alpha^p) = p(\alpha) = 0$, 从而 $g(x)$ 为 α^p 在 $\mathbb{F}$ 的最小多项式. 令 $\partial(g(x)) = m$. 则 $\partial(p(x)) = mp$. 因此, 由

$$1 \cdot m = \partial(\mathbb{F}(\alpha), \mathbb{F}(\alpha^p)) \cdot \partial(\mathbb{F}(\alpha^p), \mathbb{F}) = \partial(\mathbb{F}(\alpha), \mathbb{F}) = mp$$

知, $p = 1$, 一个矛盾. □

引理 7.6.3　令 $\mathbb{F}$ 为一域, β 为 $\mathbb{F}$ 上一可分元. 则 $\mathbb{E} = \mathbb{F}(\beta)$ 上的可分元也是 $\mathbb{F}$ 上的可分元. 特别地, $\mathbb{E} = \mathbb{F}(\beta)$ 为 $\mathbb{F}$ 的可分扩张.

证明　若 $\mathrm{char}(\mathbb{F}) = 0$, 则结论显然成立. 令 $\mathrm{char}(\mathbb{F}) = p$, α 为 $\mathbb{F}(\beta)$ 上的一个可分元. 根据引理 7.6.2,

$$\mathbb{F}(\beta, \alpha) = \mathbb{F}(\beta, \alpha^p).$$

令 β 在 $\mathbb{F}(\alpha)$ 和 $\mathbb{F}(\alpha^p)$ 上的最小多项式分别为 $g(x)$ 和 $h(x)$. 显然 $g(x)|h(x)$. 又令

$$g(x) = x^n + b_{n-1}x^{n-1} + \cdots + b_1 x + b_0,$$

其中,

$$b_i = \sum_{j=0}^{m_i} a_{ij}\alpha^j, a_{ij} \in \mathbb{F}, \quad i = 0, 1, \cdots, n-1.$$

则由 $\mathrm{char}(\mathbb{F})=p$ 和

$$b_i^p=\sum_{j=0}^{m_i}a_{ij}^p(\alpha^p)^j\in\mathbb{F}(\alpha^p),\quad i=0,1,\cdots,n-1$$

知,

$$\begin{aligned}(g(x))^p&=(x^n+b_{n-1}x^{n-1}+\cdots+b_1x+b_0)^p\\&=x^{np}+b_{n-1}^px^{(n-1)p}+\cdots+b_1^px^p+b_0^p\in\mathbb{F}(\alpha^p)[x].\end{aligned}$$

显然 $(g(\beta))^p=0$, 从而 $h(x)|(g(x))^p$. 因此

$$g(x)|h(x)|(g(x))^p.$$

由 β 为 $\mathbb{F}$ 上的可分元知, β 也为 $\mathbb{F}(\alpha^p)$ 上的可分元, 从而 $h(x)$ 无重根, 因此, $g(x)=h(x)$. 于是

$$\partial(\mathbb{F}(\alpha,\beta),\mathbb{F}(\alpha))=\partial(\mathbb{F}(\alpha^p,\beta),\mathbb{F}(\alpha^p))=\partial(\mathbb{F}(\alpha,\beta),\mathbb{F}(\alpha^p)).$$

又

$$\mathbb{F}(\alpha^p)\subseteq\mathbb{F}(\alpha)\subseteq\mathbb{F}(\alpha,\beta),$$

从而 $\mathbb{F}(\alpha)=\mathbb{F}(\alpha^p)$. 根据引理 7.6.2, α 为 $\mathbb{F}$ 上的可分元. □

定理 7.6.8 令 $\mathbb{F}$ 为一域, α, β 为 $\mathbb{F}$ 上的可分元. 则 $\mathbb{F}(\alpha,\beta)$ 为 $\mathbb{F}$ 的可分扩域.

证明 关于任意 $\gamma\in\mathbb{F}(\alpha,\beta)$, γ 当然为 $\mathbb{F}(\alpha,\beta)=[\mathbb{F}(\alpha)](\beta)$ 上的可分元. 由 β 为 $\mathbb{F}$ 上的可分元知, β 也为 $\mathbb{F}(\alpha)$ 上的可分元, 根据引理 7.6.3, γ 为 $\mathbb{F}(\alpha)$ 的可分元. 又 α 为 $\mathbb{F}$ 上的可分元, 再根据引理 7.6.3, γ 为 $\mathbb{F}$ 上的可分元. 因此, $\mathbb{F}(\alpha,\beta)$ 为 $\mathbb{F}$ 的可分扩域. □

推论 7.6.4 令 $\mathbb{F}$ 为一域, α, β 为 $\mathbb{F}$ 上的可分元. 则 $\alpha\pm\beta,\alpha\beta,\alpha/\beta\ (\beta\neq 0)$ 仍为 $\mathbb{F}$ 上的可分元.

定理 7.6.9 令 $\mathbb{F}$ 为一域. 则 $\mathbb{F}$ 的有限次可分扩域 $\mathbb{E}$ 都是 $\mathbb{F}$ 的单代数扩域.

证明 若 $\mathbb{F}$ 为一有限域, 则 $\mathbb{E}$ 也为一有限域. 根据定理 7.5.3, $\mathbb{E}$ 为其素域的单代数扩域, 当然也是 $\mathbb{F}$ 的一个单代数扩域.

令 $\mathbb{F}$ 为一无限域,

$$\mathbb{E}=\mathbb{F}(\alpha_1,\alpha_2,\cdots,\alpha_n),$$

其中, $\alpha_i\in\mathbb{E}$ 为 $\mathbb{F}$ 上的可分元, $i=1,2,\cdots,n$. 关于 n 在 $\mathbb{Z}^+$ 上作第一数学归纳法证明.

当 $n=1$ 时, 由引理 7.6.3 知, 结论显然成立.

假设 $n-1$ 时结论成立, 即

$$(\exists\,\beta\in\mathbb{F}(\alpha_1,\alpha_2,\cdots,\alpha_{n-1}))\ \mathbb{F}(\alpha_1,\alpha_2,\cdots,\alpha_{n-1})=\mathbb{F}(\beta).$$

今考察 n 时的情形. 由归纳假设

$$\mathbb{E}=\mathbb{F}(\alpha_1,\alpha_2,\cdots,\alpha_n)=\mathbb{F}(\beta,\alpha_n).$$

令 β, α_n 在 $\mathbb{F}$ 上的最小多项式分别为 $p(x)$ 和 $q(x)$, $\mathbb{K}$ 为 $\mathbb{F}$ 关于 $p(x)q(x)$ 的分裂域. 则在 $\mathbb{K}$ 上有分解式

$$p(x) = (x-\beta)(x-\beta_2)\cdots(x-\beta_s),$$
$$q(x) = (x-\alpha_n)(x-\alpha_{n2})\cdots(x-\alpha_{nt}).$$

由 α_n 为 $\mathbb{F}$ 上的可分元知, $\alpha_n \neq \alpha_{ni}$, $\alpha_{ni} \neq \alpha_{nj}$, $i \neq j$, $i, j = 2, 3, \cdots, t$.

记 $\beta = \beta_1$, 则

$$\left\{ \frac{\beta-\beta_k}{\alpha_n-\alpha_{nj}} \;\middle|\; k=1,2,\cdots,s,\ j=2,3,\cdots,t \right\}$$

为一有限集. 由 $\mathbb{F}$ 为一无限域知,

$$(\exists\, a \in \mathbb{F})\ a \neq \frac{\beta_k-\beta}{\alpha_n-\alpha_{nj}}, k=1,2,\cdots,s,\ j=2,3,\cdots,t.$$

令 $\gamma = \beta + a\alpha_n$, 且

$$f(x) = p(\gamma - ax) = ((\gamma-ax)-\beta)((\gamma-ax)-\beta_2)\cdots((\gamma-ax)-\beta_s) \in \mathbb{F}(\gamma)[x].$$

显然 $f(\alpha_n)=0$. 关于任意 α_{nj}, $2 \leqslant j \leqslant t$, 有

$$\gamma - a\alpha_{nj} - \beta_k = \beta - \beta_k + a(\alpha_n - \alpha_{nj}) \neq 0, \quad k=1,2,\cdots,s,$$

从而 $f(\alpha_{nj}) \neq 0$, $j=2,3,\cdots,t$. 因此

$$(f(x), q(x)) = x - \alpha_n.$$

由 $f(x), q(x) \in \mathbb{F}(\gamma)[x]$ 知, $x-\alpha_n \in \mathbb{F}(\gamma)[x]$, 即 $\alpha_n \in \mathbb{F}(\gamma)$. 从而 $\beta = \gamma - a\alpha_n \in \mathbb{F}(\gamma)$, 因此

$$\mathbb{F}(\beta, \alpha_n) \subseteq \mathbb{F}(\gamma).$$

反过来的包含是显然的. 于是, $\mathbb{F}(\beta,\alpha_n) = \mathbb{F}(\gamma)$. □

与正规扩张的情形不同 (见定理 7.4.5), 作为引理 7.6.3 和定理 7.6.9 的推论, 我们有如下定理.

定理 7.6.10 关于任意域 $\mathbb{F}$, $\mathbb{F}$ 的可分扩张具有传递性, 即, $\mathbb{F}$ 的可分扩张的可分扩张还是可分扩张.

证明 令 $\mathbb{E}$ ($\mathbb{K}$) 为 $\mathbb{F}$ ($\mathbb{E}$) 的可分扩张, $\alpha \in \mathbb{K}$. 则 α 为 $\mathbb{E}$ 上的一个可分元, 即, α 在 $\mathbb{E}$ 上的最小多项式

$$p(x) = x^n + a_{n-1}x^{n-1} + \cdots + a_1x + a_0$$

为 $\mathbb{E}$ 上一可分不可约多项式. 显然

$$p(x) \in \mathbb{F}(a_0, a_1, \cdots, a_{n-1})[x] (\subseteq \mathbb{E}[x]),$$

且 $p(x)$ 在 $\mathbb{F}(a_0,a_1,\cdots,a_{n-1})$ 上可分不可约. 因此 α 为 $\mathbb{F}(a_0,a_1,\cdots,a_{n-1})$ 上的可分元.

又, $\mathbb{E}$ 为 $\mathbb{F}$ 的可分扩域, 从而 $a_0, a_1, \cdots, a_{n-1}$ 为 $\mathbb{F}$ 上的可分元. 根据定理 7.6.9,

$$(\exists\, \beta \in \mathbb{E})\ \mathbb{F}(a_0,a_1,\cdots,a_{n-1}) = \mathbb{F}(\beta).$$

因此, α 为 $\mathbb{F}(\beta)$ 上的可分元. 又 β 为 $\mathbb{F}$ 上的可分元, 根据引理 7.6.3, α 为 $\mathbb{F}$ 上的可分元. 于是, $\mathbb{K}$ 为 $\mathbb{F}$ 的可分扩域. □

习 题 7

1. 令 $\mathbb{Z}[\mathrm{i}]$ 为 Gauss 整数环. 证明下列各剩余类环为域, 并求出其特征.

(1) $\mathbb{Z}[\mathrm{i}]/\langle 7\rangle$;

(2) $\mathbb{Z}[\mathrm{i}]/\langle 3\rangle$;

(3) $\mathbb{Z}[\mathrm{i}]/\langle 2+\mathrm{i}\rangle$;

(4) $\mathbb{Z}[\mathrm{i}]/\langle 1+\mathrm{i}\rangle$.

2. 证明: 习题 1 中的四个域是它们的素域的单代数扩张.

3. 令 $\mathbb{K}$ 为域 $\mathbb{F}$ 的一个代数扩域, α 为 $\mathbb{K}$ 上的一个代数元. 证明: α 为 $\mathbb{F}$ 上的一个代数元.

4. 令 $\mathbb{K}$ 为一有限域, $\mathbb{Z}/\langle p\rangle$ 为 $\mathbb{K}$ 中的素域. 证明: 关于任意 $\alpha\in\mathbb{K}$, α 为 $\mathbb{Z}/\langle p\rangle$ 上的一个代数元.

5. 令 $\mathbb{K}$ 为域 $\mathbb{F}$ 的一个有限次扩域. 证明: 存在 $a_1,a_2,\cdots,a_m\in\mathbb{K}$, 使得

$$\mathbb{K}=\mathbb{F}(a_1,a_2,\cdots,a_m).$$

6. 求出下列域扩张的次数, 并求出各域关于给定域的基底.

(1) $\partial(\mathbb{Q}(\sqrt{2}+\sqrt{3}),\mathbb{Q})$;

(2) $\partial(\mathbb{Q}(\sqrt{2},\sqrt{3}),\mathbb{Q})$;

(3) $\partial(\mathbb{Q}(\sqrt{2},\sqrt[3]{5}),\mathbb{Q})$;

(4) $\partial(\mathbb{Q}(\sqrt[3]{2},\sqrt[3]{6},\sqrt[3]{24}),\mathbb{Q})$;

(5) $\partial(\mathbb{Q}(\sqrt{2},\sqrt{6}),\mathbb{Q}(\sqrt{3}))$;

(6) $\partial(\mathbb{Q}(\sqrt{2}+\sqrt{3}),\mathbb{Q}(\sqrt{3}))$;

(7) $\partial(\mathbb{Q}(\sqrt{2},\sqrt{3}),\mathbb{Q}(\sqrt{2}+\sqrt{3}))$;

(8) $\partial(\mathbb{Q}(\sqrt{2},\sqrt{6}+\sqrt{10}),\mathbb{Q}(\sqrt{3}+\sqrt{5}))$.

7. 求出复数 i 和 $\dfrac{1+2\mathrm{i}}{-1+\mathrm{i}}$ 在有理数域 $\mathbb{Q}$ 上的最小多项式. 试问, $\mathbb{Q}(\mathrm{i})$ 和 $\mathbb{Q}\left(\dfrac{1+2\mathrm{i}}{-1+\mathrm{i}}\right)$ 是否同构?

8. 令 $\mathbb{F},\mathbb{K}$ 和 $\mathbb{E}$ 为三个域, 且 $\mathbb{F}\subseteq\mathbb{K}\subseteq\mathbb{E}$, $\alpha\in\mathbb{E}$. 证明: 若

$$\partial(\mathbb{K},\mathbb{F})=m,$$

$\partial(\alpha,\mathbb{F})=n$, 且 $(m,n)=1$, 则 $\partial(\alpha,\mathbb{K})=n$.

9. 令 $\mathbb{F}$ 为一特征不是 2 的域, $\mathbb{E}$ 为 $\mathbb{F}$ 的一个扩域, 且

$$\partial(\mathbb{E},\mathbb{F})=4.$$

证明: 存在 $\mathbb{F}$ 的二次扩域 $\mathbb{K}$, 使得 $\mathbb{F}\subseteq\mathbb{K}\subseteq\mathbb{E}$ 的充分必要条件是: 存在 $\mathbb{F}$ 上的代数元 $\alpha\in\mathbb{E}$, 使得 $\mathbb{E}=\mathbb{F}(\alpha)$, 且 α 在 $\mathbb{F}$ 上的最小多项式为

$$p(x)=x^4+ax^2+b.$$

10. 令 $\mathbb{F}$ 为一域, α 为 $\mathbb{F}$ 上的超越元. 证明: $\mathbb{F}(\alpha)$ 是 $\mathbb{F}\left(\dfrac{\alpha^3}{1+\alpha}\right)$ 的单代数扩域, 并求出 α 在 $\mathbb{F}\left(\dfrac{\alpha^3}{1+\alpha}\right)$ 上的最小多项式.

11. 关于下列 $\alpha\in\mathbb{C}$, 求出 α 在有理数域 $\mathbb{Q}$ 上的最小多项式.

(1) $1+\sqrt{2}$;

(2) $\sqrt{2}+\sqrt{3}$;

(3) $\sqrt{1+\sqrt[3]{2}}$;

(4) $\sqrt{\sqrt[3]{2}-\sqrt{-1}}$.

12. 令 $\mathbb{K}$ 为域 $\mathbb{F}$ 的一个扩域, 且 $\partial(\mathbb{K},\mathbb{F})=p$ 为一素数. 证明:

$$(\forall\ a\in\mathbb{K}\setminus\mathbb{F})\ \mathbb{K}=\mathbb{F}(\alpha).$$

13. 令 $\mathbb{K}$ 为域 $\mathbb{F}$ 的一个扩域, $\alpha,\beta\in\mathbb{K}$ 为 $\mathbb{F}$ 上的次数分别为 m,n 的两个代数元, 且 $(m,n)=1$. 证明:

$$\partial(\mathbb{F}(\alpha,\beta),\mathbb{F})=m\cdot n.$$

14. 令 $\mathbb{K}$ 为域 $\mathbb{F}$ 的一个扩域, $\alpha\in\mathbb{K}$ 为 $\mathbb{F}$ 上的次数为奇数的代数元. 证明:

$$\mathbb{F}(\alpha^2)=\mathbb{F}(\alpha).$$

15. 证明: 若 $\sqrt{a}+\sqrt{b}\neq 0$, 则

$$(\forall\ a,b\in\mathbb{Q})\ \mathbb{Q}(\sqrt{a}+\sqrt{b})=\mathbb{Q}(\sqrt{a},\sqrt{b}).$$

16. 令 $\mathbb{K}$ 为域 $\mathbb{F}$ 的一个有限次扩域, R 为一整环, 且 $\mathbb{F}\subseteq R\subseteq\mathbb{K}$. 证明: R 为一域.

17. 令 $\mathbb{F}$ 为一有限域. 证明: $\mathrm{char}(\mathbb{F})=p$, 且 $\mathbb{F}$ 中包含 p^n 个元素, $n\in\mathbb{Z}^+$.

18. 求出有理数域 $\mathbb{Q}$ 关于下列多项式的分裂域.

$$f(x)=x^3-2x-2,\qquad f(x)=x^3-3x-1.$$

19. 决定域 $\mathbb{F}_3=\mathbb{Z}/\langle 3\rangle$ 关于 x^6+2x^3+2 的分裂域.

20. 决定域 $\mathbb{F}_p=\mathbb{Z}/\langle p\rangle$ 关于 $x^{p^e}-1$ 的分裂域, 其中, p 为一素数, $e\geqslant 1$.

21. 令 $\mathbb{F}$ 为一特征为 p 的域, $\mathbb{K}=\mathbb{F}(\alpha)$ 为 $\mathbb{F}$ 的一个单扩域, α 为 $x^p-a\in\mathbb{F}[x]$ 的一个根. 试问, $\mathbb{K}$ 是否是 $\mathbb{F}$ 关于 x^p-a 的分裂域?

22. 证明: 域 $\mathbb{F}$ 的二次扩张 $\mathbb{K}$ 为 $\mathbb{F}$ 的正规扩张.

23. 令 $\mathbb{K},\mathbb{E}$ 都是域 $\mathbb{F}$ 的扩域, 且 $\mathbb{F}\subseteq\mathbb{E}\subseteq\mathbb{K}$. 证明: 若 $\mathbb{K}$ 为 $\mathbb{F}$ 的正规扩域, 则 $\mathbb{K}$ 也为 $\mathbb{E}$ 的正规扩域.

24. (1) 确定多项式环 $\mathbb{F}_2[x]$ 中所有次数不超过 4 的不可约多项式;

(2) 确定多项式环 $\mathbb{F}_3[x]$ 中所有二次不可约多项式.

25. 确定一个 8 阶有限域.

26. 令 $\mathbb{E}$ 为一有限域, 且 $\mathbb{E}=\mathbb{F}_p(\alpha)$. 试问, α 是否必须是 $\mathbb{E}$ 的非零元所成的乘群的一个生成元?

27. 令 $\mathbb{K}$ 为 $\mathbb{Q}$ 关于其上多项式 x^5-2 的分裂域. 求出 α, 使得 $\mathbb{K}=\mathbb{Q}(\alpha)$.

28. 令 $\mathbb{F}$ 为一特征为 p 的域, $\mathbb{F}(\alpha,\beta)$ 为 $\mathbb{F}$ 的一个代数扩张, α 为 $\mathbb{F}$ 上的 n 次可分元, β 为 $\mathbb{F}$ 上的 p 次不可分元. 求 $\partial(\mathbb{F}(\alpha,\beta),\mathbb{F})$.

29. 令 $\mathbb{F}$ 为一特征为 p 的域, $\mathbb{K}$ 为 $\mathbb{F}$ 的一个代数扩张. 证明: $\mathbb{K}$ 为 $\mathbb{F}$ 的可分扩张当且仅当 $\mathbb{K}^p=\{\alpha^p|\alpha\in\mathbb{K}\}$ 生成的 $\mathbb{F}$ 上的线性空间 $\mathbb{K}$ 的子空间为 $\mathbb{K}$.

30. 令 $\mathbb{F}$ 为一特征为 p 的域, $\mathbb{K}$ 为 $\mathbb{F}$ 的一个不可分代数扩张. 称

$$\mathbb{K}_0=\{\alpha\in\mathbb{K}|\alpha\ \text{为}\ \mathbb{F}\ \text{上的可分元}\}$$

为 $\mathbb{F}$ 在 $\mathbb{K}$ 中的可分闭包. 证明:

(1) $\mathbb{K}_0$ 为 $\mathbb{K}$ 的子域, 且 $\mathbb{K}$ 为 $\mathbb{K}_0$ 的不可分扩张;

(2) $(\forall\ \alpha \in \mathbb{K} \setminus \mathbb{K}_0)\ (\exists\ m \in \mathbb{Z}^+)\ \alpha^{p^m} \in \mathbb{K}_0$.

31. 令 $\mathbb{F}$ 为一特征为 p 的域, $\mathbb{K}$ 为 $\mathbb{F}$ 的一个代数扩张. 称 $\alpha \in \mathbb{K}$ 为 $\mathbb{F}$ 上的纯不可分元, 如果

$$(\exists\ m \in \mathbb{Z}^+ \cup \{0\})\ \alpha^{p^m} \in \mathbb{F}.$$

称 $\mathbb{K}$ 为 $\mathbb{F}$ 的纯不可分扩张, 如果 $\mathbb{K}$ 中每个元素都是 $\mathbb{F}$ 上的纯不可分元. 证明:

(1) $\alpha \in \mathbb{K}$ 为 $\mathbb{F}$ 上的纯不可分元当且仅当 α 在 $\mathbb{F}$ 上的最小多项式 $p(x)$ 在 $\mathbb{F}$ 关于 $p(x)$ 的分裂域中只有一个不同的根;

(2) 若 $\alpha \in \mathbb{K}$ 为 $\mathbb{F}$ 上的可分但纯不可分元, 则 $\alpha \in \mathbb{F}$;

(3) 令 $\mathbb{K}_0$ 为 $\mathbb{F}$ 在 $\mathbb{K}$ 中的可分闭包. 则 $\mathbb{K}$ 为 $\mathbb{K}_0$ 的纯不可分扩张.

32. 令 $\mathbb{F}$ 为一特征为 p 的域, $\mathbb{K}, \mathbb{E}$ 为 $\mathbb{F}$ 的代数扩张, 且 $\mathbb{F} \subset \mathbb{E} \subset \mathbb{K}$. 证明: $\mathbb{K}$ 为 $\mathbb{F}$ 的纯不可分扩张当且仅当 $\mathbb{E}$ 为 $\mathbb{F}$ 的纯不可分扩张, 且 $\mathbb{K}$ 为 $\mathbb{E}$ 的纯不可分扩张.

第 8 章　Galois 理论导引

8.1　基 本 概 念

定义 8.1.1　令 $\mathbb{F}$ 为一域, $\mathbb{K}$ 为 $\mathbb{F}$ 的一个扩张. 则显然 $\mathbb{K}$ 的全体自同构关于变换的通常合成构成一个群. 称其为 $\mathbb{K}$ 的自同构群, 记为 $\mathrm{Aut}(\mathbb{K})$, 又显然

$$\mathrm{Gal}(\mathbb{K},\mathbb{F}) \overset{\mathrm{d}}{=} \{\sigma \in \mathrm{Aut}(\mathbb{K}) | \sigma \text{ 为 } \mathbb{F}\text{- 自同构}\} \leqslant \mathrm{Aut}(\mathbb{K}),$$

称其为 $\mathbb{K}$ 关于基域 $\mathbb{F}$ 的 Galois 群.

定义 8.1.2　令 $\mathbb{K}$ 为一域, $G \leqslant \mathrm{Aut}(\mathbb{K})$. 则显然

$$\mathrm{Inv}G \overset{\mathrm{d}}{=} \{\alpha \in \mathbb{K} | (\forall\, g \in G)\ g(\alpha) = \alpha\} \leqslant \mathbb{K},$$

称其为 $\mathbb{K}$ 的 G-不动子域.

下面的推论是显然的.

推论 8.1.1　(1) 若 $\mathbb{K} \geqslant \mathbb{F}_1 \geqslant \mathbb{F}_2$, 则 $\mathrm{Gal}(\mathbb{K},\mathbb{F}_1) \leqslant \mathrm{Gal}(\mathbb{K},\mathbb{F}_2)$;

(2) 若 $\mathrm{Aut}(\mathbb{K}) \geqslant G_1 \geqslant G_2$, 则 $\mathrm{Inv}G_1 \leqslant \mathrm{Inv}G_2$;

(3) 若 $\mathbb{K} \geqslant \mathbb{F}$, 则 $\mathrm{Inv}(\mathrm{Gal}(\mathbb{K},\mathbb{F})) \geqslant \mathbb{F}$;

(4) 若 $\mathrm{Aut}(\mathbb{K}) \geqslant G$, 则 $\mathrm{Gal}(\mathbb{K},\mathrm{Inv}G) \geqslant G$.

定理 8.1.1 (Artin)　令 $\mathbb{K}$ 为一域, $G \leqslant \mathrm{Aut}(\mathbb{K})$, $|G| = n < \infty$. 则

$$\partial(\mathbb{K},\mathrm{Inv}G) \leqslant n.$$

证明　令

$$G = \{g_1(=1), g_2, \cdots, g_n\}.$$

关于任意 $u_1, u_2, \cdots, u_m \in \mathbb{K}$, $m > n$, 用 g_i 作用于 u_j 得到一个 $n \times m$ 矩阵

$$A = \begin{pmatrix} g_1 \\ g_2 \\ \vdots \\ g_n \end{pmatrix} \begin{pmatrix} u_1 & u_2 & \cdots & u_m \end{pmatrix} = \begin{pmatrix} g_1(u_1) & g_1(u_2) & \cdots & g_1(u_m) \\ g_2(u_1) & g_2(u_2) & \cdots & g_2(u_m) \\ \vdots & \vdots & & \vdots \\ g_n(u_1) & g_n(u_2) & \cdots & g_n(u_m) \end{pmatrix} \in \mathbb{K}^{n\times m}.$$

考察齐次线性方程组

$$AX = \theta.$$

由 $m > n$ 知, 上面方程组必有非零解. 令 $X_0 = (b_1, b_2, \cdots, b_m)^{\mathrm{T}}$ 为所有非零解中分量为零的个数最多的非零解. 不妨令 $b_1 \neq 0$. 则 $b_1^{-1}(b_1, b_2, \cdots, b_m)^{\mathrm{T}}$ 也是分量为零的个数最多的非零解, 从而不妨假设 $b_1 = 1$.

若关于任意 $i \in \{1,2,\cdots,m\}$, $b_i \in \mathrm{Inv}G$, 则由 $AX_0=\theta$ 和 $g_1=1$ 为 $\mathbb{K}$ 的恒等自同构知,

$$\sum_{i=1}^{m} u_i b_i = \sum_{i=1}^{m} g_1(u_i b_i) = \sum_{i=1}^{m} g_1(u_i)(b_i) = 0.$$

最后一个等式恰为将 X_0 代入上面的齐次线性方程组所得到的第一个等式. 从而 $u_1, u_2, \cdots, u_m$ 线性相关.

下面证明关于任意 $i \in \{1,2,\cdots,m\}$, 确有 $b_i \in \mathrm{Inv}G$. 否则, 若存在某个 $b_i \notin \mathrm{Inv}G$, $2 \leqslant i \leqslant m$, 不妨令 $i=2$. 即 $b_2 \notin \mathrm{Inv}G$, 则存在 $g \in G$, 使得 $g(b_2) \neq b_2$. 由 g 为 $\mathbb{K}$ 的自同构和 G 为一群知, 关于任意 $g_s \in G$, $g^{-1}g_s \in G$, 即存在 $g_{s_t} \in G$, 使得 $g^{-1}g_s = g_{s_t}$, 而且, $s_1 s_2 \cdots s_m$ 为 $1,2,\cdots,m$ 的一个排列. 从而关于任意 $s \in \{1,2,\cdots,n\}$,

$$\begin{aligned}
\sum_{j=1}^{m} g_s(u_j) g(b_j) &= g g^{-1} \sum_{j=1}^{m} g_s(u_j) g(b_j) \\
&= g\left(\sum_{j=1}^{m} g^{-1} g_s(u_j) b_j\right) \\
&= g\left(\sum_{j=1}^{m} g_{s_t}(u_j) b_j\right) \\
&= g(0) = 0.
\end{aligned}$$

因此,

$$g(X_0) = (g(b_1), g(b_2), \cdots, g(b_m))^{\mathrm{T}} = (1, g(b_2), \cdots, g(b_m))^{\mathrm{T}}$$

也是 $AX=\theta$ 的一个非零解. 由 $g(b_2) \neq b_2$ 知,

$$Y_0 = X_0 - g(X_0) = (0, b_2 - g(b_2), \cdots, b_m - g(b_m))^{\mathrm{T}}$$

仍为 $AX=\theta$ 的一个非零解. 注意到, 若 $b_j=0$, 则 $g(b_j)=0$, 从而 $b_j - g(b_j)=0$, $j=2,3,\cdots,m$. 因此, Y_0 的分量为零的个数多于 X_0 的分量为零的个数. 这与 X_0 的选取矛盾.

综上所述, $\mathbb{K}$ 中任意 m $(m>n)$ 个元素都线性相关. 于是, $\partial(\mathbb{K}, \mathrm{Inv}G) \leqslant n$. □

定义 8.1.3　令 $\mathbb{F}$ 为一域, $\mathbb{K}$ 为 $\mathbb{F}$ 的一个扩张. 称 $\mathbb{K}$ 为 $\mathbb{F}$ 的 Galois 扩张, 如果

$$\mathrm{Inv}(\mathrm{Gal}(\mathbb{K}, \mathbb{F})) = \mathbb{F}.$$

例 8.1.1　$\mathbb{Q}(\sqrt{2})$ $(\mathbb{Q}(\sqrt[3]{2}))$ 为 $\mathbb{Q}$ 上的一个 Galois 扩张 (非 Galois 扩张), 这由定理 8.1.2 立得 (后者见例 8.1.3).

下面的引理是读者熟悉的.

引理 8.1.1 (Vieta 定理)　令 $\mathbb{F}$ 为一域,

$$f(x) = x^n + a_{n-1}x^{n-1} + \cdots + a_1 x + a_0 \in \mathbb{F}[x].$$

若 $f(x)$ 在其分裂域中的根为 $x_1, x_2, \cdots, x_n$, 则

$$a_{n-1} = (-1)\sum_{i=1}^{n} x_i,$$

$$a_{n-2} = \sum_{1\leqslant i<j\leqslant n} x_i x_j,$$

$$\cdots\cdots$$

$$a_0 = (-1)^n x_1 x_2 \cdots x_n.$$

推论 7.4.3 涉及域关于其上一多项式的分裂域 (即域的有限次正规扩域) 的某些结论可以推广到任意有限次扩域上, 为此, 我们先建立如下结论.

定义 8.1.4 称 $\mathbb{K}$ 为域 $\mathbb{F}$ 关于 $\mathbb{F}$ 上一多项式 $f(x)$ 的一个次分裂域, 如果

(1) 在 $\mathbb{K}$ 上,

$$f(x) = (x-\alpha_1)(x-\alpha_2)\cdots(x-\alpha_r)p_{r+1}(x)p_{r+2}(x)\cdots p_s(x),$$

其中, $p_i(x)$ 在 $\mathbb{K}$ 上不可约, 且 $2 \leqslant \partial(p_i(x))$, $i = r+1, r+2, \cdots, s$, $0 \leqslant r \leqslant s$;

(2) $\mathbb{K} = \mathbb{F}(\alpha_1, \alpha_2, \cdots, \alpha_r)$.

记 $\mathbb{K} = \mathbb{F}^{(\mathrm{sub})}_{f(x)}$.

容易证明下面的引理.

引理 8.1.2 令 $\mathbb{K}$ 为域 $\mathbb{F}$ 的一个扩域. 则

$$\partial(\mathbb{K}, \mathbb{F}) < \infty$$

当且仅当 $\mathbb{K}$ 为域 $\mathbb{F}$ 关于 $\mathbb{F}$ 上一多项式的一个次分裂域.

使用类似于推论 7.4.3 的证明, 我们有如下引理.

引理 8.1.3 令 $\mathbb{K}$ 为域 $\mathbb{F}$ 的一个有限次扩域, 即, $\mathbb{K} = \mathbb{F}^{(\mathrm{sub})}_{f(x)}$, 其中, $f(x) \in \mathbb{F}[x]$. 则

$$|\mathrm{Gal}(\mathbb{K}, \mathbb{F})| \leqslant \partial(\mathbb{K}, \mathbb{F}).$$

(联系定义 8.1.4, 等号成立是否当且仅当 $\alpha_1, \alpha_2, \cdots, \alpha_r$ 都是可分的?)

定理 8.1.2 令 $\mathbb{F}$ 为一域, $\mathbb{K}$ 为 $\mathbb{F}$ 的一个有限扩域. 则以下四条等价:

(1) $\mathbb{K} = \mathbb{F}_{f(x)}$, $f(x) \in \mathbb{F}[x]$, $f(x)$ 为一可分多项式;

(2) $|\mathrm{Gal}(\mathbb{K}, \mathbb{F})| = \partial(\mathbb{K}, \mathbb{F})$;

(3) $\mathbb{K}$ 为 $\mathbb{F}$ 的一个 Galois 扩张;

(4) $\mathbb{K}$ 为 $\mathbb{F}$ 的一个可分正规扩张.

证明 (1) $\Longrightarrow$ (2). 令 $\mathbb{K} = \mathbb{F}_{f(x)}$, $f(x) \in \mathbb{F}[x]$ 为 $\mathbb{F}$ 上一可分多项式. 根据推论 7.4.3,

$$|\mathrm{Gal}(\mathbb{K}, \mathbb{F})| = \partial(\mathbb{K}, \mathbb{F}).$$

(2) $\Longrightarrow$ (3). 令 $\mathbb{E} = \mathrm{Inv}(\mathrm{Gal}(\mathbb{K}, \mathbb{F}))$. 根据推论 8.1.1 的 (3), $\mathbb{F} \leqslant \mathbb{E}$. 又根据推论 8.1.1 的 (1),

$$\mathrm{Gal}(\mathbb{K}, \mathbb{E}) \leqslant \mathrm{Gal}(\mathbb{K}, \mathbb{F}),$$

再根据推论 8.1.1 的 (4),

$$\mathrm{Gal}(\mathbb{K},\mathbb{F}) \leqslant \mathrm{Gal}(\mathbb{K},\mathbb{E}),$$

因此 $\mathrm{Gal}(\mathbb{K},\mathbb{F}) = \mathrm{Gal}(\mathbb{K},\mathbb{E})$. 又由 (2) 和引理 8.1.3, 有

$$\partial(\mathbb{K},\mathbb{F}) = |\mathrm{Gal}(\mathbb{K},\mathbb{F})| = |\mathrm{Gal}(\mathbb{K},\mathbb{E})| \leqslant \partial(\mathbb{K},\mathbb{E}). \tag{8.1}$$

再由次数公式, 有

$$\partial(\mathbb{K},\mathbb{E}) \leqslant \partial(\mathbb{K},\mathbb{F}), \tag{8.2}$$

综合式 (8.1) 和式 (8.2), 有 $\partial(\mathbb{K},\mathbb{F}) = \partial(\mathbb{K},\mathbb{E})$, 即 $\mathbb{F} = \mathbb{E}$. 从而

$$\mathrm{Inv}(\mathrm{Gal}(\mathbb{K},\mathbb{F})) = \mathbb{E} = \mathbb{F},$$

即, $\mathbb{K}$ 为 $\mathbb{F}$ 的一个 Galois 扩张.

(3) $\Longrightarrow$ (4). 令 $G = \mathrm{Gal}(\mathbb{K},\mathbb{F})$. 关于任意 $\alpha \in \mathbb{K}$, 令 α 在 $\mathbb{F}$ 上的最小多项式为

$$p(x) = x^m + a_{m-1}x^{m-1} + \cdots + a_1x + a_0.$$

则

$$0 = p(\alpha) = \alpha^m + a_{m-1}\alpha^{m-1} + \cdots + a_1\alpha + a_0.$$

从而关于任意 $\sigma \in G$,

$$0 = \sigma(0) = \sigma p(\alpha) = p(\sigma\alpha) = [\sigma(\alpha)]^m + a_{m-1}[\sigma(\alpha)]^{m-1} + \cdots + a_1[\sigma(\alpha)] + a_0,$$

即 $\sigma(\alpha)$ 也是 $p(x)$ 的根. 由本定理的基本假设和引理 8.1.3 知, G 为一有限群, 从而不妨令 $\sigma_1(\alpha) = \alpha, \sigma_2(\alpha), \cdots, \sigma_r(\alpha)$ (其中 $\sigma_1 = 1_{\mathbb{K}}$) 为 $\{\sigma(\alpha)|\alpha \in G\}$ 中所有不同的元素. 又令

$$q(x) = \prod_{i=1}^{r}(x - \sigma_i(\alpha)) = x^r + b_{r-1}x^{r-1} + \cdots + b_1x + b_0.$$

根据引理 8.1.1, b_i 为 $\sigma_1(\alpha), \sigma_2(\alpha), \cdots, \sigma_r(\alpha)$ 的对称多项式, 且关于任意 $\sigma \in G$, $\sigma\sigma_1(\alpha)$, $\sigma\sigma_2(\alpha), \cdots, \sigma\sigma_r(\alpha)$ 为 $\sigma_1(\alpha), \sigma_2(\alpha), \cdots, \sigma_r(\alpha)$ 的一个排列, 从而 $\sigma(b_i) = b_i$, $i = 0, 1, \cdots, r-1$. 因此, 由 $\mathbb{K}$ 为 $\mathbb{F}$ 的 Galois 扩张知, $b_i \in \mathbb{F}$, $i = 0, 1, \cdots, r-1$, 即 $q(x) \in \mathbb{F}[x]$. 显然, $q(x)$ 为 α 的一个零化多项式, 从而 $p(x)|q(x)$. 又由 $q(x)$ 的任一根都是 $p(x)$ 的根知, $q(x)|p(x)$. 再由 $p(x)$, $q(x)$ 的首 1 性, $p(x) = q(x)$. 于是 α 为 $\mathbb{F}$ 上的可分元, $\mathbb{K}$ 为 $\mathbb{F}$ 的可分扩张. 由上面的证明过程可知, 关于 $\mathbb{F}$ 上任一不可约多项式 $g(x)$, 若 $g(x)$ 在 $\mathbb{K}$ 中有根, 则 $g(x)$ 的全部根均在 $\mathbb{K}$ 中, 因此, $\mathbb{K}$ 为 $\mathbb{F}$ 的正规扩张.

(4) $\Longrightarrow$ (1). 由 $\mathbb{K}$ 为 $\mathbb{F}$ 的有限可分扩张, 根据定理 7.6.9, $\mathbb{K} = \mathbb{F}(\alpha)$ 为 $\mathbb{F}$ 的一个单代数扩张. 显然, α 为 $\mathbb{F}$ 上的可分元, 因此 α 在 $\mathbb{F}$ 上的最小多项式 $p(x)$ 为 $\mathbb{F}$ 上一可分多项式, 再由 $\mathbb{K}$ 为 $\mathbb{F}$ 的正规扩张知, $\mathbb{K} = \mathbb{F}_{p(x)}$. □

推论 8.1.2 特征为零的域 (特别地, 数域) 和有限域关于其上多项式的分裂域都是其基域的 Galois 扩张. 因此, 有限扩张中, 有一批 Galois 扩张.

作为定理 8.1.2 的推论, 我们又重新得到了引理 7.6.3 的后一个内容, 即

推论 8.1.3 令 $\mathbb{F}$ 为一域, $\mathbb{K}$ 为 $\mathbb{F}$ 的一个扩张, $u\in\mathbb{K}$ 为 $\mathbb{F}$ 上的一个代数元. 若 u 在 $\mathbb{F}$ 上可分, 则 $\mathbb{F}(u)$ 为 $\mathbb{F}$ 的一个可分扩张.

证明 由 u 为 $\mathbb{F}$ 上的可分元知, u 在 $\mathbb{F}$ 上的最小多项式 $p(x)$ 在 $\mathbb{F}$ 上可分, 因此, 在 $\mathbb{F}(u)$ 上可分. 根据定理 8.1.2, $\mathbb{F}(u)$ 关于 $p(x)$ 的分裂域 $\mathbb{F}(u)_{p(x)}$ 为 $\mathbb{F}(u)$ 的一个可分扩张. 又, 显然 $\mathbb{F}(u)\subseteq\mathbb{F}(u)_{p(x)}$, 因此, $\mathbb{F}(u)$ 为 $\mathbb{F}$ 的一个可分扩张. □

例 8.1.2 令 $\mathbb{K}=\mathbb{Q}(\sqrt{2},\sqrt{3})$. 证明: $\mathbb{K}$ 为 $\mathbb{Q}$ 的 Galois 扩张, 并求 $\mathrm{Gal}(\mathbb{K},\mathbb{Q})$.

证明 由例 7.4.3 知, $\mathbb{K}$ 为 $\mathbb{Q}$ 关于多项式 $f(x)=(x^2-2)(x^2-3)$ 的分裂域, 且 $\partial(\mathbb{K},\mathbb{Q})=4$. 又 $f(x)$ 为 $\mathbb{Q}$ 上一可分多项式, 根据定理 8.1.2, $\mathbb{K}$ 为 $\mathbb{Q}$ 的 Galois 扩张, 且

$$|\mathrm{Gal}(\mathbb{K},\mathbb{Q})|=\partial(\mathbb{K},\mathbb{Q})=4.$$

令 $\sigma\in\mathrm{Gal}(\mathbb{K},\mathbb{Q})$. 则 σ 完全由它在 $\sqrt{2}$, $\sqrt{3}$ 上的作用所确定. 又由定理 8.1.2 的证明过程可知, σ 分别置换 x^2-2 和 x^2-3 的根, 因此仅有的可能是 $\sigma(\sqrt{2})=\sqrt{2}$, 或 $-\sqrt{2}$, $\sigma(\sqrt{3})=\sqrt{3}$, 或 $-\sqrt{3}$.

令 $\sigma,\tau\in\mathrm{Gal}(\mathbb{K},\mathbb{Q})$, 且

$$\sigma(\sqrt{2})=\sqrt{2},\quad \sigma(\sqrt{3})=-\sqrt{3},$$

$$\tau(\sqrt{2})=-\sqrt{2},\quad \tau(\sqrt{3})=\sqrt{3}.$$

则

$$\sigma^2=\tau^2=1,\quad \sigma\tau(\sqrt{2})=-\sqrt{2},\quad \sigma\tau(\sqrt{3})=-\sqrt{3},$$

其中, 1 为 $\mathbb{K}$ 的恒等自同构. 从而 $(\sigma\tau)^2=1$. 又 $|\mathrm{Gal}(\mathbb{K},\mathbb{Q})|=4$, 因此

$$\mathrm{Gal}(\mathbb{K},\mathbb{Q})=\{1,\sigma,\tau,\sigma\tau\},$$

由例 2.4.10 知, $\mathrm{Gal}(\mathbb{K},\mathbb{Q})$ 同构于 Klein 四元群 K_4. □

例 8.1.3 令 $\mathbb{K}=\mathbb{Q}(\sqrt[3]{2})$. 求 $\mathrm{Gal}(\mathbb{K},\mathbb{Q})$.

令 $p(x)=x^3-2$. 则易知 $p(x)$ 为 $\sqrt[3]{2}$ 在 $\mathbb{Q}$ 上的最小多项式. 从而 $\partial(\mathbb{K},\mathbb{Q})=3$. 令 $\sigma\in\mathrm{Gal}(\mathbb{K},\mathbb{Q})$. 则 σ 完全由它在 $\sqrt[3]{2}$ 上的作用所确定. 又 σ 置换 $p(x)$ 的根, 而 $p(x)$ 的另外两个根为 $\sqrt[3]{2}\omega$, $\sqrt[3]{2}\omega^2$, 其中 ω 为三次本原单位根, 且 $\omega\notin\mathbb{K}$, 因此必有 $\sigma(\sqrt[3]{2})=\sqrt[3]{2}$, 从而 $\sigma=1$ 为 $\mathbb{K}$ 的恒等自同构. 于是, $\mathrm{Gal}(\mathbb{K},\mathbb{Q})=\{1\}$. 由 $\partial(\mathbb{K},\mathbb{Q})=3$ 知, $\mathbb{K}$ 不是 $\mathbb{Q}$ 的 Galois 扩张. 显然, 扩张 $\mathbb{Q}(\sqrt[3]{2})$ 是有限次的, 不正规的. 但, 根据推论 8.1.3, 它是可分的.

8.2 有限次可分正规扩张在基域上的 Galois 群 (Galois 对应定理)

引理 8.2.1 令 $\mathbb{K}$ 为域 $\mathbb{F}$ 的有限次可分正规扩张. 则关于任意 $\mathbb{F}\leqslant\mathbb{E}\leqslant\mathbb{K}$, $\mathbb{K}$ 也为 $\mathbb{E}$ 的有限次可分正规扩张; 至于 $\mathbb{E}$ 作为 $\mathbb{F}$ 的扩张情形如何, 下面定理 8.2.1 的 (5) 将给出详细的讨论.

证明 由 $\mathbb{K}$ 为 $\mathbb{F}$ 的有限次可分正规扩张, 根据定理 8.1.2, $\mathbb{K}$ 为 $\mathbb{F}$ 关于其上某一可分多项式 $f(x)$ 的分裂域. 显然, $f(x)$ 也为 $\mathbb{E}$ 上的可分多项式, 且 $\mathbb{K}$ 也为 $\mathbb{E}$ 关于 $f(x)$ 的分裂域. 从而, 又根据定理 8.1.2, $\mathbb{K}$ 为 $\mathbb{E}$ 的有限次可分正规扩张. □

定理 8.2.1(Galois 对应定理, 也称为 Galois 基本定理) **令 $\mathbb{K}$ 为域 $\mathbb{F}$ 的有限可分正规扩张, $G=\mathrm{Gal}(\mathbb{K},\mathbb{F})$, 又**

$$\Gamma=\{H|H\leqslant G\},\quad \Sigma=\{\mathbb{E}|\mathbb{K}\geqslant\mathbb{E}\geqslant\mathbb{F}\}.$$

则

(1)

$$\begin{aligned}\mathrm{Inv}:\ &\Gamma\longrightarrow\Sigma,\\ &H\longmapsto\mathrm{Inv}H\end{aligned}$$

与

$$\begin{aligned}\mathrm{Gal}:\ &\Sigma\longrightarrow\Gamma,\\ &\mathbb{E}\longmapsto\mathrm{Gal}(\mathbb{K},\mathbb{E})\end{aligned}$$

为一对互逆的双射. 因此, $\mathrm{Gal}^{-1}=\mathrm{Inv}$;

(2) **关于任意** $H_1,H_2\in\Gamma$, $\mathbb{E}_1,\mathbb{E}_2\in\Sigma$,

$$H_1\gneqq H_2\Longleftrightarrow \mathrm{Inv}H_1\lneqq\mathrm{Inv}H_2,$$

$$\mathbb{E}_1\gneqq\mathbb{E}_2\Longleftrightarrow\mathrm{Gal}(\mathbb{K},\mathbb{E}_1)\lneqq\mathrm{Gal}(\mathbb{K},\mathbb{E}_2);$$

(3) **关于任意** $H\in\Gamma$,

$$|H|=\partial(\mathbb{K},\mathrm{Inv}H),\quad [G:H]=\partial(\mathrm{Inv}H,\mathbb{F});$$

(4) **关于任意** $\eta\in G$, $H\in\Gamma$,

$$\mathrm{Inv}(\eta H\eta^{-1})=\eta(\mathrm{Inv}H);$$

(5) $H\trianglelefteq G$ **当且仅当** $\mathrm{Inv}H$ **为** $\mathbb{F}$ **的正规扩张. 且此时有**

$$\mathrm{Gal}(\mathrm{Inv}H,\mathbb{F})\cong G/H.$$

证明 (1) 令 $H\in\Gamma$, $\mathbb{E}=\mathrm{Inv}H$. 则显然 $\mathbb{E}\in\Sigma$. 根据引理 8.2.1 和定理 8.1.2,

$$|\mathrm{Gal}(\mathbb{K},\mathbb{E})|=\partial(\mathbb{K},\mathbb{E}),$$

又根据推论 8.1.1 的 (4) 知, $H\leqslant\mathrm{Gal}(\mathbb{K},\mathbb{E})$, 从而

$$|H|\leqslant|\mathrm{Gal}(\mathbb{K},\mathbb{E})|=\partial(\mathbb{K},\mathbb{E}).$$

另一方面, 根据定理 8.1.1,

$$\partial(\mathbb{K},\mathbb{E})\leqslant|H|.$$

因此 $|H| = \partial(\mathbb{K},\mathbb{E}) = |\mathrm{Gal}(\mathbb{K},\mathbb{E})|$. 由 $H \leqslant \mathrm{Gal}(\mathbb{K},\mathbb{E})$ 和 $\mathrm{Gal}(\mathbb{K},\mathbb{E})$ 的有限性知, $H = \mathrm{Gal}(\mathbb{K},\mathbb{E})$. 于是

$$(\mathrm{Gal}\circ\mathrm{Inv})H = \mathrm{Gal}(\mathrm{Inv}H) = \mathrm{Gal}(\mathbb{K},\mathrm{Inv}H) = \mathrm{Gal}(\mathbb{K},\mathbb{E}) = H,$$

即 $\mathrm{Gal}\circ\mathrm{Inv} = 1_{\Gamma}$.

令 $\mathbb{E}\in\Sigma$. 由推论 8.1.1 知, $\mathrm{Gal}(\mathbb{K},\mathbb{E}) \leqslant \mathrm{Gal}(\mathbb{K},\mathbb{F})$, 从而 $\mathrm{Gal}(\mathbb{K},\mathbb{E})\in\Gamma$. 由引理 8.2.1 知, $\mathbb{K}$ 为 $\mathbb{E}$ 的有限次可分正规扩张, 根据定理 8.1.2, $\mathbb{K}$ 为 $\mathbb{E}$ 的 Galois 扩张, 因此

$$(\mathrm{Inv}\circ\mathrm{Gal})\mathbb{E} = \mathrm{Inv}(\mathrm{Gal}(\mathbb{K},\mathbb{E})) = \mathbb{E},$$

即 $\mathrm{Inv}\circ\mathrm{Gal} = 1_{\Sigma}$.

于是, Inv 与 Gal 为一对互逆的双射.

(2) 令 $H_1, H_2\in\Gamma$. 若 $H_1 \geqslant H_2$, 则由推论 8.1.1 的 (2) 知, $\mathrm{Inv}H_1 \leqslant \mathrm{Inv}H_2$. 由 Inv 为 Γ 到 Σ 的一个双射知,

$$H_1 \gneqq H_2 \Longleftrightarrow \mathrm{Inv}H_1 \lneqq \mathrm{Inv}H_2.$$

同理可证, 关于任意 $\mathbb{E}_1,\mathbb{E}_2\in\Sigma$,

$$\mathbb{E}_1 \gneqq \mathbb{E}_2 \Longleftrightarrow \mathrm{Gal}(\mathbb{K},\mathbb{E}_1) \lneqq \mathrm{Gal}(\mathbb{K},\mathbb{E}_2);$$

(3) 令 $H\in\Gamma$. 由 (1) 的证明知,

$$|H| = \partial(\mathbb{K},\mathrm{Inv}H).$$

根据定理 8.1.2 和次数公式,

$$[G:H] = |G|/|H| = \partial(\mathbb{K},\mathbb{F})/\partial(\mathbb{K},\mathrm{Inv}H) = \partial(\mathrm{Inv}H,\mathbb{F}).$$

(4) 令 $\alpha\in\mathrm{Inv}H$. 则关于任意 $\eta\in G$,

$$(\eta H\eta^{-1})(\eta\alpha) = \eta(H\alpha) = \eta\alpha.$$

从而 $\eta\alpha\in\mathrm{Inv}(\eta H\eta^{-1})$, 因此 $\eta(\mathrm{Inv}H)\subseteq\mathrm{Inv}(\eta H\eta^{-1})$.

反之, 令 $\alpha\in\mathrm{Inv}(\eta H\eta^{-1})$. 则

$$\begin{aligned}\alpha = (\eta H\eta^{-1})\alpha &\Longrightarrow \eta^{-1}\alpha = H(\eta^{-1}\alpha)\\ &\Longrightarrow \eta^{-1}\alpha\in\mathrm{Inv}H\\ &\Longrightarrow \alpha = \eta(\eta^{-1}\alpha)\in\eta(\mathrm{Inv}H).\end{aligned}$$

从而 $\mathrm{Inv}(\eta H\eta^{-1})\subseteq\eta(\mathrm{Inv}H)$.

总之, $\mathrm{Inv}(\eta H\eta^{-1}) = \eta(\mathrm{Inv}H)$.

(5) 令 $H\trianglelefteq G$. 则关于任意 $\eta\in G$, $\eta H\eta^{-1} = H$. 从而, 由 (4) 知, $\mathrm{Inv}H = \eta(\mathrm{Inv}H)$, 因此, 存在映射

$$\begin{aligned}\pi:\quad G &\longrightarrow \mathrm{Gal}(\mathrm{Inv}H,\mathbb{F}),\\ \eta &\longmapsto \eta|_{\mathrm{Inv}H} \stackrel{\mathrm{d}}{=} \overline{\eta}.\end{aligned}$$

易知 π 为一群同态, 从而 $\pi(G) \leqslant \mathrm{Gal}(\mathrm{Inv}H, \mathbb{F})$. 因此, 由推论 8.1.1 的 (3) 和 (2) 知,

$$\mathbb{F} \leqslant \mathrm{Inv}(\mathrm{Gal}(\mathrm{Inv}H, \mathbb{F})) \leqslant \mathrm{Inv}(\pi(G)) = \mathrm{Inv}G = \mathbb{F},$$

其中, 倒数第二个等号成立由 π 的定义可知. 于是 $\mathrm{Inv}H$ 为 $\mathbb{F}$ 的 Galois 扩张. 根据定理 8.1.2, $\mathrm{Inv}H$ 为 $\mathbb{F}$ 的正规扩张. 由 $\mathrm{Gal} \circ \mathrm{Inv} = 1_\Gamma$ 知,

$$H = \mathrm{Gal}(\mathrm{Inv}H) = \mathrm{Gal}(\mathbb{K}, \mathrm{Inv}H).$$

从而 $\mathrm{Ker}\pi = H$. 因此 $\pi(G) \cong G/H$. 由 (3) 和定理 8.1.2 知,

$$|\pi(G)| = [G : H] = \partial(\mathrm{Inv}H, \mathbb{F}) = |\mathrm{Gal}(\mathrm{Inv}H, \mathbb{F})|.$$

于是, $\mathrm{Gal}(\mathrm{Inv}H, \mathbb{F}) = \pi(G) \cong G/H$.

反之, 令 $\mathbb{E} = \mathrm{Inv}H$ 为 $\mathbb{F}$ 的 (有限次) 正规扩张. 则 $\mathbb{E}$ 为 $\mathbb{F}$ 关于 $\mathbb{F}$ 上一多项式的分裂域, 由推论 7.4.4 知, 关于任意 $\eta \in G$, $\eta(\mathbb{E}) = \mathbb{E}$. 从而由 (4) 知, 关于任意 $\eta \in G$,

$$\mathrm{Inv}H = \mathbb{E} = \eta(\mathbb{E}) = \eta(\mathrm{Inv}H) = \mathrm{Inv}(\eta H \eta^{-1}).$$

又由 Inv 为一双射知, $\eta H \eta^{-1} = H$, 因此 $H \trianglelefteq G$. □

注 8.2.1 令 $A \overset{\mathrm{d}}{=} (A, \leqslant)$ 为一偏序集. 称 A 为一格, 如果 A 中任意两个元素都有最大下界和最小上界. $\Gamma \overset{\mathrm{d}}{=} (\Gamma, \subseteq)$ ($\Sigma \overset{\mathrm{d}}{=} (\Sigma, \subseteq)$) 为一格, 其中 $\subseteq$ 为集合的包含关系. 事实上, 显然, Γ (Σ) 为一偏序集, 且关于任意 $H_1, H_2 \in \Gamma$ ($\mathbb{E}_1, \mathbb{E}_2 \in \Sigma$),

$$H_1 \cap H_2 \ (\mathbb{E}_1 \cap \mathbb{E}_2)$$

和

$$H_1 \vee H_2 \overset{\mathrm{d}}{=} \langle H_1, H_2 \rangle \ ((\mathbb{E}_1 \vee \mathbb{E}_2) \overset{\mathrm{d}}{=} \langle \mathbb{E}_1, \mathbb{E}_2 \rangle)$$

分别为 H_1, H_2 ($\mathbb{E}_1, \mathbb{E}_2$) 在 Γ (Σ) 中的最大下界和最小上界. 根据定理 8.2.1, 映射 Inv 和 Gal 为格 Γ 到 Σ (Σ 到 Γ) 的格的反同构. Galois 对应指的就是这一格的某种意义上的一种反同构.

例 8.2.1 令 $\mathbb{K} = \mathbb{Q}(\sqrt{2}, \sqrt{3})$. 确定 $\mathbb{K}$ 关于基域 $\mathbb{Q}$ 的 Galois 群 $G = \mathrm{Gal}(\mathbb{K}, \mathbb{Q})$ 的所有子群及其对应的不动子域.

由例 8.1.2 知, $G = \{1, \sigma, \tau, \sigma\tau\}$. 显然, G 有 5 个子群 $H_1 = \{1\}$, $H_2 = \{1, \sigma\}$, $H_3 = \{1, \tau\}$, $H_4 = \{1, \sigma\tau\}$, $H_5 = G$. 再由例 8.1.2 知, H_1, H_2, H_3, H_4, H_5 对应的不动子域分别为 $\mathbb{Q}_1 = \mathbb{K}$, $\mathbb{Q}_2 = \mathbb{Q}(\sqrt{2})$, $\mathbb{Q}_3 = \mathbb{Q}(\sqrt{3})$, $\mathbb{Q}_4 = \mathbb{Q}(\sqrt{6})$, $\mathbb{Q}_5 = \mathbb{Q}$.

联系 Galois 对应定理, 例如, G 的三个 2 阶子群 H_2, H_3, H_4 都为 G 的正规子群, 而它们对应的不动子域 $\mathbb{Q}_2, \mathbb{Q}_3, \mathbb{Q}_4$ 也都为 $\mathbb{Q}$ 的正规扩张, 从而也为 $\mathbb{Q}$ 的 Galois 扩张.

例 8.2.2 令 $\mathbb{K} = \mathbb{Q}(\sqrt[4]{2}, \mathrm{i})$, 其中 $\mathrm{i}^2 = -1$. 确定 $\mathbb{K}$ 关于基域 $\mathbb{Q}$ 的 Galois 群 $G = \mathrm{Gal}(\mathbb{K}, \mathbb{Q})$ 的所有子群及其对应的不动子域.

(1) $\mathbb{K}$ 是 $\mathbb{Q}$ 的 Galois 扩张.

令 $f(x)=x^4-2$. 显然 $f(x)$ 为 $\mathbb{Q}$ 上一可分多项式. 由艾森斯坦判别法知, $f(x)$ 在 $\mathbb{Q}$ 上不可约. 易知, $f(x)$ 在复数域中的四个根为

$$\sqrt[4]{2},\quad \mathrm{i}\sqrt[4]{2},\quad -\sqrt[4]{2},\quad -\mathrm{i}\sqrt[4]{2}.$$

从而 $\mathbb{K}=\mathbb{Q}(\sqrt[4]{2},\mathrm{i})$ 为 $\mathbb{Q}$ 关于 $f(x)$ 的分裂域, 即 $\mathbb{K}=\mathbb{Q}_{f(x)}$. 根据定理 8.1.2, $\mathbb{K}$ 是 $\mathbb{Q}$ 的 Galois 扩张. 又易知 x^2+1 为 i 在 $\mathbb{Q}(\sqrt[4]{2})$ 上的最小多项式, 因此

$$|G|=\partial(\mathbb{K},\mathbb{Q})=\partial(\mathbb{K},\mathbb{Q}(\sqrt[4]{2}))\cdot\partial(\mathbb{Q}(\sqrt[4]{2}),\mathbb{Q})=2\cdot 4=8.$$

(2) 确定 G 的元素.

直接验证可知,

$$\sigma(\mathrm{i})=\mathrm{i},\quad \sigma(\sqrt[4]{2})=\mathrm{i}\sqrt[4]{2};\quad \tau(\mathrm{i})=-\mathrm{i},\quad \tau(\sqrt[4]{2})=\sqrt[4]{2}$$

确定 $\mathbb{K}$ 的两个 $\mathbb{Q}$-自同构, 即 $\sigma,\tau\in G$. 易知 $|\sigma|=4$, $|\tau|=2$. 又 $|G|=8$, 因此

$$G=\{1,\ \sigma,\ \sigma^2,\ \sigma^3,\ \tau,\ \sigma\tau,\ \sigma^2\tau,\ \sigma^3\tau\}.$$

由定理 8.1.2 的证明过程可知, 关于任意 $\sigma\in G$, σ 为 $f(x)$ 的四个根构成的集合上的一个置换. G 中元素对应的置换表示如表 8.1 所示.

表 8.1

·	1	2	3	4	i	置换表示
1	1	2	3	4	i	1
σ	2	3	4	1	i	(1234)
σ^2	3	4	1	2	i	(13)(24)
σ^3	4	1	2	3	i	(1432)
τ	1	4	3	2	−i	(24)
$\sigma\tau$	2	1	4	3	−i	(12)(34)
$\sigma^2\tau$	3	2	1	4	−i	(13)
$\sigma^3\tau$	4	3	2	1	−i	(14)(23)

因此, $G\leqslant S_4$. 实际上, G 为 S_4 的 Sylow 2-子群.

(3) 确定 G 的所有子群.

由表 8.1 易知: $\tau\sigma=\sigma^3\tau$ $(\tau\sigma\tau^{-1}=\sigma^3)$, 即, G 同构于二面体群 D_4, 且

G 有一个 1 阶元: 1;

G 有五个 2 阶元: σ^2, τ, $\sigma\tau$, $\sigma^2\tau$, $\sigma^3\tau$;

G 有两个 4 阶元: σ, σ^3.

因此, 直接验证可得:

G 的 1 阶子群: $\{1\}$;

G 的 2 阶子群:

$$H_1=\{1,\sigma^2\tau\},\quad H_2=\{1,\tau\},$$

$$H_3=\{1,\sigma^2\},\ H_4=\{1,\sigma\tau\},\ H_5=\{1,\sigma^3\tau\};$$

G 的 4 阶子群:

$$K_1 = \{1, \sigma^2, \tau, \sigma^2\tau\}, \quad K_2 = \{1, \sigma, \sigma^2, \sigma^3\}, \qquad K_3 = \{1, \sigma^2, \sigma\tau, \sigma^3\tau\};$$

G 的 8 阶子群: G.

G 的所有子群之间的关系如图 8.1 所示, 其中, 用 $X \longrightarrow Y$ 表示 $X \subseteq Y$.

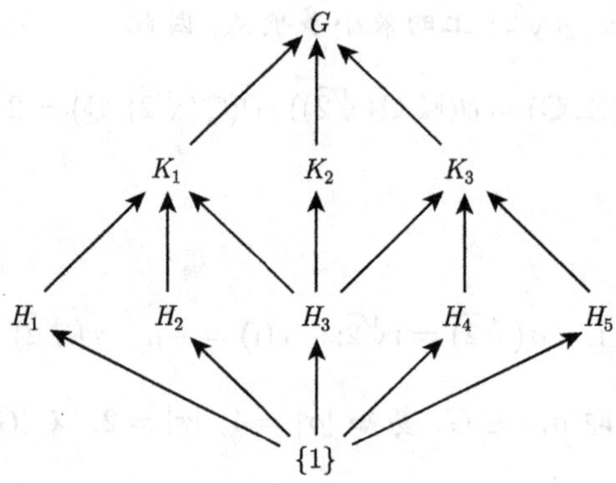

图 8.1

(4) 确定 $\mathbb{K}$ 与 $\mathbb{Q}$ 之间的中间域.

显然 $\mathrm{Inv}\{1\} = \mathbb{K}$, $\mathrm{Inv}G = \mathbb{Q}$. 容易验证 $\mathbb{Q}$ 有三个 2 次扩域 $\mathbb{Q}(\mathrm{i})$, $\mathbb{Q}(\sqrt{2})$, $\mathbb{Q}(\mathrm{i}\sqrt{2})$. 它们分别为 G 的三个 4 阶子群的不动子域, 即

$$\mathrm{Inv}K_1 = \mathbb{Q}(\sqrt{2}), \quad \mathrm{Inv}K_2 = \mathbb{Q}(\mathrm{i}), \quad \mathrm{Inv}K_3 = \mathbb{Q}(\mathrm{i}\sqrt{2}).$$

下面确定 $\mathrm{Inv}H_5$. 令 $\alpha = \sqrt[4]{2}$. 则关于任意 $\beta \in \mathbb{K}$,

$$\beta = a_0 + a_1\alpha + a_2\alpha^2 + a_3\alpha^3 + a_4\mathrm{i} + a_5\mathrm{i}\alpha + a_6\mathrm{i}\alpha^2 + a_7\mathrm{i}\alpha^3,$$

其中 $a_0, a_1, \cdots, a_7 \in \mathbb{Q}$. 从而

$$\begin{aligned}\sigma^3\tau(\beta) &= a_0 - a_1\mathrm{i}\alpha - a_2\alpha^2 + a_3\mathrm{i}\alpha^3 - a_4\mathrm{i} - a_5\alpha + a_6\mathrm{i}\alpha^2 + a_7\alpha^3\\ &= a_0 - a_5\alpha - a_2\alpha^2 + a_7\alpha^3 - a_4\mathrm{i} - a_1\mathrm{i}\alpha + a_6\mathrm{i}\alpha^2 + a_3\mathrm{i}\alpha^3.\end{aligned}$$

因此,

$$\begin{aligned}\beta \in \mathrm{Inv}H_5 &\Longleftrightarrow \beta = \sigma^3\tau(\beta)\\ &\Longleftrightarrow a_0 = a_0, \ \ a_1 = -a_5, \ \ a_2 = -a_2, \ \ a_3 = a_7,\\ &\qquad a_4 = -a_4, \ \ a_5 = -a_1, \ \ a_6 = a_6, \ \ a_7 = a_3\\ &\Longleftrightarrow \beta = a_0 + a_1[(1-\mathrm{i})\alpha] - \frac{a_6}{2}[(1-\mathrm{i})\alpha]^2 - \frac{a_3}{2}[(1-\mathrm{i})\alpha]^3\\ &\qquad \in \mathbb{Q}((1-\mathrm{i})\alpha).\end{aligned}$$

于是, $\mathrm{Inv}H_5 = \mathbb{Q}((1-\mathrm{i})\alpha)$. 类似可得

$$\mathrm{Inv}H_1 = \mathbb{Q}(\mathrm{i}\alpha), \quad \mathrm{Inv}H_2 = \mathbb{Q}(\alpha), \quad \mathrm{Inv}H_3 = \mathbb{Q}(\mathrm{i}, \sqrt{2}), \quad \mathrm{Inv}H_4 = \mathbb{Q}((1+\mathrm{i})\alpha).$$

请读者自行验证, 以上不动子域就是 $\mathbb{K}$ 与 $\mathbb{Q}$ 之间的所有中间域. $\mathbb{K}$ 与 $\mathbb{Q}$ 之间的所有中间域之间的关系如图 8.2 所示, 其中, 用 $X \longrightarrow Y$ 表示 $X \subseteq Y$.

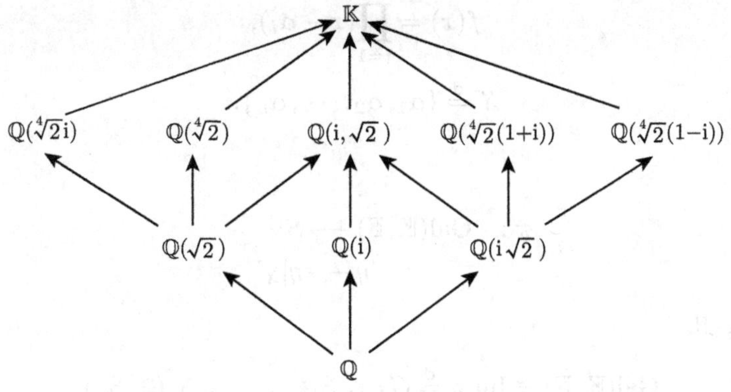

图 8.2

(5) 确定 G 的正规子群和 $\mathbb{Q}$ 的 Galois 扩张.

容易知道, G 的全部正规子群为

$$\{1\},\ H_3,\ K_1,\ K_2,\ K_3,\ G.$$

又 $\mathbb{Q}$ 的全部 Galois 扩张为

$$\mathbb{Q} = \mathrm{Inv}G,\ \ \mathbb{Q}(\mathrm{i},\sqrt{2}) = \mathrm{Inv}H_3,\ \ \mathbb{Q}(\sqrt{2}) = \mathrm{Inv}K_1,$$

$$\mathbb{Q}(\mathrm{i}) = \mathrm{Inv}K_2,\ \ \mathbb{Q}(\sqrt{2}\mathrm{i}) = \mathrm{Inv}K_3,\ \ \mathbb{K} = \mathrm{Inv}\{1\}.$$

事实上, $\mathbb{Q}$ 的上述 6 个扩张分别为 $\mathbb{Q}$ 关于其上不可约多项式

$$x,\ x^4 - x^2 - 2,\ x^2 - 2,\ x^2 + 1,\ x^2 + 2,\ x^4 - 2$$

的分裂域. 因此它们都是 $\mathbb{Q}$ 的 Galois 扩张. 另一方面, $\mathrm{Inv}H_2 = \mathbb{Q}(\alpha)$ 不是 $\mathbb{Q}$ 的 Galois 扩张. 因为不可约多项式 $x^4 - 2$ 有一个根在 $\mathbb{Q}(\alpha)$ 中, 但 $\mathbb{Q}(\alpha)$ 不是 $\mathbb{Q}$ 关于 $x^4 - 2$ 的分裂域. 类似地,

$$\mathrm{Inv}H_1 = \mathbb{Q}(\mathrm{i}\alpha),\quad \mathrm{Inv}H_4 = \mathbb{Q}((1+\mathrm{i})\alpha),\quad \mathrm{Inv}H_5 = \mathbb{Q}((1-\mathrm{i})\alpha)$$

都不是 $\mathbb{Q}$ 的 Galois 扩张.

8.3 (无重根的) 可分多项式 (或其根集) 在基域上的 Galois 群 (根集上的一个置换群)

由定义 7.6.1 的注 7.6.1, 我们已经知道, 域 $\mathbb{F}$ 关于其上多项式 $f(x)$ 的分裂域与 $f(x)$ 的根的重数无关. 因此以下讨论中总假设 $f(x)$ 为一无重根的可分多项式.

定理 8.3.1 令 $\mathbb{F}$ 为一域, $f(x)$ 为 $\mathbb{F}$ 上一无重根的首 1 可分多项式, $\partial(f(x))=n, n\in\mathbb{Z}^+$, 又 $f(x)$ 在 $\mathbb{K}=\mathbb{F}_{f(x)}$ 中有分解

$$f(x)=\prod_{i=1}^{n}(x-\alpha_i),$$

$$X\overset{\mathrm{d}}{=}\{\alpha_1,\alpha_2,\cdots,\alpha_n\}.$$

则

(1)

$$\begin{aligned}\pi:\quad \mathrm{Gal}(\mathbb{K},\mathbb{F})&\longrightarrow S_X,\\ \eta&\longmapsto \eta|_X\end{aligned}$$

为一群的单同态, 且

$$\mathrm{Gal}(\mathbb{K},\mathbb{F})\cong \mathrm{Im}\,\pi\overset{\mathrm{d}}{=}G_f\leqslant S_{\{\alpha_1,\alpha_2,\cdots,\alpha_n\}}\ (\cong S_n),$$

称 G_f 为 $f(x)$ (或其根集 X) 在 $\mathbb{F}$ 上的 Galois 群, 也记

$$G_f\overset{\mathrm{d}}{=}\mathrm{Gal}(f,\mathbb{F})\cong\mathrm{Gal}(\mathbb{K},\mathbb{F});$$

(2) $f(x)$ 不可约当且仅当 G_f 在 $X=\{\alpha_1,\alpha_2,\cdots,\alpha_n\}$ 上可迁, 但未必为 S_X (见例 8.2.2).

证明 (1) 令 $\eta\in\mathrm{Gal}(\mathbb{K},\mathbb{F})$. 则关于任意 $\alpha_i\in X$,

$$0=\eta(0)=\eta(f(\alpha_i))=f(\eta(\alpha_i)),$$

从而 $\eta(\alpha_i)\in X$, 即 $\eta(X)\subseteq X$. 显然, 当 $i\neq j$ 时, $\eta(\alpha_i)\neq\eta(\alpha_j)$. 因此, $\eta|_X\in S_X$. 这指出了 π 为一映射. 又关于任意 $\alpha_i\in X$, $i=1,2,\cdots,n$,

$$[\pi(\eta\circ\xi)](\alpha_i)=(\eta\circ\xi)(\alpha_i)=\eta[\xi(\alpha_i)]=[\pi(\eta)\circ\pi(\xi)](\alpha_i),$$

从而 π 为一同态. 因此 $G_f\overset{\mathrm{d}}{=}\mathrm{Im}\pi\leqslant S_X$. 由 $\mathbb{K}=\mathbb{F}(\alpha_1,\alpha_2,\cdots,\alpha_n)$ 知,

$$\eta|_X=\xi|_X\Longleftrightarrow(\forall\ \alpha_i\in X)\ \eta(\alpha_i)=\xi(\alpha_i)\Longleftrightarrow\eta=\xi,$$

从而 π 为一单射. 于是 $\mathrm{Gal}(\mathbb{K},\mathbb{F})\cong G_f\leqslant S_X\cong S_n$.

(2) 必要性. 令 $f(x)=p(x)$ 为一不可约多项式. 则关于任意 $\alpha_i,\alpha_j\in X$, $p(\alpha_i)=p(\alpha_j)=0$, 从而 α_i 与 α_j 有相同的最小多项式 $p(x)$. 根据定理 7.4.3, 存在 $\mathbb{F}$-自同构 $\sigma:\mathbb{F}(\alpha_i)\longrightarrow\mathbb{F}(\alpha_j)$, 使得 $\sigma(\alpha_i)=\alpha_j$, 且 σ 可以扩张为 $\mathbb{K}$ 的 $\mathbb{F}$-自同构 η, 即存在 $\eta\in\mathrm{Gal}(\mathbb{K},\mathbb{F})$, 使得 $\eta(\alpha_i)=\alpha_j$. 因此 G_f 在 X 上可迁.

充分性. 令 G_f 在 X 上可迁. 则关于任意 $\alpha_i,\alpha_j\in X$, 存在 $\eta\in G_f$, 使得 $\eta(\alpha_i)=\alpha_j$. 从而 α_i 与 α_j 有相同的最小多项式 $p(x)$, 即 $\alpha_1,\alpha_2,\cdots,\alpha_n$ 的最小多项式皆为 $p(x)$. 因此, $p(x)=\prod_{i=1}^{n}(x-\alpha_i)=f(x)$ 为一不可约多项式. □

根据定理 8.3.1, 关于域 $\mathbb{F}$ 上有限次可分正规扩域 (即, 域 $\mathbb{F}$ 关于其上一可分多项式的分裂域) 在 $\mathbb{F}$ 上的 Galois 群 $\mathrm{Gal}(\mathbb{K},\mathbb{F})$ 的研究可以转化为关于根集 $X=\{\alpha_1,\alpha_2,\cdots,\alpha_n\}$ 上的对称群 S_X 的某个子群的研究. 那么, 是否任一有限群 G 都可作为一可分多项式 $f(x)\in\mathbb{F}[x]$ 在其基域 $\mathbb{F}$ 上的 Galois 群? 根据 Cayley 定理, G 可看作 S_n 的子群. 又根据 Galois 对应定理, 若关于 S_n, 存在 $f(x)\in\mathbb{F}[x]$, 使得 $G_f=S_n$, 则关于一般有限群也有这样的事实.

定理 8.3.2 令 $\mathbb{F}$ 为一域, $x_1, x_2, \cdots, x_n$ 为 n 个独立未定元, $\mathbb{F}[x_1, x_2, \cdots, x_n]$ 为 $\mathbb{F}$ 关于 $x_1, x_2, \cdots, x_n$ 的多项式环, $\mathbb{F}(x_1, x_2, \cdots, x_n)$ 为 $\mathbb{F}[x_1, x_2, \cdots, x_n]$ 的分式域. 又, $p_1, p_2, \cdots, p_n$ 为 $x_1, x_2, \cdots, x_n$ 的 n 个初等对称多项式, 即

$$
\begin{aligned}
p_1 &= \sum_{i=1}^{n} x_i, \\
p_2 &= \sum_{1 \leqslant i < j \leqslant n} x_i x_j, \\
&\cdots\cdots \\
p_k &= \sum_{1 \leqslant i_1 < i_2 < \cdots < i_k \leqslant n} x_{i_1} x_{i_2} \cdots x_{i_k}, \\
&\cdots\cdots \\
p_n &= x_1 x_2 \cdots x_n,
\end{aligned}
$$

$\mathbb{F}$ 与 $\mathbb{F}(x_1, x_2, \cdots, x_n)$ 间有中间域 $\mathbb{F}(p_1, p_2, \cdots, p_n)$. 则

$$\mathrm{Gal}(\mathbb{F}(x_1, x_2, \cdots, x_n), \mathbb{F}(p_1, p_2, \cdots, p_n)) \cong S_n.$$

证明 令 $G = \mathrm{Gal}(\mathbb{F}(x_1, x_2, \cdots, x_n), \mathbb{F})$, $\sigma \in S_X \cong S_n$, 其中, $X = \{x_1, x_2, \cdots, x_n\}$. 则 σ 可视为 $\mathbb{F}[x_1, x_2, \cdots, x_n]$ 上的满足

$$\sigma(x_i) = x_{k_i}, \quad i = 1, 2, \cdots, n$$

的一个 $\mathbb{F}$-自同构. 显然, σ 也可视为分式域 $\mathbb{F}(x_1, x_2, \cdots, x_n)$ 上的一个 $\mathbb{F}$-自同构, 从而 $\sigma \in G$, 因此 $S_n \cong S_X \leqslant G$. 由 $p_1, p_2, \cdots, p_n$ 为 $x_1, x_2, \cdots, x_n$ 的 n 个初等对称多项式知, $\sigma(p_i) = p_i$, $i = 1, 2, \cdots, n$, 从而

$$\mathbb{F}(p_1, p_2, \cdots, p_n) \leqslant \mathrm{Inv}S_X.$$

进而, 根据次数公式,

$$\partial(\mathbb{F}(x_1, x_2, \cdots, x_n), \mathrm{Inv}S_X) \leqslant \partial(\mathbb{F}(x_1, x_2, \cdots, x_n), \mathbb{F}(p_1, p_2, \cdots, p_n)).$$

显然

$$f(x) = \prod_{i=1}^{n} (x - x_i) \in \mathbb{F}(p_1, p_2, \cdots, p_n)[x],$$

且 $\mathbb{F}(x_1, x_2, \cdots, x_n)$ 是 $\mathbb{F}(p_1, p_2, \cdots, p_n)$ 关于可分多项式 $f(x)$ 的分裂域. 由于 $\partial(f(x)) = n$, 又, 根据定理 7.4.1,

$$\partial(\mathbb{F}(x_1, x_2, \cdots, x_n), \mathrm{Inv}S_n) \leqslant \partial(\mathbb{F}(x_1, x_2, \cdots, x_n), \mathbb{F}(p_1, p_2, \cdots, p_n)) \leqslant n!.$$

而另一方面, 将 $\mathbb{F}(x_1, x_2, \cdots, x_n)$ 视作 $\mathrm{Inv}S_X$ 关于 $f(x)$ 的分裂域, 根据推论 7.4.3 和推论 8.1.1 的 (4),

$$\partial(\mathbb{F}(x_1, x_2, \cdots, x_n), \mathrm{Inv}S_X) \geqslant |\mathrm{Gal}(\mathbb{F}(x_1, x_2, \cdots, x_n), \mathrm{Inv}S_X)| \geqslant |S_X| = n!.$$

从而

$$\partial(\mathbb{F}(x_1,x_2,\cdots,x_n),\mathrm{Inv}S_X)=\partial(\mathbb{F}(x_1,x_2,\cdots,x_n),\mathbb{F}(p_1,p_2,\cdots,p_n))=n!. \tag{8.3}$$

因此, 由 $\mathbb{F}(p_1,p_2,\cdots,p_n)\leqslant \mathrm{Inv}S_X$ 和次数公式知, $\mathbb{F}(p_1,p_2,\cdots,p_n)=\mathrm{Inv}S_X$. 又, 根据推论 8.1.1 的 (4),

$$\mathrm{Gal}(\mathbb{F}(x_1,x_2,\cdots,x_n),\mathbb{F}(p_1,p_2,\cdots,p_n))\geqslant S_X,$$

于是, 由 (8.3), 有

$$\mathrm{Gal}(\mathbb{F}(x_1,x_2,\cdots,x_n),\mathbb{F}(p_1,p_2,\cdots,p_n))=S_X\cong S_n.$$ □

注 8.3.1 域 $\mathbb{F}$ 关于其上的 n 个无关超越元 (或称, 独立未定元) $x_1,x_2,\cdots,x_n$ 的多项式 (有理分式) 环 (域) $\mathbb{F}[x_1,x_2,\cdots,x_n]$ ($\mathbb{F}(x_1,x_2,\cdots,x_n)$) 中的

$$f(x_1,x_2,\cdots,x_n)\ \left(\frac{f(x_1,x_2,\cdots,x_n)}{g(x_1,x_2,\cdots,x_n)}\right)$$

称为对称的, 如果关于任意 $\sigma\in S_n$,

$$f(x_1,x_2,\cdots,x_n)=f(\sigma(x_1),\sigma(x_2),\cdots,\sigma(x_n))$$
$$\left(\frac{f(x_1,x_2,\cdots,x_n)}{g(x_1,x_2,\cdots,x_n)}=\frac{f(\sigma(x_1),\sigma(x_2),\cdots,\sigma(x_n))}{g(\sigma(x_1),\sigma(x_2),\cdots,\sigma(x_n))}\right).$$

所谓"对称多项式 (对称有理分式) 基本定理", 说的是, 多项式 (有理分式)

$$f(x_1,x_2,\cdots,x_n)\ \left(\frac{f(x_1,x_2,\cdots,x_n)}{g(x_1,x_2,\cdots,x_n)}\right)$$

是对称的, 当且仅当

$$(\exists\ h(x_1,x_2,\cdots,x_n),\ k(x_1,x_2,\cdots,x_n))\ f(x_1,x_2,\cdots,x_n)=h(p_1,p_2,\cdots,p_n)$$
$$\left(\frac{f(x_1,x_2,\cdots,x_n)}{g(x_1,x_2,\cdots,x_n)}=\frac{h(p_1,p_2,\cdots,p_n)}{k(p_1,p_2,\cdots,p_n)}\right),$$

其中, $p_1,p_2,\cdots,p_n$ 为关于 $x_1,x_2,\cdots,x_n$ 的初等对称多项式. 因此, $\mathbb{F}(p_1,p_2,\cdots,p_n)$ 是由 $\mathbb{F}(x_1,x_2,\cdots,x_n)$ 的所有对称有理分式构成的子域.

应用这一"基本定理", 可以证明 $\mathbb{F}(p_1,p_2,\cdots,p_n)(\leqslant \mathbb{F}(x_1,x_2,\cdots,x_n))$ 上多项式

$$\begin{aligned}f(x)&=\prod_{i=1}^{n}(x-x_i)\\&=x^n-p_1x^{n-1}+\cdots+(-1)^kp_kx^{n-k}+\cdots+(-1)^{n-1}p_{n-1}x+(-1)^np_n\end{aligned}$$

为一不可约多项式, 因为, $x-x_1,x-x_2,\cdots,x-x_n$ 中任意 l 个的乘积的系数除首项系数 1, 其他的 l 个系数都是关于所涉及到的 l 个 x_i 的对称多项式, $1\leqslant l\leqslant n-1$, 但不是关于 $x_1,x_2,\cdots,x_n$ 的对称多项式, 因此不在 $\mathbb{F}(p_1,p_2,\cdots,p_n)$ 中.

注意到 $f(x)$ 为 $\mathbb{F}(p_1,p_2,\cdots,p_n)$ 上的一个可分的不可约多项式, 容易知道

$$\mathbb{F}(p_1,p_2,\cdots,p_n)=\mathbb{F}_0<\mathbb{F}_1<\cdots<\mathbb{F}_n=\mathbb{F}(x_1,x_2,\cdots,x_n)$$

为一单代数扩张的严格升链, 其中

$$\mathbb{F}_i = \mathbb{F}_{i-1}(x_i), \quad i = 1, 2, \cdots, n,$$

且 x_i 在 $\mathbb{F}_{i-1}$ 上的最小多项式为 $f(x_i, x_{i+1}, \cdots, x_n)$, $i = 1, 2, \cdots, n$. 再应用定理 8.3.1, 下面等式成立

$$\operatorname{Gal}(\mathbb{F}(x_1, x_2, \cdots, x_n), \mathbb{F}(p_1, p_2, \cdots, p_n)) \cong G_f = S_X \cong S_n.$$

例 8.3.1 令 $f(x) = x^3 - 2 \in \mathbb{Q}[x]$, $\mathbb{K} = \mathbb{Q}_{f(x)}$. 求 G_f.

显然 $f(x)$ 在 $\mathbb{K}[x]$ 中有分解式

$$f(x) = (x - \sqrt[3]{2})(x - \sqrt[3]{2}\omega)(x - \sqrt[3]{2}\omega^2),$$

其中 ω 为三次本原单位根. 从而 $\mathbb{K} = \mathbb{Q}(\sqrt[3]{2}, \omega)$. 易知 $f(x)$ 和 $x^2 + x + 1$ 分别为 $\mathbb{Q}$ 上和 $\mathbb{Q}(\sqrt[3]{2})$ 上的不可约多项式, 因此

$$\partial(\mathbb{K}, \mathbb{Q}) = \partial(\mathbb{Q}(\sqrt[3]{2})(\omega), \mathbb{Q}(\sqrt[3]{2})) \cdot \partial(\mathbb{Q}(\sqrt[3]{2}), \mathbb{Q}) = 2 \cdot 3 = 6.$$

根据定理 8.3.1, $G_f \cong \operatorname{Gal}(\mathbb{K}, \mathbb{Q})$, 从而 $|G_f| = |\operatorname{Gal}(\mathbb{K}, \mathbb{Q})| = 6$. 显然, $\mathbb{Q}(\sqrt[3]{2})$, $\mathbb{Q}(\sqrt[3]{2}\omega)$ 和 $\mathbb{Q}(\sqrt[3]{2}\omega^2)$ 都是 $\mathbb{Q}$ 的三次扩张, 从而根据 Galois 对应定理, G_f 有三个 2 阶子群, 因此 G_f 为一非 Abel 的 6 阶群. 于是, 由例 2.4.21 知, $G_f \cong S_3$.

8.4 多项式可根式解的判定 (Galois 定理)

定义 8.4.1 令 $\mathbb{F}$ 为一域, $f(x) \in \mathbb{F}[x] \setminus \mathbb{F}$. 称 $f(x)$ ($f(x) = 0$) 可根式解 (有根式解), 如果存在一个从 $f(x)$ 的系数和 $\mathbb{F}$ 中的另外有限多个元素出发经有限次加、减、乘、除以及开方得到的公式, 使得 $f(x)$ 的根由此公式给出.

定义 8.4.2 令 $\mathbb{F}$ 为一域, $\mathbb{K}$ 为 $\mathbb{F}$ 的一个扩张. 称 $\mathbb{K}$ 为 $\mathbb{F}$ 的一个单 (纯) 根式扩张, 如果

$$(\exists\, n \in \mathbb{Z}^+,\ a \in \mathbb{F})\ d^n = a,\ \mathbb{K} = \mathbb{F}(d).$$

又, 称 $\mathbb{K}$ 为 $\mathbb{F}$ 的一个根式扩张, 如果存在 $\mathbb{F}$ 到 $\mathbb{K}$ 的一个域扩张升链

$$\mathbb{F} = \mathbb{F}_0 \leqslant \mathbb{F}_1 \leqslant \mathbb{F}_2 \leqslant \cdots \leqslant \mathbb{F}_{m-1} \leqslant \mathbb{F}_m = \mathbb{K},$$

使得 $\mathbb{F}_{i+1}$ 为 $\mathbb{F}_i$ 的单根式扩张, $i = 0, 1, 2, \cdots, m-1$.

令 $\mathbb{F}$ 为一域, $f(x) \in \mathbb{F}[x] \setminus \mathbb{F}$, $f(x)$ 可根式解. 由于 $\mathbb{F}$ 关于加、减、乘、除封闭, 而关于 $\mathbb{F}$ 的一个元素 a 开方指的是在 $\mathbb{F}$ 的某个扩域中存在一个元素 α, 使得 $\alpha^n = a$. 因此, 存在一个域扩张升链

$$\mathbb{F} = \mathbb{F}_0 \leqslant \mathbb{F}_1 \leqslant \mathbb{F}_2 \leqslant \cdots \leqslant \mathbb{F}_{m-1} \leqslant \mathbb{F}_m = \mathbb{K},$$

使得 $f(x)$ 的根都在 $\mathbb{K}$ 中, 其中, $\mathbb{F}_{i+1} = \mathbb{F}_i(d_i)$, $d_i^{n_i} \in \mathbb{F}_i$, $n_i \in \mathbb{Z}^+$, $i = 0, 1, 2, \cdots, m-1$ (即, 存在 $\mathbb{F}$ 的一个根式扩张 $\mathbb{K}$, 使得 $\mathbb{F}_{f(x)} \leqslant \mathbb{K}$).

反之, 若存在 $\mathbb{F}$ 的一个根式扩张 $\mathbb{K}$, 使得 $\mathbb{F}_{f(x)} \leqslant \mathbb{K}$, 则 $f(x)$ 的任一根都可从 $f(x)$ 的系数和 $\mathbb{F}$ 中的另外有限多个元素出发经由有限次加、减、乘、除以及开方得到, 即 $f(x)$ 可根式解.

由此, 我们得到了形式化一个多项式可根式解的概念的一个如下的等价刻画.

定理 8.4.1　令 $\mathbb{F}$ 为一域, $f(x) \in \mathbb{F}[x] \setminus \mathbb{F}$. 则 $f(x)$ 可根式解当且仅当存在 $\mathbb{F}$ 的一个根式扩张 $\mathbb{K}$, 使得 $\mathbb{F}_{f(x)} \leqslant \mathbb{K}$.

例 8.4.1　令 $\mathbb{F}$ 为一特征为零的域, $f(x) = x^2 + bx + c \in \mathbb{F}[x]$ 的两个根为

$$x_1 = \frac{-b + \sqrt{b^2 - 4c}}{2}, \quad x_2 = \frac{-b - \sqrt{b^2 - 4c}}{2}.$$

则对应的从 $\mathbb{F}$ 到 $\mathbb{K}$ 的一个根式扩张升链为

$$\mathbb{F} = \mathbb{F}_0 \leqslant \mathbb{F}_1 = \mathbb{K},$$

其中, $\mathbb{K} = \mathbb{F}(\sqrt{b^2 - 4c})$.

为了给出多项式 $f(x) \in \mathbb{F}[x] \setminus \mathbb{F}$ 可根式解的一个判定定理, 我们先给出如下引理.

引理 8.4.1　令 $\mathbb{F}$ 为一域, $n \in \mathbb{Z}^+$, $\mathbb{K} = \mathbb{F}_{(x^n - 1)}$. 则 $\mathbb{K}$ 关于 $\mathbb{F}$ 的 Galois 群 $\mathrm{Gal}(\mathbb{K}, \mathbb{F})$ 为一 Abel 群.

证明　令 ε 为一 n 次本原单位根. 则显然 $\mathbb{F}(\varepsilon) \leqslant \mathbb{K}$. 又, 任一 n 次单位根都可表示成 ε 的方幂, 从而 $\mathbb{F}(\varepsilon)$ 包含一切 n 次单位根, 因此 $\mathbb{F}(\varepsilon) \geqslant \mathbb{K}$. 于是, $\mathbb{K} = \mathbb{F}(\varepsilon)$. 这说明 $\mathbb{K}$ 的任一 $\mathbb{F}$-自同构 $\sigma \in \mathrm{Gal}(\mathbb{K}, \mathbb{F})$ 由它在 ε 上的作用所唯一确定. 易知, $\sigma(\varepsilon)$ 也为一 n 次本原单位根. 所以 $\sigma(\varepsilon) = \varepsilon^k$, 其中 $k \in \mathbb{Z}^+$, 且 $(n, k) = 1$. 关于任意 $\tau \in \mathrm{Gal}(\mathbb{K}, \mathbb{F})$, 也有 $\tau(\varepsilon) = \varepsilon^l$, 其中, $l \in \mathbb{Z}^+, (n, l) = 1$. 从而 $\tau\sigma(\varepsilon) = \tau(\varepsilon^k) = \varepsilon^{kl}$, 而 $\sigma\tau(\varepsilon) = \sigma(u^l) = u^{lk}$. 因此 $\sigma\tau = \tau\sigma$, 即, $\mathrm{Gal}(\mathbb{K}, \mathbb{F})$ 为一 Abel 群. □

注 8.4.1　请读者注意引理 8.4.1 和例 4.2.5 的联系.

定义 8.4.3　令 $\mathbb{F}$ 为一域, $\mathbb{K}$ 为 $\mathbb{F}$ 的一个 Galois 扩张. 称 $\mathbb{K}$ 为 $\mathbb{F}$ 的一个 Abel 扩张, 如果 $\mathbb{K}$ 关于 $\mathbb{F}$ 的 Galois 群 $\mathrm{Gal}(\mathbb{K}, \mathbb{F})$ 为一 Abel 群. 又, 称 $\mathbb{K}$ 为 $\mathbb{F}$ 的一个循环扩张, 如果 $\mathbb{K}$ 关于 $\mathbb{F}$ 的 Galois 群 $\mathrm{Gal}(\mathbb{K}, \mathbb{F})$ 为一循环群.

引理 8.4.2　令 $\mathbb{F}$ 为一域, 且 $\mathbb{F}$ 包含全部 n 个 n 次单位根, $\mathbb{K} = \mathbb{F}_{(x^n - a)}$, 其中, $n \in \mathbb{Z}^+$, $a \in \mathbb{F}$. 则 $\mathbb{K}$ 为 $\mathbb{F}$ 的一个 Abel 扩张.

证明　令 ε 为一 n 次本原单位根. 则 $1, \varepsilon, \varepsilon^2, \cdots, \varepsilon^{n-1}$ 即是全部 n 次单位根. 又令 u 是多项式 $x^n - a$ 的一个根. 则 $u, u\varepsilon, u\varepsilon^2, \cdots, u\varepsilon^{n-1}$ 恰为 $x^n - a$ 的全部 n 个根. 显然 $\mathbb{K}$ 是添加这些根到 $\mathbb{F}$ 上所得到的扩域, 因此, $\mathbb{K}$ 的任一 $\mathbb{F}$-自同构 $\sigma \in \mathrm{Gal}(\mathbb{K}, \mathbb{F})$ 由它在这些根上的作用所唯一确定. 而全部 n 次单位根都在 $\mathbb{F}$ 中, 从而, σ 由它在 u 上的作用所唯一确定.

令 $\sigma(u) = u\varepsilon^k$, 其中, $0 \leqslant k < n$. 关于任意 $\tau \in \mathrm{Gal}(\mathbb{K}, \mathbb{F})$, 也有 $\tau(u) = u\varepsilon^l$, 其中 $0 \leqslant l < n$. 从而 $\sigma\tau(u) = \sigma(\tau(u)) = \sigma(u\varepsilon^l) = u\varepsilon^{k+l}$. 同理, $\tau\sigma(u) = u\varepsilon^{k+l}$. 因此 $\sigma\tau = \tau\sigma$, 即, $\mathrm{Gal}(\mathbb{K}, \mathbb{F})$ 为一 Abel 群. 于是, $\mathbb{K}$ 为 $\mathbb{F}$ 的一个 Abel 扩张 □

引理 8.4.3　令 $\mathbb{F}$ 为一域, 且 $\mathbb{F}$ 包含全部 p 个 p 次单位根, $\mathbb{K}$ 为 $\mathbb{F}$ 的一个 Galois 扩张, 且 $\partial(\mathbb{K}, \mathbb{F}) = p$, 其中 p 为一素数. 则

$$(\exists\, d \in \mathbb{K} \setminus \mathbb{F})\ \mathbb{K} = \mathbb{F}(d),\ d^p \in \mathbb{F},$$

即, $\mathbb{K}$ 为 $\mathbb{F}$ 的一个单根式扩张.

换言之, 关于素数 p, 若 $\mathbb{F}$ 包含全部 p 次单位根, 则 $\mathbb{F}$ 的任意 p 次 Galois 扩张都是 $\mathbb{F}$ 关于 $\mathbb{F}$ 中某元素的 p 次方根的单代数扩张.

证明 由 $\mathbb{K}$ 为 $\mathbb{F}$ 的一个 Galois 扩张, 根据定理 8.1.2 的 (2),

$$|\mathrm{Gal}(\mathbb{K},\mathbb{F})| = \partial(\mathbb{K},\mathbb{F}) = p,$$

从而 $\mathrm{Gal}(\mathbb{K},\mathbb{F})$ 为一 p 阶循环群. 若 ρ 为这一循环群的一个生成元, 则 $\mathrm{Gal}(\mathbb{K},\mathbb{F}) = \langle\rho\rangle$.

令 $e_1, e_2, \cdots, e_p$ 为全部 p 个 p 次单位根. 取元素 $c \in \mathbb{K}$, 但 $c \notin \mathbb{F}$. 又令

$$d_i = c + \rho(c)e_i + \rho^2(c)e_i^2 + \cdots + \rho^{p-1}(c)e_i^{p-1},\ \ i = 1, 2, \cdots, p.$$

称这些 d_i 为 Lagrange 预解式. 关于任意 $1 \leqslant i \leqslant p$, 由

$$\begin{aligned}\rho(d_i) &= \rho(c) + \rho^2(c)e_i + \rho^3(c)e_i^2 + \cdots + \rho^{p-1}(c)e_i^{p-2} + ce_i^{p-1}\\ &= (c + \rho(c)e_i + \rho^2(c)e_i^2 + \cdots + \rho^{p-1}(c)e_i^{p-1})e_i^{-1}\\ &= d_i e_i^{-1}\end{aligned}$$

知, $\rho(d_i^p) = d_i^p$, 即, 元素 d_i^p 在 ρ 下不变. 由 $\mathrm{Gal}(\mathbb{K},\mathbb{F}) = \langle\rho\rangle$ 知, 它在 $\mathrm{Gal}(\mathbb{K},\mathbb{F})$ 任意元素下都不变. 由 $\mathbb{K}$ 为 $\mathbb{F}$ 的一个 Galois 扩张知, $d_i^p \in \mathbb{F}$.

非齐次线性方程组

$$\begin{cases} x_1 + e_i x_2 + e_i^2 x_3 + \cdots + e_i^{p-1} x_p = d_i,\\ i = 1, 2, \cdots, p \end{cases}$$

的系数行列式

$$D = \begin{vmatrix} 1 & e_1 & e_1^2 & \cdots & e_1^{p-1}\\ 1 & e_2 & e_2^2 & \cdots & e_2^{p-1}\\ \vdots & \vdots & \vdots & & \vdots\\ 1 & e_p & e_p^2 & \cdots & e_p^{p-1} \end{vmatrix}$$

为一 Vandermonde 行列式. 因为 $e_1, e_2, \cdots, e_p$ 两两不同, 且都在 $\mathbb{F}$ 中, 所以 $D \neq 0$, 且 $D \in \mathbb{F}$. 从而该线性方程组有唯一解 $(c, \rho(c), \rho^2(c), \cdots, \rho^{p-1}(c))$, 它可表示成 $(d_1, d_2, \cdots, d_p)$ 的系数在 $\mathbb{F}$ 中的线性组合. 因为 $c \notin \mathbb{F}$, 所以元素 $d_1, d_2, \cdots, d_p$ 不可能全在 $\mathbb{F}$ 中. 不妨令 $d_j \notin \mathbb{F}$, $1 \leqslant j \leqslant p$. 记 $d = d_j$. 则 $d \notin \mathbb{F}$. 显然 $d \in \mathbb{K}$, 从而 $\mathbb{F} \lneqq \mathbb{F}(d) \leqslant \mathbb{K}$. 由 $\partial(\mathbb{K},\mathbb{F}) = p$ 和次数公式知, $\mathbb{K} = \mathbb{F}(d)$. 又 $d^p \in \mathbb{F}$. □

引理 8.4.4 令 $\mathbb{F}$ 为一域, $f(x) \in \mathbb{F}[x]$, $f(x)$ 无重根, $\mathbb{K}$ 为 $\mathbb{F}$ 的一个扩张. 则 $f(x)$ 在 $\mathbb{K}$ 上的 Galois 群同构于 $f(x)$ 在 $\mathbb{F}$ 上的 Galois 群的一个子群.

证明 令 $\mathbb{L} = \mathbb{K}_{f(x)}$. 则 $f(x)$ 在 $\mathbb{L}$ 上有分解

$$f(x) = \prod_{i=1}^{n}(x - u_i),$$

且 $\mathbb{L} = \mathbb{K}(u_1, u_2, \cdots, u_n)$, 其中 $u_1, u_2, \cdots, u_n$ 为 $f(x)$ 在 $\mathbb{L}$ 中的 n 个根. 令 $\mathbb{E} = \mathbb{F}(u_1, u_2, \cdots, u_n)$. 则 $\mathbb{E} = \mathbb{F}_{f(x)}$.

令 $\rho \in \mathrm{Gal}(\mathbb{L},\mathbb{K})$. 则 ρ 是 $\mathbb{L}$ 的一个 $\mathbb{K}$-自同构, 它保持 $\mathbb{K}$ 中的所有元素不动, 同时把 $u_1,u_2,\cdots,u_n$ 作一个置换. 因为 $\mathbb{F}\leqslant\mathbb{K}$, 所以 ρ 也保持 $\mathbb{F}$ 中的所有元素不动, 而且把 $\mathbb{E}=\mathbb{F}(u_1,u_2,\cdots,u_n)$ 还变成 $\mathbb{E}$. 因此, $\rho|\mathbb{E}$ 是 $\mathbb{E}$ 的一个 $\mathbb{F}$-自同构.

$$\rho\mapsto\rho|\mathbb{E}$$

提供 $\mathrm{Gal}(\mathbb{L},\mathbb{K})$ 到 $\mathrm{Gal}(\mathbb{E},\mathbb{F})$ 的一个同态. 又, ρ 和 $\rho|\mathbb{E}$ 在 $u_1,u_2,\cdots,u_n$ 上的作用是相同的. 从而这个同态是单的. 因此, $\mathrm{Gal}(\mathbb{L},\mathbb{K})$ 同构于 $\mathrm{Gal}(\mathbb{E},\mathbb{F})$ 的一个子群. □

现在, 我们给出关于多项式 $f(x)\in\mathbb{F}[x]\setminus\mathbb{F}$ 可根式解的一个判定定理. 这里仅就特征为零的域 (当然不必) 建立这一判定条件, 只是为了在我们较为熟悉的域上把解决问题的基本思路说清楚.

定理 8.4.2 (Galois 定理) *令 $\mathbb{F}$ 为一特征为零的域, $f(x)\in\mathbb{F}[x]\setminus\mathbb{F}$, $f(x)$ 无重根. 则 $f(x)$ 可根式解当且仅当 $f(x)$ 在 $\mathbb{F}$ 上的 Galois 群 G_f 可解.*

证明 必要性. 令 $f(x)$ 可根式解. 根据定理 8.4.1, 存在 $\mathbb{F}$ 的一个根式扩张 $\mathbb{K}$, 即存在 $\mathbb{F}$ 到 $\mathbb{K}$ 的一个域扩张升链

$$\mathbb{F}=\mathbb{F}_0\leqslant\mathbb{F}_1\leqslant\mathbb{F}_2\leqslant\cdots\leqslant\mathbb{F}_{s-1}\leqslant\mathbb{F}_s=\mathbb{K},$$

使得, $\mathbb{F}_i=\mathbb{F}_{i-1}(d_i)$, $d_i^{n_i}\in\mathbb{F}_{i-1}$, $n_i\in\mathbb{Z}^+$, $i=1,2,\cdots,s$, 且 $\mathbb{F}_{f(x)}\leqslant\mathbb{K}$.

令 $\mathbb{L}=\mathbb{F}_{f(x)}$, n 为正整数 $n_1,n_2,\cdots,n_s$ 的最小公倍数. 根据定理 7.4.4, $\mathbb{L}$ 为 $\mathbb{F}$ 的一个正规扩张. 为了证明 G_f 为一可解群, 我们

首先证明存在 $\mathbb{K}$ 的扩张 $\mathbb{K}'$, 满足

(i) $\mathbb{K}'$ 在 $\mathbb{F}$ 上正规;

(ii) $\mathbb{K}'$ 包含全部 n 个 n 次单位根.

若 $\mathbb{K}$ 满足 (i) 和 (ii), 则令 $\mathbb{K}'=\mathbb{K}$ 即可. 否则, 根据定理 7.4.1 和推论 7.3.2, $\mathbb{K}$ 为 $\mathbb{F}$ 的一个有限扩张, 从而 $\mathbb{K}$ 作为 $\mathbb{F}$ 上的线性空间存在基底 $(u_1,u_2,\cdots,u_m)$. 令 u_i 的最小多项式为 $g_i(x)(\in\mathbb{F}[x])$, $i=1,2,\cdots,m$, $g(x)=(x^n-1)g_1(x)g_2(x)\cdots g_m(x)$, $\mathbb{K}'=\mathbb{K}_{g(x)}$. 易知 $\mathbb{K}'$ 也是 $g(x)$ 在 $\mathbb{F}$ 上的分裂域, 根据定理 7.4.4, $\mathbb{K}'$ 在 $\mathbb{F}$ 上正规. 显然, $\mathbb{K}'$ 包含全部 n 个 n 次单位根.

其次证明 $\mathbb{K}'$ 依然为 $\mathbb{F}$ 的一个根式扩张.

因为 $\mathbb{F}$ 的特征为零, 所以由 (1) 和推论 7.6.2 知, $\mathbb{K}'$ 为 $\mathbb{F}$ 的一个有限可分正规扩张, 从而根据定理 8.1.2, $\mathbb{K}'$ 为 $\mathbb{F}$ 的一个 Galois 扩张. 令

$$H=\{\sigma_1,\sigma_2,\cdots,\sigma_t\}$$

为 $\mathbb{K}'$ 关于 $\mathbb{F}$ 的 Galois 群, 其中, σ_1 为 H 的单位元.

显然, $\sigma_1(\mathbb{K}),\sigma_2(\mathbb{K}),\cdots,\sigma_t(\mathbb{K})$ 都为 $\mathbb{K}'$ 的子域, 且 $\mathbb{K}'$ 为包含 $\sigma_1(\mathbb{K}),\sigma_2(\mathbb{K}),\cdots,\sigma_t(\mathbb{K})$ 和全部 n 次单位根的 $\mathbb{F}$ 的最小扩域 (请读者思考为什么?). 又, 关于任意 $\sigma_j\in H$, 易知, $\sigma_j(\mathbb{F}_i)$ 和 $\sigma_j(\mathbb{F}_{i-1})$ 也都是 $\mathbb{K}'$ 的子域, 且

$$\sigma_j(\mathbb{F}_i)=\sigma_j(\mathbb{F}_{i-1})(\sigma_j(d_i)),$$

其中, $\sigma_j(d_i)\in\sigma_j(\mathbb{F}_{i-1})$, $j=1,2,\cdots,t$, $i=1,2,\cdots,s$.

令 $\mathbb{K}_1=\mathbb{F}_{(x^n-1)}$, ε 为一 n 次本原单位根. 则由任意 n 次单位根都可表示为 ε 的方幂知, $\mathbb{K}_1=\mathbb{F}(\varepsilon)$ 为 $\mathbb{F}$ 的一个单代数扩张. 又, 根据定理 7.4.4, $\mathbb{K}_1$ 为 $\mathbb{F}$ 的一个有限次正规扩张. 在 $\mathbb{K}_1$ 上按下面的次序逐次添加元素

$$\sigma_1(d_1),\sigma_1(d_2),\cdots,\sigma_1(d_s),$$

$$\sigma_2(d_1),\sigma_2(d_2),\cdots,\sigma_2(d_s),$$

$$\cdots\cdots$$

$$\sigma_t(d_1),\sigma_t(d_2),\cdots,\sigma_t(d_s)$$

后得到扩张

$$\mathbb{K}_1(\sigma_1(d_1)),\mathbb{K}_1(\sigma_1(d_1),\sigma_1(d_2)),\cdots,\mathbb{K}_1(\sigma_1(d_1),\cdots,\sigma_1(d_s),\cdots,\sigma_t(d_1),\cdots,\sigma_t(d_s)),$$

且可以验证

$$\mathbb{K}_1(\sigma_1(d_1),\cdots,\sigma_1(d_s),\cdots,\sigma_t(d_1),\cdots,\sigma_t(d_s))=\mathbb{K}'.$$

上述各扩张连同 $\mathbb{F}$ 和 $\mathbb{K}'$, 作成一个 $\mathbb{F}$ 到 $\mathbb{K}'$ 的扩张序列. 注意到, 这个序列中可能有重复项. 例如, 关于任意 $1\leqslant i\leqslant s$, $1\leqslant j\leqslant t$, 令 $\mathbb{T}$ 为在 $\mathbb{K}_1$ 上添加了 $\sigma_j(d_i)$ 之前所有元素所得到的子域. 若 $\sigma_j(d_i)\in\mathbb{T}$, 则 $\mathbb{T}(\sigma_j(d_i))=\mathbb{T}$, 即出现了重复. 若 $\mathbb{T}(\sigma_j(d_i))\neq\mathbb{T}$, 则必有 $\sigma_j(d_i)\notin\mathbb{T}$. 此时, 若 $i=1$, 则 $\sigma_j(d_1)^{n_1}\in\sigma_j(\mathbb{F}_0)=\mathbb{F}\leqslant\mathbb{T}$. 若 $i>1$, 则 $\sigma_j(d_i)^{n_i}\in\sigma_j(\mathbb{F}_{i-1})\leqslant\mathbb{T}$. 总之, $\sigma_j(d_i)$ 的方幂 $\sigma_j(d_i)^{n_i}\in\mathbb{T}$. 因此, $\mathbb{T}(\sigma_j(d_i))$ 为 $\mathbb{T}$ 的一个单根式扩张.

在上面的扩张序列中将重复的项只保留一项, 即得到一个严格"递增"的升链

$$\mathbb{F}=\mathbb{K}_0<\mathbb{K}_1<\mathbb{K}_2<\cdots<\mathbb{K}_l=\mathbb{K}', \tag{8.4}$$

其中, $\mathbb{K}_1=\mathbb{K}_0(\varepsilon)$, $\mathbb{K}_i=\mathbb{K}_{i-1}(c_i)$, $c_i^{k_i}\in\mathbb{K}_{i-1}$, $k_i\in\{n_1,n_2,\cdots,n_s\}$, $i=2,3,\cdots,l$. 因此, $\mathbb{K}'$ 为 $\mathbb{F}$ 的一个根式扩张.

进而证明 $\mathbb{K}'$ 关于 $\mathbb{F}$ 的 Galois 群 $\mathrm{Gal}(\mathbb{K}',\mathbb{F})=H$ 可解.

关于域扩张升链 (8.4) 中的任一项 $\mathbb{K}_i$, 根据 Galois 对应定理, $\mathbb{K}_i$ 都对应 H 的一个子群 H_i, 且 $\mathbb{K}_i<\mathbb{K}_j$ 时, $H_i>H_j$. 从而得到一个 H 的子群降链

$$H=H_0>H_1>H_2>\cdots>H_l=\langle\sigma_1\rangle. \tag{8.5}$$

因为 $\mathbb{K}_1$ 为 $\mathbb{K}_0$ 的正规扩张, 从而由 Galois 对应定理知, $H_1\trianglelefteq H_0$, 且

$$H_0/H_1\cong\mathrm{Gal}(\mathbb{K}_1,\mathbb{K}_0).$$

根据引理 8.4.1, $\mathrm{Gal}(\mathbb{K}_1,\mathbb{K}_0)$ 为一 Abel 群, 从而 H_0/H_1 为一 Abel 群. 关于任意 $i\geqslant 2$, $\mathbb{K}_{i-1}$ $(\geqslant\mathbb{K}_0)$ 包含全部 n 个 n 次单位根, 且 n 为 $n_1,n_2,\cdots,n_s$ 的最小公倍数, 又 $\mathbb{K}_i=\mathbb{K}_{i-1}(c_i)$, 且 c_i 的某个方幂 (次数为某个 n_j) 在 $\mathbb{K}_{i-1}$ 内, 从而 $\mathbb{K}_i$ 为 $\mathbb{K}_{i-1}$ 的正规扩张, 因而也是 Galois 扩张, 因此, 根据引理 8.4.2, $\mathrm{Gal}(\mathbb{K}_i,\mathbb{K}_{i-1})$ 为一 Abel 群, 从而由 Galois 对应定

理知, H_{i-1}/H_i 为一 Abel 群. 因此, 子群降链 (8.5) 为 H 的一个次正规群列, 且所有次正规因子都为 Abel 群. 根据定理 4.2.8, H 可解.

最后证明 $f(x)$ 在 $\mathbb{F}$ 上的 Galois 群 G_f 可解.

根据定理 8.3.1, $G_f \cong \mathrm{Gal}(\mathbb{L},\mathbb{F})$. 易知, $\mathbb{F} \leqslant \mathbb{L} \leqslant \mathbb{K}'$, 从而根据 Galois 对应定理, $\mathbb{L}$ 对应 H 的一个子群 Y. 由 $\mathbb{L}$ 为 $\mathbb{F}$ 的正规扩张知, $Y \trianglelefteq H$, 且 $H/Y \cong \mathrm{Gal}(\mathbb{L},\mathbb{F})$. 又 H 可解, 根据推论 4.2.4 的 (1), H/Y 也可解. 因此 $\mathrm{Gal}(\mathbb{L},\mathbb{F})$ 可解, 于是, G_f 可解.

充分性. 令 $G = G_f$ 为一可解群, $|G| = n$, $\mathbb{K}_1 = \mathbb{F}(\varepsilon)$, $\mathbb{K} = \mathbb{K}_{1f(x)}$, $\mathbb{L} = \mathbb{F}_{f(x)}$, 其中 ε 为一 n 次本原单位根. 显然 $\mathbb{L} \leqslant \mathbb{K}$. 根据定理 8.3.1, $G \cong \mathrm{Gal}(\mathbb{L},\mathbb{F})$.

令 H 为 $f(x)$ 在 $\mathbb{K}_1$ 上的 Galois 群. 则由 $\mathbb{K}_1 \geqslant \mathbb{F}$ 和引理 8.4.4 知, H 同构于 G 的一个子群. 从而, 根据定理 4.2.4 的 (2), H 为一可解群. 因此, 根据定理 4.2.9, H 有一合成群列

$$H = H_1 > H_2 > \cdots > H_t = \langle 1 \rangle,$$

其中, H_{i-1}/H_i 为素数阶循环群, $i = 2, 3, \cdots, t$. 根据 Galois 对应定理, 该合成群列中的任一子群 H_i 都对应 $\mathbb{K}_1$ 与 $\mathbb{K}$ 之间的一个中间域 $\mathbb{K}_i$, 且 $H_i > H_j$ 时, $\mathbb{K}_i < \mathbb{K}_j$. 从而, 得到一个域的升链

$$\mathbb{K}_1 < \mathbb{K}_2 < \cdots < \mathbb{K}_t = \mathbb{K}.$$

关于任意 $1 < i \leqslant t$, 考察相邻的两个域 $\mathbb{K}_{i-1}$ 和 $\mathbb{K}_i$. 令 $|H_{i-1}/H_i| = p_i$, 其中 p_i 为一素数. 则由 Galois 对应定理知, $\mathbb{K}_i$ 为 $\mathbb{K}_{i-1}$ 的正规扩张, 且 $\partial(\mathbb{K}_i, \mathbb{K}_{i-1}) = p_i$. 从而 $\mathbb{K}_i$ 为 $\mathbb{K}_{i-1}$ 的 Galois 扩张. 易知, $p_i|n$, 从而 $\mathbb{K}_{i-1}$ 包含全部 p_i 次单位根, 根据引理 8.4.3,

$$(\exists\, c_i \in \mathbb{K}_i)\ \mathbb{K}_i = \mathbb{K}_{i-1}(c_i),\quad c_i^{p_i} \in \mathbb{K}_{i-1}.$$

因此, $\mathbb{K}_i$ 为 $\mathbb{K}_{i-1}$ 的单根式扩张. 又 $\mathbb{K}_1 = \mathbb{F}(\varepsilon)$, $\varepsilon^n \in \mathbb{F}$, 从而

$$\mathbb{F} = \mathbb{K}_0 < \mathbb{K}_1 < \mathbb{K}_2 < \cdots < \mathbb{K}_t = \mathbb{K}$$

为 $\mathbb{F}$ 到 $\mathbb{K}$ 的一个域扩张升链, 且 $\mathbb{K}_i$ 为 $\mathbb{K}_{i-1}$ 的单根式扩张, $i = 1, 2, \cdots, t$. 又 $\mathbb{L} \leqslant \mathbb{K}$, 因此, $\mathbb{K}$ 为 $\mathbb{F}$ 的一个根式扩张. 根据定理 8.4.1, $f(x)$ 可根式解. □

根据定理 8.3.1 和定理 8.4.2, 有如下推论.

推论 8.4.1　令 $\mathbb{F}$ 为一特征为零的域. 则 $\mathbb{F}$ 上次数小于等于 4 的多项式 $f(x)$ 总可根式解.

关于 5 次及 5 次以上的多项式, 有些可根式解, 有些则不可根式解.

例 8.4.2　有理数域 $\mathbb{Q}$ 上的多项式 $f(x) = x^n - 1$ 可根式解, $n \geqslant 5$. 事实上, 令 ε 为一 n 次本原单位根. 则 $\mathbb{Q}(\varepsilon) = \mathbb{Q}_{f(x)}$. 根据引理 8.4.1, $\mathbb{Q}(\varepsilon)$ 关于 $\mathbb{Q}$ 的 Galois 群 $\mathrm{Gal}(\mathbb{Q}(\varepsilon),\mathbb{Q})$, 即, $f(x)$ 在 $\mathbb{Q}$ 上的 Galois 群 G_f 为一 Abel 群, 从而为一可解群. 根据定理 8.4.2, $f(x)$ 可根式解.

例 8.4.3　有理数域 $\mathbb{Q}$ 上的多项式 $f(x) = x^5 - 6x + 3$ 不可根式解. 事实上, 令 $\mathbb{K} = \mathbb{Q}_{f(x)}$, $G = \mathrm{Gal}(\mathbb{K},\mathbb{Q})$ 为 $f(x)$ 在 $\mathbb{Q}$ 上的 Galois 群. 根据定理 8.3.1 的 (1), G 同构于 S_5 的一个子群. 由 Eisenstein 判别法知, $f(x)$ 在 $\mathbb{Q}$ 上不可约, 又, 易知 $f(x)$ 为一可分多项式, 从而根据

定理 8.3.1 的 (2), G 在 $f(x)$ 的根集 $X=\{\alpha_1,\alpha_2,\alpha_3,\alpha_4,\alpha_5\}$ 上可迁. 因此, $5\mid G$. 因为 S_5 中阶为 5 的元只能是 5 轮换, 所以 G 中含有一个 5 轮换. 不妨令为 (12345).

容易验证

$$f(-2)=-17,\quad f(0)=3,\quad f(1)=-2,\quad f(2)=23,$$

从而 $f(x)$ 至少有 3 个实根. 因为 $f'(x)=5x^4-6$, 由初等微积分知识知, $f(x)$ 在实数集上有三个单调区间, 因此 $f(x)$ 恰有 3 个实根. 又根据代数基本定理, $f(x)$ 恰有两个互相共轭的虚根. 令 σ 为复数域 $\mathbb{C}$ 上的共轭自同构. 则 σ 互换这两个虚根, 而固定另外 3 个实根. 因此, $\sigma|_{\mathbb{K}}\in G$ 为一对换. 不妨令 $\sigma=(12)$.

计算可知

$$(12345)^{-1}(12)(12345)=(15),$$
$$(12345)^{-1}(15)(12345)=(45),$$
$$(12345)^{-1}(45)(12345)=(34),$$
$$(12345)^{-1}(34)(12345)=(23),$$
$$(12345)^{-1}(23)(12345)=(12),$$

又验算可知

$$S_5=\langle(12),(23),(34),(45)\rangle.$$

因此, $G=S_5$. 由例 4.2.3 的 (2) 知, S_5 不可解. 于是, 根据定理 8.4.2, $f(x)$ 不可根式解.

最后, 我们给出一元三次方程的求根公式——Cardan 公式.

令 $\mathbb{F}$ 为一特征为零的域, $f(x)=x^3+a_1x^2+a_2x+a_3\in\mathbb{F}[x]$. 作变换 $x=y-\dfrac{1}{3}a_1$, 则

$$f\left(y-\frac{1}{3}a_1\right)=y^3+\left(-\frac{1}{3}a_1^2+a_2\right)y+\left(\frac{2}{27}a_1^3-\frac{1}{3}a_1a_2+a_3\right).$$

上展开式的右边没有 y 的平方项. 所以不妨假设

$$f(x)=x^3+px+q\in\mathbb{F}[x],$$

且 $f(x)$ 在 $\mathbb{F}$ 上不可约. 令 $f(x)$ 在分裂域 $\mathbb{K}=\mathbb{F}_{f(x)}$ 中的根为 $\alpha_1,\alpha_2,\alpha_3$. 则 $f(x)$ 在 $\mathbb{K}$ 上有分解式

$$f(x)=(x-\alpha_1)(x-\alpha_2)(x-\alpha_3).$$

从而

$$\alpha_1+\alpha_2+\alpha_3=0,$$
$$\alpha_1\alpha_2+\alpha_1\alpha_3+\alpha_2\alpha_3=p,$$
$$\alpha_1\alpha_2\alpha_3=-q.$$

根据定理 8.3.1 的 (2), $f(x)$ 在 $\mathbb{F}$ 上的 Galois 群 G 在根集 $X=\{\alpha_1,\alpha_2,\alpha_3\}$ 上可迁, 从而 $3\,||G|$. 又由定理 8.3.1 的 (1) 知, G 同构于 S_3 的一个子群. 从而 $|G|=3$, 或 6. 令

$$\Delta=-4p^3-27q^2\in\mathbb{F}.$$

称 Δ 为 $f(x)$ 的判别式. 若 $\sqrt{\Delta}\in\mathbb{F}$, 则 $G=A_3$ 为一 3 阶循环群. 若 $\sqrt{\Delta}\notin\mathbb{F}$, 则 $G=S_3$ 为一 6 阶群, 且 G 有合成群列

$$G\rhd A_3\rhd\{(1)\},$$

相应地, 存在域的升链

$$\mathbb{F}<\mathbb{F}(\sqrt{\Delta})<\mathbb{K}.$$

总之, $\mathbb{K}$ 为 $\mathbb{F}(\sqrt{\Delta})$ 的三次循环扩张. 令三次单位根 $\omega=\dfrac{-1+\sqrt{-3}}{2}\in\mathbb{F}(\sqrt{\Delta})$. 根据引理 8.4.3 的证明过程, 利用根 $\alpha_1,\alpha_2,\alpha_3$ 构作 Lagrange 预解式:

$$\begin{aligned}d_1&=\alpha_1+\alpha_2+\alpha_3=0,\\ d_2&=\alpha_1+\omega\alpha_2+\omega^2\alpha_3,\\ d_3&=\alpha_1+\omega^2\alpha_2+\omega\alpha_3,\end{aligned}$$

且 $d_i^3\in\mathbb{F}(\sqrt{\Delta}),\ i=1,2,3$. 计算可知

$$\begin{aligned}d_2^3=&\alpha_1^3+\alpha_2^3+\alpha_3^3+3\omega(\alpha_1^2\alpha_2+\alpha_2^2\alpha_3+\alpha_3^2\alpha_1)\\ &+3\omega^2(\alpha_1\alpha_2^2+\alpha_2\alpha_3^2+\alpha_1^2\alpha_3)+6\alpha_1\alpha_2\alpha_3\\ =&(\alpha_1^3+\alpha_2^3+\alpha_3^3)+\frac{-3}{2}(\alpha_1^2\alpha_2+\alpha_2^2\alpha_3+\alpha_3^2\alpha_1+\alpha_1\alpha_2^2+\alpha_2\alpha_3^2+\alpha_1^2\alpha_3)\\ &+\frac{3\sqrt{-3}}{2}(\alpha_1^2\alpha_2+\alpha_2^2\alpha_3+\alpha_3^2\alpha_1-\alpha_1\alpha_2^2-\alpha_2\alpha_3^2-\alpha_1^2\alpha_3)+6\alpha_1\alpha_2\alpha_3.\end{aligned}$$

上式第二个等号后面的表达式中除去第三个括号, 其他括号中都是根的对称多项式, 且

$$\alpha_1^3+\alpha_2^3+\alpha_3^3=-3q,$$

$$\alpha_1^2\alpha_2+\alpha_2^2\alpha_3+\alpha_3^2\alpha_1+\alpha_1\alpha_2^2+\alpha_2\alpha_3^2+\alpha_1^2\alpha_3=3q;$$

$$\alpha_1\alpha_2\alpha_3=-q,$$

而

$$\alpha_1^2\alpha_2+\alpha_2^2\alpha_3+\alpha_3^2\alpha_1-\alpha_1\alpha_2^2-\alpha_2\alpha_3^2-\alpha_1^2\alpha_3=\sqrt{\Delta},$$

从而

$$d_2^3=-\frac{27}{2}q+\frac{3\sqrt{-3}}{2}\sqrt{\Delta}.$$

将 ω 换成 ω^2, 有

$$d_3^3=-\frac{27}{2}q-\frac{3\sqrt{-3}}{2}\sqrt{\Delta}.$$

因此, $d_2\in\mathbb{K}$, 且它是多项式 $x^3-\left(-\dfrac{27}{2}q+\dfrac{3\sqrt{-3}}{2}\sqrt{\Delta}\right)$ 的一个根. 记

$$d_2=\sqrt[3]{-\frac{27}{2}q+\frac{3\sqrt{-3}}{2}\sqrt{\Delta}}.$$

则 $x^3-\left(-\frac{27}{2}q+\frac{3\sqrt{-3}}{2}\sqrt{\Delta}\right)$ 的另外两个根分别为 $\omega d_2, \omega^2 d_2$.

同样, d_3 是多项式 $x^3-\left(-\frac{27}{2}q-\frac{3\sqrt{-3}}{2}\sqrt{\Delta}\right)$ 的一个根. 下面需要确定 d_3 是其中的哪一个根. 注意到,

$$\begin{aligned}d_2d_3&=\alpha_1^2+\alpha_2^2+\alpha_3^2-(\alpha_1\alpha_2+\alpha_1\alpha_3+\alpha_2\alpha_3)\\&=(\alpha_1+\alpha_2+\alpha_3)^2-3\sum\alpha_1\alpha_2=-3p.\end{aligned}$$

因此, 记 $x^3-\left(-\frac{27}{2}q-\frac{3\sqrt{-3}}{2}\sqrt{\Delta}\right)$ 的一个根为

$$\sqrt[3]{-\frac{27}{2}q-\frac{3\sqrt{-3}}{2}\sqrt{\Delta}},$$

它满足

$$\sqrt[3]{-\frac{27}{2}q+\frac{3\sqrt{-3}}{2}\sqrt{\Delta}}\cdot\sqrt[3]{-\frac{27}{2}q-\frac{3\sqrt{-3}}{2}\sqrt{\Delta}}=-3p.$$

从而

$$d_3=\sqrt[3]{-\frac{27}{2}q-\frac{3\sqrt{-3}}{2}\sqrt{\Delta}}.$$

因此

$$\alpha_1+\alpha_2+\alpha_3=0,$$

$$\alpha_1+\omega\alpha_2+\omega^2\alpha_3=\sqrt[3]{-\frac{27}{2}q+\frac{3\sqrt{-3}}{2}\sqrt{\Delta}},$$

$$\alpha_1+\omega^2\alpha_2+\omega\alpha_3=\sqrt[3]{-\frac{27}{2}q-\frac{3\sqrt{-3}}{2}\sqrt{\Delta}}.$$

于是

$$\alpha_1=\frac{1}{3}\left(\sqrt[3]{-\frac{27}{2}q+\frac{3\sqrt{-3}}{2}\sqrt{\Delta}}+\sqrt[3]{-\frac{27}{2}q-\frac{3\sqrt{-3}}{2}\sqrt{\Delta}}\right);$$

$$\alpha_2=\frac{1}{3}\left(\omega^2\sqrt[3]{-\frac{27}{2}q+\frac{3\sqrt{-3}}{2}\sqrt{\Delta}}+\omega\sqrt[3]{-\frac{27}{2}q-\frac{3\sqrt{-3}}{2}\sqrt{\Delta}}\right);$$

$$\alpha_3=\frac{1}{3}\left(\omega\sqrt[3]{-\frac{27}{2}q+\frac{3\sqrt{-3}}{2}\sqrt{\Delta}}+\omega^2\sqrt[3]{-\frac{27}{2}q-\frac{3\sqrt{-3}}{2}\sqrt{\Delta}}\right),$$

其中

$$\sqrt[3]{-\frac{27}{2}q+\frac{3\sqrt{-3}}{2}\sqrt{\Delta}}\cdot\sqrt[3]{-\frac{27}{2}q-\frac{3\sqrt{-3}}{2}\sqrt{\Delta}}=-3p.$$

这个三次方程的求根公式称为 Cardan 公式.

例 8.4.4　在复数域 $\mathbb{C}$ 中求解方程 x^3+3x+2.

由 $p=3, q=2$ 知, 判别式

$$\Delta=-4p^3-27q^2=-216<0,$$

从而方程只有一个实根 (请读者思考为什么). 取

$$\alpha=3\sqrt[3]{-1+\sqrt{2}}\in\mathbb{R},\quad \beta=3\sqrt[3]{-1-\sqrt{2}}\in\mathbb{R}.$$

则该方程的三个根为

$$x_1=\frac{1}{3}(\alpha+\beta)=\sqrt[3]{-1+\sqrt{2}}+\sqrt[3]{-1-\sqrt{2}}\in\mathbb{R},$$

$$x_2=\frac{1}{3}(\omega^2\alpha+\omega\beta)=\sqrt[3]{-1+\sqrt{2}}\omega^2+\sqrt[3]{-1-\sqrt{2}}\omega,$$

$$x_3=\frac{1}{3}(\omega\alpha+\omega^2\beta)=\sqrt[3]{-1+\sqrt{2}}\omega+\sqrt[3]{-1-\sqrt{2}}\omega^2,$$

其中 $\omega=\dfrac{-1+\sqrt{-3}}{2}$.

一元四次方程的情形比较复杂, 这里不拟赘述.

习　题　8

1. 证明: $\mathbb{K}=\mathbb{Q}(\sqrt{2},\sqrt{3},\sqrt{5})$ 是 $\mathbb{Q}$ 的 Galois 扩张, 并求出其 Galois 群 $\mathrm{Gal}(\mathbb{K},\mathbb{Q})$.

2. 利用第 1 题求出

(1) $\sqrt{6}+\sqrt{10}+\sqrt{15}$ 在 $\mathbb{Q}$ 上的最小多项式;

(2) $\sqrt{2}+\sqrt{3}$ 在 $\mathbb{Q}(\sqrt{6},\sqrt{10},\sqrt{15})$ 上的最小多项式.

3. 令 $\mathbb{K}=\mathbb{Q}(\sqrt{2},\sqrt{3},u)$, $u^2=(9-5\sqrt{3})(2-\sqrt{2})$. 证明: $\mathbb{K}$ 为 $\mathbb{Q}$ 的 Galois 扩张, 并求出其 Galois 群 $\mathrm{Gal}(\mathbb{K},\mathbb{Q})$.

4. 令 $\mathbb{K}=\mathbb{Q}(\sqrt{2},\sqrt{5})$. 求 $G=\mathrm{Gal}(\mathbb{K},\mathbb{Q})$, 并确定 G 的全部子群及其对应的不动子域, 确定 G 的全部正规子群及其对应的正规扩张.

5. 举例说明, 存在域扩张 $\mathbb{F}\leqslant\mathbb{E}\leqslant\mathbb{K}$, 使得 $\mathbb{E}$ 是 $\mathbb{F}$ 的 Galois 扩张, $\mathbb{K}$ 是 $\mathbb{E}$ 的 Galois 扩张, 但 $\mathbb{K}$ 不是 $\mathbb{F}$ 的 Galois 扩张.

6. 令 $\mathbb{K}$ 为域 $\mathbb{F}$ 的 Galois 扩张, $f(x)\in\mathbb{F}[x]$ 为一不可约多项式. 证明: $f(x)$ 在 $\mathbb{K}[x]$ 中的所有不可约因式都有相同的重数 (提示: $\mathrm{Gal}(\mathbb{K},\mathbb{F})$ 作为置换群作用在这些因式上).

7. 令 $\mathbb{F}$ 为一域, $f(x)\in\mathbb{F}[x]$, $f(x)=(x-\alpha)g(x)$, $\alpha\in\mathbb{F}$. 证明: $G_f=G_g$.

8. 令 $\mathbb{F}$ 为一域, $f(x)\in\mathbb{F}[x]$ 为一可分多项式, $\mathbb{K}=\mathbb{F}_{f(x)}$. 又令

$$f(x)=g(x)h(x),\quad g(x),h(x)\in\mathbb{F}[x],$$

$\mathbb{E}$, $\mathbb{L}$ 为 $\mathbb{K}$ 与 $\mathbb{F}$ 的中间域, 且 $\mathbb{E}=\mathbb{F}_{g(x)}$, $\mathbb{L}=\mathbb{F}_{h(x)}$. 证明:

(1) $\mathrm{Gal}(\mathbb{K},\mathbb{E})\trianglelefteq\mathrm{Gal}(\mathbb{K},\mathbb{F})$, $\mathrm{Gal}(\mathbb{K},\mathbb{L})\trianglelefteq\mathrm{Gal}(\mathbb{K},\mathbb{F})$;

(2) $\mathrm{Gal}(\mathbb{K},\mathbb{E})\cap\mathrm{Gal}(\mathbb{K},\mathbb{L})=\{1\}$;

(3) 若 $\mathbb{E}\cap\mathbb{L}=\mathbb{F}$, 则 $\mathrm{Gal}(\mathbb{K},\mathbb{E})\cdot\mathrm{Gal}(\mathbb{K},\mathbb{L})=\mathrm{Gal}(\mathbb{K},\mathbb{F})$;

(4) $\mathrm{Gal}(\mathbb{K},\mathbb{F}) \cong \mathrm{Gal}(\mathbb{E},\mathbb{F}) \times \mathrm{Gal}(\mathbb{L},\mathbb{F})$;

(5) 令 $\mathbb{K}=\mathbb{Q}(\sqrt{2}+\sqrt{3})$. 则

$$\mathrm{Gal}(\mathbb{K},\mathbb{Q}) \cong \{(1),(12)(34),(13)(24),(14)(23)\}.$$

9. 确定下列多项式在 $\mathbb{Q}$ 上的 Galois 群.

(1) x^3-x^2-4;

(2) x^3-2x+4;

(3) x^3-x+1;

(4) x^3+x^2-2x-1;

(5) x^4-10x^2+1.

10. 令 $f(x)\in\mathbb{Q}[x]$ 为一素数 p 次不可约多项式. 证明: 若 $f(x)$ 恰有两个复根, 则 $f(x)$ 在 $\mathbb{Q}$ 上的 Galois 群 $G_f=S_p$. 举例说明, 若 p 不是素数, 则结论不一定成立.

11. 利用第 10 题证明: x^5-2x^3-8x+2, x^5-4x+2 没有根式解.

12. 令 $\mathbb{F}$ 为一特征为零的域, $f(x)\in\mathbb{F}[x]$ 为一 5 次多项式, $\mathbb{K}=\mathbb{F}_{f(x)}$. 证明: $f(x)$ 有根式解当且仅当 $\partial(\mathbb{K},\mathbb{F})<60$.

13. 证明: 关于任意有限群 G, 存在域 $\mathbb{F}$ 的 Galois 扩张 $\mathbb{K}$, 使得 $\mathrm{Gal}(\mathbb{K},\mathbb{F})\cong G$.

14. 令 $\mathbb{F}$ 为一域, $p(x)\in\mathbb{F}[x]$ 为一不可约多项式. 证明: 若 $p(x)$ 有一个根可根式解, 则 $p(x)$ 的所有根都可根式解.

15. 令 $f(x)$ 为实数域 $\mathbb{R}$ 上一三次不可约多项式. 证明下列三条等价:

(1) $f(x)$ 的判别式是正的;

(2) $f(x)$ 有三个实根;

(3) $f(x)$ 在 $\mathbb{R}$ 上的 Galois 群是三阶的.

16. 令 $f(x)$ 为实数域 $\mathbb{R}$ 上一四次不可约多项式. 证明: 若 $f(x)$ 恰有两个实根, 则 $f(x)$ 在 $\mathbb{R}$ 上的 Galois 群是 8 阶的或 24 阶的.

17. 利用任意有限群 G 都同构于 S_n 的一个子群这个事实, 证明: 关于任意有限群 G, 都存在域 $\mathbb{F}$ 和 $\mathbb{F}$ 的扩张 $\mathbb{K}$, 使得 $\mathrm{Gal}(\mathbb{K},\mathbb{F})\cong G$.

18. 用 Cardan 公式在 $\mathbb{Q}$ 上解下列方程.

(1) $x^3-2x+4=0$;

(2) $x^3-15x+4=0$.

参考文献

郭聿琦, 岑嘉评, 王正攀, 2014. 高等代数教程. 北京: 科学出版社.

郭聿琦, 王正攀, 刘国新, 2011. 谈谈 “高观点下的初等数学”——以基础代数学为例. 大学数学, 27(1): 4-7.

李慧陵, 周胜林, 刘伟俊, 2014. 抽象代数简明教程. 北京: 清华大学出版社.

刘绍学, 1999. 近世代数基础. 北京: 高等教育出版社.

孟道骥, 等, 2010. 抽象代数 I——代数学基础. 北京: 科学出版社.

聂灵沼, 丁石孙, 2000. 代数学引论. 2 版. 北京: 高等教育出版社.

滕常春, 陈秀梅, 2010. 纯不可分扩张的几个等价条件和一个反例. 潍坊学院学报, 10(6): 75-76.

王凯宁, 1980. 关于线性空间的定义. 数学通报, 11: 20-21.

谢邦杰, 1978. 抽象代数学. 北京: 人民教育出版社.

徐明曜, 2012. 有限群导引 (上册). 北京: 科学出版社.

许绍楠, 1962. 准群. 数学进展, 02: 176-181.

杨子胥, 2011. 近世代数. 3 版. 北京: 高等教育出版社.

袁振邦, 1982. 关于向量空间的定义. 西南师范学院学报, 3: 37-42.

张禾瑞, 1978. 近世代数基础. 北京: 高等教育出版社.

张勤海, 2004. 抽象代数. 北京: 科学出版社.

赵春来, 徐明曜, 2008. 抽象代数 Ⅰ. 北京: 北京大学出版社.

朱一心, 等, 2004. 线性空间公理化定义研究及反例. 首都师范大学学报 (自然科学版), 25(3): 1-9.

Artin E, 1958. 伽罗瓦理论. 李英, 译. 上海: 上海科技出版社.

Artin M, 2014. 代数. 北京: 机械工业出版社.

Gruenberg K W, Weir A J, 1977. Linear geometry. New York: Springer-Verlag.

Howie J M, 1995. Fundamentals of semigroup theory. New York: Oxford University Press.

Hungerford T W, 1980. 代数学. 冯克勤, 译. 长沙: 湖南教育出版社.

Jacobson N, 1985. Basic algebra I, II. New York: W. H. Freeman and Company.

Motzkin, 1949. The Euclidean algorithm. Bull. Amer. Math. Soc., 55: 1142-1146.

Robinson D J S, 1982. A course in the theory of groups. New York: Spring-Verlag.

Serge L, 1990. Undergraduate Algebra. New York: Springer-Verlag.

van der Waerden B L, 1963. 代数学 (Ⅰ). 丁石孙, 曾肯成, 郝鈵新, 译. 北京: 科学出版社.

van der Waerden B L, 1976. 代数学 (Ⅱ). 曹锡华, 曾肯成, 郝鈵新, 译. 北京: 科学出版社.

索　　引*

* 本索引中“~”代指主索引词.